山西省城乡统筹协同创新中心

山西省城乡统筹发展报告

（2016）

Report on Coordinated Development Between Urban and Rural Areas of Shanxi Province

主　编　王尚义

副主编　郭文炯　赵满华　安祥生

中国财经出版传媒集团

经济科学出版社
Economic Science Press

图书在版编目（CIP）数据

山西省城乡统筹发展报告. 2016 / 王尚义主编；郭文炯，赵满华，安祥生编. —北京：经济科学出版社，2017.3
ISBN 978 -7 -5141 -7730 -5

Ⅰ. ①山… Ⅱ. ①王…②郭…③赵…④安… Ⅲ. ①城乡建设 - 研究报告 - 山西 - 2016 Ⅳ. ①F299.272.5

中国版本图书馆 CIP 数据核字（2017）第 016520 号

责任编辑：刘明晖 李 军
责任校对：王苗苗
版式设计：齐 杰
责任印制：王世伟

山西省城乡统筹发展报告（2016）
王尚义 主编
郭文炯 赵满华 安祥生 副主编
经济科学出版社出版、发行 新华书店经销
社址：北京市海淀区阜成路甲 28 号 邮编：100142
总编部电话：010 - 88191217 发行部电话：010 - 88191540
网址：www.esp.com.cn
电子邮件：esp@esp.com.cn
天猫网店：经济科学出版社旗舰店
网址：http://jjkxcbs.tmall.com
北京中科印刷有限公司印装
787×1092 16 开 18 印张 410000 字
2017 年 3 月第 1 版 2017 年 3 月第 1 次印刷
ISBN 978 - 7 - 5141 - 7730 - 5 定价：48.00 元
（图书出现印装问题，本社负责调换。电话：010 - 88191502）
**（版权所有 翻印必究 举报电话：010 - 88191586
电子邮箱：dbts@esp.com.cn）**

山西省城乡统筹发展报告（2016）
编　委　会

顾　问　薛德升　李锦生　潘　云

主　编　王尚义

副主编　郭文炯　赵满华　安祥生

编　委　冯卫红　邵秀英　牛俊杰　孟　旭　刘　敏
冯旭芳　王宏英　翟顺河　姜晓丽　张侃侃
程俊虎　张玉民　苏吉中　郭海荣　刘淑清
杨素青　凌日平　贾宇平

主持单位：山西省城乡统筹协同创新中心

前　言

新型城镇化和城乡统筹发展是我国全面小康社会和现代化建设的重大战略。2011 年，我国城镇化率达到 51.27%，标志着我国开始由乡村型社会向城市型社会转变，经济社会和城镇化进入新的发展阶段。党的十八大提出，加快推进新型城镇化是扩大内需、促进“四化”同步发展的重点战略，统筹城乡协调发展，形成城乡经济社会发展一体化新格局，是全面实现小康社会宏伟目标的紧迫要求。2014 年 3 月，中共中央、国务院印发了《国家新型城镇化规划（2014～2020 年）》。规划提出，城镇化是现代化的必由之路，是解决农业、农村、农民问题的重要途径，是推动区域协调发展的有力支撑，是扩大内需和促进产业升级的重要抓手。

山西省作为我国典型的资源型地区，形成了独特的城镇化与城乡统筹发展进程，加之经济社会、体制机制等多方面深层次的原因，山西省城镇化和城乡统筹发展中面临着城乡布局结构分散，转型发展缺乏牵引空间；资源型城市转型困难，工矿城市与区域发展脱节；城矿乡“二元结构”矛盾突出，统筹发展机制滞后；资源保障和环境约束问题显现，发展方式亟待转型；城乡空间规划不协调，生活、生产、生态空间冲突等特殊性问题。可以说，加快推进城镇化，统筹城乡协调发展是事关山西省转型全局的重大战略，是当前摆在山西省面前的一项重大而紧迫的任务。“十二五”时期，山西省把城镇化作为全省转型发展的四大核心战略之一。山西省国家资源型经济转型综改试验实施方案中也把城乡统筹作为一项重要任务，提出实施主体功能区规划、发展城镇群、建设大县城、加快新农村建设、开展城乡一体化试点等重大事项和创新“三规合一”规划统筹协调机制、深化户籍制度改革等重大改革任务。

为贯彻落实国家新型城镇化战略、山西国家资源型经济转型综改试验实施方案，回答资源型区域如何实现城乡统筹发展问题，服务于山西省资源型经济转型综改试验区建设过程中新型城镇化引领城乡协调发展的基本理论、战略路径、政策创新需求，强化决策咨询功能，2013 年 9 月，太原师范学院联合中山大学、山西省社科院、山西大学、山西省城乡规划设计研究院等单位组建成立了“山西省城乡统筹协同创新中心”，2015年11月，被认定为首批山西省高校协同创新中心。中心成立以来，聚焦资源型区域新型城镇化和城乡统筹发展的重大理论和实践问题，重点推进三方面的协同创新：一是，城镇化与城乡统筹的理论基础与战略设计，构建山西新型城镇化和城乡统筹的基础理论和战略规划体系，实现国家城镇化战略在山西的落地；二是，城乡公共资源配置与政策体系研究，形成有利于城乡统筹发展的制度保障体系；三是，城乡规划监测评估与技术创新，建立城乡规划评估及信息共享平台，研发“多规合一”城乡统筹规划技术及标准和规范，保障生活、生产、生态“三生空间”协调发展。

根据中心重大协同创新任务，2015年以来，中心开展了一系列的研究，本书即是近两年来中心研究成果的集中展示。全书按照中心重大协同创新任务，共分为新型城镇化与城乡发展、城乡公共资源配置与机制创新、城乡空间规划改革与技术创新三篇。

第一篇“新型城镇化与城乡发展”，围绕推进山西省新型城镇化和优化城乡布局展开。近年来，山西省按照“一核一圈三群”的整体布局，加快中心城市、城镇组群、特色小城镇建设，加快构建具有山西特色的现代城镇体系，在新型城镇化建设方面取得了可喜的成绩。第一章“山西省新型城镇化进展与推进路径研究”，揭示了“十二五”时期山西城镇化的特征、问题，探讨了全面提升山西省城镇化质量和优化城镇化布局的路径，探索了新型城镇化体制机制的完善；第二章“太原晋中同城化建设路径研究”，围绕提升山西省城镇体系的带动核心，提出了健全太原晋中同城化的推进机制、加快太原晋中基础设施和社会服务一体化进程的政策建议；第三章“山西省‘百镇建设工程’实施成效及‘十三五’推进建议”，对全省重点小城镇建设做了全面的分析评估，提出了“十三五”时期进一步推进山西省小城镇建设对策建议；第四章“山西省特色小镇建设研究”，在对特色小镇的浙江经验总结基础上，提出通过培育壮大特色产业和产业集群推进山西省特色小镇建设的相关设想；第五章“山西省传统村落保护与发展：现状、问题与对策研究”，详细研究了山西省传统村落的保护与发展的现状、问题和构想与政策建议。

第二篇“城乡公共资源配置与机制创新”，聚焦城乡统筹机制体制创新主题，围绕城乡居民的民生状况展开论述。第六章“山西省农业转移人口市民化成本分担机制研究”论述了构建农业转移人口市民化成本分担机制的制度体系；第七章“山西省城乡居民收入问题研究”论述了供给侧改革背景下提高山西省城乡居民收入的长效路径；第八章“山西省就业问题及创业带动就业战略研究”勾画了实施创业带动就业战略的构想；第九章“山西省义务教育城乡均衡发展研究”提出了实现城乡教育均衡发展的对策；第十章“太原市‘城中村’居民社会保障问题研究”以太原市为实证，研究提出重构“城中村”居民社会保障体系的政策建议；第十一章“山西省养老服务机构城乡协调发展研究”，建议“十三五”时期山西省实施农村养老服务机构服务能力提升战略，提升农村养老服务机构的服务能力。

国家《国民经济和社会发展“十三五”规划纲要》指出，要强化主体功能区作为国土空间开发保护基础制度的作用，加快完善主体功能区政策体系，推动各地区依据主体功能定位发展；要建立国家空间规划体系，以主体功能区规划为基础统筹各类空间性规划，推进“多规合一”。第三篇“城乡空间规划改革与技术创新”，即围绕主体功能区规划实施、空间规划和“多规合一”规划体系两个热点问题展开。第十二章“山西省推进主体功能区战略研究”，探讨了“十三五”时期山西省主体功能区规划实施的战略路径及政策建议；第十三章“山西省临汾市西山片区生态主体功能区建设研究”，以山西省临汾西山片区为例具体分析了主体功能区战略实施的区域个案；第十四章“山西省省级空间规划体系研究”，论述了山西省空间规划的构建原则及实施路径；第十五章“山西省城乡规划协调机制创新与规划管理一体化对策研究”探索了创新规划统筹协调机制的思路、主要任务、主要行动及政策建议。

编辑出版《山西省城乡统筹发展报告》是山西省城乡统筹协同创新中心的年度重点工作，也是协同创新研究工作创新的一种探索。限于理论水平和实践经验，本报告疏漏和不妥之处敬请读者批评指正。在今后的工作中，我们将进一步深化城乡统筹发展的理论研究，推进城乡统筹发展机制体制创新的对策研究，进一步完善《山西省城乡统筹发展报告》的体系和内容，为推动山西省新型城镇化和城乡一体化发展做出应有的贡献。

王尚义

2016年12月

目　录

Contents

第一篇 新型城镇化与城乡发展

第一章

山西省新型城镇化进展与推进路径研究

新型城镇化是现代化的必由之路，是最大的内需潜力所在，是经济发展的重要动力，也是一项重要的民生工程。党的十八大以来，党中央、国务院高度重视新型城镇化工作，先后召开了中央城镇化工作会议、中央城市工作会议，发布实施了我国首个《国家新型城镇化规划（2014～2020年）》，在“十三五”的开局之年，又颁布了《国务院关于深入推进新型城镇化建设的若干意见》。山西省委、省政府高度重视新型城镇化工作，“十二五”时期，把新型城镇化作为全省四大战略之一，按照“一核一圈三群”布局，紧扣提速、提质主题，改革探索，积极推进，城镇化建设取得了明显的成效，城镇化水平不断提高，城镇功能更加完善，城乡人居环境得到较大改善，城镇化对经济的拉动作用进一步显现。

“十三五”时期是实现全面建成小康社会奋斗目标的决胜阶段，是山西省全面深化改革、推进国家资源型经济转型综合配套改革取得重大进展的攻坚阶段。在新的发展阶段，充分发挥新型城镇化对扩内需、稳增长、调结构的重要引擎作用，加快推进城镇化进程，转变城镇化发展方式，提升城镇化发展质量，对于推动全省走出资源型地区转型跨越发展新路、全面建成小康社会具有十分重要的现实意义和长远意义。

一、新型城镇化发展基础与面临的问题

（一）城镇化进展与发展现状

2015年，山西省共有设市城市22个，其中地级市11个、县级市11个，县城84个，建制镇564个，常住城镇人口达到2 016万人，常住人口城镇化率为55.03%，城镇人口已超过农村人口，标志着城乡结构发生了历史性转折，步入以城市型社会为主体的新阶段，城镇化呈现出以下特点：

1. 城镇化水平稳步提升，城镇化模式以地方转移型为主

2015年，山西省城镇人口规模位居全国各省（市、区）第18位，城镇化发展与全国基本同步，城镇化率低于全国平均水平1.07个百分点，居全国第16位，中部六省第

2 位，在各省（市、区）中处于中等发展水平。

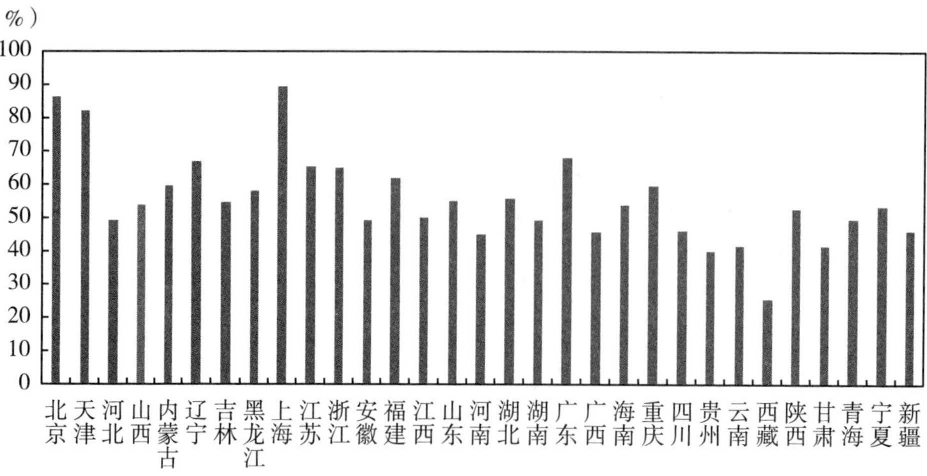

图 1－1　2015 年全国各省、市、区城镇化水平

与 2010 年相比，山西城镇人口增加 299 万人，年均增加 59. 8 万人，城镇化水平提高了 6. 98 个百分点，年均增长 1. 4 个百分点，年均发展速度比全国平均水平相比高近 0. 2 个百分点，呈现持续提高的态势。近年来，中部省份的城镇化发展增速普遍较高，与中部其他省份相比，山西省城镇化年均增长率位居中部六省末位。

表 1－1　2005～2015 年城镇化率变动情况比较　单位：%

	2005 年	2010 年	2015 年	2005～2015 年均增长率
全国	42. 99	49. 95	56. 1	1. 23
山西	42. 11	48. 05	55. 03	1. 39
湖南	37	43. 3	50. 5	1. 44
江西	37. 1	44. 06	51. 62	1. 51
河南	30. 65	38. 5	46. 85	1. 67
安徽	35. 5	43. 01	50. 5	1. 49
湖北	43. 2	49. 7	56. 85	1. 43

小城市（含县城）与小城镇人口集聚能力进一步增强，成为吸纳新增城镇人口的主体。2010 年以来，全省 96 个市、县新增城镇人口 232 万人，占全省新增城镇人口的 77. 6%，城镇人口占全省的比重由 2010 年的 49. 7% 提高到 2015 年的 53. 9%。根据“六普”人口数据，2010 年全省城镇人口中外来常住人口共 517. 6 万人，比 2000 年增长 280. 3 万人，外来常住人口规模发展迅速。外来常住人口来源结构分析显示，来自本县（市、区）（即户籍在本县、市、区）的占 55%，来自本省其他县（市、区）的占 33%，来自省外的仅占 12%，来源于本县（市、区）的外来常住人口仍然是全省外来常住人口的主要构成部分。上述人口城镇化特征表明，山西省人口城镇化模式是以地方转移型为主导的模式。

2.“一核一圈三群”协调发展加快，城镇化空间格局不断优化

城市群是新型城镇化的主体形态，是新型城镇化发展的支撑和平台。在山西省“十二五”规划中，明确了按照“一核一圈三群”的布局，加快构建具有山西特色的现代城镇体系的城镇化战略。“十二五”以来，围绕“一核一圈三群”构建，组织编制和实施了“一圈三群”协调发展规划，强化规划对城镇群建设和发展的统筹作用，在机制创新、人口集中、产业集聚、生态环境共建、基础设施共享等方面不断推进，太原晋中同城化步伐加快，晋北、晋南、晋东南三大城镇群发展加快，“一核一圈三群”的城镇化布局不断优化。

太原晋中同城化在省、市共同推动下，在规划统筹、用地发展方向整合、道路设施对接、公共服务对接、大学城和山西科技创新城建设等方面取得明显进展与成效，同城化步伐进一步加快。特别是山西科技创新城综合服务平台、核心区基础设施以及一批研发机构项目的建设，成为太原晋中同城化的新引擎。阳泉城镇组群、忻定原城镇组群、离柳中城镇组群、孝汾平介灵城镇组群成为太原都市圈的四个外围支点，以中心城市扩容提质、规划协调、交通牵引、政策统筹为抓手，组群化发展步伐加快。

晋北、晋南、晋东南三大城镇群突出中心城市支撑，结合地区实际，形成不同的建设模式和特色。晋北城镇群重点推进大同市、朔州市转型发展和朔州东部新区建设，通过强化中心城市推进城镇群发展；晋南城镇群着力推进北部临汾百里汾河新型经济带和南部盐临夏城镇群发展；晋东南在长治上党城镇群、晋城“一城两翼”城镇组群建设方面取得了明显进展。

2014 年，“一圈三群”总人口占全省总人口比重为 73.5%，城镇人口占全省比重为 81.5%，GDP 占全省比重为 81.9%，在全省新型工业化和城镇化发展中占有重要的地位。

表 1－2　　“一圈三群”人口与经济发展基本情况

项目			单位	太原都市圈	晋北城镇群	晋东南城镇群	晋南城镇群	合计
土地面积	数值		万公顷	2.88	1.22	0.94	1.6	6.64
	占全省比重		%	18.4	7.8	6	10.2	42.4
总人口	2010 年	数值	万人	1 178.1	352.9	434.9	700.9	2 666.8
		占全省比重	%	33.0	9.9	12.2	19.6	74.6
	2014 年	数值	万人	1 160.7	360.5	443.3	716.2	2 680.6
		占全省比重	%	31.8	11.5	10.0	19.6	73.5
城镇人口	2010 年	数值	万人	699.7	216.5	218.1	294.7	1 429
		占全省比重	%	40.7	12.6	12.7	17.2	83.2
	2014 年	数值	万人	764.0	239.0	248.2	348.1	1 599.2
		占全省比重	%	38.9	12.5	12.2	17.7	81.5
GDP	2010 年	数值	亿元	3 538.8	1 234.8	1 332.3	1 553.4	7 659.3
		占全省比重	%	38.5	13.4	14.5	16.9	83.2
	2014 年	数值	亿元	4 758.5	1 565.3	1 882.7	1 845.4	10 051.9
		占全省比重	%	38.8	12.8	15.3	15.0	81.9

3. 城镇基础设施建设力度加大，城镇人居环境和住房综合承载能力明显提升

“十二五”期间，颁布了《山西省人民政府关于加强城市基础设施建设的实施意见》，切实加大城市市政基础设施建设力度。新建城市道路2 199千米、水气热等各类市政管网20 200千米，新增集中供热面积20 058万平方米，改造提标58座城镇污水处理厂，建成60座生活垃圾无害化处理设施，新增绿化面积7 800万平方米，完成市政基础设施建设投资2 085亿元。全省城市（含县城）人均道路面积达到13.66平方米；供水普及率（含县城）达到97.65%；燃气普及率（含县城）达到88.62%；集中供热普及率（含县城）达到86.6%；生活污水处理率（含县城）达到87.2%；生活垃圾无害化处理率（含县城）达到83%；建成区绿化覆盖率（含县城）达到39.9%；人均公园绿地面积（含县城）达到11.2平方米，城镇基础设施承载能力有较大提升。

表1-3　　山西省城镇市政公用设施水平

城镇类型	年份	供水普及率（%）	燃气普及率（%）	集中供热普及率（%）	人均道路面积（平方米）	污水处理率（%）	生活垃圾无害化处理率（%）	建成区绿化覆盖率（%）
设市城市	2010	97.26	89.94	83.99	10.66	80.6	73.58	38.01
	2015	98.85	97.31	92.48	13.52	88.34	97.17	40.13
县城	2010	93.99	58.18	43.1	11.46	64.99	9.79	31.11
	2015	97.42	76.08	77.77	14.81	88.71	64.81	37.93
建制镇	2010	82.5	9.5	—	12.5	—	—	22.2
	2015	87.42	16.12	—	12.45	0.55	3.35	19.95

注：建制镇指标说明：供水普及率包括无集中供水管网的自备用水和其他生活用水设施；燃气普及率包括居民灌装液化石油用气。

城镇生态环境建设得到加强，阳泉、大同、朔州等17个市县被命名为国家园林城市（县城），晋中、临汾、运城等34个市县被命名为省级园林城市（县城），全省园林城市（县城）总数达到56个，其中国家园林城市（县城）达到25个，城市生态环境明显改善。

城镇住房保障能力得到提升。住房保障政策不断完善，出台了《山西省棚户区改造工作实施方案》、《关于公共租赁住房和廉租住房并轨运行的实施意见》等一系列政策，并报省人大二审通过了《山西省住房保障条例》。全省实现了廉租住房和公共租赁住房并轨运行，基本构建了公共租赁住房、经济适用住房、限价商品住房和棚户区改造为一体的城镇保障性住房供应体系。“十二五”期间，全省开工各类保障性住房约146.07万套，其中新开工各类棚户区94.96万套。基本完成国有林区棚户区和国有垦区危房改造，并将城中村和城市危房纳入棚户区改造范围。城镇保障性住房覆盖面（保障房建成套数占城镇家庭户数的比例）达到24%。

4. 重点镇建设全面推进，农村人居环境得到改善

2011年7月，山西省政府出台了《全省“双百”城镇建设实施方案》，实施了以

“五建设两整治”为重点的百镇建设工程。2011～2014年，百镇共实施新区建设、旧区改造和特色街区整治项目175项，景观风貌和环境整治项目313项，镇均城镇建成区面积增长0.6平方千米，达到2.81平方千米。城镇人口增长10万人，镇均增长0.1万人，镇区人口规模超过1万人的镇由23个增加为27个，百镇城镇人口占全省479个建制镇（不含县城）城镇总人口的50%以上，新增二、三产业从业人员8万人，惠及民生的公共服务环境明显改善，城镇人口集聚和就业吸纳能力得到提升。百镇建设工程实施中，涌现出一批城镇建设的好的做法和机制创新典型，对加快全省小城镇建设具有极为重要的典型借鉴和示范引领作用。

历史文化名村名镇与传统村落保护得到加强，至2015年底，全省有中国历史文化名镇名村40个，山西省历史文化名镇名村125个，中国传统村落129处，省级传统村落286处，名镇名村及传统村落数量位居全国前列。结合旅游产业发展和农村人居环境整治，在汾河流域、沁河流域、黄河沿岸和长城边关要塞“三河一关”区域，打造了一批具有浓郁传统文化和地方特色的传统村落。

围绕实现“人员队伍、清扫保洁、垃圾收集处理、村容整饰、长效管理机制”五个全覆盖，深入推进乡村清洁工程，全省各级累计投入30亿元，配备清扫保洁和监管人员10.9万名，垃圾收运车辆3.5万辆，建设垃圾中转站447座，清理积存垃圾419万吨，初步建立保洁清运处理体系，农村面貌发生明显变化。

“十二五”时期是全面开展农村危房改造的重点攻坚期，全省农村危房改造工作取得了较大的成绩，共完成50.69万户农村困难群众的危房改造，178万农村困难群众喜迁新居。

5. 城镇化的规划引领得到强化，体制机制改革政策逐步完善

2011年6月出台了《山西省人民政府关于加快推进城镇化的意见（晋政发［2011］11号）》，2015年颁布了《山西省新型城镇化规划（2015～2020）》，2016年颁布了《山西省人民政府关于深入推进新型城镇化建设的实施意见》。“十二五”期间，省规委办公室会同各市政府完成了太原都市圈、晋北城镇群、晋南城镇群、晋东南城镇群及10个城镇组群规划，实现“一核一圈三群”城镇化和工业化重点开发区域战略规划的全覆盖，建立了比较完善的城乡规划法规体系，规划编制与实施逐步走上了法治化、规范化的轨道，为全省城镇化战略的实施奠定了基础。

山西省委、省政府将城乡统筹作为综改试验区建设四大领域之一，加快推进城镇化体制改革和机制创新，出台了城乡建设用地增减挂钩试点、城镇居民社会养老保险试点以及统计、项目、资金、户籍、医疗等方面一系列的政策措施，为推进城镇化提供了政策保障。在具体实施中，山西省财政加大对城乡规划、百镇建设的支持力度，积极争取与各大银行和相关金融机构合作支持城镇化建设，支持鼓励有条件的县积极开展城镇化建设基金组建工作，争取创新县域经济市场化融资机制，更多地发挥民间资本的作用。积极推进建设用地管理机制创新，城乡建设用地增减挂钩已覆盖全省，对解决城镇化进程中建设用地紧缺的问题起到了重要作用。积极推进统筹城乡居民社会养老保险和医疗保险制度全覆盖，城乡发展更加和谐。

（二）面临的主要问题

虽然山西省城镇化取得了显著的进展，奠定了新型城镇化发展的基础，但人口市民化水平不高、核心城市竞争力不强、小城市（县城）宜居宜业不足、小城镇特色发展不够、城镇群集群效率不高、城镇化体制机制不活、城镇化与新农村建设统筹程度较低等问题也十分突出，影响着全省城镇化水平和质量的进一步提升。

1. 城镇内部二元矛盾突出，人口市民化水平不高

“城市内部二元结构”问题突出表现在：一是“城中村”、工矿棚户区人口；二是大量的外来常住人口，这部分人口并未真正融入城镇、享受城镇居民的公共服务，还不是真正意义上的城镇居民，属于“半城镇居民”。2014 年，全省户籍人口城镇化率仅为 32.7%，比常住人口城镇化率低 21 个百分点，比全国户籍城镇化率低 4 个百分点，在城镇人口中有约有 770 万农业户籍人口，占城镇人口的比重为 39.2%。由于没有当地户籍，不能享有户籍人口的医疗卫生、教育、养老金及其他社会公共福利，相当一部分人口实际上只是城乡之间的“两栖人”，影响了城镇化水平的快速提升。

2. 外部协作联系不够，内部集群效率不高

在区位特点和交通条件共同作用下，山西省城镇空间组织“内聚外联”的特征十分突出，省域外围处于门户区位的大同、阳泉、晋城、运城等城市及晋北、晋南、晋东南城镇群，外向性联系日趋加强。特别是在京津冀、中原经济区、关天经济区、晋陕豫黄河金三角等进入国家战略层面的背景下，密切与邻域城市（群）的交流与合作，是山西城镇体系建设的重要任务之一。但是，目前对外合作还处于初级阶段，区域协调发展的管理体制和运行机制尚未建立，全方位的合作态势还未形成，承东启西的优势尚未得到有效发挥。

城镇群建设处于起步阶段，与长株潭城市群、中原城市群、关中城镇群等存在较大差距，我省中部资源环境承载能力较强地区的城镇化潜力有待挖掘。由于缺乏协调统一的区域性调控机制，区域深层次的整合协调发展态势还未形成，城市群内部分工协作不够、集群效率不高。2010～2014 年，“一圈三群”总人口占全省总人口的比重由 74.6% 下降到 73.5%，城镇人口占全省比重由 83.2% 下降到 81.5%，GDP 占全省比重由 83.2% 下降到 81.9%。

3. 核心城市不强、小城市（县城）不大、小城镇不优，城镇结构性矛盾仍然突出

山西省缺乏在全国具有较强竞争力和影响力的核心城市。省会城市太原市产业结构重、基础设施现代化水平低、综合服务功能不强，城市综合经济竞争力在全国地级以上城市排名 72 位、城市可持续竞争力排名全省 46 位，市域人口、经济总量、人均 GDP 在中部省会中处于末位。太原、大同两个人口超过 100 万人的大城市市区人口占全省城镇人口比重由 2000 年的 31.6%，下降到 2014 年的 24.2%。其他区域性中心城市多为资源型城市，城市产业层次不高，城市规模偏小，在全国地级城市中综合竞争力排名靠后，对区域经济的支撑和带动作用不强。

县城和小城市集聚产业和人口不足，产业发展吸纳就业的能力不高，城市规模偏小，县城平均人口规模 7 万人，10 万人以下的县城 73 个，城镇基础设施、公共服务设施建设不完善，社会管理水平滞后，宜居宜业的条件不足，中小城市潜力没有得到充分发挥。

小城镇数量多、规模小、产业与城镇特色不明显、未形成自身发展的比较优势，基础设施、公用设施不完善，创造就业门路狭窄，对人口和投资吸引力小。

4. 新型城镇化政策措施尚未落实到位，城镇化发展的体制障碍亟待破除

推进新型城镇化，关键在于建立合理城镇空间布局结构和新型的城乡关系，需要有相关配套政策和管理体制改革作保障。山西省已出台了规划统筹户籍、社保、就业、投融资等新型城镇化体制机制创新的指导性文件和相关政策措施。但是，有效的实施机制还没有形成，规划统筹协调机制不完善，土地管理制度、就业制度、社会保障制度、户籍管理制度等方面的改革滞后，仍在制约着城镇化的健康发展。

规划统筹协调机制不完善，导致城镇群、大中小城市及新农村的发展和建设难以统筹推进。户籍制度及配套的医疗卫生、教育、社保、养老、社会公共福利制度城乡二元分割制约了人口市民化进程。农村土地制度改革滞后制约了农民进城落户能力。农业转移人口市民化成本分担机制缺失制约了公共服务均等化。事权与财权脱节的财税体制，导致基层政府财权与事权不匹配，中小城市（小城镇）提供基本公共服务缺乏资金来源。

（三）城镇化的新环境和新要求

从国内看，一方面经济发展进入“新常态”，经济增速放缓，结构调整加速，经济增长动力转换，城乡经济结构发生了深刻变化，城镇化在保障经济平稳增长，促进经济结构转型中的引擎作用日益突出，为住房城乡建设发展注入了新动力，拓展了新的发展空间，提供了新的机遇。中央城市工作会议掀开城市工作历史性的一页，城市工作在党和国家全局中的地位举足轻重。另一方面住房城乡建设事业要主动适应经济的“新常态”，全面贯彻创新、协调、绿色、开放、共享五大发展理念，尊重城市发展规律，坚持规划先行，坚持建设为基，坚持管理为要，坚持民生为本，改变城市发展方式，推动城乡建设管理向市场化、绿色化、集约化、精细化方向发展，向更加关注民生方向发展，将改革创新贯穿于住房城乡建设事业发展全过程，加快行政管理方式的转变和创新，全面提高城市治理能力。

从省内看，城镇化正处在一个加快发展的重要战略机遇期，面临着许多重大机遇。一是山西省正处于工业化发展的中期阶段，城镇化进程处于快速发展时期，根据国际经验，城镇化率达到 70% 才稳定下来，离 70% 的城镇化率还有较大空间，将释放巨大的消费能力，城镇化将长期有效地支撑经济的良好发展。二是从区域发展格局看，东部沿海地区经济已经进入优化发展阶段，产业加速向内地转移，外地务工人员开始回流，山西省作为中部省份将会成为新一轮城镇化发展的重心。三是从国家宏观政策看，中央把推进城镇化作为扩内需、稳增长的战略重点，将进一步加大对城镇化的政策支持力度，消除制约城镇化发展的体制机制障碍，特别是国家实施促进中部地区崛起战略，加快构建“两横三纵”城镇化战略格局，将为本省加快推进新型城镇化创造良好的政策条件。四是从内部条件看，国家资源型经济转型综合配套改革试验区建设将为城镇化发展提供强劲动力，全省交通、能源建设为城镇基础、公共设施与环境建设提供了新的支撑，为推进新型城镇化创造了前所未有的条件。

山西省经济增长速度放慢，城镇化快速发展的经济动力和城镇建设的财力支撑将会减弱，将会对城镇化的较快、持续发展带来压力。同时，在加快资源型经济转型的背景下，新型城镇化推进要适应资源型经济转型发展的内在要求，协调工业化与城镇化的关系，将城镇发展放在优先位置，调集更多的资源特别是公共资源用于城镇发展，优化城镇化发展方式，培育和发展辐射全国性的重点城市和城市群，积极构建与区域发展阶段相适应的高效、集约、开放、可持续的城镇体系组织结构。

二、“十三五”新型城镇化的总体思路和目标

（一）总体思路

全面贯彻党的十八大和十八届三中、四中、五中全会及中央城镇化工作会议、中央城市工作会议精神，以转型综改试验区建设为统揽，加快转变城镇化发展方式，推动全省城镇化向注重质量提升转变，向注重经济社会与生态环境协调发展转变，向注重城乡统筹发展转变。加快发展太原都市圈和晋北、晋南、晋东南三大城镇群，着力提升中心城市的功能，着力突破县城（小城市）、特色小镇建设，着力改善农村人居环境，进一步优化城镇化结构与布局；着力提高城镇基础设施和公共服务，推进创新、绿色、人文城市建设，促进城镇化质量和城镇美丽宜居水平的提升；坚持以人的城镇化为核心，创新体制机制，促进农业转移人口进得来、落得住、转得出，加快农业转移人口市民化进程，实现城乡和谐发展、共同繁荣，城乡居民共享城镇化发展成果。

（二）指导原则

——坚持以人为本，把促进有能力在城镇稳定就业和生活的常住人口有序实现市民化作为首要任务，着力解决城镇化进程中的突出矛盾和问题，稳步推进城镇基本公共服务常住人口全覆盖，尊重规律，量力而行，提速与提质并重，推动人口城镇化更稳更好发展。

——坚持城乡统筹，把推进城镇化和改善农村人居环境，建设美丽乡村紧密结合，促进城乡要素平等交换和公共资源均衡配置，形成以工促农、以城带乡、工农互惠、城

乡一体的新型工农、城乡关系，着力构建城乡互动发展的新格局。

——坚持产城互动，把就业和生计作为推进新型城镇化的前提条件，整合矿城企关系，推动矿区与城镇融合发展，开发区与城镇融合发展，以产兴城、依城促产，通过产业集聚和经济转型繁荣城镇经济，拓展就业创业空间，通过完善城市功能吸引要素集聚，拓展产业发展平台，形成产业集聚、就业增加、人口转移、产城融合发展的新格局。

——坚持集群推进，遵循城镇集群化发展趋势，把城镇群作为城镇化的主体形态，加快建立资源共享、设施共建的协调机制，加快提升太原城市群的经济竞争力和人口吸纳能力，大力推动地区性城镇组群发展，加快构筑以"一核一圈三群"为主体的城镇化空间格局，促进大中小城市和小城镇协调发展，促进人口分布、经济布局与资源环境相协调。

——坚持绿色转型，把绿色转型作为促进城镇化发展方式转变的主线，着力推进国家创新驱动发展战略山西行动计划和低碳计划，推动形成绿色低碳的生产生活方式和城市建设运营模式，顺应自然规律，保护生态环境，节约集约利用土地、水、能源等资源，合理控制城市开发边界，促进经济效益、社会效益和生态效益相统一，增强城镇可持续发展能力。

——坚持文化传承，加强历史文化名城、名镇、名村保护，延续城镇历史文脉，强化文化传承创新，促进自然与人文、现代与传统交融，把城镇打造成为彰显三晋文明传承与创新的人文魅力空间。

——坚持先行先试，按照综改试验区建设要求，在户籍管理、土地流转、社会保障、医疗保障和就业制度等方面深化改革，大胆创新，先行先试，加快破除城镇化的体制机制障碍，创新城镇化发展模式，着力构建充满活力、富有效率的新型城镇化体制机制。

（三）主要目标

到2020年，全省城镇化率达到63%左右，初步构建起结构合理、布局协调、功能互补、集约高效的城镇体系，太原都市圈成为全国重要的城市群；建成比较完善的市政公用设施和公共设施体系，城镇基本公共服务覆盖全部常住人口，城镇生态环境质量根本改善，历史与地域文化特色充分彰显，人居环境与生活质量显著提高；建成一批家园美、田园美、生态美、生活美的美丽乡村，城乡发展一体化格局基本形成，城乡居民共同迈进小康社会。

三、城镇化布局与结构优化路径

（一）"内聚外联"，发挥城镇群在新型城镇化中的主体作用

把城镇群崛起作为提升山西区域核心竞争力的重要途径，把城市群作为推进城镇化

的主体区域，全面对接“一路一带”、京津冀等国家战略和“两横三纵”国家城镇化空间战略，实施“中心集聚、外围联动、轴线对接、多元增长”的发展战略，组织修编和实施《山西省城镇体系规划（2016～2030）》、实施“一核一圈三群”规划，建立协调发展机制，整合中心城市与周边城镇发展关系，加强交通、能源、水等支撑体系建设，引导人口与经济活动向中部盆地汇集，加快太原都市圈转型发展和统筹发展，使之成为引领全省、辐射周边地区的城市群，成为全省转型发展的示范区、创业创新的先行区；引导晋北、晋南、晋东南城镇群积极参与蒙晋冀长城金三角、黄河金三角、中原城市群合作与协同发展，促进区域产业发展互补、基础设施共建、生态网络互联、资源信息同享，加快形成集约高效、开放协同的城镇体系，促进人口分布、经济布局与资源环境相协调。

以功能一体化为核心，以太原晋中同城化、基础设施一体化为抓手，加快太原都市圈建设。太原市与晋中市要以山西科技创新城建设和重大基础设施与公共服务设施对接为突破口，创新行政管理体制，完善合作机制，构建“规划同筹、制度同构、市场同体、产业同链、科教同兴、交通同网、设施同布、信息同享、生态同建、环境同治”的同城化发展新格局，全面提升太原都市区整体竞争力。加快推进孝汾平介灵、阳泉、忻定原、离柳中城镇组群一体化进程，积极推进晋中108廊带区域一体化发展示范区建设，促进太原都市圈形成有机融合的交通圈、物流圈、商贸圈、旅游圈和生态圈，全力构建辐射带动能力强大的省城都市化地区，提升其在全国中的地位，使之成为中部崛起的重要战略支点。

以规划引领、协调机制建设、基础设施对接、园区和建设用地统筹等为抓手，加快大同都市区、长治“1＋6”城镇群、晋城“一城两翼”城镇群、盐临夏等城镇组群和临汾百里汾河城镇带协同发展，形成“一核一圈三群”城镇体系的四大战略支点。

加快航空、铁路客运专线、城际铁路、高速公路、快速通道建设，全力构建以太原都市区为国家级综合交通主枢纽，大同、运城、临汾、长治、吕梁等为国家综合运输枢纽，晋城、忻州、晋中、阳泉、朔州5个省级综合运输枢纽的现代综合交通体系。推进城市群基础设施一体化建设，构建核心城市1小时通勤圈，完善城市群之间快速高效互联互通交通网络，建设以高速铁路、城际铁路、高速公路为骨干的城市群内部交通网络，统筹规划建设高速联通、服务便捷的信息网络，统筹推进重大能源基础设施和能源市场一体化建设，共同建设安全可靠的水利和供水系统。逐步推进毗邻城市金融、通信、物流等一体化，促进人才、科技等要素高效配置和合理流动，提升城市群整体发展效率。

（二）创新驱动，提升中心城市在城镇化中的核心引领功能

实施国家创新驱动发展战略山西行动计划，深入推进资源型城市转型试点，强化科技、金融、商贸物流、教育文化等枢纽和中心功能，促进高端要素集聚，完善综合服务功能，推动11个中心城市转变发展方式，提高中心城市辐射带动作用，发挥在城镇集群和资源型经济转型中的核心引领功能。

太原市、晋中市要充分发挥区位优势，把山西科技创新城建设作为太原、晋中提升城市功能和同城化的重要抓手，以实现创新驱动发展为导向，以营造创新友好环境为突破口，健全创新体系、聚集创新资源、突出效益效率、着眼产学研城融合，围绕重点产业创新链，整合与集聚技术、资本、人才，优化创新发展环境，推动核心技术创新与转化，培育有国际影响力的行业龙头企业，努力打造煤基产业和低碳产业研发基地、高端制造业与服务业、低碳生态住区、优质教育资源集聚区，驱动太原、晋中建设成为全国一流自主创新基地和创新型山西建设引领区。加快开放型经济建设，积极促进工业优化升级，建设综合性国家高新技术产业基地。深化服务业综合改革，大力发展高端服务业，加快建设中央商务区，着力发展总部经济，形成聚集效应，切实提高在区域发展中的首位度，努力建设区域性经济中心、金融中心、科技教育中心、文化旅游中心、物流中心。

把资源型城镇转型作为我省资源型经济转型发展的重点，加大对大同、阳泉等资源衰退型、枯竭型城市改造的转移支付力度，对资源衰退型、枯竭型城市的基础设施、生态环境改善、接续替代产业、社会保障事业等领域融资项目给予积极支持，积极引导各种资本的投入，延伸城镇产业链，推进城镇产业结构多元化进程。按照“矿城融合、一体发展”的发展思路，推动工矿企业与城市整合协调，联动发展。加大对资源型城市棚户区改造的资金支持力度，探索建立财政补助、银行贷款、企业支持、群众自筹、市场开发等多元化的资金筹措机制。改变随矿建居模式，推进以矿建镇先行试点，建立完善以矿建镇机制，加快推进矿区城镇化。

其他设区市要依托区位条件、资源禀赋和发展基础，科学定位区域功能和作用，强化产业支撑，壮大经济实力，推动组团发展，拓展发展空间，完善城市功能，提高承载能力，进一步巩固提升区域中心城市的地位和辐射带动能力。

（三）扩容提质，提高小城市（县城）就近吸纳农业转移人口的能力

突出县城综合服务功能全、落户成本低、进城农民归属感强等优势，把县城作为推进城镇化的重要着力点，坚持功能提升和产业发展并重，扩容提质和凸显特色并举，扩大规模、增强实力、完善功能、塑造景观特色，努力使县城成为县域经济发展核心、吸纳农业人口转移的主阵地。推动具备行政区划调整条件的县撤县改市，减少行政管理层级，降低行政成本，提高行政效率。到2020年，建成一批20万以上人口规模的小城市。

突出抓好县城公共设施和基础设施建设。按照满足县级中等城市发展需要并适度超前的原则，提升市政道路、供电、供水、供气、通信、污水处理等基础设施建设标准，重点推进燃气、供热和垃圾无害化处理设施三个薄弱环节的建设。加快城市公共场馆建设，完善县城公共服务功能，重点县（市）实现县县有规划展馆、“三馆一院”（图书馆、文化馆、科技馆、剧院）和“五个一”公共体育设施（体育馆、游泳馆、田径场、中型健身中心、体育公园），引导高等学校和职业院校在中小城市布局、优质教育和医疗机构在中小城市设立分支机构，增强集聚要素的吸引力。

坚持推动产城融合发展，推进产业集聚区建设。统筹产业园区和城镇的规划建设，

促进城市空间与产业空间高度契合，推动城镇设施与园区设施共建共享，促进产城互动融合发展。每个重点县市重点抓好 1 个产业集聚区建设，充分发挥产业对城镇化的支撑作用，带动县城经济发展，提供就业岗位，增强县城吸纳人口的能力。

（四）培育特色小镇，形成农民就近城镇化的新途径

小城镇是统筹城乡发展的重要节点。坚持科学规划引领，特色产业支撑，服务功能提升，改革创新驱动的建设路径，加快培育特色鲜明、产业发展、绿色生态、美丽宜居的特色小城镇，推动百镇建设工程提质升级，使特色小城镇成为山西省特色产业的新载体，创新要素集聚的新平台，展示山西传统文化的新景区，推动农民就近城镇化的新途径。以全国重点镇、“十三五”期间择优培育 50 个左右的国家与省级特色小镇，各市县至少培育 1 个特色镇，建设成为特色鲜明、产业发展、绿色生态、美丽宜居的特色小镇，带动全省小城镇建设提质升级。

按照产业“特而强”的要求，聚焦新能源、新材料、信息、环保、金融、健康、先进制造等新兴产业，白酒、陈醋、中医药等历史经典产业，文化旅游产业、商贸物流产业和现代农业，遵循企业主体、项目组合、园区承载、集群推进的路径，加快产业集聚、产业创新和产业升级，打造一批工业强镇、商贸重镇、文化名镇、旅游名镇和“三农”服务强镇，加快形成新的经济增长点。

坚持区域统筹、合理布局、联建共享，重点推进道路、燃气、供排水设施、污水和垃圾处理设施建设，补齐基础设施短板。到 2020 年，重点镇镇区人均道路面积达到 10 平方米以上，集中供热率达到 50% 以上，燃气普及率达到 60%，安全供水普及率达到 100%，省级示范镇实现污水厂全覆盖，建立起较为完善的“户集、村收、镇运、县（市）处理”的城乡一体生活垃圾无害化处理运行机制。

提高公共服务配套水平，重点支持小城镇实施教育、文化、卫生、体育、养老等公共服务设施项目，构建为“三农”服务的公共平台。省级示范镇和重点镇办好 1 所标准化初中，建设 1 所标准较高的寄宿制小学和 1 所以上优质幼儿园，建成 1 处乡镇综合文化站、1 个全民健身活动中心和符合标准的体育场，镇卫生院成为当地区域性预防保健、基本医疗中心，城乡公共卫生均等化任务率先落实。

树立绿色发展理念，以生态城镇、园林城镇、绿色低碳城镇、卫生模范城镇等创建活动为抓手，大力加强城镇生态、环境建设，打造独具魅力的绿色宜居环境。

按照依法放权、高效便民、分类指导、权责一致的原则，推进镇级扩权改革，探索在法律允许范围内扩大镇级管理权限。创新行政审批模式，推行网上审批，全面实行行政权力清单制度。探索居民自我管理、教育、监督、服务的社区自治模式，培育积极、健康、向上的城市文化和生活方式。

（五）城乡统筹，辐射带动新农村建设

加大统筹城乡发展力度，大力实施以农村基础设施和公共服务为重点的完善提质工

程，以采煤沉陷区治理、易地搬迁、危房改造为重点的农民安居工程，以垃圾污水治理为重点的环境整治工程，以美丽乡村建设为重点的宜居示范工程，保护历史文化名村工程，增强农村发展活力，提高农村居民生活水平，夯实城镇化的根基。到2020年，农民普遍住安全房、喝干净水、走平坦路，1万个村庄人居环境实现整洁、便捷、舒适，3 000个中心村和城郊农村社区建成美丽宜居示范村，100个省级（及以上）历史文化名村（镇）得到有效保护，基本建成100个美丽乡村示范区。

推动基础设施和公共服务向农村延伸。以中心村、城郊村、道路沿线村等村庄人口规模大、密度大地区为重点，把“气化乡村”和城镇基础设施向农村延伸覆盖作为提升农村基础设施建设的新抓手，着力解决农村能源问题，积极推进城镇供水、燃气、供热、污水处理向乡村延伸，实现农村基础设施的新提升。按照“气化山西”总体要求，以管网建设为重点，试点开展集中连片区域农村燃气设施建设。巩固农村饮水安全建设成果，在全面解决农村饮水安全问题基础上，中心镇和大部分中心村实现城乡一体化供水，水质达到国家规定标准。以教育、医疗卫生设施为重点，加强农村公共服务设施建设。鼓励电子商务企业加强与万村千乡、邮政便民服务网点、供销合作社、超市等流通主体合作，提高电子商务应用水平。建设完善县、乡、村三级物流节点基础设施，打通农村电子商务“最后一公里”。

推进易地扶贫搬迁与新型城镇化结合。搞好科学规划，在县城、小城镇或工业园区附近建设移民集中安置区，推进转移就业贫困人口在城镇落户。改善贫困农户生产生活条件，提高公共服务设施建设水平，加强后续产业发展帮扶。合理配置教育、医疗、文化、体育等服务设施，满足搬迁群众居住、看病、上学等需求。

全面开展农村人居安全建设。继续推进农村困难家庭危房改造，到2020年，基本解决农村困难家庭住房安全问题。积极开展地震重点危险区的3市16县，不符合抗震要求的农村住房的抗震改建，提高农村住房抗震安全性能。

加快实施以垃圾污水治理为重点的环境整治工程。在继续推进乡村清洁工程，配备保洁人员、车辆、设施，做好村庄清扫保洁、垃圾集中收集转运的基础上，按照国家要求，开展农村垃圾专项治理工作。加快卫生填埋场、垃圾中转站、热解气化等新技术应用设施建设，建立“政府购买服务、企业一体化管理、委托第三方监管”的农村垃圾治理市场化运作机制，到2020年，基本建立完善农村垃圾收集、转运、处理体系，垃圾定点存放清运率达100%，90%以上的村庄实现垃圾有效处理。积极推进各项农村生活污水处理技术的应用，因地制宜开展村庄生活污水治理，针对重点流域、区域和问题突出地区开展集中连片治理，优先推进水源涵养区、饮用水源地等环境敏感地区，城郊地区以及重点景区周边污水集中治理和农村环境连片整治。

加强历史文化名村、传统村落的保护。建立健全以国家、省级历史文化名村为重点，保护与开发利用的长效机制，加大古村镇景观风貌、历史街区、历史建筑和非物质文化遗产的保护力度，改善古村镇的周边自然环境、开放空间的景观环境，进一步彰显古镇村景观环境、地域建筑文化和非物质文化特色。加快古村镇完善道路、供排水、供电、垃圾收集等基础设施。建立历史文化名镇名村保护与文化旅游产业发展专项资金，支持省级及以上历史文化名镇、名村的保护与发展规划、基础设施建设，古民居、古建筑和公共建筑的修缮和维护，村镇环境治理，努力把历史文化村落培育成与现代文明有机结合的美丽乡村。在汾河中下游、沁河流域、晋西黄河岸边和晋北晋东边关地区，推动古村镇保护与环境整治、文化旅游产业整体联动发展。

积极培育美丽乡宜居示范村和连片区。在新农村建设试点村、示范村基础上，选择区位条件好、经济基础强、带动作用明显的中心村、城镇郊区村和历史文化名村等有条件的村，以田园美、村庄美、生活美的美丽宜居乡村为导向，突出人口集聚、产业带动和公共服务辐射能力的建设，建成一批宜居宜业城郊农村社区、美丽宜居中心村和特色文化名村。以县为单元，选择在县城及重点镇周边、沿路、沿河、沿景区的“一周三沿”地区，按照“串点成线，整线连片”的路径，整体规划，连片提升，建设水平高、示范带动强、富有地方特色的美丽乡村示范区。

四、城镇化和城镇建设质量提升对策

（一）推动城市基础设施优化升级

加快城市综合交通网络建设。大中城市要把解决交通问题放到突出位置，重点推进太原、晋中城市轨道交通建设，统筹推进公共汽车、轻轨、地铁等协同发展。确立“窄道路、密路网”的城市道路布局理念，进一步优化城市路网结构，提高人均道路面积、路网密度，积极推进城市步行道和自行车道建设，步行道和自行车道配置率达90%。加快换乘枢纽、停车场等设施建设，推进充电站、充电桩等新能源汽车充电设施建设，将其纳入城市旧城改造和新城建设规划同步实施。扩大公共交通专用道的覆盖范围。实现中心城区公交站点500米内全覆盖。引入市场竞争机制，改革公交公司管理体制，鼓励社会资本参与公共交通设施建设和运营，增强公共交通运力。

建设城市地下综合管廊。在做好试点城市的基础上，在城市新区、各类园区、成片开发区域的新建道路同步建设地下综合管廊，结合老城区旧城更新、道路改造、河道治理、地下空间开发等，统筹安排地下综合管廊建设，逐步提高城市道路配建地下综合管廊的比例。到2020年，全省建成一批具有先进水平的地下综合管廊并投入运营，初步建立干线管廊、支线管廊和缆线管廊协调发展的格局。

提高城市市政公用设施保障水平。加快供水设施建设改造，城市（含县城）新建、扩建自来水厂33座，提高供水保障能力。加快城镇污水处理及再生利用、污泥处理处置设施建设，提高污水处理率，推进污水管网建设和雨污分流改造，到2020年设区市基本实现污水全收集全处理，城镇污水再生利用率达25%。加强城市排水管网和泵站等排水设施的改造和建设，建成较为完善的城市排水防涝工程体系。提高城镇生活垃圾无害化处理水平，建成覆盖城乡的生活垃圾收运处理系统，无害化处理设施的处理能力满足生活垃圾全处理的需要。加快发展城镇燃气设施，加大老旧管网更新改造力度，建立健全城镇燃气安全保障体系，增强城镇燃气调峰保障能力。加快发展热电联产，淘汰燃煤小锅炉，加强集中供热管网建设改造。到2020年，城市（含县城）公共供水普及率达98.7%，污水处理率达90%，生活垃圾无害化处置率达88%，集中供热普及率达90.8%，燃气普及率达93.5%，人均道路面积达15.4平方米，城市基础设施水平和防灾抗灾能力明显提升。

（二）提高城市美丽宜居水平

继续推进城镇保障性安居工程。将棚户区改造和推进新型城镇化、调整产业结构、发展社会事业、改善城市人居环境等工作相结合，科学编制棚户区改造及配套基础设施建设规划，落实具体项目和时序安排。发挥省保障性安居工程投资公司作用，加大棚户区改造资金投入，充分利用开发性金融支持政策，实施政府购买棚改服务，积极推进棚改货币化安置，探索在配套基础设施建设运营中推广政府与社会资本合作模式。到2020年，改造棚户区（含城中村）36.9万户，基本消除棚户区，有效改善棚户区居民住房条件。加快城中村改造步伐，有序实施城中村改造，解决城中村规划建设管理不严格、基础设施不配套、环境卫生脏乱差、安全隐患突出等问题。多渠道筹集公共租赁住房，通过市场筹集房源，政府给予租金补贴的方式，把公租房保障范围内的城镇户籍家庭扩大到城镇常住人口家庭，支持和帮助农业转移人口解决住房问题。

推进新型社区规划建设。完善城市居住区规划设计标准，合理确定公共服务设施规模、数量，统筹社区分布、交通系统和绿地系统规划，完善基础设施和公共服务体系布局。在新建城市社区中，根据社区管理、人口布局、空间环境、发展潜力等要求，统一布局社区用地，明确商业网点、基本医疗、社区养老和城市防灾避难场所等配套内容，确定公共空间、步行系统、道路交通等建设要求。积极推行老旧社区复兴，编制更新整治规划，统筹公园绿地、停车设施等公共设施建设，推进生态社区和智慧社区建设，避免大拆大建。探索建立社区责任规划制度。

健全城市公共服务。根据城镇常住人口增长趋势，加大财政对城镇中小学校、幼儿园建设的投入力度，增加中小学校和幼儿园学位供给，特别要关注接收农民工随迁子女较多的学校建设工作。统筹新老城区公共服务资源均衡配置。加强医疗卫生机构、文化设施、体育健身场所设施、公园绿地等公共服务设施以及社区服务综合信息平台规划建设。优化社区生活设施布局，打造包括物流配送、便民超市、银行网点、零售药店、家庭服务中心等在内的便捷生活服务圈。建设以居家为基础、社区为依托、机构为补充的多层次养老服务体系，推动生活照料、康复护理、精神慰藉、紧急援助等服务全覆盖。

加强城镇生态环境建设。实施城镇污水处理全覆盖，适度开展污泥集中处置。积极推广清洁能源，控制城市煤炭消费总量，解决城镇燃煤污染。开展PM2.5监测，加大城中村环境综合整治力度，严格控制城市扬尘污染，加强机动车污染防治，大力发展绿色交通系统。积极开展环保模范城市、生态市（县）、环境优美乡镇、山水园林城镇等创建活动。大力推进水、大气等环境要素区域联防联控。落实城市建成区“300米见绿、500米见园”园林绿化建设，提升绿地生态和综合服务功能。增加城市中心区、老城区的公园绿地面积，加快综合性公园、防灾避险公园和植物园建设，不断提升公园绿地服务功能。着力推进城市绿道、绿廊建设，新增绿道、绿廊200千米。

推进海绵城市建设。统筹推进新老城区海绵城市建设，各城市新区、各类园区、成片开发区要全面落实海绵城市建设要求；老城区要结合城镇棚户区和城乡危房改造、老旧小区有机更新，以解决城市内涝、雨水收集利用、黑臭水体治理为突破口，推进区域整体治理，逐步实现小雨不积水、大雨不内涝、水体不黑臭、热岛有缓解。各城镇要建立海绵城市建设工程项目储备制度，编制项目滚动规划和年度建设计划，推广海绵型建筑与小区，推进海绵型道路与广场建设，推广海绵型公园和绿地，促进自然生态修复。

提升住宅综合品质。加快推进住宅产业现代化。推行住宅全装修，实现住宅主体结构与室内装修一体化，住宅部品部件标准化、集成化，逐步建立住宅全装修质量保险保证机制。积极推广工程总承包（EPC），解决设计与施工脱节、责任主体不明确等问题，充分发挥产业化效能和产业链优势，促进住宅建造综合效益和品质的提升。

（三）提升城市内在品质

坚持适用、经济、绿色、美观方针，加强新型城镇化顶层设计，提升规划水平，加快建设绿色城市、智慧城市、人文城市等新型城市，全面提升城市内在品质。

建设紧凑型城市，提高土地利用强度，优化用地空间布局，鼓励利用城市地下空间，对城市闲置和不合理利用的土地进行再开发，提高建设用地利用率；通过合理开发、混合的土地利用和优先发展公共交通等控制城市无序蔓延，提高公共服务设施利用效率，保护郊区开敞空间。在发展城镇的过程，加强对原有农村住房宅基地、原有小型工农业占地、历史遗留工矿地的生态恢复和重建。

开展低碳城市试点。继续推进晋城低碳城市试点工作，逐步向其他区域中心城市扩展，突出亮点，先试先行，以低碳经济为发展模式及方向，积极探索城镇化快速发展阶段应对气候变化、降低碳强度、推进绿色发展的做法和经验，提升城市可持续发展能力。

建设节水城市，加强城镇节约用水管理，全面建设节水型城市、单位、校园和小区，到2020年，所有设区市达到国家节水型城市标准要求。

加快建设智慧城市。积极推进太原市、大同城区、阳泉市、长治市、怀仁县、平鲁区、晋城市、大同市、忻州市、吕梁离石区国家智慧城市创建工作，推动信息化与城镇化协同发展。建设宽带、融合、泛在、安全的基础信息网络，加快城镇基础设施智能化，统筹推进城市运行管理和社会管理数字化，构建智能、协同、高效、安全的城市管理体系和公共服务应用体系。加强物联网、云计算、大数据等新一代信息技术创新应用，拓展智慧化的信息应用和新型信息服务。

建设人文城市，全面推进“四名”（历史文化名城、名镇、名村和风景名胜资源）的保护和开发利用。探索传统村落保护与文化资源开发互动的长效机制。以传统文化遗存为基础，努力建设有历史记忆的城镇。注重在旧区改造中保护历史文化遗产、民族文化风格和传统风貌，促进功能提升与文化文物相结合。注重在新区建设中融入特色文化内涵，做到城市更新和文化传承有机衔接。塑造城市文化品牌，做大做强文化产业，把文化资源优势转化为产业优势，努力提升城市形象，打造三晋城市文化名片。

五、新型城镇化体制机制创新重点

（一）创新城乡规划管理机制

坚持把城乡规划作为提升城乡发展质量、推进新型城镇化的重要抓手，充分发挥规划在优化城乡空间布局、把握城镇发展规模、提升城乡发展质量等方面的引领作用。

完善城乡规划控制体系。明确主体功能区规划的基础地位和市县域城乡总体规划的龙头地位，深化完善省域城镇体系规划，试点开展市县域城乡总体规划，注重研究编制和实施城镇群、城镇组群、都市区等重点区域协调发展规划，强化村镇规划的制定与实施，加快形成全域覆盖、城乡统筹、功能清晰、横向协调、上下衔接的空间规划体系。

创新“多规合一”机制。积极推进“多规合一”试点，突出规模、范围、标准、类型、建设时序安排等重点，做好各类规划之间的统筹协调，尽快实现主体功能区、土地利用、城乡建设、生态建设、产业发展等空间规划在规划目标、规划标准、规划内容、信息平台的四个对接。完善“多规合一”的实施机制，建立以五年规划为抓手的规划实施衔接制度。与国民经济和社会发展“十三五”规划同步，编制城乡近期建设规划、土地利用五年规划、产业发展专项规划和生态环境专项规划等，落实年度城乡建设计划，健全部门联席会议制度和规划专家论证制度；建立规划实施联合监管机制和建设项目审批的部门协同机制。

建立城镇群发展协调机制。按照区域一体化和发展城市群的思路，建立高效协同的城镇群发展综合协调机制，推动城镇群内部市场体系、产业布局、基础设施、公共服务、环境保护一体化发展。建立太原晋中同城化高层次的协调共建机制，协调两市的规划、建设、公共服务和社会保障，推进太原晋中同城化取得实质性进展。制定太原都市圈及晋北、晋南、晋东南城镇群规划实施条例，把城镇群发展纳入法制化轨道。

强化城镇空间增长管理。科学划定城镇增长边界，强化城镇空间增长管理，在外延扩张的同时，注重城镇空间内涵挖潜。探索新城扩张与旧城改造联动机制，将新增城镇建设用地与拆迁改造建设用地作为两项约束性指标，纳入城市总体规划指标体系，动态引导和管理。

创新城市规划监管体制。建立城乡规划督察员制度、城镇总体规划实施评估制度、城乡规划公示制度、城乡规划动态监测系统，加强对城乡规划编制、实施、修改的监督检查，形成较为完善的城乡规划监督体系。

深化行政管理体制改革。坚持权责利相统一，合理划分政府事权，进一步简政放权，扩权强县、扩权强镇，适当扩大县级政府和小城镇经济社会管理权限。创新城镇管理和服务体制，科学设置管理机构和人员编制，强化城市政府公共服务和社会管理职能，提高政府履行公共服务的能力。积极稳妥推进行政区划调整，适当调整一些城市的行政区划，进一步合理配置城市资源，对市、县同城的要力争撤县（市）设区；仅设一个建制区的城市，可根据城市发展需要，通过撤县（市）设区，增加建制区数量；

将城市规划区内的乡镇逐步改为街道办事处，行政村逐步改为居民委员会，实行城市管理体制。适应“大县城”和重点镇发展要求，有计划推进撤乡并镇，扩大县级市中心城区、县城和重点镇的区域范围。适度调整部分市中心城区不合理的城、矿区设置，推进城市中心城区的镇、乡改街和村委会改社区工作。

（二）建立农业人口转移的促进机制

深化户籍管理及相关配套制度改革，建立适应城镇化快速、健康发展的户籍管理及社会保障、教育、就业等配套制度，坚持自愿、分类、有序，充分尊重农民意愿，促进有能力在城镇稳定就业和生活的农业转移人口有序实现市民化，稳步推进城镇基本公共服务常住人口全覆盖。

深化户籍制度改革。健全农业转移人口转户制度体系，坚持农民自愿，有序推进人口城镇化进程。太原市在合理控制人口规模的基础上，完善落户政策，有序引导农业转移人口进城落户。全面放开其他所有城市、小城镇的落户限制，最大限度吸纳符合条件的农民工在城镇落户，鼓励农业转移人口就近就地在城市和小城镇落户。推进人口管理制度改革，还原户籍的人口登记管理功能，全面推行居住证制度，建立以居住证为依据的基本公共服务提供机制，形成户籍制度和居住证制度有效衔接的人口管理制度。

加强社会保障服务。加快推进农民工社会保障全覆盖，逐步实现与城镇职工平等享有相应待遇，完善在城镇灵活就业的非城镇人员参加企业职工基本养老保险办法。完善社会保险关系转移接续政策，在农村参加的养老保险和医疗保险规范接入城镇社保体系，实现社会保障一卡通。扩大社会救济覆盖面，将符合条件的农民工逐步纳入社会救济范围。整合城乡居民基本医疗保险制度，鼓励农民工参加城镇职工基本医疗保险，允许灵活就业农民工参加当地城镇居民基本医疗保险。推进社区医疗服务向农民工聚居地延伸，将农民工及其随迁家属纳入社区医疗卫生服务体系。完善农民工城镇住房保障的政策措施，逐步解决进城农民工基本住房问题。保障农民工随迁子女在居住地受教育的权利，将农民工随迁子女义务教育纳入城市教育发展规划和财政保障范围。

完善就业促进制度。建立健全覆盖城乡的平等就业制度、职业教育和培训制度、就业服务和援助制度，健全公共就业服务体系。建立促进高校毕业生和返乡农民工就业的长效机制，鼓励以创业带动就业，实现城乡劳动力充分就业。建立全省统一的就业服务信息平台，完善城乡均等的公共就业创业服务体系。

（三）深化土地管理制度改革

按照严守底线、调整结构、深化改革的思路，切实提高城镇建设用地集约化程度和土地资源保障能力，以农村产权制度改革为突破口，切实保障农民财产权益，积极探索农民相关权益的实现形式，增强农民向城镇转移的动力。

提高城镇建设用地集约化程度。坚持最严格的耕地保护制度和节约集约用地制度，按照“管住总量、严控增量、盘活存量”的原则，深化土地管理制度改革，建立健全城镇低效用地再开发激励约束机制和存量建设用地退出激励机制，构建节约集约用地机制。大力推进旧城区、旧厂区、城中村改造，加大城镇低效建设用地再开发力度。加快城镇规划相关技术标准的制定和修订，强化各类建设用地标准控制，并利用价格和税收等经济手段，促使各项建设建筑密度、容积率、绿地率达到合理标准，提高城镇建设用地效率。

提高城镇化重点地区发展的土地保障能力。建立城乡建设用地置换和跨区域耕地占补平衡市场化机制。建立易地开发补充耕地和省内跨区域实现耕地占补平衡的管理办法。优先安排“一核一圈三群”的建设用地，缓解城镇化进程较快地区城镇建设用地的供需矛盾。创新城乡建设用地增减挂钩模式，突破城乡建设用地增减挂钩只能以县为单元调剂的限制，推行以太原都市圈及其他设区城市为单元的城乡建设用地增减挂钩试点，有效解决中心城市建设用地短缺问题。推进矿业用地管理机制创新，抓好存量矿业用地整合利用。开展露天矿业用地改革试点，建立矿业用地土地复垦补偿机制。加快实施人地挂钩试点政策，充分挖掘城乡建设用地潜力。

启动农村产权制度改革。开展农村集体土地所有权、集体建设用地（宅基地）使用权、土地承包经营权、房屋所有权等确权登记发证工作。进一步完善征地补偿机制，规范征地程序，优化征地补偿安置办法，有效保障农民的财产权益。坚持“依法、自愿、有偿”原则，积极推进土地承包经营权流转，探索建立进城农民承包经营权和宅基地使用权有偿退出机制，创新农村集体土地上房产产权产籍管理制度。在充分保障农民权益的前提下，探索允许农民进城落户后依法处置承包地、宅基地等农村土地的有效形式。

推进集体建设用地市场化改革。推进农村集体经营性建设用地流转与压煤村庄土地流转试点，探索集体建设用地使用权以转让、出租、作价入股等方式流转，逐步建立城乡统一的建设用地市场。对符合规划、经批准使用农村集体建设土地的城镇经营性项目，探索由农民或农村集体经济组织以多种方式参与土地开发经营。

完善土地增值收益分配制度。动态调整更新并逐步提高征地补偿标准，提高农民征地补偿收益。农村集体土地征收为国有土地之后的增值收益，一定比例用于承担农业转移人口市民化成本；一定比例用于新农村建设和扶持农业产业化的项目。进一步健全被征地农民的社保机制，适当提高被征地农民的社保费用。

（四）改革财税及投融资体制机制

积极推进城镇财税及投融资体制改革，规范县级投融资平台建设，完善多样化城镇建设和乡村建设投融资渠道，建立新型城乡建设投融资体系。

建立财政投入稳定增长机制。改革完善财政体制，建立健全城镇基本公共服务支出分担和奖补机制，实现基本公共服务支出持续稳定增长。加大煤炭可持续发展基金、土地出让收益用于市政公用设施投资的比例。完善省级转移支付办法，建立财政转移支付同农业转移人口市民化挂钩机制，支持市、县政府加大对城镇基本公共服务的投入。发挥财政资金的杠杆作用，引导社会资金投向城镇建设。

探索多样化的城镇建设投融资渠道。建立透明规范的城市建设投融资机制，创新融资工具，拓宽城市建设融资渠道。整合各类投资公司和投资基金，组建省级综合性投资集团，下设包括城建投资公司在内的专业投资公司，搭建城市基础设施建设投融资平台。各设区市政府整合城市基础设施和公共设施资源，搭建市场化运作的新型融资平台。开展县域城镇化建设基金试点，吸引民间资本、大型企业集团参与城镇化建设，充分发挥民间资本和企业在城镇化建设中的主体作用。建立投融资平台公司债务分析和预警机制，设立城建项目偿债基金，逐步形成城建投资主体偿债保障机制。加强与开发性金融合作，推动发行城镇投资建设债券、市政建设债券和股票；积极采用 BT、BOT、TOT 和 PPP 等多种方式，进行城建项目的融资创新；鼓励煤炭企业参与城镇基础设施和城镇旧区改造。强化政策性银行的支持和信贷、保险的保障。鼓励保险公司积极为城镇化基础设施项目开展保险业务。

继续深化市政公用事业改革。进一步加快建立城市供水、供气、供热、公共客运、垃圾和污水处理等行业特许经营制度。鼓励各种所有制形式企业参与城市市政公用基础设施的建设和经营。完善市政公用产品定价机制和政府公共财政合理补偿机制。

探索建立农业转移人口市民化成本分担机制。加强政策引导，逐步强化基层政府的主体税种，为地方政府提供稳定税收来源。建立城镇化专项转移支付制度，将财政转移支付作为保证城镇提供基本公共服务的主要途径，提高城镇综合承载能力和对社会资本、人口转移的吸引力，加大对中小城市、小城镇和革命老区、贫困地区的财政支付力度。按财权与事权相统一的原则，进一步明晰各级政府的事权和财权划分。

（本研究为由山西省发展和改革委员会、山西省住房和城乡建设厅组织的山西省第十一次党代会报告调研课题“统筹城乡发展，推进以人为核心的新型城镇化调研报告”的基础研究成果，其主要内容被纳入《统筹城乡发展，推进以人为核心的新型城镇化调研报告》）

（完成人：郭文炯　翟顺河　王尚义　吕敏娟　刘志坚　郜丹阳　温鹏飞）

第二章

太原晋中同城化建设路径研究

推进太原晋中同城化，是基于两市历史发展渊源和顺应市场经济发展规律的战略决策，是落实山西省“一核一圈三群”城镇化战略的核心任务，是加快太原城市群发展，打造中部崛起增长极，带动山西省整体转型跨越发展的重要抓手，对于提升太原晋中发展水平，加快推进太原都市圈一体化发展，对于携领山西省中部地区打造布局合理、功能完善、联系紧密的太原城市群具有十分重要的意义。

推进太原晋中同城化，也是有效整合两市资源和经济优势，促进两市错位发展，完善产业体系，提高太原市与晋中市国内、国际经济竞争力的有效途径，是疏解太原中心城区功能，促进太原、晋中新区发展，提升基础设施和公共服务水平与效能的重要手段，对实现两市转型跨越发展具有重要的促进作用。

为贯彻落实《山西省新型城镇化规划（2016～2020）》，加快推动太原、晋中先行先试，同城发展、科学发展，率先建成全面小康社会和基本实现现代化，特开展本研究。研究范围为太原都市区（包括太原市市区、晋中市市区、清徐县、阳曲县），规划重点为太原市市区、晋中市市区，部分同城化内容扩展到太原、晋中市域。

一、发展基础与环境

（一）发展基础

太原晋中地域相连、历史相承、文化同源、产业互补，经济社会发展水平较高，同城化发展已具备良好的基础。2014 年，太原都市区面积 5 457 平方千米，常住人口 463 万人，城镇化率 83%。地区生产总值 2 535 亿元，占全省的 19.9%，人均 GDP 5.5 万元，在山西省经济社会发展中占据首要地位。

1. 区位优势明显，地域空间紧密相连

太原晋中两市地处我省中部平原腹地，是衔接东西、连通南北的交通枢纽和人流、物流、信息流的中心，在区内、区际联系中具有不可替代的枢纽地位，在经济发展中具有明显的物流和营商成本优势。两市自然地域空间相连，山体同脉，河网水系相通，城市用地相向发展趋势明显，城市空间呈现连绵发展的态势，同城化发展自然条件得天独厚。

2. 历史渊源悠长，人文基础扎实深厚

太原与晋中历史上长期处于同一行政建制，历史源远流长，是晋阳文化的发祥地、晋商文化的荟萃地，文化底蕴深厚。居民的生活习惯、思维模式、价值观念和民风民俗相同，无论在地缘关系上还是在经济文化渊源上，都保持着相互依存的紧密联系，具有实现一体化的历史渊源和文化基础。太原与晋中的同城化发展有利于整合文化优势，引领区域文化复兴。

3. 经济集聚度高，资源互补性较强

太原与晋中均是在新中国初期建立起来的我国重要的工业基地，在黑色冶金、重型机械、矿山机械、纺织机械、液压机械等领域的工业基础雄厚，也是山西省新兴产业发展基础最优、集聚程度最高的区域。拥有 1 个国家级高新技术产业开发区，2 个国家级经济技术开发区，1 个国家综合保税区，在重型机械、煤机装备制造、液压、纺机、新材料、电子信息、现代生物与新医药产业以及文化创意和旅游业等方面都具有很高的产业聚集度和较强的市场优势，为两市经济一体化构建了产业基础。太原在人才、技术、科技、教育等方面的优势与晋中土地、工业制造业、物流、文化旅游等优势互补，使两市经济技术合作日益密切，为两个城市的融合奠定了基础。

4. 基础设施逐步对接，公共事务合作不断深化

近年来，两市以基础设施建设为切入点，加快配套服务的衔接。目前，两市间路网初步实现了互通互联，汇通路、迎宾路等道路基本实现了对接，连接太旧、大运、太长三条高速的龙城高速建成通车，太榆路的拓宽改造正在推进；901 路、902 路、903 路多条城市公交线路已相继开通；动车车票实现异地销售，交通一体化步伐加快。燃气供应、供热等同城化项目已取得突破。广播电视有线网络成功对接，部分节目实现互传，电信本地网并网升位方案已上报，高校新区已率先实现与太原之间的资费同城化。股份制银行实现跨区域发展，浦发、兴业、华夏等股份制银行实现同城结算。两市居民通勤、交往及跨市居住、就业、消费等日趋频繁，教育文化资源共享逐步推动，公共卫生服务协作逐渐增强，“同城生活圈”初步形成。

5. 同城发展成广泛共识，多元推动趋势日益显著

在省、市政府的共同推动下，政府、民间交流日益密切，同城化论坛提供了同城化交流协商的良好平台，学术界的深入研究为同城化发展奠定了较坚实的理论基础，太原、晋中同城发展的观念已深入人心，形成了广泛共识。由山西省政府牵头的太原都市圈、太原都市区等相关规划，将太原晋中同城化列为重点任务。同城化发展也纳入了太原市和晋中市国民经济和社会发展“十二五”“十三五”规划，两市的城市总体规划已基本实现对接。太钢集团、太重集团、太原双合成集团等企业逐步实现资金、产业等由太原向晋中转移，企业推动力不断强化。山西高校新校区、山西科技创新城建设，标志着太原晋中同城化已进入实质性发展阶段。

（二）面临的问题

太原晋中同城化，既有历史文化渊源，也有现实经济社会发展的需要和可能，但是，发展进程却始终受到发展阶段、行政区划、地方保护等问题的困扰，主要体现在以下几方面：

1. 系统性规划不够，实质性进展滞后

推进区域一体化发展，必须有一个系统的规划。目前，太原晋中同城化缺乏系统性规划，城市规划层面的衔接仅侧重在基础设施一体化、空间发展一体化等方面，社会事业、产业合作、功能一体化、统一市场的建设等缺乏统筹一体的专项规划和相关的政策措施。山西省国民经济和社会发展“十二五”规划纲要中提出以太原到晋中的快速通道、两市结合部道路对接以及“共建区”的规划建设为重点，形成“规划同筹、制度同构、市场同体、产业同链、科教同兴、交通同网、设施同布、信息同享、生态同建、环境同治”十个方面的同城化发展新格局。目前，道路对接工程有较大进展，共建区建设尚未真正有效推进，仅仅体现山西省高校新校区和山西科技创新城建设的显著进展，其他方面实质性推进项目少；“十同”中仅规划同筹、交通同网、设施同布、信息同享四个方面有较大进展，同城化发展任重道远。

2. 行政壁垒破解缺乏制度设计，同城化制度亟待建立

现行财政、税收、投资等各种体制、政策都以行政区划为基础，客观上导致区域内市场分割严重，行政壁垒为两地一体化建设带来了障碍，主要体现在以下几个方面：基础设施建设因条块管理体制和相关法规限制，难以形成共建共享机制；环境同治由于责任机制、补偿机制不到位，难以形成强大合力；受电信规则制约，实现通信同城收费、统一区号难度较大；市场一体化在准入门槛、商品质量检测、执法原则等尚未实现一致，市场资源要素没有得到充分流动；利益分配机制缺失，导致产业布局、园区整合协调难以推进；两市商业银行分离和共同金融市场缺失，导致金融资本难以在城市间自由流动；户籍、就业、教育、医疗等方面区域分割现象突出，制约了人力资源异地配置。

3. 操作平台和组织机制不健全，区域协调缺乏约束性

在组织协调方面，尽管成立了省城规划委员会，负责组织推进，但是，太原都市圈规划、太原都市区规划等实施机制尚未建立，实施主体仍不明确。市级层面，还未建立经常性的党政对话协商制度和工作联席会议制度等，缺乏统一的政策和行动纲领，缺乏具体组织实施机构。两市尚未形成经政府磋商的合作协议，缺乏具有约束力的同城化制度安排，缺乏对同城化双方有效的约束力与激励机制。

（三）发展环境

当前，我国新型城镇化加速，围绕使市场在资源配置中起决定性作用的经济体制改革正在深化，促进中部崛起战略逐步实施，山西省以“一核一圈三群”为主体的城镇化快速、健康发展，国家资源型经济转型综合配套改革试验区建设大力推进，为太原晋中同城化提供了难得的机遇，同城化必将进入一个更加快速、健康发展的新时期。

1. 国家新型城镇化战略和经济体制改革的深化为加快太原晋中同城化发展提供了良好的宏观政策环境

党的十八大、中央城镇化工作会议和《国家新型城镇化规划（2014～2020年）》均提出，要把城市群作为主体形态，促进大、中、小城市和小城镇合理分工、功能互补、协同发展。党的十八届三中全会通过的“中共中央关于全面深化改革若干重大问题的决定”，关于紧紧围绕使市场在资源配置中起决定性作用，深化经济体制改革，建设统一开放、竞争有序的市场体系；加快形成企业自主经营、公平竞争，消费者自由选择、自主消费，商品和要素自由流动、平等交换的现代市场体系，着力清除市场壁垒，提高资源配置效率和公平性；建立城乡统一的建设用地市场；促进国际、国内要素有序自由流动、资源高效配置、市场深度融合等改革措施将为破解同城化制度障碍提供好的政策环境。《促进中部地区崛起规划》在国家层面明确提出太原晋中同城化发展，要求“加快太原市城市空间扩张和功能提升，稳步推进以太（原）榆（次）为中心，公交、电信、金融、市政设施等领域‘同城化’发展，建立城市间协商协作机制，强化城市间的经济联系和功能分工”。《全国主体功能区规划》提出“强化太原的科技、教育、金融、商贸物流等功能，提升太原中心城市地位，推进太原—晋中同城化发展”。太原晋中同城化作为国家层面的战略，将会在政策层面得到更多的支持。

2. 山西省委、省政府高度重视城镇化工作为太原晋中同城化提供了重要的政治保障

在转型发展、跨越发展的大背景下，山西省委、省政府高度重视城镇化工作，把市域城镇化作为全省转型跨越发展的四大核心战略之一，2011年，山西省政府印发了《山西省人民政府关于加快推进城镇化的意见》，作为山西省城镇化工作的指导性文件。在全省城镇化战略实施中把太原都市圈建设作为重中之重，把太原晋中同城化作为推进山西省城镇化的重要抓手。“十二五”以来，历年政府工作报告都把加快太原晋中同城化作为主要的工作任务。省委、省政府关于推进同城化的战略决策，为太原晋中同城化提供了重要政治保障和发展机遇。

3. 国内同城化的先行探索为太原晋中同城化推进提供了宝贵的经验与借鉴

同城化已成为我国许多省区普遍关注的焦点，影响较大的有陕西“西咸”、河南“郑汴”、辽宁“沈抚”、广东“广佛”、新疆“乌昌”、福建“厦漳泉”、湖南“长株潭”等，这些城市在区域协作共建方面开展了积极的探索，为太原晋中同城化推进提供了宝贵的经验与启示：第一，同城化的前提是保持现有区划格局，是在不打破行政区划的基础之上，两个城市之间开展合作，同城化不等于行政区划的调整与合并。第二，同城化的条件是地域相邻、优势互补、发展冲突、集体认同。第三，同城化的主体包括政府、企业和社会组织等，需要政府与非政府组织共同推动。第四，同城化的手段包括高效协调管理、资源一体配置、一体市场体系、产业协调共建、设施共建共享、生态环境同治共保等，难点在于利益分配、制度安排和统一管理。第五，同城化的目的是促进城市功能协调互补，整合优化城市资源配置，提升城市的区域竞争力，实现城市的共赢。第六，统一规划、先易后难，分步实施、重点突破是一般的操作路径。第七，建立高效协调管理机制作为保障。第八，项目是切实推进同城化的主要抓手。通过联席会议商定，筛选出最能见成效、最紧迫、最能让人民受益的合作项目，并指定牵头部门作为项目责任主体，督促、检查、统筹和协调项目的落实，是同城化的主要抓手。

4. 山西省高校新校区和山西科技创新城是太原晋中同城化的直接推动力

山西省高校新校区“三横五纵”道路建设已完成，各高校陆续入住。突出“集聚、创新、孵化、辐射”四大功能的山西科技创新城建设正在推进，“研城一体、产城一体、产融一体、两市一体”的科技创新城建设战略实施将成为太原晋中同城化的新引擎。

二、总体要求与目标

（一）总体思路

以科学发展观为指导，深入贯彻落实十八大提出的新型城镇化战略要求，遵循“先行先试、合作共赢，同城建设、错位发展，整体规划、循序渐进，政府推动、市场主导”的原则，以山西科技创新城建设和重大基础设施与公共服务设施对接为突破口，创新行政管理体制，完善两市合作机制，不断拓宽合作领域，促进要素自由流动、资源优化配置，构建“规划同筹、制度同构、市场同体、产业同链、科教同兴、交通同网、设施同步、信息同享、生态同建、环境同治”的同城化发展新格局，全面提升太原都市区整体竞争力，携领太原城市群一体化发展，使之成为中部崛起的重要战略支点。

（二）基本原则

——先行先试、合作共赢。借助国家资源型经济转型综合配套改革试验平台，在重要领域和关键环节先行先试，率先探索同城化发展新模式、新举措和新机制，促进功能协调互补，优化资源配置，构建互动、互补、互惠的发展格局，实现两市共赢。

——同城建设、错位发展。以“太原都市区规划”为统领，山西科技创新城建设为抓手，推进城乡规划、基础设施、产业协作、社会事业、公共服务等方面的同城化建设，在重要领域和关键环节率先取得突破；充分发挥两市比较优势，加大资源共享力度，实现资源优化配置与城市功能、产业布局的错位发展。

——整体规划、循序渐进。坚持统一规划、先易后难，分步实施、重点突破的操作路径，协调两市各类规划，科学确定两市各区域功能定位，以山西科技创新城建设、基础设施和科教文卫体合作为突破口，逐步推进城市空间、经济布局、交通组织和环保等全面同城化。建立经济社会发展、城乡建设、土地利用、产业发展、生态环境保护等“五规合一”规划编制协调机制。

——政府推动、市场主导。加强政府各个层面的沟通，做好统筹协调和政策引导；充分发挥市场对资源配置的决定性作用，坚持以企业为主体开展合作，推动同城化向纵深发展。

（三）主要目标

太原晋中同城化的总体目标是，推动太原晋中从目前一般性城市合作向实质性、一体化融合的大都市区发展，努力形成分工明确的城市功能板块，统筹协调的产业格局，一体化的基础设施、生态安全和公共服务体系，建立起一体化市场体系、重要资源一体化配置和利益补偿机制，构筑起“十同”发展的同城化新格局，把太原都市区建设成为集约高效、开放多元、山水文化特色突出的现代化宜居都市区，山西省转型升级的引领区，中西部地区最具活力和竞争力的现代服务业和先进制造业基地。

“十三五”时期的目标是，到2020年，同城化迈出实质性步伐。重点健全同城化组织与制度，突出抓好山西科技创新城起步区建设，率先推进基础设施、生态环境、教育、科技、文化、旅游资源共享和金融、电信等见效较快的同城化领域，加快推进城市一体化进程，夯实经济与制度同城化的基础，初步实现太原与晋中在城乡规划、重大基础设施、公共服务和生态环境等方面的同城化，山西科技创新城建设形成雏形，区域发展的整体合力显著增强。

——山西科技城建设成效显著，发展方式明显转变。区域创新体系健全高效，具有国际竞争力的高新技术产业体系基本成形，高端产业不断集聚，产业资源共建共享，产业空间布局基本协调，产业竞争力明显提升，综合实力明显增强。

——基础设施全面对接，城市功能合理分工。布局合理、网络对接、运行高效的一体化综合交通运输体系初步建成，市政、信息、能源、口岸通关等基础设施全面对接，太原机场、火车南站等枢纽型基础设施在更大区域辐射力和影响力不断扩大；太原晋中城市功能合理分工、优势互补，空间利用效率提高，都市区的辐射带动功能显著提升。

——环境保护与生态建设一体化机制基本形成，绿色优质生活圈初步建成。水环境和空气污染治理成效明显，生态环保联防联治新格局基本形成，区域整体环境质量明显改善，绿色优质生活圈初步建成，可持续发展能力增强，率先构建资源节约型和环境友好型社会。

——公共服务信息平台同城共用，公共事务管理和服务基本实现同城化。数字城市管理平台、社会保障信息服务系统、劳动就业应用平台和劳务合作信息共享平台等一批公共信息服务平台基本建成并初步实现同城共用；文化、教育、医疗卫生和体育等领域资源协作共享，社会保障、就业、人才等领域服务基本实现一体化，城市管理、社会治安、人口管理、食品药品安全等公共事务管理和服务基本实现同城化，社会保障体系覆盖城乡，人人享有基本公共服务。

（四）同城化重点协调区域布局

根据“太原都市区规划（2016－2030年）”，结合“山西科技创新城”的建设布局，将太原、晋中两市行政边界的结合部“山西科技创新城规划范围”确定为“同城化重点协调区域”，为两市合作共促的重要区域和全面同城化的空间载体。通过拓展新的城市空间，实现都市区整体品质提升，推进公共设施与基础设施的一体化，实现航空枢纽、铁路站场、输电廊道等区域性基础设施的共享、整合与对接，实现水利防汛、环境治理、生态修复等的一体化运作。重点协调区域北起太原南环高速及太旧高速公路，南至潇河两岸，西起汾河，东至龙城高速公路，总面积510平方千米。

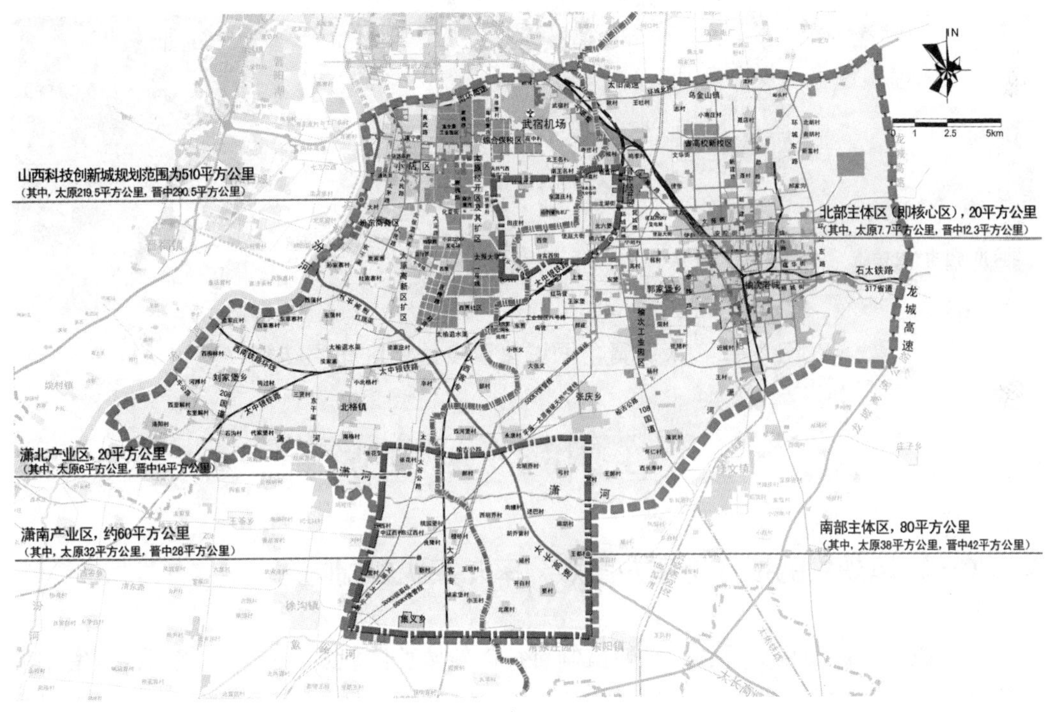

图2－1　太原晋中同城化重点协调区范围

根据山西科技创新城建设总体方案，同城化重点协调区域形成纵横主轴、“一核两副”的布局结构。

纵横主轴：包括产学研一体化横轴和产业创新发展纵轴。产学研一体化横轴：自西向东贯穿汾东商务区、太原经济技术开发区、创新城核心区、晋中北部新区、省高校新校区等主要功能区。产业创新发展纵轴：自北向南连接武宿综合保税区、创新城核心区、北六堡物流园区、生态功能区、潇河产业区，是高新技术研发与产业发展主轴。

一核两副，即创新城核心区、西部副中心和东部副中心。在纵横轴线交会处，太原晋中连接部，建设创新城核心区，在太原汾东商务区建设西部副中心，重点发展总部经济、金融中心、产权交易等综合服务平台；在晋中北部新城建设东部副中心，重点建设国家大学科技园创业创新中心、高新技术孵化基地和低碳科技创新服务基地。

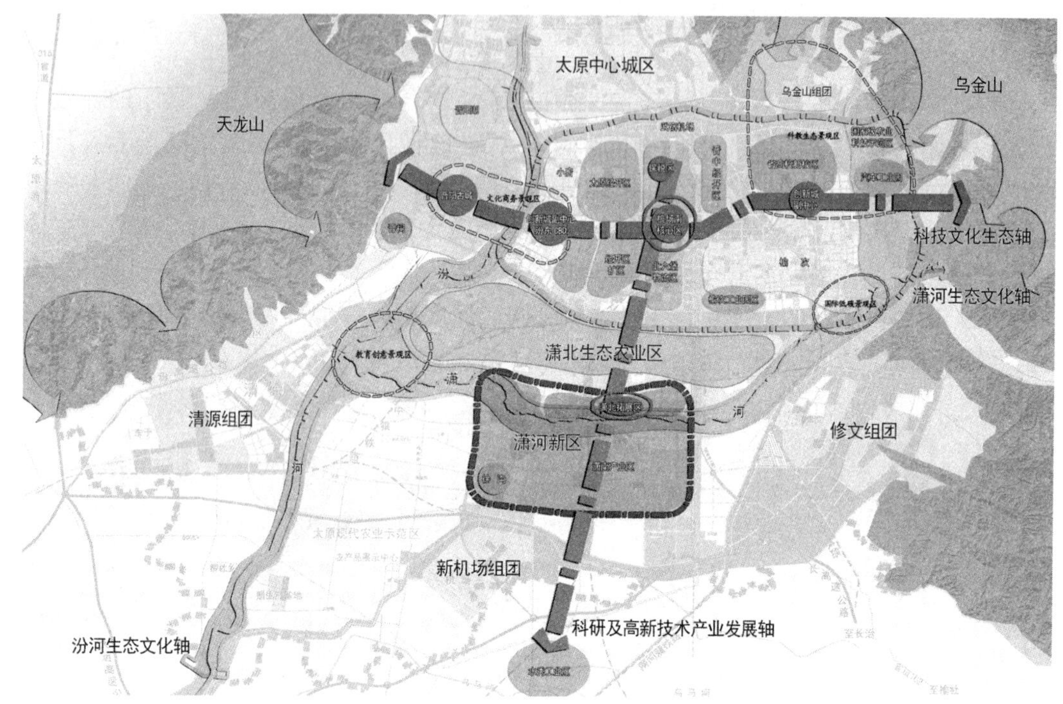

图 2-2　太原晋中同城化重点协调区布局结构

三、主要任务与建设重点

（一）以规划的衔接协调为重点，率先实现规划同筹

以太原都市区规划为统领，加快编制科技创新城总体规划和核心区规划，修编完善两市城市总体规划和专项规划，以整体务实理念，做好规划的衔接协调，率先推进规划一体化，引领同城化科学发展。

1. 积极实施《太原都市圈规划》、《太原都市区规划》

太原都市圈规划和太原都市区规划是指导太原都市区空间协调发展的总体战略和行动纲领，是太原都市区范围内城乡规划、重大基础设施布局和生态环境保护等与空间利用相关的政策及规划制定的基本依据。积极实施《太原都市圈规划》、《太原都市区规划》，明确太原都市区的功能分区、土地利用、产业发展、基础设施建设、环境保护等，促进太原晋中城市功能合理分工、协调发展，指导两市城市总体规划与专项规划的编制。

2. 编制山西科技创新城主体区总体规划、核心区城市设计和控制性详细规划

按照山西科技创新城建设总体方案，科技创新城规划范围也是太原晋中同城化重点地区，山西科技创新城总体规划，是重点地区的同城整合规划。为促进重点地区同城整合，总体规划要突出五方面的空间重点协调内容：①功能布局优化：统筹安排主要大类功能用地，进行整体功能分区，形成集约高效、布局合理、功能完善的片区。②产业布局整合：围绕“新型化、高端化、集群化、循环化”发展导向，按照“纵横主轴、一核两副”的布局结构，整合、拓展区内产业园区，优化产业布局。③公共设施整合：着重解决重复建设和资源共享问题，突出科教、生产性服务设施布局，统筹安排大型市政公用设施和公共服务设施用地。④道路交通衔接深化：结合功能布局，进一步整合、优化太原晋中边界两侧城市次干路及支路的对接，实现道路紧密联系。⑤生态环境保护：区域生态红线的界定、水源保护和水系衔接。主体区和核心区规划要按照打造“煤基产业和低碳产业研发基地、高端制造业与服务业、低碳生态住区、优质教育资源集聚区”的定位做好控制性详细规划和城市设计。

3. 建立规划衔接机制

以太原都市区规划和山西科技创新城总体规划为指导，制定实施交通运输、生态绿地系统、产业布局等专项规划，做好两市总体规划的调整、修编，加强两市国民经济和社会发展规划、产业布局规划和土地利用规划等重大规划的衔接协调，切实增强同城化发展的协调性和整体性。

4. 建立落实同城化规划保障机制及政策

探索建立两市城乡规划一体化的机制，明确同城化城乡规划的近期行动计划。加快推进信息共享机制，实现资料数据库建设与共享、城市地理信息数据的转换衔接、动态规划信息库共享、衔接地带规划管理的通报、备案机制；建立同编协审机制，衔接区段和重点地区由原先各自独立编制到同编协审；形成政策保障机制，将同城化规划编制成区域公共政策指引型的规划，即时转化为区域政策，转化为年度建设计划指引，并通过相关法律或规定加以规范。

（二）以体制机制创新为基础，推进制度同构

按照公正公平、互利共赢的原则，先行先试，改革创新，打破阻碍同城化发展的行政区划壁垒，探索建立以优势互补为基础、以市场机制为纽带、具有更强整合能力的协调体制和机制，为太原晋中同城化发展提供强大动力和保障。

1. 建立同城化高效协调管理机制

充分发挥山西省省城规划委员会对同城化建设的决策和协调作用，组织实施太原都

市区协调发展规划、太原晋中同城化规划和相关专项规划，协调解决太原晋中同城化建设中的重大协调性问题。建立太原晋中同城化市长工作联席会议制度及工作协调机制，强化联席会议办公室和专责小组职能，就同城化中的重大问题进行会商，形成“协商决策，统驭实施，互补互助，多赢发展”的协作机制。加大联合宣传和共同推介力度，形成重大决策事项和重大新闻发布事先沟通协调机制。充分调动社会各界积极性，通过“太原晋中同城化发展论坛”等平台，共同探讨深层次合作问题。鼓励发展各种非政府的横向协调机构，支持组建区域性行业协会、商会等社会团体联盟。

2. 建立太原晋中全域重要资源一体化配置机制

在太原晋中全域范围内，探索建立建设用地指标的区域统筹机制，提高建设用地配置效率，推动区域水权交易，建立区域排污权交易制度，提高环境容量的总体配置效率。

3. 健全产业协调与经济协作机制

协调产业政策导向，联手编制太原晋中产业结构调整指导目录，实施差异化引导政策，以政府为主导主抓区域龙头项目，其他项目主要通过规划引导，整合区域产业资源。研究建立区域财税、投资管理、技术创新等有利于协调发展的利益协调机制，联手打造产业园区和功能区；建立企业、项目空间转移的利益协调和补偿机制，共同研究跨市开发模式。加强招商引资政策对接，逐步统一土地利用政策、税收政策、招商服务标准，共同开展招商引资，互通招商信息，共享招商资源，协调招商利益。以山西科技创新建设为依托，建立技术创新协作机制，共同规划和建设一批共性和关键技术创新平台，加大对中小型科技企业的支持力度，联合推动重大通用技术和应用技术创新。

4. 建立生态环境治理一体化机制

按照区域生态功能，建立多类型的生态补偿机制。以生态环境综合治理项目等为重点，开展生态环境补偿试点。建立两市水环境综合整治、空气污染防治、生态建设等区域环境保护与生态建设一体化政策体系，实现生态环境管理制度的整体对接。建立两市河流、大气环境监测合作机制，定期协商跨界监测断面、监测项目相关问题，制定阶段性合作计划。对可能造成跨区域污染的重大建设项目实施环评联审，共同研究跨界流域和区域的限批、禁批办法，严格控制高污染、高能耗项目的审批立项。联合开展环境污染调查，加强执法联动，杜绝污染转移，形成污染型企业有序退出机制。

5. 建立公共事务共管机制

建立城市管理跨区域联动机制，制定联动工作预案，联合开展专项行动。探索联合设立交界地区公共事务管理机构，对重点范围、路段和区域进行重点监管，实现相邻地区城市管理无缝对接。完善政府服务体制，共同推广“一站式服务”、“网上办事”和“网上审批”。开辟同城化建设重大项目“绿色通道”。在重大群体性事件、食品药品安全、重大疫情、安全生产事件等领域建立完善协同处理机制。

（三）培育统一开放、竞争有序的市场共同体，推进市场同体

突出市场在资源配置中的决定性作用，加快建立统一开放、竞争有序的现代市场体系，培育区域性商贸、物流、科技、文化、旅游和公共产品等共同市场，促进区内资金、技术、人才等要素市场融合，形成同城化发展合力。

1. 推进金融服务同城化

统筹各金融机构力量，共同为跨行政区的同城化重大建设项目提供融资服务；推进信贷管理一体化，实现太原都市区内同一金融机构的贷款资源和贷款信息共享，实行同城放贷；探索建立一体化存取款体系，实行同城收费标准，推动按照同城标准开展同城汇兑、拆借等业务。

2. 促进技术市场一体化

构建太原都市区统一的技术交易网络和技术产权交易平台，实现技术成果、投资需求等信息共享和股权变更、产权交易、交易鉴证等相关技术产权交易业务同城化办理。建立统一的知识产权保护体系，实现知识产权保护一体化，共享知识产权信息技术成果。

3. 推动人力资源有效利用

推动人才区域合作，建立统一的人才交流和人力资源公共服务信息平台，联合发布人力资源公共服务信息，开展人才交流相关服务；建立区内统一的高层次创业创新人才库，推进高层次人才资源共享。

4. 构建统一、公平、开放的市场环境

加强市场监管合作；统一企业信用标准和规范，建立信用信息发布和共享机制，实现企业信用评估结果互认；统一规范企业的登记注册条件和程序，推进同城化标准制定工作，加快建立两市统一的标准标志制度，逐步统一抽查规则和检测标准，尽快实现质检报告互认。

5. 建立两市各行业和企业的交流制度及合作平台

增强协会（商会）在沟通联络、行业自律、产业宣传和政策咨询等方面的功能和作用，为企业提供法律、会计、审计、评估、金融、投资、信息咨询等服务。

（四）合力打造产业集群，推进产业同链

以山西科技创新城建设为引领，以新型化、高端化、集群化、园区化为路径，统筹协调产业发展规划，促进太原晋中产业融合、布局优化、联动发展，推进产业高端集聚和转型升级，合力打造产业集群，加快建设全国一流的装备制造、新材料和高新技术产

业基地，加快形成国际性碳能源产业科技中心、国家能源服务中心、中部地区现代物流枢纽。

1. 推动制造业融合发展

充分利用太原晋中现有产业基础优势，错位发展，分类整合，优化布局，以重大项目为龙头，以产业链为纽带，形成装备制造、新材料、高新技术、医药和特色食品等联系紧密、相互配套、带动力强的制造业集群，联合打造先进制造业基地。

——推进工业新型化，重点建设5大产业集群。①装备制造业，重点发展轨道交通装备、重型机械、矿山工程机械、煤机装备、液压元器件、电力设备、纺织机械、煤化工装备、煤层气开采与应用装备等装备制造业，建设具有山西特色的装备制造业基地。②汽车制造业，以山西新能源汽车、太原江铃重汽和山西皇城相府宇航汽车为依托，以新能源汽车、载重汽车、特种装备车辆为方向，加快汽车及零部件生产基地建设。③新材料产业，充分发挥大企业、大集团的平台作用，建设世界一流的以不锈钢和镁合金研发制造为主的新材料产业集群。④高新技术产业，以太原国家高新技术产业开发区、太原、晋中经济技术开发区、山西医药工业园为依托，以科技创新城建设为引领，重点发展电子信息和物联网、新材料、生物医药、环保、新能源和光机电一体化等产业。⑤特色食品产业，按照安全、健康、营养、优质的要求，做大做强传统食品，做精做细特色食品。

——优化产业布局，重点打造5大产业集聚区。通过产业转移和项目布局调整，加强企业协作配套，推进两市园区整合，突出产业特色，创新互利共赢合作机制，避免同质竞争。①太原北部新材料及装备制造业产业集聚区。依托太钢的规模与技术优势，推进太钢不锈钢生态工业园区与阳曲工业新区的整合，建设不锈钢生产及深加工、铝镁及永磁材料产业、轨道交通装备制造及航空科技产业集聚区。②太原河西重型装备制造业集聚区。推进企业间合作，整合相关生产、研发机构，建设专业分工合理、协作配套完善、创新能力突出的矿机、煤机、轨道交通装备制造产业集聚区。③太原晋中高新技术产业集聚区。山西科技创新城核心区重点打造煤基产业和低碳产业技术研发基地。太原高新区重点发展信息产业、生命科技产业、光电产业、文化产业、物联网的研发制造产业。太原经济技术开发区重点发展煤机装备制造、交通运输装备制造、太阳能光伏、LED、钕铁硼等新能源新材料及生物制药等产业集群。晋中经济技术开发区重点发展生物制药技术研发，建设医药和特色食品产业基地。④晋中新能源汽车和机械装备工业集聚区。以晋中经济开发区和榆次工业园为带动，大力培育汽车、液压、纺机等高端制造业。⑤潇河高端产业承接区。充分发挥整体开发的规模优势，生态环境优势，建设78平方千米的高端产业集聚区。

2. 协同壮大现代服务业

推进太原晋中现代服务业同城发展，共同支持重点金融集聚区的发展，加快枢纽型物流园区建设与合作，实施商贸一体化战略，完善区域商品市场体系，建立节能环保服务和高技术服务平台，整合共享会展场馆资源，联手打造商务会展中心，形成与区域性大都市区功能相适应的现代服务业体系，建成中西部具有较强影响力和辐射力的现代服务业中心。

——金融业。以建设区域性金融中心为目标，加快建设集金融、总部经济、产权交易等功能为一体的汾东商务区，推动金融产业优势资源集聚；培育壮大风险投资市场、产权交易市场，搭建区域性中小企业直接投融资平台；进一步提升煤炭交易中心功能，不断创新煤炭交易模式，稳步推出场外交易（OTC），积极争取国家批准山西煤炭期货交易。

——会展业与总部经济。以山西国际会展中心为龙头，整合会展资源，联手开拓国际国内市场，推动会展业国际化、专业化、品牌化、信息化发展。积极引进国内外集团总部和区域性总部，形成具有国际影响力的总部经济集聚区。

——现代物流。优化布局，努力形成以太原货运和太原武宿综合保税区为枢纽，以北部不锈钢及制品物流、西部建材和铁路装备物流、东部日用品物流、修文大型集装箱货运物流为节点的物流网络。充分发挥中国（太原）煤炭交易中心的作用，打造国家级煤炭物流平台，加快煤炭、钢铁、机械、粮食等大宗商品交易中心发展。大力培育现代物流龙头企业，积极发展第三方物流，促进物流社会化和现代化，形成以物流企业、供应链服务企业为主体的物流产业群。

3. 大力拓展旅游合作

依托晋中“108 国道综合发展廊道”的成熟旅游路线，整合两市丰富精彩的旅游资源，串点成线，提升晋阳文化和晋商文化旅游品牌，积极发展文化旅游、农业观光和生态旅游，联合打造精品旅游线路，发展跨区旅游营销网络，推行旅游景区通票制度和“一卡通”，构建一体化旅游服务体系，形成集观光、休闲、商务、会展、文化、美食、娱乐于一体的休闲胜地，建成具有重要影响力的旅游目的地和游客集散地。

4. 积极发展都市型现代农业

调整优化农业产业结构，重点打造无公害蔬菜、标准化养殖、优质粮生产、干鲜果种植、苗木花卉培育等五大产业基地，积极构建集加工型、科技型、多元型为一体的现代都市农业体系。优化农业布局，在都市外围与城市建成区紧密结合的山前地带，打造都市农业发展圈，沿都市区外围山区，打造生态农业和休闲农业圈，依托尖草坪高效农业观光园区，建设北部生态农业休闲区，依托太原、晋中现代农业示范区，建设南部现代农业示范区，加快构建太原都市区“两圈、两区”农业产业格局。联手推进太原晋中农业标准、市场准入、农资监管、动植物防疫等领域的交流与合作，推行农产品质量标准、检验检测标准、认证标准及法定检验单位鉴定结果互认，建立高效、安全的农业产品质量安全管理体系。推进农业科技交流合作，鼓励联合开展农业科技攻关和科技人才培养，促进农业科技创新和成果转化。

（五）共建科技创新城和高校新校区，实现科教同兴

以科技创新城和高校新校区建设为契机，以科技研发和人才培养为主导，整合太原

晋中两市科技、教育资源，吸引、集聚省内外高等院校、研发机构，促进创新要素和教育资源高效配置，构建开放融合、布局合理、支撑有力的区域创新体系和人才培养体系，引领、支撑全省经济转型跨越发展。

1. 加快构建开放融合、布局合理的区域创新体系

大力推进科技创新城核心区建设，围绕重点产业创新链，整合与集聚技术、资本、人才，推进科技创新平台建设，优化创新发展环境，推动核心技术创新与转化，逐步实现科技要素配置优化、产学研协同创新、科技成果有效转化，把太原晋中打造为全国一流自主创新基地和创新型山西建设引领区。

——大力推进科技创新城核心区建设。按照“省市共建，扩权强区，统筹协调”的思路，以基础设施和科技创新综合服务平台建设为重点，加快启动创新城20平方千米核心区建设。超前谋划、统一布局、一体化建设，推进以“九横四纵”主干路为主的市政公用设施建设；推进科技资源服务、科技创业服务和科技金融服务三类服务平台建设，加快煤、电、新材料三大产业链技术研发与产业机构的集聚，使科技创新城在短时间内形成规模，取得成效。

——做好创新创业孵化，探索产学研协同创新新途径。依托高校新区，联合共建国家大学科技创新创业中心；以山西省工业研究院为龙头，以技术转移促进中心、生产力促进中心、各类高新技术企业孵化器及中试基地、中试车间等技术服务机构为载体，推进高新技术企业孵化基地建设，加快企业、高校、科研院所共同组建产学研战略联盟，鼓励技术人员和高校师生创新创业，构建功能齐全、手段先进、社会化的创新服务体系。

——推进两市基础性科技资源联网共享，共建科技创新平台。积极整合科技设备共享平台、科技信息共享平台、科技创业公共服务平台和知识产权公共服务平台，推进科技信息、专家库等基础性科技教育资源的联网共享，建立健全科研设备和科技信息开放共享制度。加强产学研合作，支持共建国家工程实验室、工程技术研究中心、企业技术中心等技术创新平台和公共服务平台。

——形成统一的科技创新政策框架，优化创新发展环境。建立太原晋中技术创新协作机制，联合推动重大技术和应用技术创新，提高高新技术成果产业化能力。促进两市专利管理、技术市场、科技信息、生产力促进中心等科技中介服务组织的对口业务交流与合作。建立知识产权预警、监管系统及执法协作机制，加大知识产权保护和市场监管力度。建设一批国家级、省级检测、认证中心，加强自主创新支撑体系和服务体系建设，完善区域自主创新环境。

2. 合力促进高校新校区的发展，推进优质教育资源的共享

探索组建教育科研协作联盟，鼓励名校跨区域整合资源，共建教育教学资源库，实现教育信息的共享，共同提高办学质量。

——着力解决高校新校区建设与发展中交通、市政基础设施、社会服务中面临的合作与协调问题，促进高校新校区发展。两市与省教育厅联合，推动高校新校区内学校以及两市省、市属高校进行深度合作，开展多种形式的联合办学，交流互聘博导、学术带头人和兼职教授，积极推进学分互认。推动高校加强教学、科研项目和产学研合作，共同组织学术活动，合作开展课题研究和科研项目。积极推进高校基础设施共享，鼓励实验室、图书馆、体育场等基础设施对区域内其他高校和社会全面开放。

——鼓励和支持双方的职业学校在专业和实训基地建设、招生与就业以及专业师资培训等方面加强合作，促进两市职业教育共同发展。整合两市教育和培训资源，互设培训机构，积极开展多形式、多领域的人才资源培训合作，逐步形成适合两市经济社会发展的人才教育培训体系。

——探索组建中小学教育协作联盟，联合举办学术研讨会和教育高峰论坛，定期开展优质公开课评选，促进教学科学发展和教师专业化成长。合理配置义务教育资源，保证学生就近入学。鼓励名校跨区域整合资源，提倡名校与薄弱学校牵手帮扶，推进教师跨地区流动和优质教育资源共建共享。扩大教育网络的互联带宽和互联网出口，逐步实现两市社区与家庭教育宽带网全覆盖，实现教育信息资源有效整合和共享。

3. 加强两市医疗卫生交流与合作

探索建立两市医疗卫生合作模式，着力建立卫生发展统筹协调机制，合理配置卫生资源，逐步实现区域卫生资源共享，形成整体发展优势。加强公共卫生合作，建立大医院和基层医疗机构对口支援长效机制，实行跨区域结对帮扶、双向转诊、慢性病管理等制度，形成大医院与基层医疗卫生机构的良性互动，逐步推进两市基本公共医疗卫生服务均等化。建立协同处理突发公共卫生事件和重大传染病联防联控的工作机制，提高突发公共卫生事件应急处置能力。依托居民健康信息系统平台，创新医疗服务合作，逐步推进门急诊病历“一本通”，实现两市同级医疗机构医学检验、影像检查结果互认。加强 120 急救网络体系对接，逐步建立统一的急救医疗网络体系，实现急救信息共享和急救网络联通。

4. 加强文化、文物、体育和新闻出版的交流合作

发挥文化同源优势，全面加强文化交流合作，建立演艺联盟，推进联合采购，共享票务网络，共同承办全国性、国际性重大文化活动和组织对外文化商演展览。推动公共图书馆文献资源共建和服务协作，逐步实现读者证互认。推行两地文物景点“一票通”，逐步实现博物馆、纪念馆免费开放。加强媒体合作，实现广电网络互通互联，打造辐射全国的影视和媒体集团。突出晋商、晋阳文化特色，发掘文化遗产资源，联手推出一批具有国内乃至国际影响力的文艺精品，提高文化品牌竞争力。加强历史文化街区、名镇、名村保护，推动考古挖掘、文物展示等历史文化合作，实现考古人才、文物资源共享。加强两市在群众体育、竞技体育、体育产业等方面的交流与合作，推动公共体育设施共建共享，共同承办全国性、国际性重大文化体育活动。

（六）构筑一体化综合交通体系，实现交通同网

科学统筹区域交通发展，加强枢纽型、功能性、网络化的重大基础设施建设，推进

区内城市轨道交通、高速公路、国省道、快速路、城市干道和公交联络线的规划、建设和衔接，调整区内公交线路、站场、综合交通枢纽和公交客运枢纽，形成一体化公交网络，共同构建运行高效便捷、辐射带动力强的一体化综合交通运输系统。

1. 推进轨道交通规划与建设

进一步优化调整铁路枢纽布局，完善太原铁路枢纽环线和太兴线、北同蒲、大西客运专线（北向）、石太客运专线、石太线、太焦线、南同蒲线、太郑客运专线、大西客运专线（南向）、太中银线十条放射线，加快形成“一枢纽环十放射”的铁路网络格局。规划期内建成大西铁路客运专线、太兴铁路、太原西南环线铁路、太原东侧货运联络线，建成太原铁路南站枢纽。加快推进太原轨道交通 1 号线一期工程和 2 号线一期工程。启动太原晋中同城化轨道线路的前期研究和规划建设工作。

2. 加快完善高速公路和城际干线路网

重点推进涉及两市交通同网的道路建设。新建东二环吉家岗—龙白、北二环西凌井—吉家岗高速公路，西二环夏家营—西庄，连同太佳高速、龙（白）城（赵）高速，形成太原晋中二环高速公路。推进 108 国道改线、太榆路快速化改造、综合通道建设、晋中环城东路升级、中都路、太原黄陵—部村公路、太原—太谷公路、祁县北堡—峪口公路改造、G208（二连浩特—长治）一级公路对接等纵向干道的建设与对接。推进龙城大街东延、化章街—龙湖大街对接、武洛街东延与榆次道路对接、太原四号线—使赵街对接、太原十号线—晋中迎宾西街对接、太原十四号线—榆次工业园八号路对接、太原武宿—榆次峪头公路、S316 线一级公路改造、榆次修文—清徐公路同标准对接、榆次东阳—清徐公路同标准对接、太谷胡村—清徐小武同标准改造建设、阳曲大方山—寿阳索马改造等横向干道的建设与对接。

3. 统筹布局综合运输枢纽

积极拓展太原武宿国际机场航线、航班，大力发展经停航线，逐步打造成为全国一流的区域性枢纽机场，构建以武宿国际机场为中心，轨道交通和高快速道路有机衔接的立体式综合交通换乘枢纽，启动太原机场搬迁前期准备工作。重点建设和改造铁路太原站、太原南站、榆次站、义井站、晋中站，以及公路主枢纽客运站，构建一体化的客运枢纽体系。完善武宿、北六堡、修文、冶峪、马庄、丈子头、清徐等货运枢纽站场。

4. 加快推进公共交通同城化

按照形成贯通太原晋中两市、满足城乡居民出行的公共交通网络的要求，继续扩大同城公交覆盖面与规模，为居民提供快捷便利的客运公交服务。研究扩大两市出租车服务范围，尽快协商出台两地出租车异地运营规范、出租车定点运营的监督管理制度，推进出租汽车信息的资源共享。加强交通管理协调力度，降低公交出行成本，加快推进公共交通一卡通。建立健全对接道路交通信息采集机制、通报机制、突发事件处置机制和事故追逃联动机制，打造交通运输信息服务共享平台。

（七）推进市政公用设施的联网共享，实现设施同布

统筹供水、排水、集中供热、天然气、污水处理厂等市政公用设施规划建设，推进交界区域市政公用设施的同步规划、同步建设，整体提升基础设施建设及使用效率，避免出现重复建设和资源浪费。

1. 加大城市给排水工程统筹建设力度

优化水资源配置，加快万家寨引黄南干线清徐供水工程、松塔供水工程建设，积极开源，提高再生水等其他水源供水比例，提高供水能力。加强交界地区城市给水管网建设和衔接，推进供水设施联网共享，提高城市供水设施服务水平。按照“相对集中，就近排除，排蓄并重”的原则，完善排水处理设施。统一协调防洪、排涝标准、工程建设标准和管理标准，建设相应标准的排涝体系，尽快启动太原南部新区防洪工程和太榆退水渠改扩建及上游水保工程，共同解决两市重点协调区域排水不畅问题。

2. 加快推进电、气等能源设施一体化建设

新建500千伏太原南变电站和500千伏太原北变电站，形成以500千伏侯村、太原南、太原北、榆次北变电站为主要电源点，500千伏双环网，220千伏分区域，110千伏双电源的供电网络格局。在汾河两岸、北中环、南环高速、东西外环高速两侧绿化带预留500千伏、220千伏高压走廊，一体化安排两市电力廊道。逐步对路宽30米以上道路两侧现有供电架空线路实施入地改造，全面开展智能电网建设，提高电网供电能力和可靠性。实施天然气管道打通工程，统筹管网布局与运营管理，使两地煤气供应实现互通共管。统筹规划与安排石油、天然气加气站布局，形成合理的布局体系，满足车辆加气需求。

3. 实现环卫设施与服务衔接

按照就近接入、有偿使用原则，加强交界地区污水处理设施的建设与对接。加大环卫设施建设与衔接力度，加强跨界区域垃圾处理合作。完善生活垃圾收运中转体系，积极推行垃圾分类收集和无害化处理，最大限度实现生活垃圾减量化、资源化、无害化。同时，在建筑垃圾、餐厨垃圾、电子垃圾、工业垃圾等特种垃圾处理项目的规划建设中，充分考虑两市资源共享，减少同一区域内重复投资和建设。推进市容环卫执法和管理、清扫保洁、垃圾收运等一体化管理进程。

（八）加快信息网络互联互通，实现信息同享

抓住太原市推进首批国家智慧城市试点机遇，统筹信息基础设施建设，深化电子商务、电子政务应用与信息资源整合，促进网络资源共享，加强信息安全保障体系和网络信任体系建设与管理，联合推进智慧城市建设。

1. 做好智慧城市建设试点示范工作

太原市重点实施智慧能源、智慧交通、智慧环保、智慧安全、智慧民生、智慧政务、智慧城市综合管理、城市感知网络、动态数据中心和智能决策中心、智慧城市综合管理平台十大应用工程，加快推进智慧城市建设示范与应用。

2. 推进两市信息基础设施共建共享

加快基础通信网、数字电视网、应急指挥通信网等基础设施建设，推动视频监控网络互联互通，实现设施的共建共享。加大光纤到户建设力度，加强4G网络和无线宽带建设，大力推进电信网、广电网、互联网三网融合。支持搭建高性能的信息网络基础传输平台、开放式多媒体综合服务平台，积极推进容灾备份中心等设施共建共享。

3. 加快信息资源共享

积极推进二市电信网络并网升级，推动各电信运营商套餐业务改革，逐步实现两市间通信资费一体化，加快电信同城化。积极推进电子政务、电子商务、电子网络、电子社区信息标准和规范建设，搭建统一的“综合便民服务信息平台”、“城市基础地理信息公共平台”、“社会保障卡”等公共信息服务平台，协同建设人口、法人单位、自然资源和地理空间等基础数据库，推动电子政务、电子商务、公共安全、市政管理等信息资源共享。

4. 加强信息网络安全保障体系融合

建立信息安全应急体系衔接机制，协同处置网络信息安全应急事件。整合数据信息交换目录，互通数据交换平台，加快实现两地电子公文交换系统对接。促进网络信任体系建设，实现数字证书互通互用、交叉认证，保障企业网上报税和市民网上交易安全。

（九）构建生态安全保障体系，实现生态同建

按照生态文明建设要求，统筹生态建设规划，加强连绵山脉维护，共筑河流、道路等生态走廊，提高城市内部园林绿化水平，协同推进生态空间管制，共同构建一体化的区域生态安全体系。

1. 加快构建“两环一网、两纵三横”的都市区绿色生态架构

整合太原都市区山体、农田、水系、大型绿地、生态隔离带等要素，加强一体化布局与建设，着力构建以“两环一网、两纵三横”为框架的都市区生态安全体系。

2. 继续推进两山修复工程

按照生态功能区划及东西山生态修复规划，加快东山、西山生态修复工程。围绕生

态绿化、道路建设、企业搬迁关停、新产业发展四大重点工程，继续推进西山生态示范区建设，强化林草植被建设与保护，加大采矿区植被恢复和生态园建设，形成生态环保、绿色宜居的新区域。加快东山地区的整治及生态建设力度，重点加强东山地区森林公园、生态园等项目建设，着力打造城市东部生态屏障和生态休闲功能区。

3. 加强河流湿地生态系统保护

继续实施汾河治理、美化工程，形成生态廊道，实现汾河出境断面水质明显好转。实施晋阳湖生态修复工程，把晋阳湖打造成为集生态、观光、休闲于一体的乐园。强化晋中潇河、涂河、涧河三条境内主要河流流域生态走廊建设，完成太原九院沙河、冶峪河、风峪河等十三条边山支河的截污工程和河道治理。推进水系互通、共筑河流生态走廊，构建功能完善的水体、湿地生态体系。

4. 加强沿交通干道生态廊道和生态隔离带的协同保育

全面对接道路林带和城市干道绿化，联合实施“两纵三横”都市区大型生态廊道的建设与管制。重点推进潇北都市农业生态廊道建设，加强农田林网和农田保护区的开发维护，积极推进生态乡镇、生态村创建活动，形成城乡一体化的绿色生态体系。

5. 推进城市园林绿化

加强园林绿化交流合作，实现公园、风景区等园林资源共享。统筹交界地区镇村绿化、开敞绿地的规划、设计和建设，协同建设沿河、沿路防护林和绿化带，实现交界地区绿化景观融合。

（十）联合推进区域环境整治，实现环境同治

以大气污染与水环境污染联防联治为突破口，建立健全区域性环境保护联防联治长效机制，实现环境基础设施资源共建共享，改善区域整体环境质量，率先构建环境友好型社会。

1. 建立健全环境协调机制，统筹两地环境保护

建立两市环境保护定期会商和信息互通机制。统筹考虑环境功能区布局和环境保护基础设施布局。建设太原晋中统一的环境预警体系。定期召开专题会议，把两地环保工作中遇到的共性问题及交叉问题通过会商的方式加以解决，定期相互通报大气环境监测等环境信息。建立环境保护高层综合决策机制，通过多层面协作，对两市环境保护的相关政策措施、污染治理进行整体统筹，建立定期的联合执法机制，共同组织推进对环境污染的同防同治，维护两城共同的环境利益。

2. 对重点污染行业实施共同治理

对焦化、水泥、钢铁、建材、化工等重点污染行业设立区域大气污染物特别排放限

制，实行区域二氧化硫、氮氧化物总量控制，共同谋划能源清洁利用政策措施，共同制定产业的环保准入门槛，加强新上项目环评和能评工作。限制焦化、水泥、钢铁、建材、化工等产业盲目扩张，积极推行重点污染行业清洁生产和循环经济，引导和扶持企业加快节能减排步伐；共同制定区域内污染企业搬迁改造计划，关停淘汰落后设施和产能，减轻环境压力。

3. 有效治理大气污染

共同组织开展对大气污染物扩散的影响研究，为改善两市空气质量提供必要的技术支撑。新建覆盖太原都市区的灰霾天气监测系统、预报预测系统、实时业务资料库和预报研究中心，全面提高灰霾天气的监测、预测水平，加强两地重度灰霾天气同步预警响应机制建设。大力推进集中供热工程，推广使用天然气、煤层气、电、太阳能、废水热源泵等清洁能源，彻底解决城市分散采暖锅炉和城中村土小锅炉的燃煤污染问题，实现集中供热全覆盖。加强机动车排气检测和管理，推广使用清洁燃料，大力削减机动车尾气污染。加大建筑工地、工业场地扬尘控制力度，联合加强两市交界区域和城乡接合部环境的综合整治，全方位遏制扬尘污染。

4. 加强水环境综合整治

加大饮用水源保护区及周边污染源管治力度，制定饮用水源环境监管工作计划和不同风险源的应急处理方案，消除水质安全隐患，确保饮用水安全。建立行政交界断面水质、水量监测和信息通报机制，加强入河排污口监管和交界断面水质监测，建立上下游水质监督体系，力争交界水质达到相应水环境功能区要求。两市统筹建设、使用污水处理设施。制定合理的污水处理收费标准和中水使用标准，提高处理设施使用效率，鼓励中水回用，提高污水处理率和循环利用率，控制跨行政区流域的面污染源。积极治理农业面源污染，重点控制禽畜养殖污染。

四、近期行动计划

“十三五”时期，太原晋中同城化推进，应遵循先易后难、重点突破的原则，加快建立健全同城化组织与制度，突出抓好山西科技创新城核心区建设，先行推进交通同网、设施同布、信息同享、环境同治、科教同兴等群众切实受益，见效较快的领域，促使同城化迈出实质性步伐。

（一）切实加强同城化的组织保障

1. 加强省级指导协调

太原晋中同城化工作，在省级层面由山西省省城规划委员会负责组织协调。

省城规划委员会是省城规划建设重大事项的议事协调和决策机构，其基本职责是加

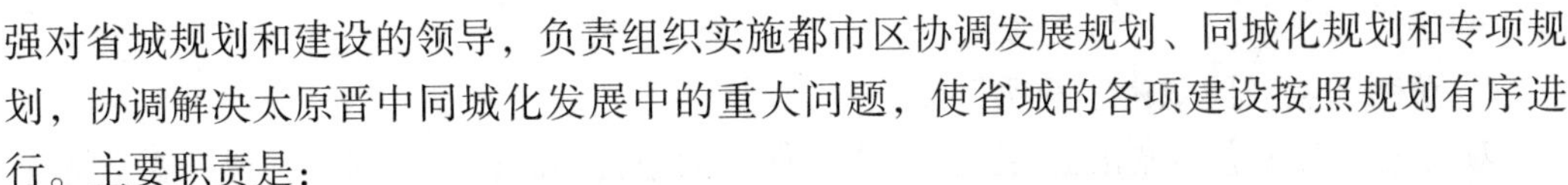

强对省城规划和建设的领导，负责组织实施都市区协调发展规划、同城化规划和专项规划，协调解决太原晋中同城化发展中的重大问题，使省城的各项建设按照规划有序进行。主要职责是：

（1）审议太原市域城镇体系规划、城市总体规划、土地利用总体规划及重大事项；

（2）协调解决太原都市圈规划、都市区规划、全省城镇体系规划、土地利用总体规划、产业园区规划、生态环境保护规划及公路、铁路、民航、电力、供水、供气、通信等专项规划与太原市城市总体规划的衔接和实施中的重大问题；

（3）组织实施太原都市区协调发展规划、太原晋中同城化规划和专项规划；

（4）协调解决太原晋中同城化发展与建设中的有关重大事项。

2. 建立太原晋中同城化工作联席会议制度

太原市和晋中市是推进同城化的实施主体和责任主体，两市政府要形成密切衔接、体系健全的工作协调推进制度。应尽快建立太原晋中同城化工作联席会议制度，两市市长为联席会议召集人，分管城建工作的副市长和政府秘书长参加，两市相关部门主要负责人为成员，负责同城化工作的组织协调。联席会议原则上每年召开一次，亦可视需要由会议召集人协商召开。市长联席会议负责研究解决同城化建设工作中的重大政策措施，联合编制并组织实施年度同城化工作计划，确定年度同城化推进的重大项目，并推动同城化重大项目的实施；超出权限范围，联席会议难以协调的同城化重大事项可专题报请山西省省城规划委员会研究协调解决。联席会议下设协调办公室，负责两市同城化发展日常工作、具体协调事项、进度跟踪、信息整理等工作。

3. 分别设立合作事项专责小组

针对城乡规划、基础设施建设、产业协作、环境保护、公共服务和社会事业等事项，设立城市规划、市政公用设施、产业协作、环境保护等专责小组，形成一对一专项合作机制，负责两市相关领域衔接协调，落实市长联席会议确定的有关工作事项，对接制定年度实施计划，细化工作内容，明确实施步骤，制定具体举措，确保各项工作有序高效推进。

（二）健全同城化工作的推进机制

1. 两市签署《太原晋中同城化合作框架协议》

为加速推进太原晋中同城化发展进程，在省城规委的组织指导下，由两市联席会议共同研究，两市签署《太原晋中同城化合作框架协议》（以下简称《合作协议》），作为两市推进同城化建设的纲领性、指导性文件。通过《合作协议》，明确合作的基本原则、发展目标、发展规划、共同推进的主要事项以及保障机制。加强《合作协议》落实工作，签署涉及两市城市规划、交通基础设施、产业协作、环境保护等专项对接协议，把同城化近期工作任务逐一分解落实到具体单位，规范专责小组的合作机制、专项对接重点和工作内容。

2. 编制和实施同城化建设项目库

项目是切实推进同城化主要抓手。为了保证太原晋中同城化目标的实现，要坚持项目带动，集中实施一批对提高两市经济综合实力起支撑作用的重要产业、重大基础设施和公共服务项目。两市要按照同城化规划中“十同”发展要求，筛选出最能见成效、最紧迫、最能让人民受益的合作项目，建立同城化项目库，通过联席会议商定，并指定牵头部门作为项目负责主体，督促、检查、统筹和协调项目的落实。对事关两市共同发展、条件成熟的项目，特别是交通、通信、产业、公共服务等领域的一批同城化标志性工程，要率先启动，加快推进。

3. 加强省直有关部门的指导与支持

促进发改、住建、国土、交运、公安、人社、财政等省直有关部门的协作，主动参与，指导和协调解决同城化过程涉及本部门职能的问题，帮助推进重大项目建设，形成推进太原晋中同城化的工作合力。加强与国家有关部委沟通，争取国家在项目建设、资金安排等方面给予支持。

4. 继续办好年度“太原晋中同城化发展论坛”

充分调动社会各界的积极性，继续采取联合主办、轮流承办的形式，办好年度“太原晋中同城化发展论坛”，共同探讨深层次合作问题。鼓励发展各种非政府的横向协调机构，支持组建区域性行业协会、商会等社会团体联盟。

5. 加强监督考核，制定考核评估实施办法

定期对各有关单位工作进展情况进行检查和评估，接受人大、政协、各民主党派和工商联监督。鼓励公众积极参与规划的实施和监督，定期向社会公布规划实施工作进展情况，总结推广同城化实施的经验做法，探索完善推进同城化实施的有效办法。

（三）加强推进同城化的规划引领

1. 积极实施《太原都市圈规划》和《太原都市区规划》

省政府尽快制定《太原都市圈规划》和《太原都市区规划》实施条例，指导太原都市区范围内城乡规划、重大基础设施布局和生态环境保护等与空间利用相关的政策及规划制定。

2. 编制山西科技创新城总体规划、主体区和核心区规划

以太原都市区规划为依据，按照山西科技创新城建设总体方案，抓紧编制山西科技创新城主体区总体规划、核心区控制性详细规划城市设计、主体区市政公用设施专项规划和主体区控制性详细规划。

3. 做好两市总体规划的衔接

做好太原、晋中城市总体规划的调整、修编，突出功能分区、土地利用、基础设施、社会服务设施、生态环境保护的衔接协调。做好“十三五”国民经济规划在城市发展、产业发展、环境保护等方面的衔接。

（四）加快科技创新城建设

1. 继续推进科技创新城建设

加快推进综合通道等道路建设，做好首批入驻项目土地调整及土地征用、供应等前期工作，完成首批入驻项目基础设施建设，使科技创新城在短时间内形成规模，取得成效需求。

2. 合力促进高校新校区的发展

围绕保障高校新校区建设与发展，着力解决高校新校区建设与发展中交通、市政基础设施、社会服务中面临的合作与协调问题。以统筹高校新校区为重点，整合教育资源，努力实现高等教育一体化发展。依托高校新区，联合共建国家大学科技创新创业中心。

3. 促进山西科技创新城与太原武宿综合保税区联动发展

太原晋中同城化要促进山西科技创新城与太原武宿综合保税区联动发展，将山西科技创新城高科技产业集聚和太原武宿综保区保税加工、保税物流等功能优势结合起来，充分发挥综保区、创新城的政策、功能优势，促进加工贸易向产业链高端延伸，引导加工贸易转型升级、承接产业转移、优化产业结构、转变发展方式、拉动经济发展、促进区域内外生产加工、物流和服务业的深度融合，形成高端入区、入城，周边配套、辐射带动、集聚发展的良好格局，促进城乡统筹发展，助推城市功能提升。

（五）加快基础设施一体化进程

1. 推进重点协调区域城际干线路网的对接

完成晋中环城东路升级改造、综合通道建设；推进龙城大街东延、化章街—龙湖大街对接、武洛街—杨盘街对接、太原四号线—使赵街对接工程。

2. 推进轨道交通规划与建设

加快推进太原晋中同城化城际轨道线路的建设工作。

3. 推进公共交通同城化

调整优化目前已开通的901路、902路、903路区域公交线网、站场和公交换乘枢纽，继续增加公交线路和运力，开通太原铁路南站至高校新校区及太原、晋中公交线路，扩大同城公交覆盖面与规模，推进太原、晋中公交 IC 卡“一卡通”。研究扩大两市出租车服务范围，尽快协商出台两地出租车异地运营规范、出租车定点运营的监督管理制度，推进出租汽车信息的资源共享。

4. 加快推进水、电、气等基础设施一体化建设

加快实施万家寨引黄南干线清徐供水工程、太原南部新区防洪工程和太榆退水渠改扩建工程。实施天然气管道打通工程，加快重点协调区域污水处理设施、供热设施建设，加强污水管网对接。

（六）加快社会服务一体化进程

1. 探索组建中小学教育协作联盟

联合举办学术研讨会和教育高峰论坛，定期开展优质公开课评选，促进教学科学发展和教师专业化成长。合理配置义务教育资源，保证学生就近入学。鼓励名校跨区域整合资源，提倡名校与薄弱学校牵手帮扶，推进教师跨地区流动和优质教育资源共建共享。扩大教育网络的互联带宽和互联网出口，逐步实现两市社区与家庭教育宽带网全覆盖，实现教育信息资源有效整合和共享。

2. 加强公共卫生合作

建立协同处理突发公共卫生事件和重大传染病联防联控的工作机制，提高突发公共卫生事件应急处置能力。创新医疗服务合作，逐步推进门急诊病历“一本通”，实现两市同级医疗机构医学检验、影像检查结果互认。加强 120 急救网络体系对接，实现急救信息共享利用和急救网络联通。

3. 加强文化、文物、体育和新闻出版的交流合作

推动公共图书馆文献资源共建和服务协作，逐步实现读者证互认。推行两地旅游景点“一票通”，逐步实现博物馆、纪念馆免费开放。加强媒体合作，实现广电网络互通互联，打造辐射全国的影视和媒体集团。推动公共体育设施共建共享，共同承办全国性、国际性重大文化体育活动。

4. 推进金融服务同城化

推进信贷管理一体化，实现太原都市区内同一金融机构的贷款资源和贷款信息共享，实行同城放贷；探索建立一体化存取款体系，实行同城收费标准，推动按照同城标准开展同城汇兑、拆借等业务。

5. 实现电信同城化、频道资源共享

推动各电信运营商业务套餐改革，实现统一区内电话资费标准，加快电信同城化、

频道资源共享，统一宽带和视频资费。

6. 建立公共事务共管机制

建立城市管理跨区域联动机制，制定联动工作预案，联合开展专项行动。探索联合设立交界地区公共事务管理机构，对重点范围、路段和区域进行重点监管，实现相邻地区城市管理无缝对接。

（七）加快生态环境保护一体化进程

1. 推进生态修复工程对接

继续推进西山生态示范区建设，加快东山地区的联合整治及生态建设力度，重点加强乌金山国家森林公园、晋中城区东部郊野森林公园、大脑山生态园、长沟庙碉生态园、牛驼寨城郊森林公园、关口生态园、五龙森林公园、新沟城郊森林公园、红山城郊森林公园等项目建设。深入推进太原汾河流域生态环境治理修复与保护工程，强化榆次潇河、涂河、涧河三条境内主要河流流域生态走廊建设，完成太原九院沙河、冶峪河、风峪河等十三条边山支河的截污工程和河道治理。推进水系互通、共筑河流生态走廊，构建功能完善的水体、湿地生态体系。

2. 加强沿交通干道生态廊道和生态隔离带的协同保育

联合实施“两纵三横”都市区大型生态廊道及潇北生态廊道的建设与管制。统筹交界地区镇村绿化、开敞绿地的规划、设计和建设，协同建设沿河、沿路防护林和绿化带，实现交界地区绿化景观融合。

3. 建立环境协调机制

建立两市环境保护定期会商和信息互通机制。建设太原晋中统一的环境预警体系。建立环境保护高层综合决策机制。共同组织开展对大气污染物扩散的影响研究，为改善两市空气质量提供必要的技术支撑。

（本研究为山西省住房和城乡建设厅委托的“太原晋中同城化建设规划”项目的部分研究成果）

（完成人：郭文炯　李锦生　郭廷儒　姜晓丽　白明英　刘志坚）

第三章

山西省“百镇建设工程”实施成效及“十三五”推进建议

“百镇建设工程”是“十二五”时期山西省加快推进新型城镇化的三项重点工程之一。为加快山西省城镇化和城乡一体化发展进程，切实发挥好小城镇在联结城乡、辐射农村、扩大就业和促进发展中的重要作用，2011 年 7 月，省政府出台了《全省“双百”城镇建设实施方案》，选择 100 个建制镇作为重点镇给予重点扶持。2012 年 12 月公布了山西省百镇建设名单，每年从中选取 20 个左右重点镇作为示范，集中资金支持，加强技术指导，打造各具特色的工业强镇、商贸重镇、文化名镇和旅游大镇。4 年来，百镇以规划为引领，以发展特色产业和“五建设两整治”为抓手，促进人口集中、产业集聚、承载力提升，在建设规模、基础设施、城镇功能、镇容镇貌和综合经济实力、社会事业等方面有了很大发展，并探索出一系列城镇发展的典型模式，为全省小城镇建设起到了示范作用。

2015 年是“十二五”的收官之年，组织百镇建设工程实施评估，总结实施绩效和建设经验，客观分析面临的问题，科学合理提出“十三五”百镇建设的建议，是促进百镇建设工程健康发展的有效举措。2015 年初，由山西省住房和城乡建设厅牵头，太原师范学院山西省城乡统筹协同创新中心和山西省城乡规划设计研究院联合，组织召开了市县专题培训，完成了百镇数据填报与自评报告，分层次赴 30 个镇进行实地调研，对 258 个居民做了问卷调查，形成本评估报告和建议。

一、百镇建设部署及推进情况

（一）主要任务部署

2011 年 1 月 24 日山西省第十一届人民代表大会第五次会议批准的《山西省国民经济和社会发展第十二个五年规划纲要》“第五章　加快推进市域城镇化　统筹城乡发展”中，提出“坚持规划引领，改革推动，实施‘百镇建设工程’”。在全省选择基础条件较好、发展潜力较大的建制镇，确定省、市级各 100 个重点镇，作为统筹城乡发展的突破口，支持其加快发展。开展以垃圾治理、排水沟渠建设、街巷照明、公共活动中心建设等为主要内容的村镇整治，实施产业集中园区、市政道路、燃气、供排水系统、垃圾处理设施、休闲公园六项重点镇工程建设，提高基础设施水平，改善人居环境。到2015年，力争全省建制镇主要基础设施指标达到全国平均水平，重点镇新改扩建基础设施符合市政标准，基础设施主要指标达到全国中等以上水平。

2011年7月，山西省人民政府办公厅出台了《全省“双百”城镇建设实施方案》，落实省委、省政府提出的“大县城”战略和“百镇建设工程”方案提出，突出“五建设两整治”，即通过市政设施、公共服务设施、公园绿地、中心街市、居住社区五项建设，镇区景观风貌和环境卫生两项整治，引导周边农村人口向重点镇集聚。“把100个重点镇建设成为集聚产业、吸引人口、服务三农的中心镇。”

（二）推进情况

1. 健全制度政策，完善技术标准，推进百镇建设

自2011年以来，山西省人民政府、山西省住房和城乡建设厅及各市县政府先后出台了多项政策、文件，推进和规范百镇建设。其中，有关实施“百镇建设”工程的文件有：山西省人民政府办公厅关于印发《全省“双百”城镇建设实施方案》的通知、山西省人民政府办公厅关于公布《全省首批百镇建设名单》的通知。随后，各市县《百镇建设实施方案》相继出台，宏观指导“百镇建设”项目实施，明确项目实施的指导思想、组织机构、工作目标、重点任务以及推进措施等方面的内容。有关百镇规划设计和建设的技术规范有：山西省住房和城乡建设厅关于印发《山西省百镇建设实施标准》的通知、《山西省“百镇建设”近期建设规划编制导则》的通知、关于建立“百镇建设”责任规划师把关制的通知。有关建立考核制度和动态监督制度的文件有：山西省小城镇建设领导组办公室关于印发《山西省百镇建设考核暂行办法》的通知、山西省住房和城乡建设厅关于建立百镇建设月报制度的通知、百镇建设动态考核暂行办法、山西省住房和城乡建设厅关于开展全省百镇建设动态调整的通知。

有关文件出台时间见表3－1，文件内容见附件。

表3－1　　百镇建设重要文件名录

序号	时间	部门	名称
1	2011年6月24日	山西省住房和城乡建设厅	关于印发《山西省百镇建设实施标准》的通知
2	2011年7月1日	山西省人民政府办公厅	关于印发《全省“双百”城镇建设实施方案》的通知
3	2011年7月11日	山西省住房和城乡建设厅	关于印发《山西省“百镇建设”近期建设规划编制导则》的通知
4	2011年8月9日	山西省小城镇建设领导组办公室	关于印发《山西省百镇建设考核暂行办法》的通知
5	2011年8月10日	山西省住房和城乡建设厅	关于建立“百镇建设”责任规划师把关制的通知
6	2012年10月16日	山西省人民政府办公厅	关于公布《全省首批百镇建设名单》的通知
7	2012年10月24日	山西省住房和城乡建设厅	关于建立百镇建设月报制度的通知
8	2012年11月9日	山西省住房和城乡建设厅	百镇建设动态考核暂行办法
9	2015年2月10日	山西省住房和城乡建设厅	关于开展全省百镇建设动态调整的通知

2. 多渠道开展工作，部署、落实、督促、促进百镇建设

“十二五”期间，山西省住建厅村镇处牵头多渠道、多方式开展了一系列工作，切实推进百镇建设。先后组织召开了全省“百镇建设工程”暨村镇建设工作座谈会、“百镇建设工程”示范工作部署会、“百镇建设”示范镇建设中期推进会、建制镇重点建设项目对接会、百镇建设项目推进会，具体组织落实百镇建设工作。组织了全省百镇建设示范镇推进培训会、城乡规划与百镇建设专题培训班以及山西省第一期城乡规划管理人员培训班（乡镇班），聘请相关领导和专家为基层单位分管领导和有关工作人员进行城乡规划、城镇化、小城镇建设等方面的专题讲座，开阔发展视野、提高业务水平。发布了关于“百镇建设”近期建设规划示范文本挂网展示的通知、关于报送2012年建制镇标杆项目的通知、关于印发《2012年全省村镇建设工作要点》的通知、关于开展百镇建设绩效评估工作的通知等文件，明确工作任务、推进百镇建设工作。

3. 发挥规划引领作用，科学指导重点镇建设

充分发挥规划对百镇建设的引领和指导作用，百镇当中绝大多数镇编制有总体规划与近期建设规划，分别占到总数的73%和83%。

晋城市、长治市完成了各重点镇总体规划和近期建设规划的编制。大同市、临汾市、太原市各重点镇在修编和落实总体规划的同时，编制了近期建设规划，进一步明确了新的发展定位。吕梁市和阳泉市各重点镇高起点、高标准地调整或修编小城镇建设近期建设规划和专项规划，实现了近期规划全覆盖。运城市各重点镇编制总体规划和近期建设规划，其中盐湖区解州镇编制完成了解州镇的总体规划、修建性详细规划和近期建设规划；稷山县翟店镇完成了总规修编、控制性详规；永济市蒲州镇在编制完成近期建设规划的基础上，还编制了《历史文化名镇保护规划》。

4. 设立专门机构，加强组织领导和协调管理

为确保百镇建设工程能够做好做精，各市都成立了百镇建设领导小组，统一协调各项工作的开展与落实，并根据实际情况进行指导与监督。大同市、临汾市、太原市、阳泉市、运城市、长治市、吕梁市、忻州市分别成立了各级政府百镇建设领导小组，由政府主要领导分管负责，住建、规划、国土等相关单位为成员单位的领导组，统一协调有关事项，对重点镇建设进度和工程质量进行督查与指导，积极协调各部门给予重点镇政策、技术、相关资料的支持和帮助，协助解决工程进展中存在的实际困难，为“百镇建设”工程的顺利开展奠定了坚实的基础。

5. 整合资金、多方筹措，为百镇建设提供经济保障

坚持政府主导、社会参与、市场化运作的原则，按照市场经济的要求和“谁投资，谁受益”的原则，拓宽筹资渠道，鼓励企业、外商、个人投资，多渠道吸引社会资金参与小城镇基础设施建设、公共服务设施建设等方面，初步建立起政府、企业、个人多元化投融资体制，解决小城镇建设资金不足的问题。

二、百镇建设进展及建设绩效

（一）“十二五”时期城镇发展情况

在“十二五”期间，百镇建设取得一定的成果，人口总数有一定的提升，镇区总人口达到104万人，镇均逾1万人，镇区面积比建设初期均有扩大，镇均达到2.81平方千米，经济总量增长较快，人均GDP达到33 347元，产业结构有所优化，第二产业比例较高，第三产业的比例有所增加；基础设施各项指标提升明显，镇容镇貌和环境卫生方面有了较大改善。

1. 城镇集聚能力逐步增强，城镇化水平整体稳步提升

（1）百镇各镇区人口增加相对显著，吸纳人口能力增强。

百镇镇区人口增加相对显著。根据百镇调研自评表数据，从镇均规模来看，2011年百镇镇域常住人口平均为3.11万人，其中城镇人口为0.94万人，2014年百镇镇域常住人口为3.12万人，其中城镇人口为1.04万人，分别比2011年增长了0.01万人和0.10万人，暂住人口为0.29万人，比2011年增长了0.05万人，占总人口的9.3%，2011年暂住人口为0.24万人，占总人口的7.7%；乡村人口则由2011年的1.02万人，变为2014年的0.89万人，减少了0.13万人。说明镇区的人口集聚能力有所增长。2014年百镇城镇人口规模情况见表3－2，其中大于10 000人的城镇由2011年的23个变为2014年的27个。

大部分镇吸纳人口能力凸显，但部分出现负增长。百镇新吸纳人口情况见表3－3。其中，产生新吸纳人口的有65个镇，占有效数据的79.27%，呈现负增长的有17个镇，占有效数据的20.73%。

表3－2　　百镇城镇人口规模现状（2014年）

人口规模（万人）	数量（个）	名称
<0.5	16	郑村镇、洪水镇、下良镇、百尺镇、屯里镇、曲村镇、里砦镇、成家庄镇、下堡镇、留誉镇、泥屯镇、泗交镇、新平堡镇、大寨镇、麻田镇、宗艾镇
0.5～1.0	34	郭道镇、大堡头镇、乔家湾乡、管头镇、邓庄镇、汾城镇、金沙滩镇、南河种镇、凤凰城镇、右卫镇、北周庄镇、夏家营镇、碛口镇、普明镇、张庄镇、西烟镇、孟封镇、大寨镇、三井镇、台怀镇、陈村镇、卿头镇、西社镇、皋落乡、张店镇、泽掌镇、倍加造镇、东河南镇、罗文皂镇、洪善镇、胡村镇、静升镇、云竹镇、张兰镇

续表

人口规模（万人）	数量（个）	名称
1.0～2.0	19	北留镇、马村镇、周村镇、礼义镇、润城镇、店上镇、苏店镇、贾家庄镇、河底镇、南娄镇、宏道镇、奇村镇、崞阳镇、蒲州镇、荣河镇、僧楼镇、水头镇、陌南镇、鹊儿山镇
2.0～3.0	5	梧桐镇、马兰镇、徐沟镇、临晋镇、翟店镇
3.0～5.0	3	杏花村镇、东镇、解州镇

注：镇域总人口2011年有效数据为86个，2014年有效数据为84个；城镇人口2011年有效数据为75个，2014年有效数据为79个；居住在农村的人口2011年有效数据为86个，2014年有效数据为81个；暂住人口2011年有效数据为82个，2014年有效数据为81个。

表3-3　百镇城镇新吸纳人口现状（2014年）

吸纳人口程度	数量（个）	名称
增长	65	北留镇、嘉峰镇、郑村镇、中村镇、礼义镇、店上镇、郭道镇、下良镇、渔泽镇、百尺镇、大堡头镇、苏店镇、屯里镇、乔家湾镇、邓庄镇、汾城镇、金沙滩镇、南河种镇、凤凰城镇、右卫镇、北周庄镇、贾家庄镇、杏花村镇、夏家营镇、双池镇、成家庄镇、碛口镇、普明镇、下堡镇、梧桐镇、留誉镇、南娄镇、西烟镇、马兰镇、徐沟镇、泥屯镇、孟封镇、东寨镇、宏道镇、三井镇、奇村镇、台怀镇、解州镇、临晋镇、蒲州镇、卿头镇、荣河镇、僧楼镇、水头镇、西社镇、皋落乡、翟店镇、张店镇、泽掌镇、泗交镇、东河南镇、云岗镇、鹊儿山镇、罗文皂镇、大寨镇、洪善镇、静升镇、云竹镇、麻田镇、宗艾镇
负增长	17	马村镇、周村镇、润城镇、洪水镇、曲村镇、管头镇、里砦镇、广胜寺镇、娘子关镇、张庄镇、陈村镇、东镇、陌南镇、倍加造镇、新平堡镇、胡村镇、张兰镇

（2）城镇化水平总体有所提高，百镇间存在较大差距。

各镇城镇化水平有所提高，但慢于全省速度。2011年山西省城镇化水平为49.7%，到2012年超过50%，达到51.26%，表明山西省实现了由乡村型社会为主体向城市型社会为主体的转变，而到2014年山西省城镇化率已达53.8%。对比百镇，根据调研有效数据得到2014年百镇平均城镇化率为33.9%，与山西省相差19.9个百分点，与2011年百镇的城镇化率30.84%相比，城镇化水平提高3.09个百分点，年均增长1.03个百分点，慢于全省水平（见表3-4）。

表3-4　百镇与全省城镇化水平比较　　单位：%

	2011年	2014年	2011～2014年均增长率
百镇	30.84	33.90	1.03
山西省	49.70	53.80	1.37

表 3－5　　百镇城镇城镇化现状（2014 年）

城镇化率（%）	数量（个）	名称
<50	59	北留镇、马村镇、郑村镇、润城镇、店上镇、郭道镇、洪水镇、百尺镇、大堡头镇、苏店镇、屯里镇、乔家湾乡、曲村镇、管头镇、邓庄镇、汾城镇、里砦镇、金沙滩镇、南河种镇、右卫镇、北周庄镇、贾家庄镇、夏家营镇、成家庄镇、碛口镇、普明镇、下堡镇、留誉镇、河底镇、张庄镇、南娄镇、西烟镇、泥屯镇、孟封镇、东寨镇、宏道镇、奇村镇、台怀镇、蒲州镇、卿头镇、荣河镇、僧楼镇、水头镇、西社镇、张店镇、泽掌镇、陌南镇、泗交镇、倍加造镇、东河南镇、罗文皂镇、新平堡镇、大寨镇、洪善镇、胡村镇、云竹镇、麻田镇、宗艾镇、张兰镇
50～70	12	周村镇、下良镇、凤凰城镇、徐沟镇、三井镇、崞阳镇、陈村镇、东镇、解州镇、临晋镇、皋落乡、翟店镇
>70	5	礼义镇、杏花村镇、梧桐镇、马兰镇、静升镇

从百镇总量来看，城镇化率过 50% 的覆盖范围扩大，但百镇间存在较大差距。2014 年，百镇中城镇人口超过 50% 的由 2011 年的 9 个增加为 17 个，城镇化率实现增长的有 50 个镇（见表 3－5）。城镇化率最高与最低的镇，差距依旧很大，整体水平有待提升。

（3）从业人员结构有所优化，但第一产业从业人员仍然较多。

镇均劳动力总量由 2011 年的 1.30 万人变为 2014 年的 1.41 万人，从事第一、第二、第三产业劳动力人数由 2011 年的 0.67 万人、0.38 万人、0.28 万人变为 2014 年的 0.68 万人、0.41 万人、0.33 万人，分别增长了 0.01 万人、0.03 万人、0.05 万人。但从占比来看，第一、第二、第三次产业的比重由 2011 年的 50:29:21 变为 2014 年的 48:29:23，第一产业的比重下降，第三产业的比重上升，体现产业结构向高级化转变，但第一产业的从业人员比重仍然偏多，占到接近一半。

（4）用地规模缓慢增长，达到规划用地标准。

从用地规模来看，2011 年百镇镇区平均面积为 2.25 平方千米（64 个有效数据），2014 年则为 2.81 平方千米，年均增长 0.18 平方千米。镇面积的规模位序见表 3－6。截至 2014 年末，百镇建成区面积不足 1 平方千米的有 13 个，1～3 平方千米的有 62 个，3～5 平方千米的有 18 个，大于 5 平方千米的有 16 个。按照规划，2015 年百镇建成区平均面积达到 2.11 平方千米，已经达到这一标准的镇有 47 个，占有效数据的 52%。

表 3－6　　百镇城镇用地规模现状（2014 年）

用地规模（平方千米）	数量（个）	名称
<0.5	2	泗交镇、新平堡镇
0.5～1.0	11	乔家湾乡、夏家营镇、普明镇、孟封镇、杨家湾镇、三岔镇、西社镇、倍加造镇、李阳镇、麻田镇、宗艾镇

续表

用地规模（平方千米）	数量（个）	名称
1.0~2.0	24	中村镇、周村镇、店上镇、下良镇、里砦镇、南河种镇、右卫镇、北周庄镇、贾家庄镇、枝柯镇、娘子关镇、西烟镇、静游镇、三井镇、陈村镇、临晋镇、僧楼镇、皋落乡、泽掌镇、东河南镇、鹊儿山镇、罗文皂镇、大寨镇、东阳镇
2.0~3.0	19	郑村镇、礼义镇、赵城镇、屯里镇、曲村镇、管头镇、邓庄镇、广胜寺镇、凤凰城镇、刘胡兰镇、碛口镇、马兰镇、奇村镇、台怀镇、卿头镇、张店镇、云竹镇、东观镇、张兰镇
3.0~5.0	18	北留镇、郭道镇、荫城镇、渔泽镇、汾城镇、金沙滩镇、双池镇、成家庄镇、下堡镇、梧桐镇、留誉镇、河底镇、张庄镇、徐沟镇、泥屯镇、峨口镇、蒲州镇、洪善镇、大堡头镇
>5	15	洪水镇、苏店镇、百尺镇、杏花村镇、南娄镇、东冶镇、砂河镇、东镇、解州镇、荣河镇、水头镇、翟店镇、胡村镇、静升镇、义安镇

注：2014 年根据 90 个有效数据获得。

2. 经济实力增强，工业化速度放缓

（1）经济总量增长较快，居民生活水平提高尤为明显，但总体发展速度和水平仍低于全省平均水平。

2011~2014 年，百镇镇均地区生产总值（GDP）增长了 26.64%，年均增长 8.88%，远远超过了全省地区生产总值（GDP）年均增长 4.98% 的速度。百镇居民生活水平提高明显，城镇居民可支配收入和农民人均纯收入分别增长 29.36% 和 33.26%，年均增长速度都超过了地区生产总值的增长速度（见表 3-7）。

表 3-7　百镇经济发展现状

	地区生产总值（亿元）	第一产业（亿元）	第二产业（亿元）	第三产业（亿元）	镇本级财政总收入（万元）	城镇居民人均可支配收入（元）	农民人均纯收入（元）
2011 年	12.65	2.50	10.03	2.00	6 220.93	13 187.46	6 499.663
2014 年	16.23	2.89	11.08	2.68	6 862.58	17 059.96	8 662.10
增长（%）	26.64	15.60	10.46	33.77	10.31	29.36	33.26
年均增长（%）	8.88	5.2	3.49	11.26	3.44	9.79	11.09

但与全省比较来看，除了 GDP 增速及第二产业增速两个指标超过全省平均水平之外，其他指标都低于全省平均水平（见表 3-8）。

表 3-8　　百镇与全省经济指标比较

指标	GDP（亿元）	第一产业（亿元）	第二产业（亿元）	第三产业（亿元）	城镇居民人均可支配收入（万元）		农民人均纯收入（元）	
	2011~2014 年均增长率（%）				2014 年	2011~2014 年均增长率(%)	2014 年	2011~2014 年均增长率(%)
百镇	8.88	5.2	3.49	11.26	1.71	9.79	8 662	11.09
全省	4.98	7.63	-1.19	15.01	2.41	10.93	8 809	19.09

（2）第一、第三产业稳步增长，工业发展速度放缓。

第三产业增长速度最快。从三次产业的增加值来看，2011~2014 年，第三产业的增长是最快的，达到 33.77%，年均 11.26%，在 GDP 中的比例也有所提升（三次产业的比值由 2011 年的 17:69:14 变为 2014 年的 17:67:16），说明随着百镇人口和产业的集聚，带动了商贸、物流、服务等第三产业的集聚和发展；第一产业保持了稳步增长，而与山西省大环境相伴随，第二产业增速明显放缓，特别是 2014 年较 2013 年一些镇出现了负增长，如荫城镇、汾城镇、东寨镇等。

工业经济发展相关指标增长速度较快，但产值增速放缓。工业经济发展方面各项指标都增长较快：2014 年平均每镇规模以上企业有 10.97 个，比 2011 年增长了 39.03%；根据 48 个有效数据，工业园区面积由 2011 年的平均每镇 3.68 平方千米增长为 2014 年的 5.45 平方千米；但是工业总产值增长相对较慢，说明工业企业总体效益下滑，产值增长速度放缓（见表 3-9）。

表 3-9　　百镇工业经济情况

	规模以上企业数量（个）	规模以上企业产值（万元）	工业总产值（亿元）	工业园区面积（平方千米）
2011 年	7.89	95 154.85	15.82	3.68
2014 年	10.97	124 383.00	17.28	5.45
增长（%）	39.03	30.71	9.22	48.09
2011~2014 年平均增长率	13.01	10.24	3.07	16.03

3. 城镇设施建设取得较大进展，服务功能进一步提升

（1）镇区基础设施建设成效显著，各项指标增幅较大。

基础设施建设是“百镇建设工程”的核心工程之一。“百镇建设工程”实施以来基础设施建设成效显著，2011~2014 年道路、供水、供暖、燃气、排水以及垃圾处理等基础设施指标增幅都较大。其中最显著的是交通设施，基本上每个镇启动和完成的项目中都有道路建设、改造和道路环境整治项目，百镇镇区道路硬化率平均也达到92.7%。基础设施建设指标较低的是燃气普及率（15.3%）和污水集中处理率（7.13%），由于集中供气受到省和市大管网的制约，再加上镇区住户的相对分散，管道燃气的建设面临较大困难；污水处理厂建设成本高，效益回收较难，运营成本高，因此导致很多镇的污水处理厂建设项目未能启动，已有污水处理厂的镇基本是和县城或驻地企业共建，如阳泉市河底镇、介休市义安镇等；自建污水处理厂的镇有砂河镇等；从镇区垃圾处理率来看，由于垃圾填埋场的建设在土地、资金等方面的限制，百镇自建垃圾填埋场存在一定困难，因此，集中填埋处理率仍较低，但是从调研来看，百镇镇区的垃圾集中运转率基本达到90%以上，都能做到集中收集，集中运转。基础设施建设情况见表3－10。

表3－10　　镇区基础设施建设情况

	供水普及率（%）	燃气普及率（%）	镇区供暖覆盖率（%）	道路硬化率（%）	污水集中处理率（%）	镇区绿化率（%）	镇区垃圾处理率（%）
2014年（年报）	87.90	15.28	33.62	92.71	7.13	21.07	30.33
2011～2014年增长率（%）	7.85	31.33	43.08	21.60	58.01	31.33	32.4
2011年	88.75	28.12	23.49	76.24	26.65	24.03	69.25
2014年	95.72	36.93	33.61	92.71	42.11	31.56	86.38

注：除2014年年报数据外均为自评表数据。

（2）公共服务设施明显改善，医疗卫生和文化设施增速较快。

教育设施规模稳定，幼儿园数量有所增加。百镇中小学数量较为稳定，2011～2014年每镇镇区平均保持在6所小学和1所中学（见表3－11）；2014年高中阶段毛入学率达到68.22%，增长率为16.15%；学前教育规模有所扩大，幼儿园数量2011～2014年增长率为3.12%，学前三年毛入园率平均达到80.96%，增长率为17.87%。

医疗卫生设施及文化体育设施增速较快。2014年，百镇镇区平均每千人拥有卫技人员5.6人，低于2012年全国城市（8.55）及山西省城市（10.60）的水平，但超过了2012年全国平均水平（4.58）和山西省（5.47）；每千人拥有医疗床位数6.97个，远远超过了2013年全国3.81个的平均水平。人均文化场馆面积增长率最高，基本每镇都建有文化活动中心和健身文化广场，镇驻地村也都有文化室，基本能满足百镇居民文化生活需求；百镇专门的体育场馆很少，主要设施为健身广场和中小学体育场地，其增加速度也较快，2014年，人均体育场馆面积平均达到2.24平方米，超过了山西省全省1.29平方米（2013年）的平均水平，2011～2014年均增长速度达到7.92%（见表3－11），说明在百镇工程推进过程中对满足居民的体育活动较为重视。但是从对30个镇的调研来看，体育设施中有较多是利用学校体育场地，由于教学管理方面的问题，学校体育场地对居民开放还存在一些障碍，因此，有必要进一步推进百镇专门体育场地、社区健身场地的建设。

表 3－11　　百镇公共服务设施建设情况

	教育设施			医疗设施			文化和体育设施	
	幼儿园（个）	小学（个）	中学（个）	卫生院（个）	每千人拥有卫技人员（个）	每千人拥有医疗床位数（个）	人均文化场馆面积（平方米）	人均体育场馆面积（平方米）
2011 年	6.01	6.21	1.60	1.81	4.41	5.10	0.90	1.81
2014 年	6.59	6.20	1.64	1.91	5.62	6.97	1.50	2.24
2011～2014 年增长率（%）	3.22	0.00	0.83	1.84	9.15	12.22	22.22	7.92

城镇人均住房面积有较大提高，社会保障和福利事业均有提升。2011 年百镇平均城镇人均住宅建筑面积为 22.91 平方米/人，2014 年为 26.68 平方米/人，增长了 16.5%。此外，城镇社会保障和福利事业得到发展，各项水平均有提升，其中 2011～2014 年城镇调查失业率下降了 0.49% 个百分点（见表 3－12）。

表 3－12　　城镇社会保障和福利事业

	百镇城镇社区综合服务设施覆盖率（%）	城镇常住人口基本养老保险覆盖率（%）	城镇调查失业率（%）	城镇社区综合服务覆盖率（%）
2011 年	66.93	83.72	9.37	76.01
2014 年	76.07	91.55	8.88	84.24
增长百分点（个）	9.14	7.83	－0.49	8.23
年均增长率（%）	13.66	9.35	－5.23	10.82

4. 城镇特色化发展取得一定进展

依据百镇规划和各镇总体规划职能分类，随着“百镇建设工程”的推进，依托各自优势，百镇职能特色逐步显现，初步形成了特色化发展格局。

依托历史基础，形成县域副中心。百镇中有些镇曾经是县城所在地，尽管县城移址，但雄厚的历史基础保留下来，对人口和产业集聚能力依然较强。“百镇建设工程”进一步推进这些镇基础设施和社会服务设施水平的提升，城镇服务功能进一步增强，形成县域副中心，如繁峙县的砂河镇、五台县的东冶镇、襄汾县的汾城镇、交口县双池镇等。

依托自然和文化资源，形成旅游特色城镇。百镇中不乏旅游资源丰富的镇，通过“百镇建设工程”促进了旅游基础设施的建设和镇容镇貌的特色化改造，建设环境优美，生态宜居的旅游服务中心，增强了旅游吸引力，形成了旅游特色小镇，如大寨镇、东寨镇、碛口镇、娘子关镇、广胜寺镇、静升镇、台怀镇、奇村镇、河边镇等。

发挥近邻优势，形成承接中心城市产业和要素疏散的卫星镇。依托临近中心城市优势，通过“百镇建设工程”推进基础设施的改造和提升，为产业转移和要素疏散营造平台，吸引中心城市的企业进驻；同时通过与中心城市规划的对接，在居住小区建设、公共服务设施建设等方面与城市形成一体化发展。如介休市义安镇、清徐县徐沟镇、泥屯镇、孟封镇、阳泉市河底镇、长治市苏店镇、孝义市梧桐镇等。

工业基础雄厚，致力于工业新型化和城镇转型发展的工业城镇。百镇中有1/3的镇工业为主导产业，工业化带动城镇化发展，镇区基础设施和公共服务设施基础较好，通过“百镇建设工程”，进一步完善设施建设，协调与驻地大企业的设施共建共享，改善了居民的生活条件，使城镇由单一的工业职能向综合服务职能转变，逐步向宜居小镇的目标迈进，如洪洞县赵城镇、闻喜县东镇镇、襄汾县邓庄镇、运城市僧楼镇、沁水县嘉峰镇、古交市马兰镇等。而另外一些特色工业城镇如汾阳市的杏花村镇、怀仁县的金沙滩镇，则通过“百镇建设工程”助力产业园区的建设，通过改善镇区的基础设施和公共服务设施，吸引产业技术人才和技术工人在镇区落地，提升城镇的档次，形成产业特色突出的宜居宜业小镇。

（二）“十二五”时期城镇规划及项目实施情况

1. 百镇的镇总体规划及近期建设规划编制大部分已完成

通过对100个重点镇规划备案情况的统计分析，“十二五”期间百镇建设规划编制类型涉及总体规划、近期建设规划、控制性详细规划、修建性详细规划、新农村规划、专项规划以及保护规划等7个方面，按照百镇建设的要求，其中绝大多数镇都有编制总体规划与近期建设规划，分别占到总数的73%与83%，其次为专项规划，占到总数的15%（见图3－1）。

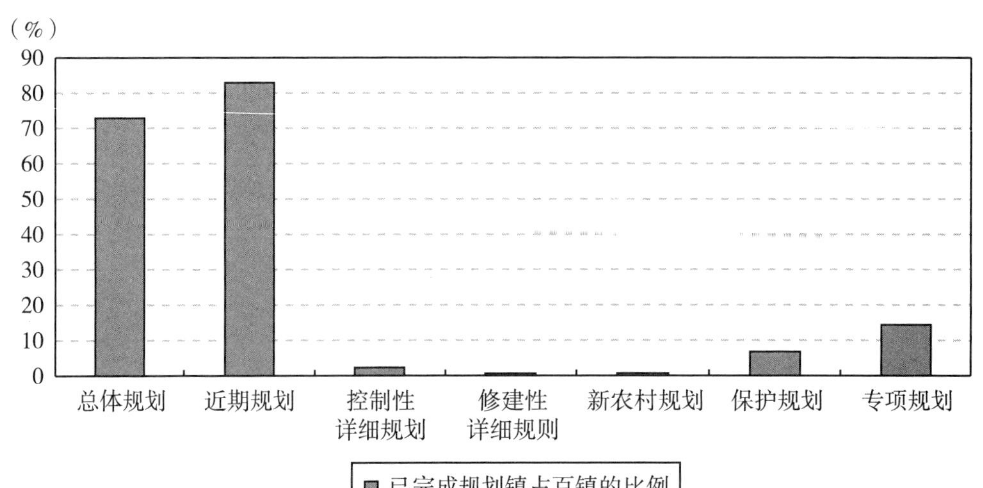

图3－1　百镇各类规划编制率示意

通过对不同类型规划的完成情况统计分析，百镇建设要求的两种主导型规划——总体规划与近期建设规划，通过评审的比例分别占到总数的60%与55%，完成评审工作的时间大部分都在2013年之前，但是还有将近28%的总体规划与19%的近期建设规划现阶段编制情况不明，少数镇的总体规划与近期建设规划由于不符合规划编制的相关要求，评审未得到通过（见图3－2）。

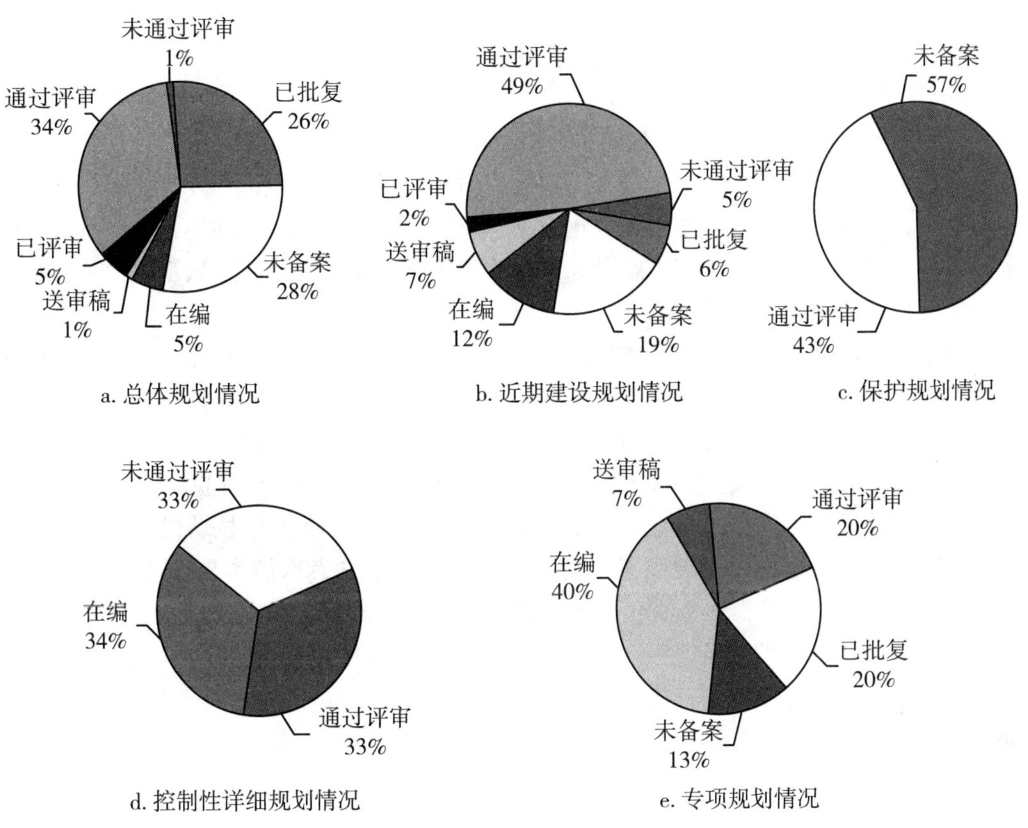

图3－2　百镇各类规划编制完成情况示意

2. “五建设两整治”项目实施情况总体较好

百镇建设重点突出“五建设两整治”（即市政设施、公共服务设施、公园绿地、中心街市、居住社区五项建设，镇区景观风貌和环境卫生两项整治），塑造体现乡土特色、和谐统一的小城镇整体形象。“五建设两整治”项目实施是百镇建设的重要抓手，以项目为抓手，强化基础设施项目、产业项目、民生项目建设，提高城镇综合承载力、优化美化镇区环境，实现加快小城镇发展进程的目标。

从总体情况来看，“五建设两整治”项目稳步推进，但各镇完成情况不一。从对30个镇的调研来看，有的镇项目基本都已完成，如义安镇、河底镇、静升镇、大寨镇、砂河镇、赵城镇等；有的镇完成了部分项目，如大堡头镇、荫城镇、东寨镇、邓庄镇等；有的镇则项目都处于前期启动状态，如西烟镇、河底镇等。从调研来看，项目未能实施的原因主要有五个方面：一是申报的项目预期发生变化，有些镇的部分项目在真正实施时才发现可行性较差；二是项目审批手续烦琐，有的项目应该在2013年开工，2015年依然没有办完手续；三是有些镇专项资金下达较晚，如西烟镇2015年才拨付专项资金，导致项目建设进度受阻；四是由于部分镇基础较差，经济水平较低，在专项资金无法撬动社会资金的情况下，有限的专项资金难以维系项目建设；五是项目建设用地指标存在较大缺口。

（三）百镇建设推进模式与改革创新情况

“百镇建设工程”的实施，带动了百镇城镇建设的积极性，各镇结合自身特点，在建设模式、发展路径、管理机制等方面积极探索，涌现出一批城镇建设的好做法和机制创新典型，形成了组群发展型、新区建设型、旧区提质型、园区拉动型、文化旅游型等多种发展模式和扩权强镇、多元融资等机制改革路子，对加快全省小城镇建设具有极为重要的典型借鉴和示范引领作用。

晋城市沁河流域突出流域一体化、镇企一体化、设施布局一体化加快推进小城镇集群发展，形成集群发展型的小城镇发展模式；孝义市梧桐镇以新区建设为主导，推进人口向生活新区集中，项目向工业园区集中；繁峙县砂河镇、宁武县阳方口镇采取“旧区提质”为主导的发展模式，紧扣“古镇新貌”建设理念，镇容镇貌焕然一新；汾阳市杏花村镇依托汾酒集团、杏花村酒业集中发展区，走出一条园区拉动村镇建设，新区实现社区化管理的小城镇发展路子；临县碛口镇、昔阳县大寨镇突出文化旅游发展模式，打造文化旅游产品，塑造文化品牌，强化旅游硬件建设，旅游服务功能明显提升；介休市义安镇借力“扩权强镇”，加快向城市管理模式转变，形成了基本公共服务、居民互助服务、市场有偿服务三结合的社区服务体系；孝义市下堡镇实行跨区联动模式，促进下堡镇、杜村乡、南阳乡跨区联动一体化发展。

三、百镇建设公众认知和综合评价

（一）公众认知调查及评估

本次调研采取调查问卷的形式，对山西省百镇建设现状进行评估，调查内容主要分为五大部分，即个人基本情况、家庭人口与经济情况、家庭住房情况与建房意愿、公共服务与设施满意度、城镇化意愿与规划参与情况。

本次调研采取发放问卷调查表，进行问卷调查的方法，被调查人采用随机选取的形式，每镇选取10人进行问卷调查，并对调查结果进行分析整理。本次调查收回问卷共计258份，被调查对象中男性137人，女性121人，男女比重为53.1∶46.9。从年龄结构来看，被调查对象主要是集中在30～60岁的家庭主要劳动力，占到被调查对象总量的74%；从文化程度来看，具有初中和高中学历的调查对象比重较高，分别占到总量的44%和26%；从职业分类来看，以从事农业劳动的调查对象比重相对较高，占到

31%，经商和单位上班的人员比重占到28%和26%，另有15%的人员从事其他职业（见图3-3），被调查对象的职业构成相对均衡。由上述被调查对象的基本情况统计来看，本次问卷调查的对象选择相对合理，问卷结果的可信度较高。

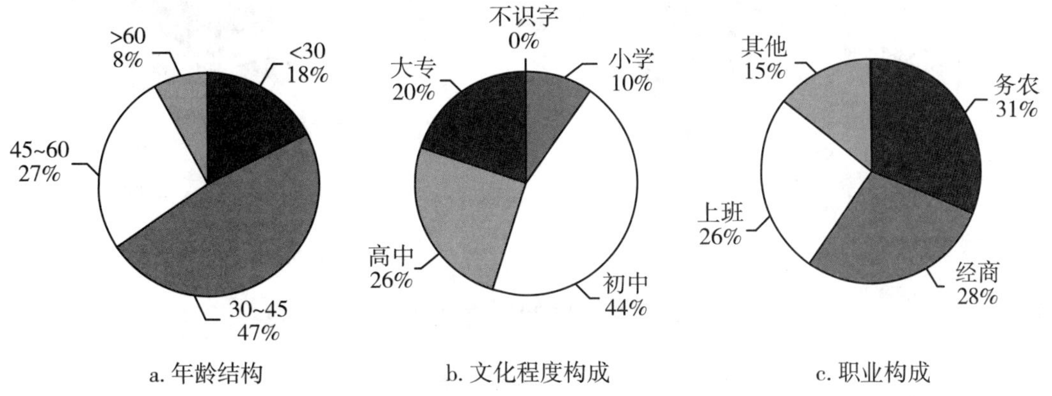

图3-3 调查样本基本情况

1. 家庭人口与经济发展情况

对被调查对象所在家庭的劳动力状况进行分析，无劳动力的家庭仅占2%，有1个劳动力的家庭占到19%，2个劳动力及3个劳动力及以上的家庭分别占到39%和40%（见图3-4a），可见，被调查地区劳动力保有状况良好。

从调查来看，15%的被调查对象认为就业情况较好，有58%的人认为就业情况一般，另有27%的人认为就业现状相对较难（见图3-4b）。

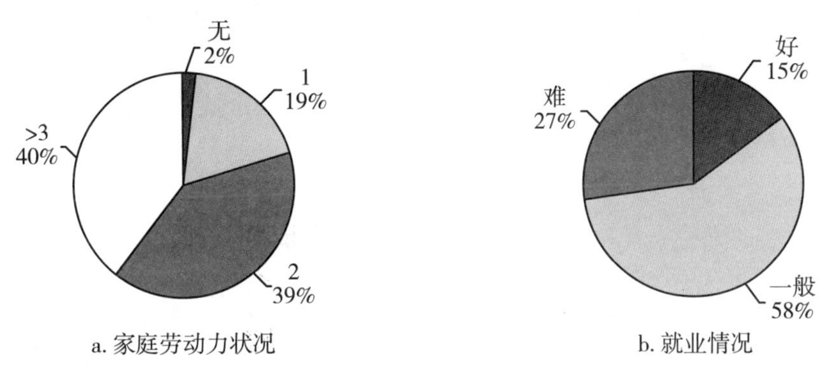

图3-4 劳动力与就业状况

人均纯收入情况。将被调查对象人均纯收入划分为五个等级，即小于2 000元、2 000~5 000元、5 000~7 000元、7 000~10 000元、10 000元以上。对比2011年和2014年，人均纯收入发生明显变化。2011~2014年的3年，人均纯收入小于2 000元的比重由41%下降到29%；2 000~5 000元的比重由30%提高到31%；5 000~7 000元的比重由12%提高到19%；7 000~10 000元的比重维持在8%，保持不变；人口均纯收入大于10 000元的由9%提高到13%（见图3-5）。对比2014年和2011年的人均纯收入数据可见近3年被调查地区人均纯收入呈现明显的增长态势。

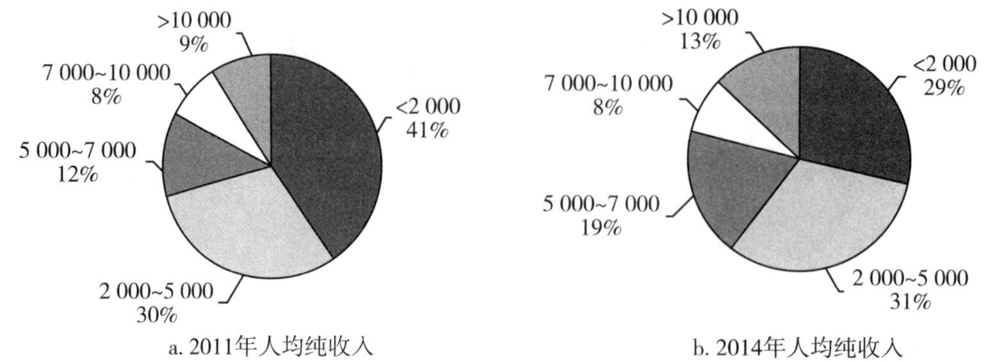

图3－5　2011年和2014年人均纯收入比较

从收入来源来看，务工成为城镇居民收入的最主要来源，占到收入来源的35%，其次就是务农和经商，分别占到收入来源的25%和24%。

对比2014年与2013年收入情况。有22%的家庭收入增加很多，47%的家庭收入稍有增加，有19%的家庭收入与前一年持平，只有约12%的家庭收入有下降。可见，绝大多数家庭的收入与去年持平或有上升。整体来说，被调查对象家庭收入呈现增长的态势。

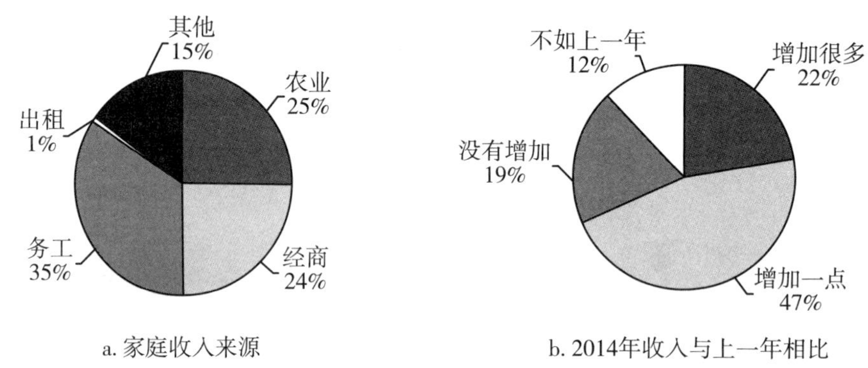

图3－6　家庭收入来源情况

主要消费支出。生活性支出在居民消费中占有比重最高，达到32%，其次分别是教育、医疗、养老，分别占到消费比重的20%、14%和13%（见图3－7a）。由此可见，除去生活性必需的支出外，教育、医疗和养老费用给居民生活带来的压力较大。

资金短缺成为影响居民增收的最主要因素，占到所有因素的22%；自身文化水平低或没有专业技能与农资价格过高、农产品销售难成为影响增收的次要因素，分别占到16%和15%；技术限制、劳动力数量有限、外出打工机会少等对于增收的影响相对较弱（见图3－7b）。

2. 家庭住房情况与建房意愿

对于未来是否新建住房。在被调查者中，未来有建房计划的约占31%，暂时没有建房计划的约占69%。对于住宅形式的选择，绝大多数人（约占63%）倾向于新建传统的独门独院式住宅；有21%的人倾向于新建多层住宅；对于新建低层联排住宅和高层住宅的倾向性相对较低，分别占9%和7%。

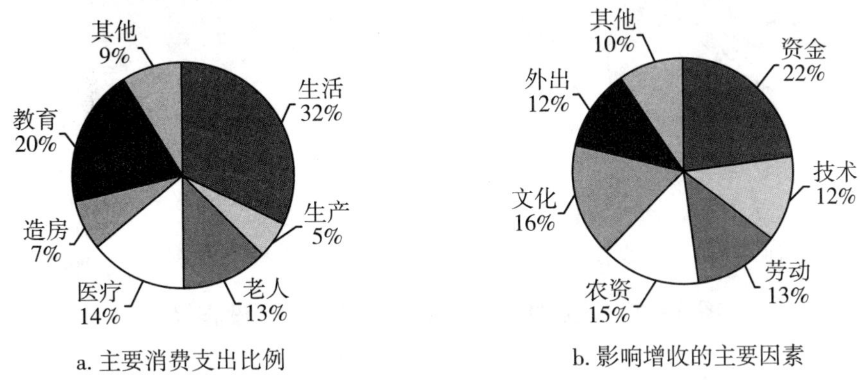

图3-7 主要消费支出及影响增收的主要因素

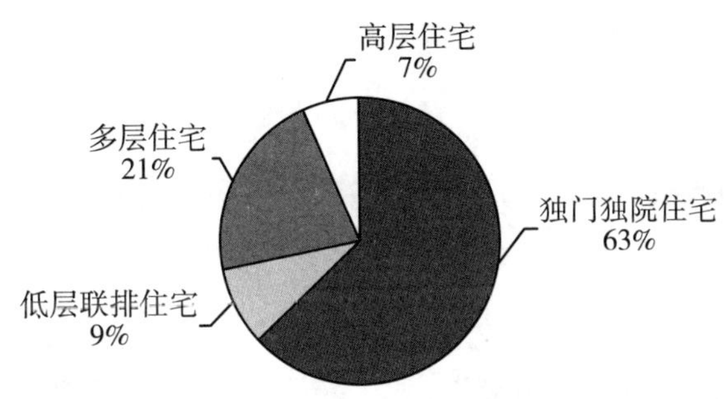

图3-8 新建住宅类型意愿

3. 公共服务与设施满意度

对现有公共服务与设施的便利程度调查，有43%的人认为方便，有35%的人认为比较方便，有22%的人认为不方便。

需要增加的商业服务设施。对需要增加的商业服务设施进行分析，有33%的被调查对象认为需要增设农贸市场；其次是需要增设便民超市，比重占到23%；再次是需要增设农资店，比重约占12%；对于餐饮店的增设需求相对较弱。

对本镇教育现状满意度。被调查对象当中，满意现有教育现状的约占的27%，比较满意的占到47%，不满意的占到约26%。

教育设施存在的问题。被调查者中，反映无幼儿园、无小学、无初中的比重分别占到7%、2%、8%，比重相对较低，说明各镇区各级各类学校配备较为完善；反映的问题主要集中在教学质量差、配套设施不健全及建筑老旧等方面（见图3-9b），说明各镇区教育的软硬环境都亟待改善。

对本镇小病就医是否方便。被调查对象当中有42%的人认为本镇小病就医很方便；有43%的人认为比较方便；约有15%的人认为不方便。

医疗条件需要改善的方面。医疗设备和技术水平是当前镇区医疗条件亟待改善的方

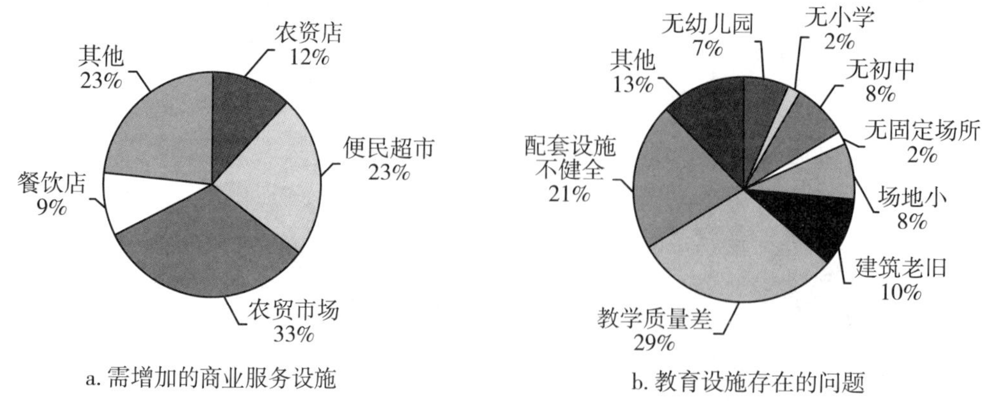

a. 需增加的商业服务设施　　b. 教育设施存在的问题

图 3－9　商业服务设施建设意愿及教育设施状况

面，分别占到 36% 和 46%；对于医疗场所条件改善的需求相对较低，仅占到 8%。

对本镇文化活动现状满意度。被调查对象当中有 32% 的对现状表示满意，有 49% 的人表示比较满意，约有 19% 的人不满意。

需要增加的公共文化设施。现状镇区亟须增加的公共文化设施为文化活动室和健身场所，分别占到总量的 30% 和 27%；其次是农家书屋和多媒体电教室，分别占到总量的 14% 和 15%；对棋牌室等的需求相对较弱，仅占 7%（见图 3－10b）。

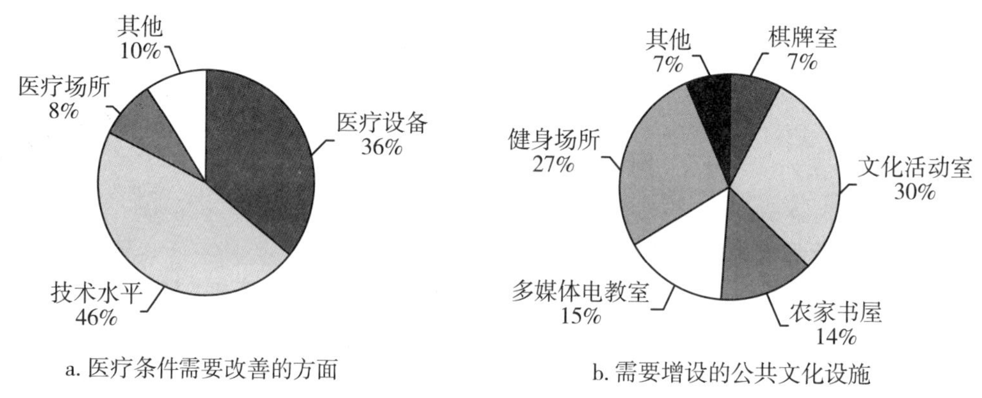

a. 医疗条件需要改善的方面　　b. 需要增设的公共文化设施

图 3－10　医疗及公共文化设施建设意愿

对本镇出行是否方面。有 48% 的被调查对象认为方便，43% 的人认为比较方便，有 9% 的人认为方便。

对本镇环境卫生状况满意度。被调查对象当中，有 32% 的人认为满意，47% 的人认为比较满意，21% 的人认为不满意。说明镇区环境卫生状况仍有改善和提升的空间。

环境卫生需要改善的方面。环境卫生设施亟待改善的方面主要体现在缺乏完善的排水系统、厕所条件较差、环卫设施不完善等方面，分别占到总量的 34%、27% 和 20%；空闲院落整治和其他方面需求较弱（见图 3－11a）。

对于镇区绿化情况满意度。被调查对象当中对于镇区现有绿化状况，有 33% 的人认为满意；49% 的人认为比较满意；有 18% 的人认为不满意。

镇区绿化需要改善的方面。对于镇区绿化改善方面的需要主要体现在增加公共绿地方面，占到总需求的25%；其余各方面需求相对均衡，占总需求的比重集中在11%~19%（见图3－11b）。可见，未来镇区绿化应重点从增加公共绿地角度入手。

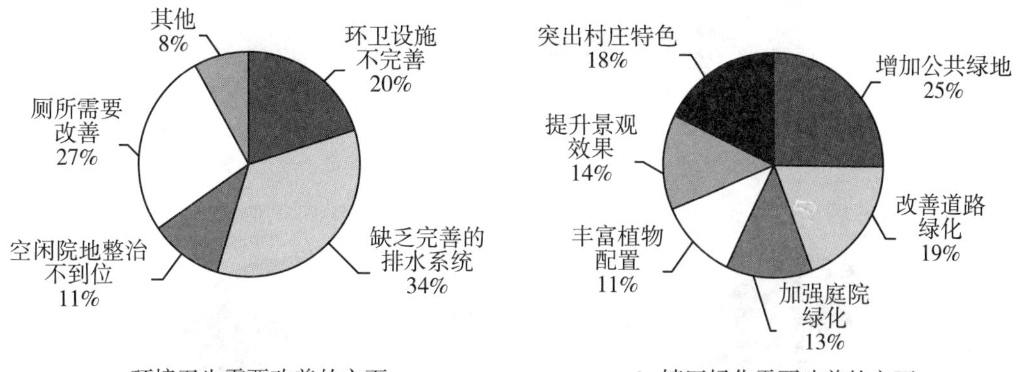

图3－11　环境卫生及镇区绿化改善意愿

镇容镇貌满意度。被调查对象当中对现状镇容镇貌表示满意的占到35%；比较满意的占到43%，不满意的占到22%。可见未来镇容镇貌仍有改善和提高的空间。

镇容镇貌需要改善的方面。拆除危房与临时建筑是当前镇区镇容镇貌改善的首要问题，占到总需求的21%；其次是铺设排水管网、完善环卫设施、增加村庄绿化，分别占到总需求的14%、11%和11%；空闲院落整治、突出城镇特色也占有一定的比重。

市政工程建设需要改善的方面。镇区市政工程建设问题主要集中在污水、供热、燃气工程建设方面，分别占到总需求的14%、21%、14%；另外对于给水、环卫、雨水设施的需求也相对较高，分别占到9%、9%、8%。未来镇区建设应从以上方面着手，改善市政工程建设现状。

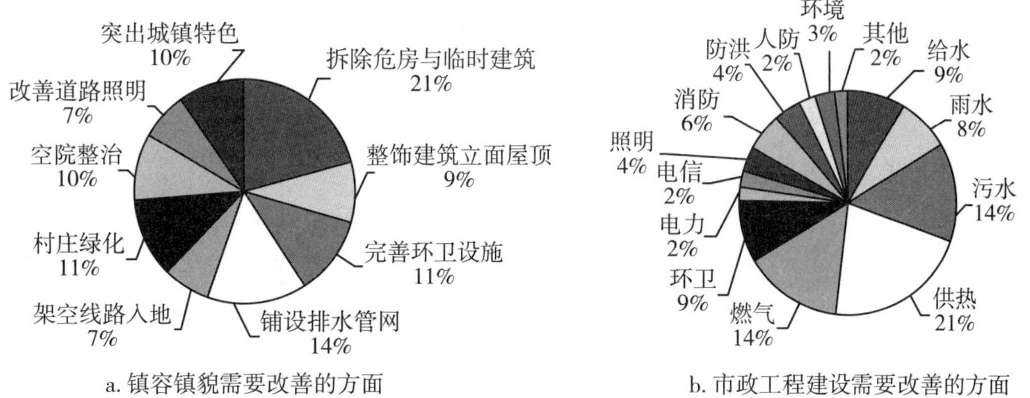

图3－12　镇容镇貌及市政工程建设改善意愿

4. 城镇化意愿与规划参与

被调查对象中，有意愿进城生活的占到51%，没有意愿进城生活的占到49%。

进城生活的主要动因。对于进城生活的主要动因，子女教育占到相当明显的比重，达到35%；第二个主要因素就是有利于个人的就业创业，占到18%；第三，有利于个人发展和看病方便，分别占到14%和15%；第四是为了提升生活品质，这一部分占到11%。

进城生活的主要顾虑。对于进城生活的主要顾虑，体现在房价高、生活成本高、担心找不到工作，这三者比重分别达到32%、23%和14%，成为限制其进城生活的主要影响因素。

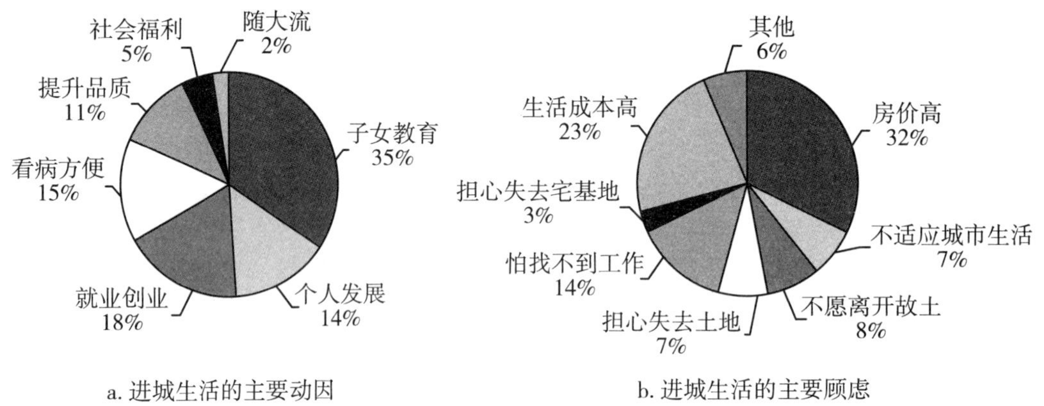

a. 进城生活的主要动因　　b. 进城生活的主要顾虑

图3－13　进城生活的主要动因及顾虑

镇区建设的主导者认知。从被调查对象问卷来看，调查对象认为上级政府和镇政府是镇区规划建设的主导者，分别占到42%和32%；规划人员和村民自己对镇区建设的影响力有限，分别占到10%和12%。

对规划的了解程度。对规划非常了解的居民仅占到被调查对象的6%，对规划有些了解的占到32%，很少了解的约占35%，完全不了解的占到27%。可见，居民对于镇区规划建设的了解和参与程度不高，未来加强居民参与也应成为镇区规划建设发展的重要方面。

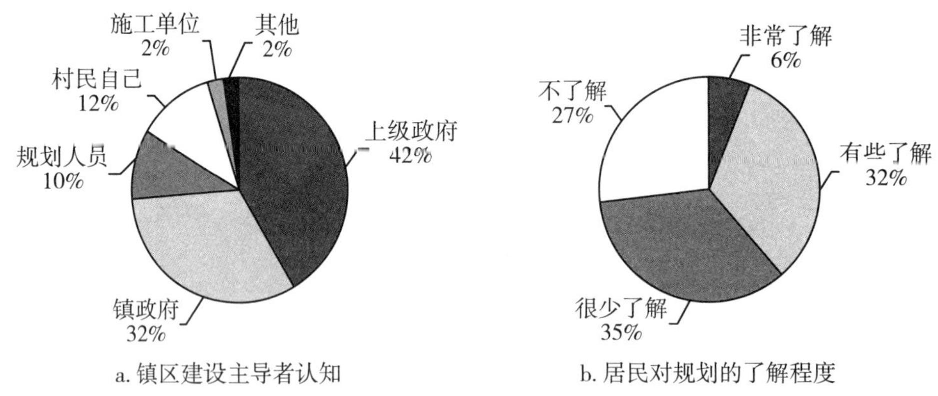

a. 镇区建设主导者认知　　b. 居民对规划的了解程度

图3－14　对镇区建设规划及主导者的认知

是否应该了解规划进展和结果。被调查对象当中，有79%的人认为应该了解规划进展；有7%的人认为不应该；14%的人认为无所谓。可见，希望了解规划的居民占绝大部分，说明居民对于参与规划建设具有很高的积极性。

镇里规划是否公示或宣传。调查结果显示，镇里规划有公示或宣传的占到69%；没有公示或宣传的占到31%。说明现状镇区规划公示和宣传力度有待加强。

对近五年镇区建设满意程度。根据调查结果，对近五年镇区建设很满意的居民达到17%；满意和一般满意村民达到36%和42%；不满意的占到5%。说明近五年来镇区建设情况相对较好，基本能达到让居民满意的程度。

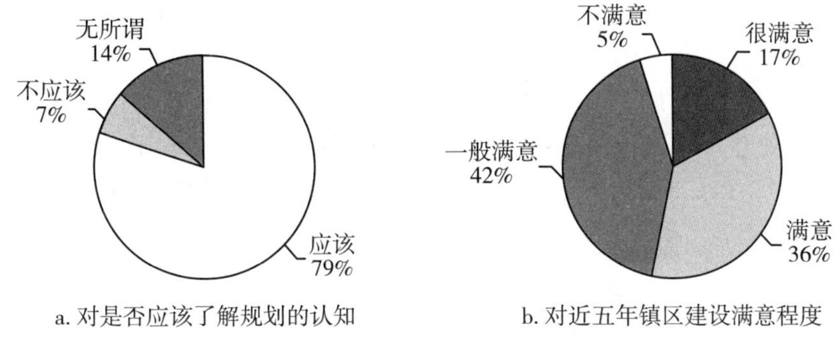

a. 对是否应该了解规划的认知　　b. 对近五年镇区建设满意程度

图3－15　镇区建设满意度及规划进展的认知需求

总体来说，从本次问卷调查反映的结果来看，家庭人口与经济情况方面，被调查地区的劳动力保有状况良好，但就业方面存在一定困难；人均纯收入、家庭收入呈现显著增长，务工成为城镇居民收入的主要来源，务农和经商收入也占有很大比重；资金短缺是限制居民增收的主要因素，另外，除去生活性必需的支出之外，教育、医疗和养老费用给居民生活带来较大压力。从家庭住房情况与建房意愿方面来看，有新建住房意愿的居民比重不高，且绝大多数居民更倾向于新建传统的独门独院式住宅。从对公共服务与设施满意度方面来看，绝大多数人认为现有公共服务与设施较为便利，增设农贸市场和便民超市是目前居民的主要需求；教育设施配置方面，各镇区各级各类学校配备较为完善，但教育软硬环境较差的问题亟待改善；城镇医疗方面的问题主要体现在对医疗设备完善、医疗技术水平提高方面的需求；公共文化设施设置方面亟须增加的是文化活动室和健身场所；环境卫生方面的问题主要集中于缺乏完善的排水系统、厕所条件较差和环卫设施不完善等方面；拆除危房与临时建筑是当前镇区镇容镇貌改善的首要问题；镇区市政工程建设问题主要集中在污水、供热、燃气工程建设方面有待完善；镇区绿化需要改善的方面最突出的就是公共绿地面积不足，这也是未来镇区绿化应当重点加强的方面。从城镇化意愿与规划参与方面，有意愿进城生活的居民比重占到一半左右，子女教育成为吸引居民参与城镇化的最主要动因，而城市房价较高、城市生活成本高成为限制居民进城的因素；绝大多数受访对象认为上级政府和镇政府是镇区规划建设的主导者，且居民对于镇区规划建设的了解和参与程度不高，未来加强居民参与也应成为镇区规划建设发展的重要方面；居民对于参与规划建设的较高积极性与镇区规划公示宣传力度不足的矛盾较为显著，说明规划公示和宣传力度有待加强；同时，近五年镇区建设情况相对较好，基本能达到让村民满意的程度。

（二）百镇建设水平综合评价

选取2014年山西省百镇发展现状为研究对象，采用《山西省百镇建设绩效评估自评表》、《山西省2014年村镇年报》为数据来源，对各城镇发展水平进行综合评价。

1. 指标体系的构建

对山西省百镇发展水平综合评价主要从可持续发展和发展潜力方面构建相关指标体系。在参考已有研究的基础上，遵循指标体系构建的全面性、代表性、可比性和可操作性等原则，指标的选取不局限于经济水平作为评价标准，更加注重城镇居民生活质量和城镇的未来发展潜力。因此，从规模水平、经济水平、生活质量水平和发展潜力水平4个准则层及其10个子准则层中选取20个指标，构建山西省百镇发展水平综合评价指标体系（见表3-13）。

表3-13　城镇发展水平综合评价指标体系

目标层	准则层	子准则层	指标层	权重
城镇发展水平	规模水平	人口规模	镇区人口（万人）	0.1250
		用地规模	镇区面积（平方米）	0.1250
	经济水平	经济规模	第二、第三产业产值（万元）	0.0693
			人均GDP（元）	0.1200
		收入水平	城镇居民人均可支配收入（元）	0.0304
			农民人均纯收入（元）	0.0304
	生活质量水平	基础设施	供水普及率（%）	0.0356
			燃气普及率（%）	0.0356
			人均道路面积（平方米）	0.0356
			污水集中处理率（%）	0.0356
			垃圾处理率（%）	0.0356
		教育医疗	每千人拥有学校数（个）	0.0224
			每千人拥有医院床位数（个）	0.0192
		文化体育	人均文化场馆面积（平方米）	0.0152
			人均体育场地面积（平方米）	0.0152
	发展潜力水平	市政公用设施与投资	城镇社区综合服务设施覆盖率（%）	0.0157
			镇区市政公用设施维护建设总投资（万元）	0.0379
			五建设两整治重点建设项目投资（万元）	0.1348
		社会组织程度	第二、第三产业从业人员比重（%）	0.0448
		环境承载力	镇区绿化覆盖率（%）	0.0168

2. 研究方法

利用指标指数法测度城镇发展水平综合指数。

（1）构建原始指标数据矩阵。

$$X_{ij} = (x_{ij})_{m\times n}\ (0\leqslant i\leqslant m,\ 0\leqslant j\leqslant n)$$

式中：X_{ij}为第 i 个指标，第 j 个城镇的指标值。

（2）指标指数法处理。评价指标分为正向指标和逆向指标。

$$正向指标：X_{ij} = (x_{ij}/x_{oi})^{\alpha}；逆向指标：X_{ij} = (x_{oi}/x_{ij})^{\alpha}$$

式中：X_{ij}为指数值；x_{ij}为统计值；x_{oi}为标准值；α 取 1 对评价指标进行无量纲化处理。

（3）评价指标权重。综合运用层次分析法（AHP）、专家咨询法（Delphi）得出各指标权重 W_i。

（4）质量综合水平指数计算。

$$R_j = \sum_{i=1}^{n} X_{ij} W_i\ （R 表示城镇发展水平综合指数）$$

3. 结果分析

（1）百镇建设发展水平综合指数排序。

对 2014 年山西省百镇数据进行收集、整理，构建指标体系，本次评价选取的指标均为正向指标，无量纲化处理选取各项指标的均值作为标准值进行处理，采用指标指数法对山西省百镇建设城镇发展水平综合指数进行测度，结果见表 3－14。

表 3－14　　山西省百镇建设发展水平综合指数排序

序号	所在地级市	县、镇	综合指数
1	吕梁市	汾阳市杏花村镇	2.742
2	运城市	盐湖区解州镇	2.262
3	吕梁市	孝义市梧桐镇	2.219
4	阳泉市	盂县西烟镇	2.114
5	阳泉市	平定县娘子关镇	1.950
6	晋城市	阳城县北留镇	1.927
7	运城市	稷山县西社镇	1.921
8	晋城市	高平市马村镇	1.808
9	运城市	闻喜县东镇	1.759
10	运城市	河津市僧楼镇	1.700
11	长治市	潞城市店上镇	1.698
12	晋中市	灵石县静升镇	1.672

续表

序号	所在地级市	县、镇	综合指数
13	晋城市	沁水县嘉峰镇	1. 621
14	晋城市	沁水县郑村镇	1. 564
15	临汾市	蒲县乔家湾乡	1. 459
16	太原市	清徐县徐沟镇	1. 406
17	忻州市	五台县东冶镇	1. 405
18	晋城市	阳城县润城镇	1. 374
19	忻州市	繁峙县砂河镇	1. 358
20	晋中市	平遥县洪善镇	1. 330
21	长治市	武乡县洪水镇	1. 329
22	运城市	稷山县翟店镇	1. 313
23	忻州市	定襄县宏道镇	1. 306
24	忻州市	五台县台怀镇	1. 290
25	长治市	沁源县郭道镇	1. 239
26	长治市	襄垣县下良镇	1. 209
27	临汾市	洪洞县广胜寺镇	1. 185
28	长治市	长治县荫城镇	1. 167
29	吕梁市	交口县双池镇	1. 165
30	吕梁市	汾阳市贾家庄镇	1. 121
31	运城市	永济市卿头镇	1. 116
32	晋城市	沁水县中村镇	1. 110
33	阳泉市	郊区河底镇	1. 062
34	运城市	临猗县临晋镇	1. 054
35	吕梁市	交城县夏家营镇	1. 048
36	阳泉市	盂县南娄镇	1. 046
37	运城市	夏县水头镇	1. 012
38	运城市	万荣县荣河镇	0. 970
39	长治市	长治县苏店镇	0. 948
40	晋中市	介休市义安镇	0. 940
41	长治市	长子县大堡头镇	0. 928
42	忻州市	岢岚县三井镇	0. 928
43	吕梁市	文水县刘胡兰镇	0. 912
44	忻州市	宁武县阳方口镇	0. 899

续表

序号	所在地级市	县、镇	综合指数
45	阳泉市	平定县张庄镇	0.894
46	临汾市	洪洞县赵城镇	0.884
47	晋中市	昔阳县大寨镇	0.877
48	忻州市	原平市崞阳镇	0.877
49	太原市	古交市马兰镇	0.854
50	晋中市	祁县东观镇	0.853
51	大同市	左云县鹊儿山镇	0.832
52	长治市	屯留县渔泽镇	0.826
53	忻州市	代县峨口镇	0.815
54	朔州市	应县南河种镇	0.815
55	晋中市	寿阳县宗艾镇	0.803
56	忻州市	忻府区奇村镇	0.797
57	晋中市	介休市张兰镇	0.796
58	晋中市	左权县麻田镇	0.795
59	晋中市	太谷县胡村镇	0.789
60	临汾市	翼城县里砦镇	0.774
61	大同市	天镇县新平堡镇	0.753
62	临汾市	襄汾县汾城镇	0.742
63	晋城市	泽州县周村镇	0.736
64	太原市	阳曲县泥屯镇	0.735
65	运城市	新绛县泽掌镇	0.734
66	临汾市	曲沃县曲村镇	0.714
67	运城市	芮城县风陵渡镇	0.706
68	运城市	永济市蒲州镇	0.697
69	晋城市	陵川县礼义镇	0.691
70	忻州市	定襄县河边镇	0.684
71	朔州市	平鲁区凤凰城镇	0.672
72	吕梁市	临县碛口镇	0.653
73	运城市	垣曲县皋落乡	0.636
74	临汾市	乡宁县管头镇	0.633
75	吕梁市	柳林县成家庄镇	0.630
76	运城市	芮城县陌南镇	0.621

续表

序号	所在地级市	县、镇	综合指数
77	运城市	平陆县张店镇	0.617
78	长治市	壶关县百尺镇	0.609
79	大同市	大同县倍加造镇	0.609
80	临汾市	吉县屯里镇	0.608
81	吕梁市	岚县普明镇	0.598
82	吕梁市	孝义市下堡镇	0.587
83	临汾市	襄汾县邓庄镇	0.585
84	朔州市	右玉县右卫镇	0.581
85	太原市	清徐县孟封镇	0.548
86	晋中市	榆社县云竹镇	0.538
87	运城市	绛县陈村镇	0.535
88	忻州市	宁武县东寨镇	0.534
89	吕梁市	柳林县留誉镇	0.533
90	大同市	灵丘县东河南镇	0.527
91	吕梁市	方山县大武镇	0.495
92	朔州市	山阴县北周庄镇	0.489
93	朔州市	怀仁县金沙滩镇	0.461
94	晋中市	榆次区东阳镇	0.456
95	大同市	阳高县罗文皂镇	0.444
96	大同市	南郊区云冈镇	0.440
97	晋中市	和顺县李阳镇	0.420
98	忻州市	五寨三岔镇	0.378
99	吕梁市	中阳县枝柯镇	0.377
100	太原市	娄烦县静游镇	0.334
101	运城市	夏县泗交镇	0.286
102	忻州市	保德县杨家湾镇	0.203

（2）百镇建设发展水平分级。

以所有城镇各项指标最优值作为参考指标，计算各项指标最优情况下的综合指数，得出最优综合指数 R 最优等于 6.37，以此作为各城镇发展满分的评价指标；另外选取所有城镇各项指标的平均值作为参考指标，计算各项指标选取平均值情况下的综合指数，得出百镇城镇建设的平均水平，即 R 平均等于 1 作为划分各城镇发展情况的优劣标准。

参考最优综合指数 R 最优、综合平均指数 R 平均以及山西省百镇发展实际情况，将其划分为五个等级，即好、较好、适中、较差、差五个等级，详见表 3 - 15。

表 3 - 15　　山西省百镇建设现状水平分级表

序号	等级	取值范围	城镇个数	备注
Ⅰ	好	2.00 ~ 6.37	4	选取 R 平均上下浮动 0.2 作为发展适中城镇取值范围
Ⅱ	较好	1.2 ~ 3.00	22	
Ⅲ	适中	0.8 ~ 1.2	29	
Ⅳ	较差	0.5 ~ 0.8	35	
Ⅴ	差	<0.5	12	

（3）城镇发展现状评价。

从山西省百镇发展建设现状来看，发展水平处于好、较好和适中三个等级的城镇数量为 55 个，占到所有城镇总量的 53.9%；以城镇发展综合指数大于 1 作为标准，超过全部城镇平均水平的城镇数量为 37 个，占到所有城镇总量的 36.27%。说明目前百镇的发展水平参差不齐，发展水平较好的城镇约占 1/3，而低于平均水平的约占 2/3。

从各个指标来说，根据对于准则层得分的描述性统计，造成各城镇综合发展水平差异最大的影响因素是城镇规模水平和经济水平，其次是生活质量水平和发展潜力水平。就各个准则层内部来说，各城镇在经济发展水平方面差距较大，标准差达到 0.302，位于各准则层之首；再次是城镇规模水平、发展潜力水平之间的差距相对较大，标准差分别为 0.174 和 0.168，最后是生活质量水平，各城镇之间相对差距较小（见表 3 - 16）。

表 3 - 16　　准则层得分的描述性统计

统计量	规模水平	经济水平	生活质量水平	发展潜力水平
平均值	0.250	0.249	0.236	0.232
标准差	0.174	0.302	0.143	0.168

经济水平方面评价从经济规模和收入水平两个角度，采用第二、第三产业产值、人均 GDP 表征城镇产业发展情况和经济规模，采用城镇居民人均可支配收入和农民人均纯收入表征收入情况。经济水平准则层各城镇综合得分最高的为运城市稷山县西社镇，排名前 10 位的城镇分别是稷山县西社镇、孝义市梧桐镇、汾阳市杏花村镇、河津市僧楼镇、潞城市店上镇、盐湖区解州镇、沁水县郑村镇、闻喜县东镇镇、平定县娘子关镇、高平市马村镇。第二、第三产业产值得分较高的是稷山县西社镇、孝义市梧桐镇、盐湖区解州镇、汾阳市杏花村镇和潞城市店上镇。人均 GDP 得分较高的是稷山县西社镇、孝义市梧桐镇、平定县娘子关镇、沁水县郑村镇、河津市僧楼镇。城镇居民人均可支配收入得分较高的是吉县屯里镇、平遥县洪善镇、祁县东观镇、孝义市下堡镇、乡宁县管头镇。农民人均纯收入得分较高的是古交市马兰镇、太谷县胡村镇、清徐县徐沟

镇、清徐县孟封镇和沁水县郑村镇。

规模水平方面评价从人口规模和用地规模两个角度，采用镇区人口和镇区面积两个指标进行衡量。规模水平准则层各城镇综合得分最高的是五台县东冶镇、定襄县宏道镇、盐湖区解州镇、汾阳市杏花村镇、繁峙县砂河镇、洪洞县广胜寺镇、芮城县风陵渡镇、洪洞县赵城镇、宁武县阳方口镇、灵石县静升镇。镇区人口指标得分较高的城镇是盐湖区解州镇、五台县东冶镇、洪洞县赵城镇、宁武县阳方口镇、灵石县静升镇。镇区占地面积指标得分较高的城镇是定襄县宏道镇、五台县东冶镇、汾阳市杏花村镇、繁峙县砂河镇和平遥县的洪善镇。

发展潜力水平方面从市政公用设施与投资、社会组织程度、环境承载力三个角度进行评价。采用城镇社区综合服务设施覆盖率、镇区市政公用设施维护建设总投资、“五建设两整治”重点建设项目投资用于表征市政公用设施与投资；采用第二、第三产业从业人员比重表征社会组织程度；采用镇区绿化覆盖率表征镇区环境承载力。发展潜能力水平准则层各城镇综合得分最高的是盂县西烟镇、长治县荫城镇、汾阳市杏花村镇、高平市马村镇、交口县双池镇、盐湖区解州镇、沁源县郭道镇、灵石县静升镇、蒲县乔家湾乡、盂县南娄镇。城镇社区综合服务设施覆盖率达到100%的城镇得分为0.20，包括阳城县北留镇等27个城镇。镇区市政公用设施维护建设总投资得分较高的城镇有盂县西烟镇、汾阳市杏花村镇、盂县南娄镇、阳泉市郊区河底镇、平定县张庄镇。“五建设两整治”重点建设项目投资得分较高的城镇是长治县荫城镇、交口县双池镇、蒲县乔家湾乡、沁源县郭道镇、盐湖区解州镇。第二、第三产业从业人员比重得分较高的城镇是屯留县渔泽镇、孝义市梧桐镇、稷山县翟店镇、古交市马兰镇、宁武县阳方口镇。镇区绿化覆盖率得分较高的是泽州县周村镇、大同市南郊区云岗镇、阳曲县泥屯镇、左云县鹊儿山镇、潞城市店上镇。

生活质量水平方面从基础设施、教育医疗、文化体育三个角度进行评价，采用供水普及率、燃气普及率、人均道路面积、污水集中处理率、垃圾处理率等指标进行衡量；教育医疗采用每千人拥有学校个数、每千人拥有医院床位数等指标进行表征；文化体育采用人均文化场馆面积、人均体育场地面积进行表征。生活质量水平准则层各城镇综合得分最高的是襄垣县下良镇、汾阳市贾家庄镇、平定县娘子关镇、汾阳市杏花村镇、平遥县洪善镇、武乡县洪水镇、天镇县新平堡镇、五台县台怀镇、阳城县润城镇、沁水县中村镇。供水普及率有包括汾阳市杏花村镇、代县峨口镇等在内的15个城镇达到100%，得分0.041。燃气普及率得分较高的是沁水县嘉峰镇、阳城县润城镇、沁水县中村镇、平定县娘子关镇、沁水县郑村镇。人均道路面积指标得分较高的是襄垣县下良镇、清徐县徐沟镇、潞城市店上镇、壶关县百尺镇、寿阳县宗艾镇。污水集中处理率得分较高的城市是汾阳市贾家庄镇、天镇县新平堡镇、武乡县洪水镇、平遥县洪善镇、五台县台怀镇。垃圾处理率有包括汾阳市杏花镇、寿阳县宗艾镇等在内的9个城镇处理率达到100%，得分为0.117。每千人拥有学校个数得分较高的城镇是岢岚县三井镇、蒲县乔家湾乡、柳林县成家庄镇、左权县麻田镇、平定县张庄镇。每千人拥有医院床位数得分较高的城镇是平陆县张店镇、闻喜县东镇镇、右玉县右卫镇、夏县水头镇、沁源县郭道镇。人均文化场馆面积得分较高的城镇是新绛县泽掌镇、盂县南娄镇、宁武县阳方口镇、左权县麻田镇、郊区河底镇。人均体育场地面积得分较高的城镇是新绛县泽掌镇、曲沃县曲村镇、翼城县里砦镇、阳泉郊区河底镇、孝义市下堡镇。

（三）百镇建设进展综合评价

1. 指标体系构建

针对百镇建设进展的评价，在参考已有研究的基础上，选取与现状评价指标体系相对应的增长指标作为近3年百镇建设进展综合评价依据。从规模水平增长、经济水平增长、生活质量提高、发展潜力提升4个准则层及其10个子准则层中选取20个指标，构建山西省百镇建设进展综合评价指标体系（见表3－17）。

表3－17　城镇发展水平综合评价指标体系

目标层	准则层	子准则层	指标层	权重
城镇建设进展评价	规模水平增长	人口规模	镇区人口增加（万人）	0.1250
		用地规模	镇区面积扩大（平方米）	0.1250
	经济水平增长	经济规模	第二、第三产业产值增加（万元）	0.0693
			人均GDP提高（元）	0.1200
		收入水平提高	城镇居民人均可支配收入增长（元）	0.0304
			农民人均纯收入增长（元）	0.0304
	生活质量提高	基础设施	供水普及率提高（%）	0.0356
			燃气普及率提高（%）	0.0356
			人均道路面积提高（平方米）	0.0356
			污水集中处理率提高（%）	0.0356
			垃圾处理率提高（%）	0.0356
		教育医疗	每千人拥有学校数增加（个）	0.0224
			每千人拥有医院床位数增加（个）	0.0192
		文化体育	人均文化场馆面积增加（平方米）	0.0152
			人均体育场地面积增加（平方米）	0.0152
	发展潜力提升	市政公用设施与投资	城镇社区综合服务设施覆盖率提高（%）	0.0157
			3年镇区市政公用设施维护建设总投资（万元）	0.0379
			五建设两整治重点建设项目投资（万元）	0.1348
		社会组织程度	第二、第三产业从业人员比重提高（%）	0.0448
		环境承载力	镇区绿化覆盖率提高（%）	0.0168

2. 结果分析

（1）百镇建设进展综合指数排序。

对山西省百镇2011～2014年城镇发展数据进行收集、处理，构建指标体系，并对数据进行无量纲化处理，采用指标指数法对山西省百镇建设进展综合指数进行测度，结果见表3－18。

表3－18　　山西省百镇建设进展综合指数排序

序号	所在地级市	县、镇	综合指数
1	吕梁市	汾阳市杏花村镇	6.07
2	吕梁市	孝义市梧桐镇	4.61
3	晋城市	沁水县郑村镇	3.71
4	晋中市	左权县麻田镇	3.65
5	阳泉市	盂县西烟镇	3.54
6	运城市	盐湖区解州镇	3.00
7	晋城市	高平市马村镇	2.85
8	太原市	清徐县徐沟镇	2.55
9	晋城市	沁水县嘉峰镇	2.33
10	忻州市	岢岚县三井镇	2.33
11	临汾市	蒲县乔家湾乡	2.30
12	晋中市	灵石县静升镇	2.16
13	吕梁市	柳林县留誉镇	2.02
14	长治市	潞城市店上镇	1.98
15	晋中市	介休市张兰镇	1.95
16	运城市	稷山县西社镇	1.85
17	吕梁市	文水县刘胡兰镇	1.82
18	朔州市	怀仁县金沙滩镇	1.73
19	阳泉市	盂县南娄镇	1.70
20	长治市	长治县苏店镇	1.66
21	长治市	襄垣县下良镇	1.65
22	太原市	古交市马兰镇	1.65
23	运城市	稷山县翟店镇	1.58
24	晋城市	阳城县北留镇	1.58
25	临汾市	吉县屯里镇	1.54
26	运城市	永济市卿头镇	1.49
27	晋中市	平遥县洪善镇	1.47
28	朔州市	山阴县北周庄镇	1.46
29	大同市	左云县鹊儿山镇	1.42
30	忻州市	五台县台怀镇	1.42

续表

序号	所在地级市	县、镇	综合指数
31	忻州市	宁武县阳方口镇	1.38
32	晋中市	祁县东观镇	1.34
33	运城市	闻喜县东镇	1.32
34	运城市	夏县水头镇	1.26
35	长治市	壶关县百尺镇	1.23
36	长治市	屯留县渔泽镇	1.22
37	晋城市	沁水县中村镇	1.19
38	临汾市	乡宁县管头镇	1.11
39	运城市	万荣县荣河镇	1.09
40	忻州市	定襄县宏道镇	1.08
41	忻州市	宁武县东寨镇	1.08
42	长治市	长治县荫城镇	1.04
43	朔州市	右玉县右卫镇	1.02
44	晋城市	陵川县礼义镇	1.01
45	阳泉市	平定县娘子关镇	1.01
46	长治市	沁源县郭道镇	0.98
47	长治市	长子县大堡头镇	0.97
48	吕梁市	临县碛口镇	0.96
49	阳泉市	平定县张庄镇	0.95
50	吕梁市	交城县夏家营镇	0.92
51	临汾市	翼城县里砦镇	0.85
52	临汾市	洪洞县广胜寺镇	0.84
53	晋中市	榆社县云竹镇	0.81
54	太原市	清徐县孟封镇	0.80
55	晋城市	阳城县润城镇	0.78
56	太原市	阳曲县泥屯镇	0.78
57	长治市	武乡县洪水镇	0.74
58	朔州市	应县南河种镇	0.66
59	晋中市	太谷县胡村镇	0.65
60	忻州市	原平市崞阳镇	0.64
61	大同市	天镇县新平堡镇	0.61
62	临汾市	曲沃县曲村镇	0.60

续表

序号	所在地级市	县、镇	综合指数
63	运城市	新绛县泽掌镇	0.58
64	运城市	临猗县临晋镇	0.57
65	大同市	南郊区云冈镇	0.54
66	忻州市	忻府区奇村镇	0.53
67	运城市	芮城县陌南镇	0.53
68	临汾市	襄汾县邓庄镇	0.50
69	运城市	永济市蒲州镇	0.49
70	大同市	大同县倍加造镇	0.47
71	大同市	灵丘县东河南镇	0.46
72	忻州市	五台县东冶镇	0.46
73	阳泉市	郊区河底镇	0.45
74	运城市	夏县泗交镇	0.38
75	运城市	垣曲县皋落乡	0.37
76	晋中市	介休市义安镇	0.36
77	吕梁市	孝义市下堡镇	0.28
78	晋中市	寿阳县宗艾镇	0.22
79	大同市	阳高县罗文皂镇	0.22
80	晋中市	榆次区东阳镇	0.15
81	临汾市	洪洞县赵城镇	0.15
82	运城市	绛县陈村镇	0.14
83	忻州市	代县峨口镇	0.12
84	临汾市	襄汾县汾城镇	0.11
85	忻州市	五寨县三岔镇	0.10
86	忻州市	繁峙县砂河镇	0.10
87	忻州市	定襄县河边镇	0.10
88	晋中市	和顺县李阳镇	0.09
89	吕梁市	中阳县枝柯镇	0.09
90	吕梁市	柳林县成家庄镇	0.04
91	运城市	芮城县风陵渡镇	0.00
92	忻州市	保德县杨家湾镇	0.00
93	太原市	娄烦县静游镇	0.00
94	吕梁市	方山县大武镇	0.00

续表

序号	所在地级市	县、镇	综合指数
95	晋中市	昔阳县大寨镇	-0.11
96	运城市	河津市僧楼镇	-0.25
97	吕梁市	交口县双池镇	-0.30
98	晋城市	泽州县周村镇	-0.35
99	吕梁市	岚县普明镇	-0.50
100	运城市	平陆县张店镇	-1.21
101	朔州市	平鲁区凤凰城镇	-1.71
102	吕梁市	汾阳市贾家庄镇	-4.47

（2）百镇建设进展水平分级。

以所有城镇各项指标进展情况最优值作为参考指标，计算各项指标最优情况下的综合指数，得出最优综合指数 R 最优等于 22.88，以此作为各城镇发展满分的评价指标；另外选取所有城镇各项建设的平均值作为参考指标，计算各项指标选取平均值情况下的综合指数，得出百镇城镇建设的平均水平，即 R 平均等于 1 作为划分各城镇发展情况的优劣标准；将 R = 0 的城镇划为发展停滞型；将 R < 0 的城镇划为发展衰退型。以上述临界值以及百镇建设发展的实际情况为依据，将其划分为六个等级，即好、较好、适中、较慢、停滞和衰退六个等级，详见表 3-19。

表 3-19　　　　山西省百镇建设发展水平分级表

序号	等级	取值范围	城镇个数	备注
Ⅰ	好	3.00 ~ 22.88	6	取 R 平均上下浮动 0.2 作为发展适中城镇取值范围
Ⅱ	较好	1.20 ~ 3.00	30	
Ⅲ	适中	0.80 ~ 1.20	18	
Ⅳ	较慢	0.30 ~ 0.80	25	取 R = 0 上下浮动 0.2 作为发展停滞城镇取值范围
Ⅴ	停滞	-0.20 ~ 0.20	16	
Ⅵ	衰退	< -0.20	7	

（3）百镇建设发展评价。

从山西省百镇建设发展情况来看，处于好、较好、适中三个等级的城镇数量为 54 个，占到所有城镇总量的 52.9%；以城镇建设进展综合指数大于 1 作为标准，超过全部城镇建设进展平均水平的城镇数量为 45 个，占有比重相对较高；但从分级结果来看，仍有城镇发展停滞乃至衰退的情况存在，发展停滞城镇共有 16 个，占到全部城镇总数的 15.69%，发展衰退城镇共有 7 个，占到全部城镇总数比重的 6.86%，可见，重点建设城镇当中有 22.55% 的城镇处于发展停滞或衰退状态，占全部城镇总量的近 1/4。

就各个指标来看，根据准则层得分的描述性统计（见表3-20），各准则层对于城镇建设发展的影响力相对均衡。就各个准则层内部来说，各城镇建设发展差距较大的最主要体现在城镇生活质量提高方面，标准差达到1.050；其次是城镇发展潜力的提升，标准差为0.779；再次是城镇规模水平增长和经济水平增长，标准差分别为0.445和0.442。

表3-20 准则层得分的描述性统计

统计量	规模水平增长	经济水平增长	生活质量提高	发展潜力提升
平均值	0.250	0.250	0.249	0.250
标准差	0.445	0.442	1.050	0.779

城镇生活质量提高方面评价。各城镇综合得分最高的前十位城镇是阳曲县泥屯镇、清徐县徐沟镇、柳林县成家庄镇、左权县麻田镇、孝义市梧桐镇、襄汾县汾城镇、孝义市下堡镇、盂县西烟镇、左云县鹊儿山镇、洪洞县广胜寺镇。供水普及率提高指标较为显著的城镇有孝义市梧桐镇、壶关县百尺镇、长治县荫城镇、长子县大堡头镇、天镇县新平堡镇。燃气普及率提高指标较高的有清徐县徐沟镇、阳城县润城镇、沁水县郑村镇、原平市崞阳镇、榆社县云竹镇。人均道路面积增加指标得分较高的是大同县倍加造镇、吉县屯里镇、长子县大堡头镇、岢岚县三井镇、绛县陈村镇。污水集中处理率提高得分较高的城镇是宁武县阳方口镇、壶关县百尺镇、清徐县徐沟镇、盂县南娄镇、山阴县北周庄镇。垃圾处理率提高得分较高的是左权县麻田镇、右玉县右卫镇、怀仁县金沙滩镇、岢岚县三井镇、天镇县新平堡镇。每千人拥有学校个数增加得分较高的城镇是阳曲县泥屯镇、清徐县徐沟镇、柳林县成家庄镇、襄汾县汾城镇、孝义市下堡镇。每千人拥有医院床位数增加得分较高的城镇是宁武县阳方口镇、右玉县右卫镇、祁县东观镇、稷山县翟店镇、吉县屯里镇。人均文化场馆面积增加得分较高的城镇是左权县麻田镇、南郊区云冈镇、盂县西烟镇、襄垣县下良镇、长治县苏店镇。人均体育场地面积增加得分较高的城镇是左权县麻田镇、孝义市下堡镇、翼城县里砦镇、沁水县郑村镇、忻府区奇村镇。

规模水平扩大方面评价。规模水平增长准则层各城镇综合分较高的是汾阳市杏花村镇、孝义市梧桐镇、灵石县静升镇、古交市马兰镇、盐湖区解州镇、襄垣县下良镇、怀仁县金沙滩镇、泽州县周村镇、陵川县礼义镇、交口县双池镇。镇区人口增长指标得分较高的城镇是灵石县静升镇、汾阳市杏花村镇、古交市马兰镇、孝义市梧桐镇、陵川县礼义镇。镇区面积增长指标得分较高的是汾阳市杏花村镇、孝义市梧桐镇、襄垣县下良镇、盐湖区解州镇、交口县双池镇。

经济水平提高方面评价。经济水平增长准则层各城镇综合得分较高的是沁水县郑村镇、汾阳市杏花村镇、文水县刘胡兰镇、沁水县嘉峰镇、阳城县北留镇、蒲县乔家湾乡、永济市卿头镇、稷山县西社镇、盂县西烟镇、潞城市店上镇。第二、第三产业产值增长较快的城镇是文水县刘胡兰镇、阳城县北留镇、汾阳市杏花村镇、沁水县郑村镇、沁水县嘉峰镇。人均GDP指标增长较快的城镇是沁水县郑村镇、沁水县嘉峰镇、汾阳市杏花村镇、蒲县乔家湾乡、稷山县西社镇。城镇居民人均可支配收入增长较快的城镇是盂县西烟镇、祁县东观镇、吉县屯里镇、阳曲县泥屯镇、沁水县中村镇。农民人均纯收入增长较快的是孝义市梧桐镇、沁水县郑村镇、应县南河种镇、汾阳市杏花村镇、沁水县嘉峰镇。

发展潜力提升方面评价。发展潜力提升准则层各城镇综合得分最高的是盂县西烟镇、左权县麻田镇、柳林县留誉镇、介休市张兰镇、高平市马村镇、闻喜县东镇镇、平遥县洪善镇、屯留县渔泽镇、祁县东观镇、左云县鹊儿山镇。城镇社区综合服务设施覆盖率提升较高的城镇是盂县南娄镇、潞城市店上镇、永济市蒲州镇、应县南河种镇、吉县屯里镇。镇区市政公用设施维护建设累计总投资较高的城镇是柳林县留誉镇、介休市张兰镇、汾阳市杏花村镇、沁水县中村镇、介休市义安镇。“五建设两整治”重点建设项目投资额较高的城镇是长治县荫城镇、交口县双池镇、蒲县乔家湾乡、沁源县郭道镇、盐湖区解州镇。第二、第三产业从业人员比重提升较高的是盂县西烟镇、左权县麻田镇、闻喜县东镇镇、高平市马村镇、平遥县洪善镇。镇区绿化覆盖率提升较快的是定襄县宏道镇、潞城市店上镇、介休市义安镇、沁源县郭道镇、岚县普明镇。

四、百镇建设的新环境、新要求与对策建议

（一）面临的新环境和新要求

1. 新的宏观环境

2011 年我国城镇化率达 51. 27%，是中国城镇化的一个转折点，根据世界城镇化演变的“S”型曲线，中国城镇化将继续进入加速发展期，在此背景下人口增长、交通拥堵、土地紧缺、环境污染等一系列城市问题将更加凸显。在城市问题严峻的背景下，中国社科院举办的“城镇化与投资研讨会·2013 年《投资蓝皮书》发布会”预测到 2030 年中国的城镇化水平将达到 70%。这就意味着将有 3. 2 亿的农村人口转移进入城市，我们未来面临的思考是：这么多的人口由谁来承担？在城市问题和人口承载的背景下，思考城镇化发展模式是大城市还是小城镇？20 世纪 80 年代国内掀起了一场“小城镇，大问题”的讨论，1998 年中央提出“小城镇，大战略”，发展小城镇是主要政策取向。21 世纪以来，提出大中小城市和小城镇协调发展，进一步明确了鼓励发展小城镇的思路。

2. 新的政策要求

2013 年 11 月，党的十八届三中全会提出坚持走中国特色新型城镇化道路，推进以人为核心的城镇化，推动大中城市与小城镇协调发展、产业和城镇融合发展，促进城镇化与新农村建设协调推进，为我们今后一个时期住房和城乡建设工作指明了方向。2013 年 12 月，中央城镇化工作会议又专题安排部署城镇化，强调了城镇化的重点是解决“三农”问题，将会议提升到中央经济工作会议的同等高度。可见，城镇化已经上升成为国家战略，并成为我国未来一个时期推动经济增长的重要抓手。城镇化曾为经济长期高速增长提供了有力保障，城镇化建设还将是城乡统筹的必然选择，已被视为扩大内

需、推动经济增长的内在动力。

3. 新的发展机遇

随着山西省城镇人口老龄化现象的逐渐凸显，未来推进城镇发展的中坚力量将逐渐转化为新进城人口，即农民的乡—城转移将成为下一阶段城镇化发展的主要形式。由于农村农业生产经营组织形式的创新、劳动生产率的提升以及农村交通与信息条件的大幅改善，农村新成长劳动力文化程度普遍提高，受城乡设施条件、发展机会等差异的影响，许多农民外出打工、进城落户的愿望愈加强烈。同时，随着打工经验的积累与视野的拓展，许多农民工及其二代已不甘于两栖打工，他们渴望在城市定居生活，改变被边缘化的生存现状。受地缘、亲缘关系影响，更多的农民工更希望回乡就业或创业发展，就近进城落户实现城镇化。山西省跨省务工人员中已有一部分人返乡创业，各类企业以及个体工商户不断涌现，如果条件许可，将会有更多外出务工人员回乡发展。这将为百镇建设与发展提供重要的人力资本。

（二）城镇建设与管理中面临的困难和问题

根据百镇建设情况的定量评估和实地访谈，百镇建设成效各城镇之间差距较大，部分城镇成效还不显著；土地约束问题还比较普遍，城镇综合改革滞后，适应新型城镇化的管理体制尚未形成；条块资金和政策脱节问题还未解决。这些问题急需在“十三五”期间解决。

1. 城镇建设进展与绩效百镇之间差距较大

百镇建设工程虽然促进了普遍的发展，但由于发展基础、重视程度、推进力度等因素，百镇间建设进展与绩效存在较大不均衡。在建设效果方面，依据发展水平、建设进展和建设效果三个方面的综合定量评价结果，达到优秀水平的 13 个，达到良好的 29 个，两者合计占城镇总数的 62%。以城镇建设进展综合指数大于 1 作为标准，超过全部城镇建设进展平均水平的城镇数量为 45 个。在资金使用绩效方面，总体上“锦上添花”效果好，“雪中送炭”效果差。基础较好、地方政府重视的县域副中心、城郊型镇、工业型镇、文化旅游型镇，通过“五建设两整治”项目的实施较好地撬动了地方资金的投入，城镇功能有较大提升，面貌有较大改善，如繁峙县砂河镇、五台县东冶镇、长治县荫城镇、清徐县徐沟镇、阳泉郊区河底镇、介休市义安镇、灵石县静升镇等；农业型镇或交通物流型镇因经济发展制约，城镇建设底子较差，出现资金搁置，项目进展缓慢的情况，如盂县西烟镇、交城县夏家营镇、左云县鹊儿山镇等。

2. 建设用地短缺问题仍然是主要的制约因素

根据实际调研、访谈的 30 个镇的情况，30 个镇中有 28 个反映土地指标制约，认为建设用地短缺是制约城镇发展的最大因素，越是发展势头好的城镇，镇区规模扩大越快、企业入驻越多、人口聚集和改善居住条件的要求越迫切，建设与用地矛盾也越突出。具体表现在：百镇建设用地指标受到所在地市、县城的挤压，百镇建设用地指标少，导致项目引进、居住小区建设等受到制约；现行土地政策对建设用地供给审批更加严格，用地审批手续困难又繁杂、时间较长。建设用地指标掌握在县一级，乡镇用地指标少、支配权有限，且受到多方面行政制约，容易造成基层干部踩政策红线、打政策擦边球。此外，也存在土地利用审批不严、土地资源浪费、企业占地偏大等问题。

3. 小城镇管理体制尚未理顺

在行政体制上，城镇综合改革滞后，镇政府责任重、权力小，许多事情看得见却管不着，导致镇政府在城镇化建设过程中的角色定位失调。主要表现在：一是财政权缺乏。镇级没有自主财政权导致资金短缺，直接影响了镇区的市政设施建设和维护，如介休市义安镇，每年只有20万元的办公经费，远不能满足市政、环境卫生、绿化等建设与维护费用。二是项目审批手续困难。项目建设周期短，但审批手续繁杂、时间长，成为工程项目进展缓慢、未能按计划完成的重要因素。一个项目上马（含拆迁）需要22项审批手续（潞城市店上镇调研结果），这些手续走完需要1~2年。三是镇管理职能不健全。镇政府职能存在“小马拉大车”的现象，财政、税务、工商、人事等都属于垂直管理，镇政府对其“人、事、财”都无权管理；缺乏执法权，对镇区的卫生、环境、违法违规现象难以依法有效处理。四是城镇规划受到各种规划的牵制，镇的规划一方面会受到条条规划的制约，这些规划不仅重复且资金耗费多，还会存在互相掣肘的情况；另一方面城镇规划也会受到上一级地方政府规划的影响，导致镇规划要不断随着上位规划的变动而变动，导致规划不能按时实施。五是缺乏专门的城镇管理机构和专门的人才。在对30个镇的调研中发现，缺乏专门的城镇管理机构和人才是大部分镇提出的问题，没有政府给予的专设管理机构和专门的城镇管理人才，目前基本都是镇政府其他部门人员兼职，但日益增加的城镇建设和管理任务需要专门的人才和常设机构。

4. 条块资金和政策各自为政形不成合力

条块资金和政策脱节也是调研反映的重点问题。城镇建设中，每年都会有条块资金和政策，涉及发改、住建、农业、水利、环保、文物等部门，各部门项目名目繁多，主体不同，资金来源分散，建设重点和方向各异，造成行政资源巨大浪费，也弱化了扶持政策的效应。如发改委的采煤沉陷区治理项目，环保的污水设施建设、环卫清洁工程，文物的文物保护工程，住建的设施建设、历史文化名镇名村保护，水利的河道治理工程等，这些部门的项目都有利于推进百镇的发展，但是由于各部门各有各的要求，而且对各自的项目也都各有时限，各部门也只监管本部门的项目，不能统筹安排，基本上是谁出钱谁一揽子管到底，缺乏统一的资金使用、项目实施、机构管理，镇政府疲于应付，往往造成时间、资金的浪费。

（三）“十三五”推进建议

“十三五”时期是全面建成小康社会的关键时期，也是《国家新型城镇化规划

（2014～2020年）》实施的重要时期，加快重点镇发展既是优化城镇化空间布局的关键抓手，也是统筹城乡、扩就业、保增长和提升基本公共服务能力的关键环节。“十三五”时期仍需把重点镇发展摆在我省新型城镇化的突出位置，按照推进新型城镇化的总体要求，在更高起点上扎实推进“百镇建设工程”。

按照国家、山西省新型城镇化规划要求，财政部、发展改革委员会、住房城乡建设部《关于开展建制镇示范试点工作的通知》（财农［2014］261号）精神，建议“十三五”时期，我省重点镇建设在“十二五”百镇建设基础上，进一步突出重点，提质升级，把建制镇示范试点工作作为百镇建设的抓手，择优选择20个左右示范镇，进一步加大支持力度，以人的城镇化为核心，以科学规划为前提，以改革创新为动力，重点围绕城乡发展一体化体制机制、建制镇投融资体制、公共服务供给体制等领域，建立健全有利于建制镇良性发展的体制机制和政策措施，探索适应新型城镇化要求的建制镇发展道路，努力将示范镇发展成为以城带乡、乡村联动、一体发展的重要载体，形成可复制、可推广、可持续的模式，为推进全省新型城镇化进程积累经验。具体建议如下。

1. 按照城乡一体、“多规合一”要求做好重点镇“十三五”建设规划工作

在城镇建设中必须发挥规划的引领作用，按照城乡一体、“多规合一”要求，做好城镇规划，引导城镇有序、健康发展，项目依规建设。建议尽快开展“十三五”重点镇近期建设规划编制工作，省级财政统筹安排部分规划编费，不足部分百镇自筹。在2016年完成近期规划的编制、审查、批复，总体规划不能适应要求的同时修改。根据新型城镇化要求和“十二五”规划实施中的经验与问题，重点镇“十三五”近期建设规划在符合规划编制办法一般性要求的基础上，应着力解决五个方面的问题：一是有效探索“多规合一”途径。要有效探索“十三五”规划、土地利用规划等部门规划与近期建设规划的协调途径，统筹土地利用、产业布局、环境保护等与城乡建设的关系，合理安排生活、生产、生态“三生”空间，统筹划定“三区四线”，保证规划目标、指标体系、空间布局等的协同，提高规划的空间落地性。二是强化自然与历史文化特色塑造。以绿色、低碳、人文为导向，充分挖掘本地的自然生态特色和历史文化底蕴，突出产业特色、景观风貌特色、城镇地域文化特色，打造绿色、宜居、人文的生活与生产环境，引导百镇特色发展。三是提升城镇综合服务功能。高度重视百镇综合服务能力的提升，以民生为本，以市政基础设施和公共服务设施项目为建设重点，优化功能、提升质量。四是提高近期建设项目落地性。近期建设规划应明确目标、符合实际，建立与城镇发展实际高度衔接的建设项目库，保证百镇建设项目从规划、建设、资金补助方面的协调一致。五是强化规划执行力。加强规划实施管理，严格履行规划审批制度，规范百镇各类建设行为，依法查处各类规划违法案件，维护规划的权威性、严肃性，不断提高规划的根本指导作用。

2. 优化重点镇建设专项资金的配置

“十三五”时期应继续以项目为抓手推动重点镇建设，以“择优扶持、提质升级，民生为本、完善功能，以奖促建、配套联动”为原则，优化重点镇建设专项资金的配置，在扶持重点、扶持方式上做出一定调整，以提高重点镇建设的绩效。一是坚持“择优扶持、提质升级”的原则，在“十二五”时期百镇普惠支助的基础上，针对百镇发展差异，进一步突出重点，强化“锦上添花”，提高引导资金的使用绩效，促进重点镇提质升级。建议继续安排省级专项资金，选择城镇建设基础较好、地方政府重视、项目储备充分的县域副中心、文化旅游型镇等20个左右的示范镇，连续支持五年，切实增强城镇的经济实力和发展活力，把示范城镇建成生态环境优美、辐射带动能力较强、适宜中小企业创业和人口聚集的中心镇。二是坚持“民生为本、完善功能”的原则，进一步明确政府资金支持领域。政府扶持的重点应以与民生息息相关的道路、供水、电力、燃气、通信、环境卫生等市政基础设施和以教育、医疗、卫生、体育、绿地公共服务设施项目为主，提高百镇的综合承载能力和服务能力。三是坚持“以奖促建、配套联动”的原则，按照“渠道不变、管理不乱、统筹安排”的路径，全面整合发改、住建、交通、水利、环保、民政、文化、旅游等部门对乡镇的各类补助资金向示范镇倾斜，实现各资金的配套联动，形成合力。

3. 加快推进新型城镇化综合配套改革

围绕城乡发展一体化体制机制、建制镇投融资体制、公共服务供给体制、产业发展环境优化、建制镇行政管理体制创新等领域，加快推进改革创新步伐，增强建制镇发展的内在动力和发展活力。一是加快推进“扩权强镇”试点。按照依法放权、高效便民、分类指导、权责一致的原则，赋予百镇县级经济类项目核准、备案权和工程建设、市政设施、镇容交通等方面的管理权。县（市、区）政府要编制重点镇扩权事项目录，建立职责明确、权责对应的责任机制，确保扩权事项有效落实、规范运行。二是建立重大审批事项联动机制。对百镇的重大审批事项，县（市、区）政府应建立审批联动机制，实行“一事一议、急事急办、特事特办”。简化审批手续，建立建设项目审批“绿色通道”。三是探索城乡一体化的机制体制，推进城乡基础设施和公共服务一体化。四是创新投融资体制，推动社会资本参与城镇基础设施和公共设施建设。

4. 保障城镇建设的用地供给

在政策上：一方面依据城镇建设需求合理调整土地利用规划；另一方面应结合近期建设规划安排合理的建设用地计划指标，直接单列下达。在方法上支持重点镇探索集约用地的方式和途径，鼓励开展“旧房、旧村、旧厂”改造和荒地、废弃地开发利用；支持进行土地整理，省里优先安排农村土地综合整治和城乡建设用地增减挂钩项目，要优先保障镇重大项目和城镇发展建设需要。另外，争取针对重点镇建设的土地政策，在土地指标、土地审批手续等方面给予优惠，并在项目审批、住房建设等方面倡导先行先试的权利，在审批环节和时限上开辟绿色通道，缩短审批时间，简化审批手续。如符合政策的大型产业项目或道路、污水处理厂以及垃圾填埋场等基础设施建设给予特殊的土地指标优惠；再如结合危房改造、棚户区改造、保障房建设（只到县一级）以及新农村建设等整合土地使用，给予镇区居民和城市一样的土地产权，解决镇区居住小区建设没有土地的问题，改善居民的生活条件。

5. 抓好示范项目和示范区建设

总结推广“十二五”时期百镇建设的做法和经验，打造文化旅游区、绿色宜居新区、特色风貌整治区、休闲步行街区等特色鲜明、功能完善、带动效应明显的示范区，促进人口集中、产业集聚。

6. 建立完善的城镇管理机制

小城镇三分建设、七分管理。管理不到位，项目多会造成城镇建设的混乱。因此，一要理顺关系。各重点镇要整合镇政府机关的富余人员，由县政府统一组织镇城管资格考试，对符合条件的颁发行政执法证，组建4～6人的城管队，履行交通秩序、环境卫生等管理职能，县城管局要加强对镇城管队的业务指导。二要加大投入。每个重点镇每年要安排一定的经费给城管队作为办公经费开支，同时应配齐执法车辆等必需的城管执法工具。三要加大执法力度。加大对集镇内市容市貌、环境卫生、乱搭乱建、占道经营的整治力度，县城管局定期对镇城管队的工作成效进行考核。

参考文献

1. 山西省人民政府办公厅关于印发全省双百城镇建设实施方案的通知（晋政办发〔2011〕54号）［EB/OL］. http：//govinfo. nlc. gov. cn/sxsfz/zfgb/131655a/201201/t20120112_1302549. html

2. 山西省人民政府办公厅关于公布全省首批百镇建设名单的通知（晋政办发〔2012〕77号）［EB/OL］. http：//govinfo. nlc. gov. cn/sxsfz/zfgb/391498a/201212/t20121228_3199276. html

3. 山西省住房与城乡建设厅关于印发《山西省百镇建设实施标准》的通知（晋建村字〔2011〕235号）［EB/OL］. http：//www. sxjs. gov. cn/Main/cmsContent. action? articleId=17833

4. 山西省住房与城乡建设厅关于印发《山西省“百镇建设”近期建设规划编制导则》（晋建村字〔2011〕251号）［EB/OL］. http：//www. sxdrc. gov. cn/zwgk/gzzd/201108/t20110808_27288. html

5. 山西省住房与城乡建设厅印发《关于建立“百镇建设”责任规划师把关制的通知》（晋建村字〔2011〕296号）［EB/OL］. http：//www. mohurd. gov. cn/dfxx/201108/t20110817_205862. html

6. 山西省小城镇建设领导组办公室印发《山西省百镇建设考核暂行办法》（晋城镇办字〔2011〕6号）［EB/OL］. http：//www. czsnlw. com/nczy/changzhi/html/news_201111895828. html

7. 山西省住房和城乡建设厅关于建立百镇建设月报制度的通知（晋建村函〔2012〕947号）［EB/OL］. http：//www. czsnlw. com/nczy/xiangyu/html/news_20121114154615. html

8. 关于印发《2012年全省村镇建设工作要点》的通知（晋建村函〔2012〕354号）［EB/OL］. http：//hk. lexiscn. com/law/law－chinese－1－2126792－T. html

9. 山西省住房和城乡建设厅关于开展百镇建设绩效评估工作的通知（晋建村字〔2015〕40号）[EB/OL]. http://www.sxjx.org/Article/Details/3178

10. 大同市人民政府办公厅关于印发《大同市百镇建设实施方案》的通知（同政办发〔2011〕175）[EB/OL]. http://www.110.com/fagui/law_389211.html

11. 太原市住房和城乡建设委员会印发《太原市“百镇建设”实施方案》[EB/OL]. http://www.tyszjw.gov.cn/Html/NewsView.asp?ID=568&SortID=75

12. 介休市义安镇权全力推动城镇化跨越发展[EB/OL]. https://www.baidu.com/link?url=diTVv5awgt-9-eRjeOZclneaTC8LcCzHky_1wb0ndPX3cJeOTC5SZ9-MeTqI-iWxx-o3bHy2w ZS8wa63xF2IUja&wd=&eqid=913b45f100002434000000025822d8f7

13. 强镇扩权带来“加速效应”探访山西首个试点镇义安镇[EB/OL]. http://news.163.com/12/0222/15/7QSJ8QOF00014JB5.html

14. 翟店镇：产业集聚引领小城镇建设[EB/OL]. http://news.163.com/14/1205/19.html

15. 加快城乡一体化建设 促进产城融合发展[EB/OL]. http://cache.baiducontent.com/c?m

16. 感受中国历史文化名镇——静升镇[EB/OL]. http://news.xinhuanet.com/xhfk/2010-07/08.htm

17. 全省城镇化“十大工程”首批百项标杆项目名单[EB/OL]. http://tieba.baidu.com/p/2452674268

18. 破解二元结构促进城乡融合——我省以多种小城镇建设模式推进市域城镇化[EB/OL]. http://www.sxrb.com/sxxww/xwpd/sx/1564979.shtml

19. 观砂河景色，展望名镇未来[EB/OL]. http://tieba.baidu.com/p/3074237756

20. 李加林，许继琴，叶持跃. 重点镇建设指标体系研究——以宁波市为例[J]. 地域研究与开发，2001，20（1）：41-45.

21. 刘登魁. 鄂尔多斯市小城镇发展潜力评价——以旗政府驻地镇和重点镇为例[D]. 呼和浩特：内蒙古师范大学，2006.

22. 范彪. 清水河县小城镇发展潜力评价与对策研究[D]. 呼和浩特：内蒙古师范大学，2012.

23. 吕康娟，刘延岭，关柯. 小城镇建设评价指标体系的研究[J]. 城市发展研究，2001（5）：69-72.

24. 城镇化的三个命题[EB/OL]. http://3y.uu456.com/bp_3pndl3j6cr0wk4t3w2i0_1.html

（本报告是在山西省住房和城乡建设厅组织的“山西省百镇建设工程实施评估”工作基础上形成的评估成果）

（完成人：冯卫红 郭文炯 张晋耀 程俊虎 邵秀英 郭海荣
张侃侃 姜晓丽 吕敏娟 刘志坚 杨晓丽 宋玲）

第四章

山西省特色小镇建设研究

在“十二五”时期，新型城镇化发展战略开始实施，在小城镇建设方面，浙江省率先打造了一批在全国具有知名度的特色小镇，其发展内涵和模式得到了广泛认可。2016 年 10 月住建部公布第一批国家级特色小镇名单，到 2020 年，全国要培育 1000 个左右各具特色、富有活力的休闲旅游商贸物流、现代制造、教育科技、传统文化、美丽宜居等类型的小镇，这是近年来我国在不断总结反思过去城镇化建设过程中出现的相关问题后，依据客观实际提出的又一重大科学举措，为今后合力推进城镇化进程指明了方向。

浙江省以梦想小镇、云栖小镇为代表的一批特色小镇，形态各异、特色鲜明，成为全省经济转型升级进程中的新亮点、新律动，被看作是供给侧结构性改革的有益探索，是处理好政府和市场关系的新模式，引发全国关注。为探究特色小镇的历史渊源、运行机制、发展理念，感受浙江适应和引领经济“新常态”的新探索，借鉴其成功经验，2016 年 4 月 11 日 ~4 月 16 日，山西省住建厅村镇处、太原师范学院山西省城乡统筹协同创新中心、省城乡规划设计研究院，以及太原市、运城市、吕梁市住建局等组成调研组，赴浙江开展特色小镇调研。调研组先后考察调研了浙江省杭州市西湖区云栖小镇、梦想小镇，绍兴市柯桥区黄酒小镇，诸暨市大唐袜业小镇，金华市磐安药业小镇，台州市天台县和合小镇，并与浙江省住建厅相关人员进行了座谈、交流，详细了解了特色小镇建设的有关政策、规划设计、组织管理、推进措施等具体情况。在调研基础上编制了本报告。

一、特色小镇的内涵与特点

浙江省委书记夏宝龙认为，特色小镇“非镇非区”，不是行政区划单元上的一个镇，也不是产业园区的一个区，而是按照创新、协调、绿色、开放、共享发展理念，聚焦浙江信息经济、环保、健康、旅游、时尚、金融、高端装备等七大新兴产业，相对独立于市区，融合产业、文化、旅游、社区功能，具有明确产业定位、文化内涵、旅游和一定社区概念的创新创业发展平台。

基于此认识，特色小镇的“特色”主要体现在四个方面。

产业特色：聚焦成长性好的新兴产业和历史悠久的经典产业，让单个产业领先全省乃至全国，培育具有行业竞争力的“单打冠军”。打造特色小镇，核心之举在强化特色产业支撑，以特色产业选择决定小镇未来。浙江特色小镇聚焦支撑浙江长远发展的信息经济、环保、健康、旅游、时尚、金融、高端装备等七大产业，以及茶叶、丝绸、黄酒、中药、木雕、根雕、石刻、文房、青瓷、宝剑等历史经典产业，围绕最有基础、最有特色、最具潜力的单个主导产业来打造完整的产业生态圈，培育具有行业竞争力的“单打冠军”，力图通过产业结构的高端化推动浙江制造供给能力的提升，通过发展载体的升级推动历史经典产业焕发青春、再创优势。

功能特色：小镇功能力求“聚而合”，形成“产、城、人、文”四位一体有机结合的重要功能平台。特色小镇是有山有水有人文，产业功能、文化功能、旅游功能和社区功能高度融合的小镇。浙江建设特色小镇聚焦七大产业和历史经典产业打造产业生态，瞄准建成3A级以上景区打造自然生态，通过“创建制”“期权激励制”以及“追惩制”打造政务生态，强化社区功能打造社会生态，集聚创业者、风投资本、孵化器等高端要素，促进产业链、创新链、人才链等耦合，力图形成“产、城、人、文”四位一体有机结合的重要功能平台。

形态特色：突出“小而特”和“精而美”，力求形成具有江南特色和人文底蕴的美丽小镇。无论是硬件设施，还是软件建设，“一镇一风格”，多维展示地貌特色、建筑特色和生态特色。根据地形地貌，做好整体规划和形象设计，确定小镇风格，建设“高颜值”小镇。规划空间要集中连片，规划面积控制在3平方千米左右，建设面积控制在1平方千米左右。坚守生态良好底线，实行“嵌入式开发”，在保留原汁原味的自然风貌基础上，建设有江南特色和人文底蕴的美丽小镇，让回归自然、田园生活不再遥远，让绿色、舒适、惬意成为小镇的常态。

运营特色：建成政府引导、企业主体、市场化运作，构建“活而新”的制度供给平台。特色小镇的定位是综合改革试验区。凡是国家的改革试点，特色小镇优先上报；凡是国家和省里先行先试的改革试点，特色小镇优先实施；凡是符合法律要求的改革，允许特色小镇先行突破。特色小镇建设运营机制坚持企业为主体、市场化运作。引入有实力的投资建设主体，让专业的人干专业的事。创新融资方式，探索产业基金、股权众筹、PPP等融资路径，加大引入社会资本的力度，以市场化机制推动小镇建设。引入第三方机构，为入驻企业提供专业的融资、市场推广、技术孵化、供应链整合等服务，使特色小镇成为新型众创平台。

二、浙江特色小镇建设的启示

（一）特色小镇建设是“新常态”下推动经济转型升级的大战略

浙江省2016年《政府工作报告》提出，要按照企业主体、资源整合、项目组合、产业融合原则，加快规划建设一批产业、文化和旅游功能叠加的特色小镇，以新理念、新机制、新载体推进产业集聚、产业创新和产业升级。可以说，特色小镇是聚合资源、提升特色产业的新载体，是谋划大项目、集聚创新要素的新平台，是打造品牌、展示形象的新景区。希望通过特色小镇建设推动各地积极谋划项目，扩大有效投资，弘扬传统优秀文化；集聚人才、技术、资本等高端要素，实现小空间大集聚、小平台大产业、小载体大创新；推动资源整合、项目组合、产业融合，加快推进产业集聚、产业创新和产业升级，形成新的经济增长点。

浙江省发改委副主任介绍，浙江省首批 37 个特色小镇创建对象，主要取得了 4 方面的成效：一是特色小镇正成为加快产业转型升级的新载体。二是特色小镇正成为推进项目建设、拉动有效投资的新引擎。三是特色小镇正成为推进供给侧结构性改革的新实践。四是特色小镇正成为各级干部积极主动作为的新舞台。中财办主任刘鹤指出，对特色小镇印象最深的是处理好了政府与市场关系，政府为企业创业提供条件，大胆“放水养鱼”，让企业家才能充分发挥，这对我国经济结构升级都具有重要借鉴意义。

（二）特色小镇建设是浙江全省性的一项大工程

加快规划建设一批特色小镇是浙江省委、省政府从推动全省经济转型升级和城乡统筹发展大局出发做出的一项重大决策。特色小镇是破解浙江空间资源“瓶颈”的重要抓手，是浙江产业转型升级的重要抓手，是破解浙江改善人居环境、推进新型城市化的重要抓手。

从组织推进来看，作为一项全省性的工程，省级层面，建立了由常务副省长担任召集人，省政府秘书长担任副召集人，省委宣传部、省发改委、省经信委、省科技厅、省财政厅、省国土资源厅、省建设厅、省商务厅、省文化厅、省统计局、省旅游局、省政府研究室、省金融办等单位负责人为成员的省特色小镇规划建设工作联席会议制度。联席会议办公室设在省发改委，承担联席会议日常工作。在市县层面，明确了各县（市、区）是特色小镇培育创建的责任主体，确保各项工作按照时间节点和计划要求规范有序推进，不断取得实效。在政策层面，特色小镇定位为“综合改革试验区”，在土地、财政等政策方面制定了特殊的支持政策。

（三）特色小镇为新时期小城镇建设提供了新的理念和模式

我国幅员辽阔，区域差异大，某一具体的发展模式很难做到放之四海而皆准。同时，特色小镇也不是行政建制意义上的镇，也不是一般意义上的小城镇。但是，按照习近平总书记倡导的“吃透精神不照搬，因地制宜出特色”，通过浙江特色小镇的建设理念、规划建设要求和小镇的“浙江特色”的把握，特色小镇创建，也为新型城镇化背景下的小城镇建设提供了可资借鉴的有效道路。第一，小城镇建设，特色是生命力。特色小镇实现的是“百镇不同面，镇镇有特色”，在建设中主要从四个方面体现：产业“特而强”，功能“聚而合”，形态“小而美”，机制“活而新”。需要坚持规划引领，凸显特色，破局“千镇一面”，注重突出地域特色、民族特色和历史文化特色，用规划把小城镇的文化底蕴、民族风情、自然风光和产业特色亮出来，为小城镇建设注入鲜活的生命力。第二，小城镇发展，核心在产业支撑。必须把就业创业放在核心位置，以特色产业立镇，以产业集聚提升小镇人气，以优化环境提升小镇发展持续能力，集聚人才、技术、资本等要素，实现小空间大集聚、小平台大产业、小载体大创新，加快推进产业集聚、产业创新和产业升级，形成新的经济增长点。第三，小城镇建设，根本动力在深化改革。要坚持政府引导、企业主体、市场运作，坚持以改革为动力，着力培育和提升小城镇的自我发展能力。

（四）特色小镇建设可以作为山西省推进转型综改试验区建设的标志性工程

借鉴浙江省经验，特色小镇建设不是一般意义上的小城镇建设，要从全省转型发展的战略高度，充分认识特色小镇建设对集聚高端要素、拉动有效投资、推动创新创业、加快产业转型、弘扬传统优秀文化等方面的平台功能和引擎作用，将特色小镇建设作为山西省推进转型综改试验区建设的标志性工程和“新常态”下推动经济转型升级、加快区域创新发展的重大战略，纳入转型综改试验区建设年度实施方案，将特色小镇创建的研究与政策设计列入转型综改重大课题，将特色小镇试点示范列为全省标志性工程，将特色小镇制度创新作为重大改革事项。

三、山西省推进特色小镇建设的建议

通过考察，我们认识到，山西省经济社会发展与浙江相比，无论是经济实力、政策环境，还是要素水平都有欠缺，浙江特色小镇建设的经验不能完全复制，具体做法不能简单模仿，但按照“吃透精神不照搬，因地制宜出特色”的要求，特色小镇作为金融、科研、创意、休闲、养生等新兴产业培育的新载体、人才、服务和产业升级的新高地，作为破解空间资源“瓶颈”、推进产业转型升级、改善人居环境、促进新型城市化的重要抓手，应该是在“新常态”下推动山西省经济转型发展、加快区域创新驱动、走出特色新型城镇化道路的可资借鉴的有效路径。我们应因地制宜走出一条山西特色小镇创建之路，使之成为山西省提升特色产业的新载体，集聚创新要素的新平台，是打造品牌、展示形象的新景区，形成新的经济增长点。具体建议如下。

（一）基本思路与建设要求

1. 基本思路

全面贯彻落实党的十八大和十八届三中全会以来有关城镇化发展精神，按照省委、省政府推动山西特色城镇化的战略部署和做好采煤沉陷区治理搬入地城镇建设工作要求，遵循科学规划引领，特色产业支撑，基础设施配套，公共服务保障，特色文化传承，城乡区域联动，改革创新驱动的总体要求，紧紧围绕“特色”打造小城镇升级版，培育特色鲜明、产业发展、绿色生态、美丽宜居的特色小镇，推动百镇建设工程提质升级，使特色小镇成为全省特色产业的新载体，创新要素集聚的新平台，展示山西省传统文化的新景区，推动农民就近城镇化的新途径。

为贯彻党中央、国务院关于推进特色小镇、小城镇建设的精神，落实《住房城乡建设部 国家发展改革委 财政部关于开展特色小镇培育工作的通知》（建村［2016］147号），山西省应力争到2020年培育创建50个特色小镇，并作为国家特色小镇培育对象后备镇。在“十二五”百镇建设基础上，以全国重点镇、“十二五”期间省级重点镇、采煤沉陷区搬入地所在镇为遴选范围，择优培育50个左右的省级示范镇，用5年时间打造成为在全国具有一定影响力的特色小镇，形成可复制、可推广、可持续的模式，带动全省小城镇建设提质升级，各市县至少选择1个特色重点镇，建设成特色鲜明、功能齐备、设施完善、产业发展、绿色生态、美丽宜居的特色小镇，推进市县域新型城镇化和新农村建设协调发展。

2. 建设要求

一体化规划引领。按照城乡一体、“多规合一”要求，以规划统筹各种要素，合理谋划空间布局，做到科学布局，注重发挥优势和突出特色，做好城镇发展定位，破局“千镇一面”的发展困境，引导城镇有序、特色发展，项目依规建设。

特色产业支撑。把就业创业放在核心位置，依托地方资源优势和特色，按照产业“特而强”的要求，以特色产业立镇，重点发展以历史经典产业、文化旅游产业、先进制造产业、商贸物流产业、现代农业为主体的特色镇，引导产业向做特、做精、做强发展，推动特色产业、投资、人才、服务等要素集聚，形成产业集聚、就业增加、人口转移、产城融合发展的新格局，化解小城镇发展“空心化”难题。

服务功能提升。高度重视城镇综合服务功能的提升，以提高居民生产、生活质量为重心，加快推进市政基础设施和公共服务设施建设，补足小城镇基础设施和公共服务“短板”，避免出现“宜业不宜居”的问题。

绿色环境创建。以绿色发展为导向，依山顺水，顺势而为，空间布局与周边自然环境相协调，引导小城镇集约紧凑发展，建筑高度和密度适宜，推动绿色低碳的生产生活方式和城镇建设运营模式，营造绿色低碳、生态优良、清洁舒适、风貌优美的宜居小城镇，凸显小城镇自然、绿色优势，增强城镇可持续发展能力。

地域文化特色彰显。针对晋中、晋北、晋南、晋东南四大地理单元的地域特色和历史文化特色，突出打造个性鲜明的建筑风格、绿化景观和人文特色文化，做好历史文化名镇、名村和传统村落的活态保护，非物质文化遗产的活态传承，把小城镇打造成为彰显三晋文明传承与创新的人文魅力空间。

改革创新驱动。按照“新而活”的要求，坚持先行先试，在城镇管理、投融资体制、户籍管理、土地流转、社会保障和就业制度等方面深化改革，创新发展理念和发展机制，着力构建充满活力、富有效率的小城镇发展新机制。

（二）特色小镇建设主要任务

1. 科学编制和依法实施规划

做好小城镇总体规划修编工作，确保规划的科学性。按照新型城镇化要求，特色小镇要对现行镇总体规划进行评估，依据评估结果，组织开展修编或调整。规划修编和调整要紧紧围绕地域特色、产业特色和文化特色，突出精准发展定位、加强多规融合、突出特色塑造、优化设施配套四大重点，提高规划质量，提升规划统筹能力。省级示范镇要先行开展“多规合一”规划改革试点，有效探索“多规合一”途径，统筹土地利用、产业布局、环境保护等与城乡建设的关系，合理安排生活、生产、生态“三生”空间，保证规划目标、指标体系、空间布局等的协同，提高规划的空间落地性。采煤沉陷区搬入地所在镇要科学解决用地发展与地下资源的矛盾，合理安排移民安置用地，着力为因地质灾害或扶贫移民安置创造宜居宜业的环境。

积极开展近期建设规划和详细规划的编制。省级示范镇要按照特色小镇建设标准和技术指标，因地制宜，抓紧编制“十三五”近期建设规划，明确建设目标，统筹安排“十三五”建设项目和年度计划。做好专项规划和详细规划的编制工作，提高详细规划的覆盖率。

建立科学的设计指导和审批机制。积极借鉴国内特色小镇规划建设的成功经验，组织相关力量，制定示范镇、重点镇规划导则，规范规划编制。特色小镇规划由市、县人民政府城乡规划主管部门与有关镇人民政府共同组织编制，并报市、县人民政府批准实施。省级示范镇规划上报前，应由省住房和城乡建设厅组织规划审查，经市、县人民政府批准后及时报住房和城乡建设厅备案。省级示范镇和市县重点镇应保证有一定数量的规划管理人员，有条件的镇要建立注册规划师审核制度，及时指导重点地段、重点项目的规划、建筑设计、景观设计等，保障规划实施，体现地域特色。

强化小城镇规划工作的监管与实施。建立健全全省小城镇规划实施监督管理体系，加强社会各界对规划实施的监督工作。依法加强对规划实施的监督管理，切实维护规划的权威性、严肃性。

各级财政要加大对示范镇和重点镇规划编制的投入力度，把规划编制经费纳入各级财政预算，保证规划编制和实施工作的顺利推进。

2. 培育壮大特色产业和产业集群

按照产业“特而强”的要求，聚焦新能源、新材料、信息、环保、金融、健康、先进制造等新兴产业，白酒、陈醋、中医药等历史经典产业，文化旅游产业、商贸物流产业和现代农业，按照企业主体、项目组合、园区承载、集群推进的路径，加快推进产业集聚、产业创新和产业升级，打造一批工业强镇、商贸重镇、文化名镇、旅游名镇和“三农”服务强镇，加快形成新的经济增长点。

充分发挥比较优势，根据区位、资源、交通和产业基础条件，结合全省和市县域产业规划，做好特色小镇产业定位，明确小城镇产业发展重点。特色工业强镇要着眼于未来产业竞争的需要，积极发展战略性新兴产业、先进制造业或具有竞争优势和基础的历史经典产业，突出龙头带动、链式发展，形成集中度高、关联性强、成长性好的产业集群，坚持企业集中布局，推进工业发展向工业集中区集聚，促进产业集群、要素集聚、服务集成。省级示范镇创建至少一个以上区域性或者省级的工业特色品牌。商贸物流镇要培育区域性特色鲜明的专业市场，积极发展连锁经营、物流配送、电子商务等新型商业业态，着力培育扶持物流龙头企业，打造辐射周边区域的商贸物流基地。特色文化名镇要加强对地方历史文化、人文资源和非物质文化遗产的挖掘、传承和保护工作，加快文化旅游景点、特色产业聚集区、文化产业创意园、文化艺术教育、特色街区和各类专题博物馆等设施建设，着力打造文化创意产业。特色旅游名镇要充分挖掘旅游资源，着力打造基础设施完善、旅游特色鲜明、服务功能齐全、内外交通顺畅、环境优美的产业发展环境。特色农业强镇要高度重视发展现代农业或特色农业，大力培育农副产品加工、仓储、物流、农业科技服务和“互联网+”等新兴农业生产经营主体，引导农业产业化龙头企业向小城镇集中。

完善政策，加快企业向小城镇集聚。以政策和服务创新为重点，创造条件，吸引更多的民营产业项目向试点镇聚集。全面强化创业服务，鼓励中小企业特别是科技型、创新型企业到示范镇落户。优先支持示范镇创建小企业创业基地，为本地农民、下岗职工、大中专毕业生、返乡农民工等提供创业平台。优先安排各级中小企业发展专项资金用于示范镇小企业创业基地建设。鼓励各级中小企业融资担保机构为小企业创业基地内符合条件的企业提供融资担保服务。鼓励大中城市的劳动密集型产业向示范镇有序转移，并从土地、信贷、规费减免等方面给予政策支持。

3. 完善设施配套和公共服务

加快道路、燃气、供排水、污水和垃圾处理设施建设。坚持区域统筹、合理布局、联建共享，重点推进道路、燃气、供排水设施、污水和垃圾处理设施建设，补齐基础设施“短板”。按照内外交通合理衔接、结构合理的道路交通网络系统建设要求，在加快道路数量的同时，重点改造提升现有道路质量，“先地下、后地上”，不断完善地下管网、路面养护、路灯照明、停车场等配套设施，重点镇人均道路面积达到10平方米以上。坚持集中供热为主，多种方式互为补充，加快管网改造工程，到2020年，重点镇镇区集中供热率达到50%以上。以提高城镇燃气供气率和燃气管网安全性为重点，加快城镇燃气设施和管网改造建设，逐步实现重点镇的燃气管网化，重点镇燃气普及率达到60%。建设集中式供水系统，或通过与城市联网和区域联网的方式建设清洁可靠的饮用水保障设施，进一步提升安全供水普及率。加大重点镇污水集中处理设施及配套管网建设，省级示范镇实现污水厂全覆盖。推广完善“户集、村收、镇运、县（市）处理”的城乡一体生活垃圾无害化处理运行机制，生活垃圾无害化处理率80%。推动重点镇的信息化建设，建设电子政务、电子商务、电子金融等公共服务平台。结合各地自然灾害特点和发生频率，参照城市防洪标准，加强防灾减灾设施建设。

提高公共服务配套水平。加大民生和公共服务设施建设投入力度，重点支持小城镇实施教育、文化、卫生、体育、养老等公共服务设施项目，构建为“三农”服务的公共平台。省级示范镇和重点镇办好一所标准化初中学校，建设一所规模较大、标准较高的寄宿制小学和一所以上优质幼儿园，建成一处按照人口规模达标的乡镇综合文化站，建成一个全民健身活动中心和符合标准的体育场，镇卫生院成为当地区域性预防保健、基本医疗中心，城乡公共卫生均等化任务率先落实。

按照城乡统筹要求，推进重点镇基础设施向周边乡村延伸，推进镇域基础设施和环卫管理一体化，重点解决水、电、路和生活垃圾处理等问题，改善农村人居环境和村容村貌。促进公共服务向农村地区覆盖，教育、文化、卫生、体育等设施与周边农村要实行资源共享，增强社会事业设施服务周边农村的能力，促进公共服务均等化。对于采煤沉陷治理、扶贫搬迁或集中建设的新区基础设施要一步到位，避免形成新的基础设施改造区。

4. 塑造特色景观与风貌

做好彰显地域特色和文化的空间与建筑设计。深入挖掘小城镇内古建筑、老街巷、传统民居等人文景观，发掘和弘扬当地民居建筑风格，提炼当地建筑风格的建筑符号，突出小城镇地域文化特色，塑造小城镇统一的屋顶、色彩、风格、材料、照明、广告牌匾等体系，建立与山水关系协调的小城镇天际线。

加强特色风貌街区的整治。街道的改造要传承当地的历史文化特点，从街道格局、建筑风格能够反映人文与自然融合的风韵，将文化特色与街区建设有机结合，反映出该镇的历史风貌与特色。在改造和建设中，注意保护古文物、历史文化遗址，丰富镇文化、历史内涵。加快推进主要街道景观综合整治，对景观欠佳的沿街建筑进行立面改造，通过管线下地，各类广告牌清理，公厕改造，人行道铺装，道路照明和绿化等措施，完成 1 ~ 2 条以上主要街道的特色建筑景观整治工作。

做好历史文化保护。加强历史文化名镇保护，切实保护好古村落、古宅、特色民居和红色故居等文化遗产。重点做好文物修复、传统风貌街区整治等工程，不断提升重点镇文化品位。

5. 打造绿色舒适的宜居环境

按照“城乡生态化”的建设要求，充分利用优质的自然景观资源，以生态城镇、园林城镇、绿色低碳城镇、卫生模范城镇等创建活动为抓手，大力加强城镇生态、环境、景观建设，打造独特魅力的绿色宜居环境。

做好小城镇园林绿化。结合旧城区改造和新区建设，推进公园、绿化带、街头绿地、庭院绿化建设，每个重点镇至少建有 1 处综合性休闲公园，绿化覆盖率达到 30% 以上，人均公园绿地面积 8 平方米以上。率先开展绿道系统建设，在沿河、沿路等打造生态型、郊野型和城镇型等不同类型的绿道，串联旅游区、公园、历史古迹、公共建筑等节点，构建群众生活休闲主要线路。临河城镇要加大河道治理力度，打造带状公园，建设生态河道。

美化优化社区环境。规划和建设具有良好的住宅质量、配套设施、交通状况、绿化环境、卫生条件、社区文化的适宜居住的居住社区。完善社区环卫设施，提升社区绿化景观，优化社区公共空间，完善社区文化设施，丰富居民文化生活，促进社区文化发展。

加强环境综合整治，建设低碳示范区。有效控制工业、农业、生活造成的面源污染、大气污染和噪声污染，科学设置工业生产环境功能区和居民生活环境功能区。严控高耗能、高污染、不具备安全生产条件的企业进入。推广节肥节药节水技术，实施保护性农业耕作。推广集约、高效、生态禽畜养殖技术。充分利用清洁能源，大力发展可再生能源，鼓励有条件的居民利用太阳能。

6. 推进小城镇综合配套改革

按照“新而活”的要求，坚持先行先试，围绕城乡发展一体化体制机制、建制镇投融资体制、公共服务供给体制、产业发展环境优化、建制镇行政管理体制创新等领域，加快推进改革创新步伐，增强建制镇发展的内在动力和发展活力。

探索城乡发展一体化体制机制。按照新型城镇化要求，率先推进“多规合一”，划定城镇开发边界、永久基本农田红线、生态功能红线，统筹城乡空间布局。探索农村土地流转区农民就地城镇化机制，解决进镇居住的土地流转区农民的就业问题。统筹城乡基础设施布局，加快城乡基础设施一体化发展。建立镇村环卫一体化建设管护体制机制，完善“户清扫、村收集、镇处理”的垃圾处置模式。

创新建制镇投融资体制。积极探索 PPP 建设模式，吸引更多社会资金参与城镇基础设施建设；大胆探索政府购买公共服务模式，对环卫清扫和清运实行对外购买服务；创新拓展投融资渠道，解决新型城镇化建设中资金短缺问题。

完善公共服务供给机制。建立居住证制度，以居住证为载体建立健全与居住年限等条件相挂钩的基本公共服务提供机制。探索适应大规模土地流转过程中的农村公共服务供给机制。建立健全由政府、企业和个人共同参与的农业转移人口市民化成本分担机制。按照事权与支出责任相适应的原则，建立健全城镇基本公共服务支出分担机制。

创新行政管理和社会治理。以促进资源优化配置、提高行政效率为目标，探索行政成本降低的新型城镇行政管理模式。按照依法放权、高效便民、分类指导、权责一致的原则，实行镇级扩权改革，探索在法律允许范围内扩大镇级管理权限。创新行政审批模式，推行网上审批，建立电子监察系统，全面实行行政权力清单制度。推行社会治理与网格化服务管理模式。探索居民自我管理、教育、监督、服务的社区自治模式，培育积极、健康、向上的城市文化和生活方式。

（三）推进特色小镇建设的政策措施

1. 保障建设用地

根据国土资源部《关于进一步做好新型城镇化建设土地服务保障工作的通知》中新增建设用地计划向中小城市和特色小镇倾斜，向发展潜力大、吸纳人口多的县城和重点镇倾斜的精神，结合土地利用总体规划调整完善工作，保障省级示范镇和重点镇的新型城镇化用地需求。依据城镇建设需求合理调整土地利用规划，结合近期建设规划安排合理建设用地计划指标，省级示范镇单列下达建设用地计划指标。

支持小城镇探索集约用地的方式和途径，鼓励开展“旧房、旧村、旧厂”改造和荒地、废弃地开发利用，优先安排农村土地综合整治和城乡建设用地增减挂钩项目。统筹各业各类用地，优先保障进城人员住房、教育、医疗等民生项目和城镇基础设施、新产业新业态和大众创业万众创新发展用地，优先保障采煤沉陷治理、扶贫搬迁集中安置建设项目用地。

2. 加大财政支持力度

以“择优扶持、提质升级，民生为本、完善功能，以奖促建、配套联动”为原则，优化重点镇建设专项资金的配置，提高引导资金的使用绩效，促进示范镇提质升级。政府专项资金重点扶持与民生息息相关的道路、供水、电力、燃气、通信、环境卫生等市政基础设施和教育、医疗、卫生、体育、绿地等公共服务设施项目。按照“渠道不变、管理不乱、统筹安排”的路径，全面整合发改、住建、交通、水利、环保、民政、文化、旅游等部门对乡镇的各类补助资金向示范镇倾斜，实现各资金的配套联动，形成合力。

3. 拓宽金融支持渠道

鼓励银行业金融机构向试点镇延伸分支机构。推动银行业金融机构之间加强同业合作，共同完善示范镇、重点镇金融服务。支持示范镇、重点镇发展新型农村金融组织，改善对小微企业、个体工商户和农户的融资服务。

引导金融机构加大对示范镇、重点镇的信贷支持力度，有效引导资金回流，确保新增存款按照规定的存贷比例在当地发放贷款。支持小城镇吸收社会资本以多种方式参与基础设施、公共服务设施和产业园区建设，支持有条件的小城镇设立创业投资引导基金，支持符合条件的示范镇、重点镇重点建设项目发行企业债券。

扎实做好就业信贷支持工作，加大对示范镇、重点镇具有比较优势的劳动密集型企业的信贷支持，发挥促就业小额担保贷款政策的积极作用，切实做好重点就业人群的金融帮扶工作。

4. 提供优质服务

按照“简政放权、放管结合、优化服务”的要求，精简审批事项，减少审批环节，完善审批程序，提高审批效能，为小城镇建设提供优质服务。

符合国家产业政策和省产业发展导向、符合城镇总体规划和产业布局的项目，各设区市政府要加强指导，市、县政府要建立审批联动机制，实行“一事一议、急事急办、特事特办”，提供优质服务。

对示范镇、重点镇发展项目提供绿色审批通道，进一步规范审批行为，简化审批程序，减少审批环节，缩短审批时限，提高办事效率，促进建设项目早落地、早开工、早见效。

5. 推进“扩权强镇”和行政区划调整

按照依法放权、高效便民、分类指导、权责一致的原则，赋予省级示范镇县级经济类项目核准、备案权和工程建设、市政设施、镇容交通等方面的管理权。市、县政府要编制重点镇扩权事项目录，建立职责明确、权责对应的责任机制，确保扩权事项有效落实、规范运行。

为有利于扩大示范镇、重点镇的规模，充分发挥集聚效益，优化资源配置，可以省、市、县域城镇体系规划为依据，对有条件的示范镇、重点镇，应将其与周边镇区相连或毗邻人口较少的镇（乡）、村实行适当合并，同时进行区划调整。具体办法由省民政厅提出并组织实施。

参考文献

1. 李强．政府工作报告［EB/OL］．http：//www. zj. gov. cn/art/2016/2/1/art_40231_2045385. html.

2. 冯奎，黄曦颖．准确把握推进特色小镇发展的政策重点——浙江等省推进特色小镇发展的启示［J］．中国发展观察，2015（6）：15－18.

3. 周旭霞．特色小镇的建构路径［J］．浙江经济，2015（6）：25－26.

4. 韩刚，于新东．特色小镇的发展路径研究［J］．中国城市化，2015（6）：27－31.

5. 洪志生，洪丽明．特色小镇众创平台运营创新研究［J］．福建农林大学学报（哲学社会科学版），2016（9）：46－47.

6. 马斌．特色小镇：浙江经济转型升级的大战略［J］．浙江社会科学，2016（3）：39－42.

7. 盛世豪，张伟明．特色小镇：一种产业空间组织形式［J］．浙江社会科学，2016（3）：36－38.

8. 于新东．特色小镇的产业选择机制［J］．浙江经济，2015（21）：19.

9. 苏斯彬，张旭亮．浙江特色小镇在新型城镇化中的实践模式探析［J］．中国城市化，2015（6）：73－75，80.

（完成人：郭文炯　翟顺河　张海星　冯卫红　张侃侃　吕敏娟）

第五章

山西省传统村落保护与发展：现状、问题与对策研究

传统村落是指拥有物质形态和非物质形态文化遗产，具有较高的历史、文化、科学、艺术、社会、经济价值的村落。传统村落是生活着的遗产，是具有生活生产形态和乡村社区属性的活态遗产，是我国几千年农耕文化的缩影。在快速城镇化背景下，传统村落保护发展工作已经成为一项国家战略。

山西省是中国北方传统村落遗存最多的省份，这些朴实生动又极富文化内涵的传统村落既是人类生存聚落的延续，也是中国传统建筑文化的精髓，真实地反映了地处中原与北方交错地带的山西农耕时代的乡村经济和社会生活，传承了丰富的历史信息，具有极高的科学研究、旅游观赏和开发利用价值，是珍贵的文化遗产和宝贵财富。近年来，山西传统村落保护日益受到各级政府的重视和社会各界的关注，被保护的传统村落数量日益增多，从全省视角开展传统村落的保护发展研究是遗产保护的需要，更是传统村落人居环境改善和减贫发展的需要。

一、山西省传统村落基本特征

（一）遗存多，北方传统村落数量最多的省份

山西省是中华文化的发源地之一，表里山河，历史悠久，特殊的地理位置和自然条件，可谓“天下之形势，必有取于山西也”。历史上的山西，历经经济发达、政权更迭和文化交融，在这雄浑厚重的黄土地上孕育了灿烂的三晋文化，保留了大量地方特色浓郁、建筑结构独特、文化传承丰富的传统村落。据不完全统计，山西大约有保存较好的传统村落 3 500 多处，是全国传统村落分布最集中、遗存最丰富的地域之一。

伴随着全国历史文化名村、传统村落名录申报工作的开展，山西省已调查建档的传统村落约 1 400 多个，遍布全省。其中 278 处入选中国传统村落名录，位居云南、贵州、浙江之后，排第四名，是我国北方地区传统村落数量最多的省份，也是中部六省数量最多的省份。丰富的传统村落是山西省农耕文明传承的见证，也是三晋文化精髓。

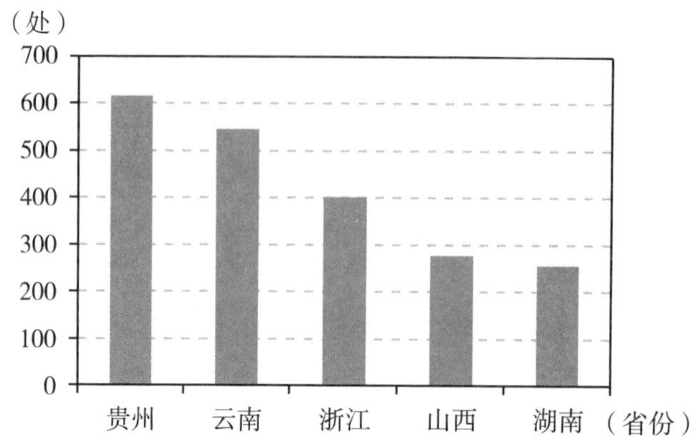

图5－1　中国传统村落排名前五名的省份

（二）品质高，中国北方传统村落的代表

山西省的传统村落不仅数量多、密度大，而且具有极高的历史文化价值和独特的建筑艺术价值。山西传统村落大多形成于明末清初，形成年代较短，但这些村落无论是在村落规制、建筑艺术、景观文化方面，还是民间工艺、民俗文化方面均具有重要价值。比如，山西传统村落整体空间结构勾勒出传统村落整体美和连续美；砖、石建筑材料及窑洞、砖拱技术的广泛应用，成为山西省早期聚落的一大特色，可谓中国砖拱聚落之乡；多元化传统村落空间形态蕴含了丰富的聚落营造智慧，成为中国乡村人居环境营造理论的重要来源；晋商的繁荣和中华文化的底蕴使山西传统村落营造艺术和文化境界趋向完美。正如明清时期中国北晋、南徽两大商邦对地区文化的影响一样，如果说徽州传统村落是中国南方传统村落的重要代表的话，山西传统村落则体现了中国北方传统村落的典型品格。

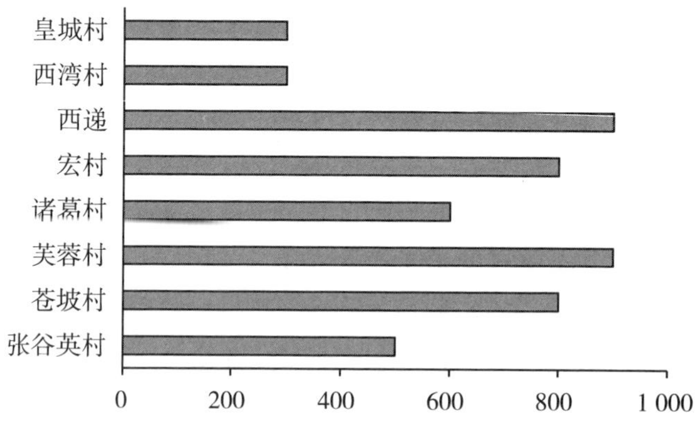

图5－2　国内部分传统村落形成年代比较

山西传统村落是山西省自然地理环境与历史文化特色的综合反映，具有独特的景观意象。从村落的规划布局上，体现了“天人合一、顺应自然、为我所用、因地制宜、

动静和谐”等我国传统的人居环境理念；在建筑艺术上集中体现了山西省的地域文化特质，立体交融的窑洞式建筑是顺应黄土高原自然环境，为我所用的结果，高墙单坡的深宅大院是晋商文化的写照，城堡式建筑则是防御战乱的体现。山西传统村落是物质文化与非物质文化的综合载体，丰富多彩的民间艺术、手工技艺深深地打上了山西晋文化地方色彩的烙印。多元的地理文化空间、丰富的自然资源和重视人居营建的传统，造就了山西传统村落辉煌文化，从营造艺术之高超、文化熏染之兼顾、装饰庸才之奢宏、个性特色之魅力、传统延续之长久、影响范围之深远来看，山西传统村落均体现了中国北方传统村落的典型品格。

（三）类型丰富，保护发展任务重

山西省多元的地域环境造就了丰富的传统村落类型及其多元的村落空间形态，展现出山西传统村落文化空间的多样性和复杂性特征，从村落形成背景来分，山西传统村落有经贸型、交通枢纽型、军事防御型、耕读文化型、名人型等类型；从村落景观格局而言，有立体窑洞式、豪华的深宅大院型、防御功能的城堡式等类型；从传统村落赋存现状来看，有农耕原态型、名胜景区型、生态农业型等类型；从保护现状看，有自然衰落或整体搬迁的“空心村”、有整体风貌完好的遗产村落；从发展水平看，既有小康村，也有贫困村。

将传统村落的年人均收入与其保护现状结合分析，山西传统村落可以分为四种类型：①经济发展好，整体保护差。主要是煤炭资源丰富，经济基础好的晋中、晋东南区域，村落或其附近工矿业基础好，经济较为发达，居民收入和社会福利较好。但长期以来经济建设过度，忽视了对传统建筑、风貌的保护，开发性破坏比较严重。②经济发展弱，保护状况好。主要在沿黄河地带或地处偏远山区或晋北边关的传统村落，大多为贫困县，交通区位和经济基础较差，产业发展不足。因现代工业影响较弱，有利于传统村落形态、格局与风貌保存完整，民俗文化得以较好的传承。③经济发展与保护状况俱佳。这是一种保护与发展互补的良性类型。这些传统村落赋存环境好，具有较好的经济发展条件，一般以第二、第三产业为支撑，加之地方政府和原住民保护意识强，经济发展反哺村落遗产保护和非遗传承，村落人居环境得到有效改善，借助良好的村落环境和历史景观，借力煤炭经济转型发展旅游等第三产业，使传统村落步入保护开发互动的良性轨道。④经济发展与保护均不足。主要为地处交通偏远的山区，经济发展条件差，传统村落基本空心或老龄化；由于村落经济实力不足，自身无力自我保护，导致这些村落中许多珍贵的单体建筑、构筑物等遗产大量破损、遗落或丢失，村落原生态风貌犹存，但村落整体破败，单体建筑濒危。

在快速城镇化和工业化背景下，山西传统村落赋存环境不同，保护发展现状问题及其保护开发要求也不同。

基于保护现状，有如后沟村、张壁村、良户村、窦庄村等整体保护较好的传统村落，其形态保持基本完整，历史建筑遗存面积大，村落格局、风貌统一，民俗风情基本得到传承；有如润城村、贾家庄村、河边村等局部保护较好的村落，其景观形态表现为新老建筑混杂，或历史遗存比例小且较少，但单体建筑或院落或街区保存好，价值高；也有许多濒危类传统村落，历史建筑严重损坏，民居破落，或者在城镇化进程中村落整体搬迁致使传统文化消失，需要抢救式保护。

基于产业现状，大多数传统村落属于以农耕、养殖为主的产业业态，以旅游产业为主导产业的传统村落分为两类：一种是旅游景区先置型，如汾河流域的大院，沁河流域的皇城相府等，它们大多以旅游产业为主导，景区质量较高；另一类是旅游开发后置型，即入选名录后，依托传统村落历史文化与建筑，进行旅游开发，旅游产业逐渐成为村落的特色产业或主导产业，如西湾村、碛口、李家山村、张璧村、后沟村、王化沟村等。其他产业类如汾阳杏花村镇酿酒工业，娘子关村原有电力、食品加工，大寨旅游、轻纺、饮料加工等多种产业等。

（四）空间分布大分散小集聚

山西省传统村落不仅数量多，而且在全省 11 个地市均有分布。从 278 处中国传统村落名录的行政区域分布来看，晋城市最多，约占全省的 1/4，晋中市名列第二（约占 18%），吕梁市名列第三（约占 13.6%），长治市约占 11.5%，四市合计约占全省的 67.7%，反映了山西传统村落“大分散、小集聚”的空间分布特征。

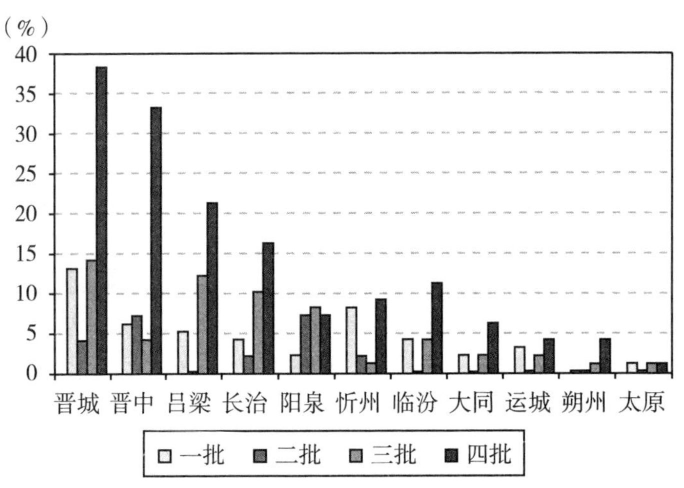

图 5－3　山西传统村落行政区域分布比较

沿河集聚。山西传统村落空间集聚的显著特征是沿河集聚。传统村落选址对水源的依赖既是山西省自然环境所限，也符合人类生存繁衍的基本需求，加之“依山傍水、择吉而居”选址理念的影响，沿河流域便成为山西传统村落分布的密集地带。据对全省历史文化名村（镇）的统计，汾河流域、沁河流域和黄河东岸三河流域大约集中了全省历史文化名村（镇）的 81%（见图 5－4）。

“沿边、沿关”指向性明显。山西省表里山河，地形地貌复杂，地理环境重要，自古以来为兵家必争之地，对历史时期聚落的形成和发展具有重要的影响。晋西北地区乃中原农耕文化与北方游牧文化的交汇地带，内外古长城沿线，在戍边屯军基础上，逐渐

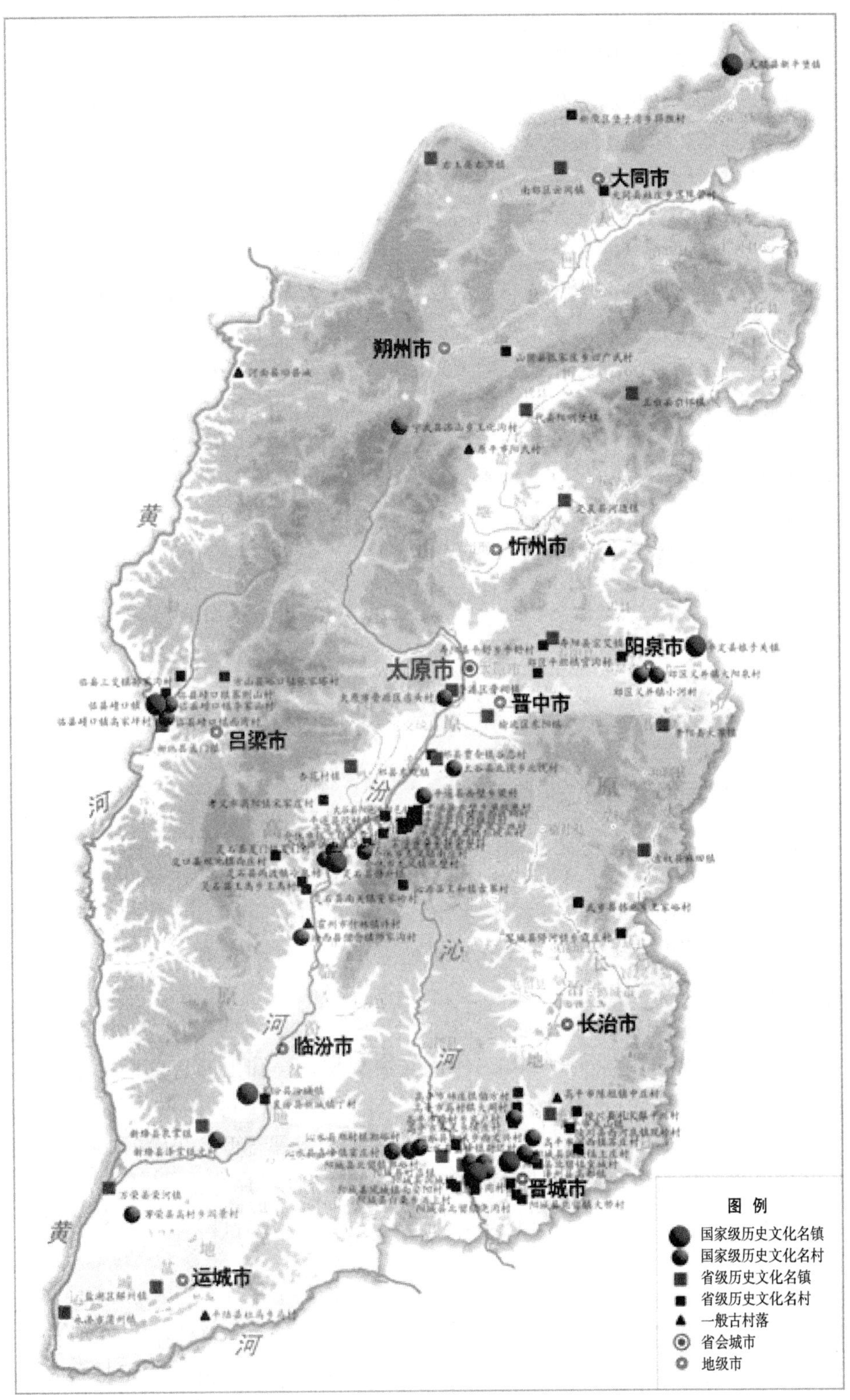

图 5－4　山西省历史文化名镇名村的空间地域分布

形成兼有军事防御、商贸物流与生活居住等多重功能的传统村落，如大同、忻州、朔州内外长城地带的新平堡、阳明堡、右卫、旧广武村等传统村镇具有典型的军屯变民宅的特征；省域东部的太行山区地势险要，陉关众多，自古乃军事战略要地，关隘防御型石头古村是这一地区传统村落的特点。

趋于地势低平的平原山间盆地。山西境内多山，平原多由河流冲积而成，且自然条件好，土地肥沃，交通便利，不仅可为人类提供丰富的生产、生活资料，而且山环水绕，以河山为自然屏障，便于人类生存、发展和繁衍，具有较强的生活安全感和聚合感，这便决定了传统村落选址和分布对平原低地的优先选择。因此，山西中部和东南部平原或山间盆地传统村落遗存多、密度大，尤以晋中、临汾和上党盆地最为集中。

趋向于经济繁荣、文化发达或交通要道。历史时期经济文化是山西传统村落分布的重要影响因素。汾河流域明清时期经济繁荣、商业发达，晋商大院成为现存于流域传统村落的代名词；沁河流域具有连绵的农耕文明和工商历史，为古晋经济繁盛之地，如今保留完好的传统村落集中在沁河、丹河沿岸连绵几十里；黄河乃古时水运之渠，码头、聚落因水运而兴，碛口古镇周边传统村落集聚与黄河水运密不可分。山西传统村落从选址、布局、发展，均深受当时社会经济文化的影响，只是由于现代交通发生偏移或变迁，使传统村落偏离现代交通要道或经济重心。

二、山西省传统村落保护发展进程

（一）起步早，保护工作稳步开展

山西省是全国最早开展古村落普查和历史文化名村名镇申报工作的省份之一。2003年国家住建部等联合开展历史文化名村名镇评选工作，山西省住建厅先后组织全省历史文化名村（镇）申报认定，评选出126处省级历史文化名村（镇），其中，30个名村、8个名镇入选中国历史文化名村（镇），约占全国11%。

2004年，省政府印发《关于加强历史文化名镇（村）保护工作的意见》，标志着全省古村落保护工作的开端。2005年，中国城市规划学会和山西省建设厅主办的“中国传统村落保护与发展碛口国际研讨会”在碛口古镇召开，共同签署了中国传统村落保护与发展的《碛口宣言》，开启了我国古村落保护与发展宣言的先河。2009年，住建厅牵头完成了世界银行资助项目“山西传统村落保护利用与减贫方略”，开展了上庄、良户、大阳泉等传统村落保护修复试点，出版了《山西传统村落》系列丛书成果，为传统村落保护发展管理办法奠定了基础。

“十二五”期间，全省积极开展传统村落调查建档与申报认定工作，目前已对1400多处传统村落调查建档，遴选出956个建筑风貌相对完整、选址和格局特色明显的典型传统村落，确定为山西省传统村落重点保护对象。2012年，住建部等联合开展中国传统村落调查，至今，山西省共进行四批500多处传统村落名录的申报认定，其中，279处入选中国传统村落名录，位居全国第四，为北方传统村落数量最多的省份。2014年，国家文物局启动全国重点文物保护单位和省级文物保护单位集中成片传统村落整体保护利用工作，山西省临县碛口李家山村、介休张壁村、灵石静升村等13个村落入选全国270个国保省保集中成片传统村落。目前，全国首批正式启动并重点推进的有51个项目，山西省有沁水县郑村镇湘峪村、窦庄村和介休市龙凤镇张壁村三个传统村落入选。2015年12月19日，古村落与“一带一路”——2015中国古村落保护与发展论坛暨“第六届中国景观村落”授牌颁证大会在西安举行，山西省8个古村落获此殊荣。

（二）政府重视，政策措施逐步完善

2004年，山西省政府印发《关于加强历史文化名镇（村）保护工作的意见》（晋政法［2－4］38号），是全省古村落保护走向政策法规管理的开端。按照调查、认定、保护、修复的思路，先后提出山西省历史文化名村名镇评选条件和山西省传统村落评选条件等政策性文件，对古村落的审定、保护、维修、管理等提出了政策性规范要求，使山西省历史文化名村（镇）和传统村落名录申报工作走在全国的前列。

伴随历史文化名村（镇）申报工作的开展，积极开展历史文化名村名镇的保护规划编制，出台《关于印发〈历史文化名村名镇保护规划编制和实施办法〉的通知》（晋建村字［2005］256号），并给予每个村镇保护规划30万元的补贴（其中省政府20万元，地市配套10万元）和编制技术支持。

2012年传统村落名录申报认定工作开展以来，山西传统村落得到国家和省级政府的高度关注。2013年9月11日，省政府召开“关于加强我省古村落保护工作”专题会议，要求住建厅牵头，抓紧出台加强山西省古村落保护开发的相关政策；2014年，山西省住建厅等联合相关部门，下发《关于成立山西省传统村落和传统民居保护发展专家委员会及工作组的通知》（晋建村字［2014］139号）、《关于贯彻落实全国加强传统村落保护电视电话会议精神的通知》（晋建村字［2014］191号）、《关于进一步加强传统村落保护工作的通知》（晋建村字［2015］136号）等文件，《山西省传统村落保护发展管理办法》（草案）和《山西省传统村落保护发展规划编制和实施办法》已经完成，待发。目前，全省已完成90余项历史文化名村名镇保护规划的编制，以及第一、第二批中国传统村落保护发展规划的编制，获得中央财政传统村落保护专项资金3亿多元。

（三）积极探索多样化保护发展模式

传统村落纳入全省城镇发展体系。目前全省28个历史文化名镇中，有18个列入全省重点小城镇，其中，15个列为全省20大旅游城镇。2016年公布的全国特色小镇名单中，山西润城、杏花村、大寨三个历史文化名镇入选，有力地促进了古镇文化、旅游、商贸等特色产业的发展，经济发展水平不断提高。

与新农村建设同步减贫发展。各地市将传统村落保护与减贫作为新农村建设“示范村”、“重点推进村”的重要选择，随着新农村建设“村村通”工程等各项政策的落实，许多传统村落的道路、水、电等基础设施和教育、文化等社会设施得到较大改善。

传统村落旅游方兴未艾。山西省是古村落旅游起步较早的省份，20 世纪 80 年代，丁村、乔家大院先后开辟博物馆式的旅游景区，向社会开放。90 年代末，皇城村开始村办煤炭企业转型旅游，如今成为全省六大 5A 级景区之一，随后，山西古村落旅游发展迅速。目前，全省依托传统村落发展旅游的 4A 级以上景区近 30 多处，在传统村落保护发展规划中几乎 100% 选择旅游作为主导产业发展。全省 6 处 5A 级景区中，依托历史文化名镇的有五台山风景区、云冈石窟 2 处，依托传统村落的有皇城相府和乔家大院 2 处，占 5A 级景区 2/3 以上。除此之外，全省已经开放而未申 A 的传统村落旅游地越来越为旅游市场所青睐。

三、山西省传统村落保护发展面临的困境

（一）存量大，类型多，传统村落保护任重道远

山西省有 3 500 多个传统村落，就按已经调查登记的 1 400 多处来计算，目前列入省级以上历史文化名村（镇）126 处，中国传统村落 278 处，除去 95 处重复的，得到建档保护的传统村落也只占 20% 多的比例，大量的传统村落尚未得到有效保护。即使列入保护名录的传统村落有 300 多处，得到的文物保护和传统村落等专项资金也远远不能满足其大量的保护要求，在城镇化进程中，大量的传统村落面临“空心化”或自然损毁。主要表现在以下三个方面。

整体上全省传统村落濒危比重大。调研中发现，全省传统村落中，大部分古村落存在衰落、毁损现象，大约 500 多处濒临消失，即使列入名录近 300 处传统村落中，也大约有 1/10 左右处于濒危抢救状态，即使一些村落风貌和历史遗存较好的传统村落，其民居、街巷以及古建景观等单体建筑也普遍存在年久失修、濒临消失的危险。

开发性、建设性、保护性破坏明显。一些传统村落缺乏科学的保护知识、科学规范的分类技术指导与工作经验，对传统村落历史建筑景观的保护维修方法不当，致使其在保护中受到损坏；另外，由于缺乏科学的规划，在新农村建设与旅游等产业发展中，大量的历史建筑和古街区在建设中被拆除，或者新旧建筑混杂，或大兴土木，传统村落的整体风貌破坏严重，传统建筑维护、修复中缺乏有效保护，加之越来越多的“被旅游、考察、采风”等，也使历史建筑遭到不同程度的损坏。

传统村落功能不能适应现代生活所需，尤其是老宅年久失修，大多缺乏采光、阴冷潮湿，旱厕、排水等生活设施不便，按照传统建筑要求的维修成本高，导致年轻人搬迁，很多地方老宅被弃之不用，老宅空置化现象严重，加剧了传统院落的自然破损。因而，山西省传统村落保护既是一项抢救式保护工程，又需要长期的动态式保护，任务艰巨。

（二）村落自我发展能力弱，减贫任务重

山西省是贫困县比例较高的省份之一，传统村落中很大一部分分布在贫困县域，由

于地处偏僻，远离经济发展主轴线或偏离交通干线，产业结构以农耕养殖为主，大部分村落自身发展能力不足以满足居民就业，年轻人多外出打工谋生。

大部分居民仍然处于温饱状态。调研发现，山西省传统村落人均收入处于全省中下游水平，且与全省平均水平的差距呈现出逐渐扩大的趋势。主要原因是：①大部分传统村落居民收入依靠传统农业，靠天吃饭，收入不稳定；②很多家庭无力承担健康风险，调研发现，传统村落里的居民普遍存在小病不治、大病难治的现象，一旦家中有人生了大病，整个家庭经济基本被拖垮；③子女教育支出使贫困家庭的负担加重，卫生和教育消费加剧了传统村落贫困的脆弱性。可见，培育现代特色产业，发展村落经济，增强村落自身发展力，是实现传统村落保护与减贫发展的重要任务。

（三）政策支持力度有待提高

传统村落保护与发展涉及文物遗产保护、产业发展、扶贫减贫、新农村建设、村镇规划等多项相关政策，扶贫减贫类政策有利于促进传统村落保护发展减贫；新农村建设、产业发展和土地政策对传统村落保护与发展既有促进也有限制；而有关文物遗产保护的法规条例则对传统村落发展具有一定冲突和制约。就现有政策对传统村落保护、开发与减贫的影响和作用而言，具有三个特点：①保护性政策有余而发展性政策不足，强调了传统村落保护的重要性，忽视了传统村落社区的发展需要；②普适性政策有余而针对性政策不足，传统村落保护发展都能套用现有政策，但又不能直接指导传统村落发展，特别是针对不同区域、不同类型传统村落的保护发展的政策少；③宏观控制性政策有余而配套实施政策不足，下位政策缺失，具有地域特点的地方性政策少，不利于传统村落保护发展的微观政策引导，加之政策监管不力，导致政策执行难、落实难，在一定程度上削弱了政策的实施效果和影响力。

缺乏相关政策的系统配套。①政策体系上下衔接不足。比如，国家出台《历史文化名城名镇名村保护条例》之后，2004 年和 2005 年，山西省先后出台了《山西省人民政府关于加强历史文化名镇名村保护工作的意见》和《山西省历史文化名镇名村保护规划编制和实施办法》，历史文化名村（镇）保护管理是名城保护思想的延续，目前尚未出台专门针对传统村落保护发展的政策法律指导，而且，更没有一个地市出台相应的实施政策。而贵州、江西、浙江等省均已出台传统村落保护发展管理办法（条例）或指导意见；江苏、安徽等省份的许多地市，封闭出台与省级相配套的市、县级条例（办法），一些传统村落还出台县乡镇级保护办法（如《周庄古镇保护暂行办法》）。缺乏政策上下衔接配套，不利于对传统村落保护的具体指导和约束，在一定程度上制约着国家、省级等上位政策的具体实施和落实。②配套政策缺失。如《山西省人民政府关于加强历史文化名镇名村保护工作的意见》明确提出“设立传统村落保护专项资金”，但却没有资金来源、使用与管理等方面的配套政策，特别是缺失对社会、民间资金的鼓励性政策引导，导致专项保护资金政策难以落实；还有，现有政策虽然对传统民居使用保护提出要求，但没有鼓励原住民“留住”老宅或鼓励“老宅认领”等相应政策出台，传统村落中老宅“空置”与“一户两宅”现象并存，前者大多出现在濒危类传统村落，后者则在大部分传统村落都存在新旧建筑混杂的建设性破坏，配套政策缺失是导致“有文件难落实”的重要原因之一。

（四）缺失相应的保护管理监督机构与机制

由于缺乏具有独立事权的监管机构和相应的约束性政策，难以有效处理传统村落保护与开发中的诸多问题。比如调研中发现，有些地方政府为了旅游开发使传统村落整体搬迁，而村委和原住民没有参与权甚至知情权，原住民老宅置换等利益得不到保障；有些传统村落在企业承包旅游开发中，利益分配机制不健全，原住民利益被忽视，多头管理矛盾突出，企业开发性破坏时有发生；有些传统村落原住民过度使用资源导致利用性破坏；有些传统村落自行聘请规划编制、建筑施工单位，甚至村委自行组织古建维修，由于缺乏规范的技术指导，传统村落单体建筑的维修造成对原真性和完整性的破坏，不能修旧如旧，导致“保护性”破坏、“维修性”破坏；频繁的调研或考察，如入户调查、古建测量、摄影等对脆弱的传统村落遗产造成破坏，对核心主体原住民生活带来影响；列入名村名镇后的传统村落缺乏监管、评估，大部分传统村落的保护规划流于形式，保护现状堪忧等。

四、山西省传统村落保护与发展构想

（一）指导思想

以创新、协调、绿色、开放、共享五大发展理念为指导，以整体保护为基础、开发利用为途径、发展减贫为目标，以传统村落景观整体保护、特色产业培育、人居环境改善、居民收入水平提高、遗产文化传承为主要任务，突出重点、分类指导、多模式推进，充分关注传统村落保护、开发与减贫的重要意义，优先保护列入名录的传统村落，整合现有的保护、开发与扶贫政策，加强政策的聚合与衔接，保护与开发兼容，协调推进传统村落的保护与发展，强化政府扶持与政策引导，鼓励社会参与、村民自力，统筹推进传统村落保护与城镇化协调发展，实现文化保护传承、村落协调发展、原住民减贫三者“共赢”。

（二）基本原则

——减贫发展为本，开发保护并重。传统村落是一个社区为单位的文化遗产，传统村落的文化遗产保护和村落的发展是相辅相成的两个层面，保护的目的是为了更好地开发利用，开发的目的是为促进传统村落的发展，减贫发展是传统村落保护开发的重要目标。传统村落的发展是建立在依托其特殊文化和资源基础上的与一般村镇有所区别的发展模式或产业选择，因而，保护性开发，开发式扶贫既是传统村落的保护、开发与减贫的重要途径，也是应遵循的基本准则。

——政府主导、社会参与、居民自力。政府是公共资源保护利用的最终受益者，也是公共资源配置和相关利益者利益诉求的协调者，因而，传统村落保护、开发与减贫中政府的主导作用不言而喻。但由于传统村落的准公共属性以及多元参与主体结构的特征，决定了政府不能是实现传统村落保护、减贫的唯一主体，倡导政府主导、社会参与、社区居民自力，是实现传统村落保护、开发与减贫良性循环、可持续发展的重要模式。

——突出重点，分类引导。山西省有 3 500 多个传统村落，目前保存较好的约有 500 多个，保护与减贫任务艰巨。突出重点：以 102 处省级以上历史文化名村名镇为重点，对每个传统村落进行整体保护与发展减贫的规划，提出保护发展模式及其相应的制度保障与政策措施，在进行试点基础上总结经验，向全省传统村落推广。分类指导：要求针对不同类型传统村落面临的保护与减贫任务和不同的开发模式，给予因地制宜的政策指导和保障。

——整体保护、文化传承。整体保护是传统村落与一般文物或遗产资源的单体、局部保护的最大区别，重点是将传统村落物质文化遗产与非物质文化遗产保护一体化，单体建筑保护与村落整体环境维护一体化，文化遗产保护与社区原住民利益保护一体化，以此促进传统村落传统文化的保护、传承和有效利用。

——民生导向、村落发展。传统村落是珍贵的文化遗产，但名镇名村不能被片面视作“商业开发资源”，保护要重在“文化之根”和“生活之脉”上。古镇保护既要留下当地特有的文化，又不能脱离民生，更要处理好与开发建设、发展扶贫的关系，与社会主义新农村建设、城镇化发展相协调，保障传统村落经济发展、环境提升和原住民生活质量的不断提高。

（三）重点任务

1. 着力推进传统村落建筑、非遗文化与景观的整体保护

传统村落是我国珍贵的文化遗产，由于其稀缺性、脆弱性和不可复制的特点，针对城镇化和工业化迅速发展的背景下传统村落濒危和消失的现状，应将资金筹措、使用与管理作为传统村落抢救式保护的重要内容，同时，根据传统村落生活者的特点，开展传统村落遗产保护者开发利用。主要内容包括：①加强传统村落建筑的保护，开展传统村落保护的技术性、规范性研究，包括前期工作勘察咨询、环境评估、规划设计编制、保护工程技术导则编制、古建维修规范、工程监理等，以村落为单位，明确保护主题、保护要素和保护范围，提出保护整治的具体措施，减少传统村落保护性破坏。重点加强濒危村落或单体建筑的抢修式保护。对列入各级文保单位的濒危村落、单体建筑，按照“修旧如旧”的原则实施维修保护；对未列入文保单位的濒危村落或单体建筑，作为“十三五”时期的重点保护对象，实施抢救式修复。②积极开展传统村落非物质文化遗产保护工程，包括传统村落非物质文化遗产普查与申报，非物质文化遗产名录数据库建设，非物质文化传承人认定与培训，非物质文化传承与利用，推进非遗资源转化成为传

统村落文化产业。③加强传统村落文化环境的整体保护，传统村落的核心是研究人居文化环境的载体，因而传统村落保护不只是陈列式景观保护，而是将历史建筑、非物质文化和整个村落环境为一体的保护，主要包括民居整治、环境绿化、生态治理等。

2. 着力培育特色产业，实施产业扶贫战略

山西省贫困的传统村落主要以传统农业为主，生产条件差，农业结构单一，市场程度低，农业收入少且不稳定；也有部分是原有村办或镇办煤矿、砖厂等产业因全省资源整合而关闭，导致原住民失业，收入减少而返贫。以促进传统村落经济发展、增加原住民收入为目标，加快农村产业结构调整，扩展生产发展渠道，多角度、多层次增加农民收入的增长点是实现传统村落自身发展能力，增强保护发展的主要途径。根据山西省传统村落赋存环境、资源特点与产业发展基础，“十三五”期间重点扶持文化创意产业村、旅游名村、特色生态农业村发展，通过与全省特色小镇、乡村旅游等项目及其政策的协调配套，给予传统村落产业发展以更多的政策和资金优惠。

3. 着力加强传统村落人居环境建设，提高原住民生产生活水平

改善人居环境，满足生活在传统村落居民的物质和精神需求，是传统村落整体保护的重要内容，也是传统村落保护发展的目的。①抓好传统村落周边生态环境的修复和改善。以晋北、“两山”（吕梁、太行）等区域传统村落为重点，建设内容包括传统村落周边的植树造林、水道治理、环境污染治理等，结合退耕还林、水土保持等工程项目，保持生物多样和生态环境优良。②加大传统村落景观环境整治。山西省传统村落景观环境差具有普遍性，极大地影响了居民的生活质量，也制约着传统村落经济社会的发展。“十三五”规划以中国传统村落为重点，充分利用中央财政专项资金，开展村落景观环境的美化、整治。主要内容包括：村落道路沿线景观美化、村落历史街巷景观的保护与整治、村落公共空间（如广场、戏台、祠堂）的保护建设、村落街巷的绿化、美化与保护等。③市政设施环境的建设。根据传统村落保护开发的要求，结合乡村旅游建设，以保护为主，以环境整洁、风貌统一、方便村民为目的，重点加强传统村落道路建设，完善传统村落饮水安全工程，加快村镇通信、通邮和广播电视建设，完善传统村落的消防等安全设施建设。

4. 着力加快传统村落文化事业建设，提高传统村落自我发展能力

加强传统村落教育文化投入，提升原住民再就业能力。加快传统村落公共卫生医疗建设，切实解决贫困传统村落缺医少药和“看病难”问题，改善传统村落健康低于全省水平的状况。加强传统村落文化事业建设，处理好传统村落传统文化传承利用与现代精神文明建设的统一，促进社区文化建设，实现村村有商店、有文化活动室，推进农村各项社会保障全面落实，确保传统村落民生安全。

5. 加强传统村落保护与发展管理制度建设

传统村落是我国文化遗产的重要组成，具有一般遗产资源共有的公共资源属性；同时，由于传统村落是“生活者”的社区遗产，原住民住宅为私人物品，传统村落中的道路、电、水等属于公共物品，产权归属公私交错，所以传统村落是一种特殊的准公共资源。这一属性决定了传统村落保护与开发过程中面临着多元的相关利益主体及其复杂的利益诉求，这是导致传统村落保护与开发之间矛盾和问题的根本所在。构建适于传统村落属性要求的管理体制与机制，是传统村落保护、开发与减贫的重要保证。要探索政府主导、多方参与，分权管理、相互制约的公共管理机制，明确政府（尤其是地方政府）、企业、非政府组织、社区、原住民等利益相关者的利益诉求与职责分工，避免权责不分而至的管理低效率，构建以基层为中心的省—市—县—镇四级保护管理体系。探索设立社会参与、相对独立、非营利的传统村落保护管理机构，完善传统村落保护发展专项资金的筹措与管理体制，从根本上解决目前传统村落多头管理、权责不明的问题，正确处理在新农村建设、城市建设、旅游发展中与传统村落保护的关系，做到以保护为主，合理利用，依法管理。全面落实全省传统村落普查建档与规划管理。

五、山西省传统村落保护发展推进策略

（一）“五个三”战略路径

山西省是北方传统村落遗存数量最多的省份，也是全国贫困区集中的省份之一，推进全省传统村落保护与发展，既是推进全省传统村落保护与城镇化发展协同的要求，对全国传统村落遗产保护、传承与发展也具有一定的典型意义。

1. 构建经济、社会、文化“三位一体”协调发展格局

按照“保护一方山水、传承一方文化、促进一方发展、致富一方百姓”的思路，构建经济发展、社会进步、文化传承“三位一体”的传统村落保护发展协调格局，保护和利用好传统村落的历史文化资源，发展名镇名村特色产业经济，推动传统村落可持续发展。

2. 建立遗产保护、产业发展和村庄规划“三规叠合”的规划管理体系

传统村落保护规划不能与社区发展和原住民生活相隔离，传统村落保护规划、村庄规划和产业发展规划“三规叠合”有利于促进传统村落保护、开发与减贫发展的一体化。“十三五”期间，需积极探索中国传统村落率先实现保护规划、村庄规划和产业发展规划“三规叠合”，使传统村落保护从开始就步入协调统筹之路。

3. 完善分区、分级、分阶段“三分结合”的保护发展体系

依据山西省传统村落空间分布和保护赋存现状，实施传统村落“四区”（即汾河流域、沁河流域、黄河沿岸、沿边沿关）、“四级”（文化遗产、中国传统村落、国家历史文化名村、省级历史文化名村或传统村落名录）保护开发利用；根据不同区域、不同

级别传统村落保护发展现状与要求，提出近期、中期和远期三个发展阶段。通过“分区”“分级”“分阶段”三分结合，使山西省传统村落保护发展在分区、分类定位规划的基础上，确定开发利用的方式和时序，分阶段启动。“三分结合”体系建立，将有效缓解传统村落保护力度与发展速度之间的矛盾，促进抢救式保护和财力有限相协调。

4. 发挥政府主导、社会参与、国际合作“三力合推”的作用

传统村落独特的属性决定了其保护和发展具有紧迫性、强制性和全民性的特征，也决定了政府作用的必要性和非唯一性，以及政府主导、社会参与、国际合作“三力合推”的重要性。

5. 抓好传统村落申报命名、规划编制、技术标准“三大基础”环节

在继续完善全省传统村落的全面普查、名村名镇与传统村落申报的基础上，逐步完善传统村落和历史文化名村名镇的保护发展规划，以及传统村落保护技术标准与规范导则，通过对传统村落普查、申报、评定、命名、规划、实施等一系列基础工作的逐步落实，使传统村落保护和发展步入科学化、规范化和制度化的轨道。

（二）三大驱动模式

依据传统村落遗产保护的特殊要求和开发减贫的发展驱动要素，山西省传统村落保护发展驱动模式有三种。

1. 产业发展驱动模式

产业驱动是重要的开发式扶贫、造血式扶贫。传统村落贫困的主要原因是产业单一、农业生产水平低、靠天吃饭，村落的自我积累和自身发展能力不足，因而产业发展是传统村落开发式扶贫的主要途径。对整体保护好，产业发展条件较好的传统村落，可以根据自身资源优势，依靠政策支持，选择适当的产业来实现保护与减贫。产业发展驱动主要包括三种模式：①旅游产业发展模式。“十三五”期间，结合乡村旅游发展，政府应加大对传统村落旅游开发产业发展的支持力度，将4A级以上具有传统村落景区的传统村落打造成全国知名的旅游目的地，如晋祠、云冈、皇城、大寨、乔家堡等；进一步加强对碛口、张壁、后沟、娘子关、小河、西文兴等未申A但具备旅游发展条件的传统村落的景区环境和品牌建设，打造一批4A级传统村落旅游景区；对于其他具有旅游发展潜力的传统村落，根据自身资源特色和区位条件，引导发展大众观光旅游、特色文化体验旅游、摄影写生等专业性旅游、大中学生社会实践修学旅游等不同模式，“十三五”期间，重点建设30个左右各具特色的传统村落旅游地。②文化创意产业发展模式。山西省传统村落具有深厚的文化底蕴，集中了农耕文化、晋商文化、风水文化、士大夫文化、渡口文化、军事文化等多种文化。其中，具有山西地域色彩的民间工艺、音乐、戏剧、传说典故、节事等非物质文化更是丰富多彩，为文化创意产业提供了丰厚的基础。对于那些村落规模不大、传统建筑整体性保护不够，但具有悠久的民俗文化传统，且村落环境整洁、建筑风貌统一的传统村落，通过文化产业创意，打造“影视村”“写生村”“摄影村”“编织村”“剪纸村”“科考、研究基地村”等新型业态，促进传统村落非物质文化资源产业化。政府要加强该类传统村落非物质文化遗产的挖掘、抢救，加强对非遗文化传承人的认证与培训，加大对村落物质景观和环境的改善。③生态农业发展模式。对于具有一定特色农业基础的传统村落，要充分利用现有农业的扶贫政策，鼓励传统村落及其原住民根据村镇发展条件、基础和农业资源优势，发展大棚蔬菜种植、畜牧养殖、小杂粮种植，特色林产品种植，利用名村名镇“名片”，打造“一村一品”品牌。就目前传统村落产业现状而言，生态农业模式是传统村落发展减贫的普适性途径。政府在进一步落实各项农村扶贫政策的同时，重点做好农业技术培训、信息咨询与市场运营等工作，促进农业产业化、农业与市场的接轨。

2. 企业帮扶模式

这是一种政府强力推进、鼓励企业参与的减贫发展模式，由政府牵头，鼓励有一定实力的企业与传统村落结对，通过企业多种形式的帮扶，提高自身发展力，摆脱保护与发展困境。该类模式主要针对那些急需保护且资源可开发，但自身发展能力弱或者没有适当产业支持的传统村落。该模式的实施首先需要政府的强力推进引导，一般而言，政府应出台政策支持和制度约束，给地方龙头企业以更大的优惠，同时选择合适的企业推行“一企带一村”，对传统村落实行多种形式的“帮、扶、带”，帮助传统村落尽快实现保护、发展与减贫；其次，企业要具备较强的资本实力，一般而言，国有企业的产权属性决定了其要服从大局、承担更多社会责任，或者那些具有一定经济实力且愿意回报社会的企业，可以通过认定、挂牌，享受政府的特殊支持，成为实施帮扶的企业。

3. 政府救助模式

对于那些地区偏僻、人口少、产业发展条件差而面临濒危急需抢救的传统村落，政府财政保护与救济式扶贫是重要的途径。一方面，政府要设立抢救式保护专项资金，保护资金到村镇、福利补贴到原住民；另一方面，对于濒危的单体景观、历史建筑可以经过遴选集中迁移实施“博物馆式”保护，重新开发利用；对于生活在传统村落的原住民可以居民自愿的办法，实施移民搬迁；对濒危传统村落及其民居老宅、古建实施“一村一档、一幢一档”方式，挂牌、建档保护。

（三）“一带六区”空间格局分区指引

根据传统村落空间分布沿“三河一关”相对集聚的特点，结合全省历史文化名城、名镇和文化旅游产业发展空间格局，综合考虑城—镇—村一体，遗产保护与旅游发展协调，将全省传统村落规划为“一带六区十园”的空间结构体系。“一带”即大运高速沿线历史文化名城、名镇与传统村落呈串珠状集聚分布带；“六区”即汾河中游晋商文化区、汾河下游河东文化区、沁河流域耕读文化区、晋北边关文化区、吕梁黄土黄河文化区和东部太行文化区六个特色迥异的传统村落分布区。

1. “大运”沿线历史文化名城、名镇、传统村落集聚带

大运高速贯穿全省五大盆地，是山西省经济、城镇高度发达和密集区。沿线分布有大同、代县、五台山、平遥、祁县等世界遗产和国家历史文化名城，集聚了全省40%以上的历史文化名村镇。该带传统村落保护发展与全省经济发展与城镇体系格局相吻合，是全省经济、文化的核心地带。分布于该带上的传统村落要与国家历史文化名城、世界遗产的保护一体化，形成世界遗产—国家历史文化名城—国家历史文化名镇（村）—中国传统村落多级层保护体系，整合国家有关遗产文化管理、历史文化名城名镇保护的有关政策，推进传统村落保护发展。

大运沿线发展条件、经济状况不同，所以传统村落保护与减贫发展中面临的重点任务不同，但其共同点在于，传统村落的保护发展应纳入全省经济发展与城镇发展格局，尤其与全省文化旅游产业发展格局相一致，比如晋北古建佛教游、晋中晋商民俗游、晋南寻根祭祖游，在此背景下，挖掘传统村落文化遗产优势，与传统旅游线路形成互补与互动，进一步丰富大运旅游产品，提升大运旅游精品廊道知名度。

2. 六大重点保护发展区

地处每个区域的传统村落相对集聚，不仅具有相同的文化与地理背景，而且在当代社会经济发展中面临的问题、发展条件，乃至产业发展任务与保护目标也不尽相同，因地制宜给予分类指引、分片发展意义重大。

（1）汾河中游传统村落区。汾河中游传统村落集聚，主要涉及晋中、太原两市，是晋中晋商社会经济文化的集中体现。该区域内传统村落大部分地处太原都市圈，工业化、城镇化水平高，工业化和城市化的快速发展与传统村落保护存在较大的矛盾与冲突。

就保护和发展现状而言，区域内传统村落基本可以分为两种类型：一类是地处晋商文化旅游带，具有一定旅游基础，如晋祠镇、静升镇、乔家堡、张壁村、东阳镇等，这类传统村落经济状况较好，而且旅游业发展对传统村落的保护起到一定的积极作用，但同时，传统村落面临着发展与保护的冲突，如何规避建设性破坏、开发性破坏尤为重要。另一类是地处偏僻，远离城镇群或产业带，如平遥普洞村、彭坡头村、泉村、西赵村、灵石厦门村等，这类传统村落多数急需保护，而自身经济相对落后，其中一部分有煤炭资源的村镇还面临着开发性的破坏，因而，保护为主与减贫发展同等重要。

未来该区域传统村落保护与发展重点是：①进一步发展文化旅游产业。将传统村落旅游纳入晋中晋商文化旅游、平遥古城遗产旅游，加强传统村落沿线景观的绿化美化，依托现有的成熟景区，带动周边传统村落旅游发展，培育各具特色的新型旅游村，打造晋中晋商遗产旅游黄金廊道。②大力发展生态观光农业。依托榆次、太谷、祁县农业基础，发挥大城市近郊优势，鼓励传统村落发展新型生态农业、生态观光业，建设传统村落生态特色村。③培育晋商文化产业园。挖掘晋中晋商一带的民间艺术、文艺、手工艺品制作，以及醋文化、酒文化等非物质文化遗产优势，建设最具山西特色的晋商文化产业园。④严格遵循保护者开发、开发者保护的原则。重点处理好新农村建设与传统村落建筑风貌保护的关系，区域城镇化发展与传统村落整体保护的关系，传统村落居住环境改善与传统风貌保留的关系，使传统村落环境改善和社区发展既要与城镇化发展相协调，又要保持传统村落传统风貌，让传统村落成为大都市圈中的特色名村（镇）。

（2）吕梁沿黄古村落群。该区域传统村落以临县碛口古镇为中心，包括周边历史文化名村和传统村落，是山西省最早获得中国历史文化名村和全国最早传统村落保护宣言《碛口宣言》的源地，以古代商贸流通、商品集散为支撑，是黄土高原、黄河渡口文化的集中体现。由于远离现代交通和经济中心，该区域内大部分村落尚未摆脱贫困，许多村落面临濒危状况。因而，以减贫发展为基础的抢救性保护对该区域传统村落意义重大。

未来促进该区域传统村落保护与发展的任务是：①培育主导产业，实现减贫发展。该区域传统村落保护利用与减贫的首要任务是通过主导产业培育，实现减贫发展。根据区域传统村落资源优势和产业发展基础，“十三五”期间重点培育两大产业，即旅游业和红枣种植与加工工业。其中，旅游业发展的重点是具有一定旅游基础的碛口古镇、西湾村、李家山村等，依托这些古村落的原生态文化，北方聚落中少见的山水文化，以及碛口古镇“世界百大濒危遗产”的品牌优势，鼓励开展摄影、写生、文艺创作、大学生社会实践，以及休闲度假等专业旅游，形成特色传统村落旅游目的地和传统村落体验旅游目的地；红枣种植在现有基础上，加强红枣种植加工销售一体化基地，鼓励农户＋基地的方式，促进特色农业专业化、市场化，形成旅游业发展的上、下游产品，培育红枣种植、采摘、观光—古村落体验旅游—红枣购物、饮食等旅游产业链条，提高红枣种植的附加值。②培育特色文化产业。挖掘反映黄土风情、黄河渡口文化的民间工艺、民间艺术、传统习俗，成为旅游产业链的组成部分，促进非物质文化资源产业化。重点建设黄河渡口文化产业园，带动传统村落产业升级、集聚，提高当地居民的就业水平。③加大传统村落的整体性有机保护和抢救性保护。本区域传统村落保护任务艰巨，要继续积极争取政府财政补贴，对濒危传统村落实施抢救式保护；鼓励企业和原住民以不同方式参与传统村落的保护，并在西湾村、李家山村等实施多模式、多渠道保护的试点。④推广政府救助扶贫发展。该区域传统村落面临着保护与发展的双重任务，自身发展能力不足。因而，在整合现有各项扶贫建设政策的基础上，继续加大政府重负，是未来该区域传统村落保护和发展的重要途径。

（3）汾河下游传统村落区。汾河下游传统村落以临汾、运城两市为中心，是河东文化的重要组成。该区域传统村落具有深厚的文化历史渊源，同时，这里也是山西重要的农业基地。因而，无论是传统村落建筑风貌，还是非物质文化，均可以寻觅到根祖文化、忠义文化、农耕文化的烙印，如何挖掘提升传统村落中深厚的文化内涵，并与地方社会经济协调发展，是未来传统村落保护利用发展的重心。

未来该区域传统村落保护与发展的重要任务有：①大力发展特色生态农业。发挥区域良好的农业生产条件和基础，鼓励传统村落大力发展花卉、果、蔬等特色种、养殖业，培育“一村一品”生态农业村。②积极推进旅游业发展。本区域是山西六大旅游线路中的寻根祭祖文化旅游带，也是大运旅游纵轴的重要组成。目前，该区域内传统村落旅游既有山西最早开发的丁村古村旅游，也有将传统村落遗产与地方文化“万荣笑话”有机结合的阎景村旅游，还有被称为“面塑之乡”的光村，以及平陆地窨院等，发展传统村落旅游具有较好的资源优势和市场优势。因而，可以将传统村落旅游与区域河东文化、寻根祭祖、绿色生态观光等有机结合，形成晋南传统村落特色旅游产业，促进区域传统村落产业优化升级。③建设河东文化创意产业园。本区域具有悠久的历史和深厚的历史文化，因而，无论是传统民俗、语言、饮食，还是民间艺术、工艺，都具有典型的地方色彩，是河东文化的缩影，尤其有许多珍贵的非物质文化遗产，“十三五”期间，依托光村面塑、砚台等非遗文化，建设河东文化产业园，带动周边村落非物质文化遗产的挖掘、保护和利用，培育文化产业链。

（4）沁河流域传统村落区。沁河流域是全省传统村落分布最为密集的地区，以晋城市为主。该流域传统村落从形成背景而言，大多由达官显贵的文人士大夫归乡而建，具有浓厚的人文气息和精神追求，是沁河流域历史上“耕读传家，崇文重教”文化的集中体现。从传统村落建筑景观而言，以具有防御功能的城堡式为多见。随着该区域煤炭、冶炼工业的迅速发展，给传统村落的保护与减贫发展带来的是机遇挑战并存，如以皇城村、上庄为代表的传统村落借助煤炭开采的机遇，带动了旅游产业的迅速发展。

区域内传统村落旅游发展初具规模，其中皇城村旅游业被认为是传统村落保护与减贫发展的典范，2000 年以来，皇城村在集体搬迁，老宅产权置换的基础上，古村落建筑风貌和历史遗存得到有效保护，旅游业发展逐年创新，不仅成为山西省三个 5A 景区之一，而且成为全国十佳小康村。随后，上庄村、西文兴村、郭峪村等相继采用同样的模式，传统村落旅游业不断发展壮大。因而，未来该区域传统村落保护与发展的主要任务是：①继续加大力度发展旅游业。沁河流域传统村落密集，大多传统村落建筑风貌保存完整，历史遗存丰富，且具有典型的地域文化色彩，沁河为全省唯一未受污染的河流，历史文化与自然风光融合，旅游业发展基础好。因此，将旅游业作为该地区传统村落保护与发展的最佳产业选择，今后，以皇城村为中心，对沁河两岸的传统村落开展环境绿化、完善设施等基础工程建设，积极引导传统村落发展大众观光旅游、农家乐旅游、特色文化体验旅游等各具特色的旅游形式，打造全省最大、全国知名的沁河古堡传统村落旅游目的地。②积极推进文化产业发展。充分挖掘晋东南上党文化、士大夫文化、耕读文化内涵，整合流域传统村落物质和非物质文化资源优势，实施跨区域联合捆绑发展，培育士族—商贸文化产业园、耕读文化产业园，培育特色文化村，与旅游业发展相结合，形成文化旅游产业群（带）。③实施工业反哺保护，互动良性发展战略。进一步完善晋城市推行的“一企一业”模式，以豆庄村、上庄村、周村镇、高都镇等为试点，推广“龙头企业帮扶模式”，鼓励大型国企或民企以各种形式参与传统村落保护、资源开发，在用地、税收等方面采取优惠措施，优先支持龙头企业与传统村落结对发展旅游业。要充分发挥区域经济、社会资源优势，积极探索传统村落保护传承与开发利用的新途径和新模式。

（5）晋北边关文化传统村落区。该区域传统村落主要集中于内外长城边关地区，分布较为分散，包括大同、朔州两地市，大部分传统村落以传统农业为主，为社会经济发展较为落后的贫困县。因而，传统村落减贫发展任务较重。

根据区域传统村落保护与发展现状，未来传统村落的主要任务是：①立足区域特点，实现减贫发展。产业选择依托区域环境特点，用足用好各项产业扶贫政策，鼓励传统村落发展特色种、养殖业，培育“一村一品”，促进特色种养殖业基地化、产业化、市场化。②积极发展边塞风情旅游业。晋北传统村落具有典型的边塞文化和军事防御文化特色，区域内长城、军事要塞城堡、塞外气候以及“边关”风土人情等旅游资源具有较强的独占性，具有较强的科学和观赏价值。未来传统村落旅游业发展，一要发挥云冈、大同等历史文化名镇、名城的带动作用，丰富边塞、边关文化旅游产品，形成观光、体验、远足野营多元化，旅游观光、住宿、购物为一体的古城古镇古村旅游体系；二要以传统村落为平台，挖掘“西口文化、长城文化、边关军事文化、边塞商贸文化”等反映中原与游牧的文化，融合物质与非物质文化资源内涵，提升文化品牌，打造各具特色的文化产业园区，与边塞文化旅游、特色农业构成文化旅游产业链，增强区域传统村落自身发展能力，实现减贫发展。③加强传统村落环境建设。积极争取政府有关扶贫、新农村建设等优惠政策，有重点分批实施传统村落基础设施建设、社区环境改善以及濒危建筑的抢救性维护，实施传统村落的整体性有机保护。

（6）太行文化传统村落区。本区域传统村落主要分布于省域东部与河北接壤的太行山区，包括阳泉市、长治市及部分晋中市。传统村落景观特征和文化元素上体现了鲜明的太行文化，区域内煤炭、水力资源较为丰富，一方面，较为发达的工矿业为传统村落保护利用发展提供了较好的经济保障，但同时，传统村落也面临较重的保护任务。

未来该区域传统村落的保护与发展要点是：①积极推进个性、特色旅游名村和平定县桃河流域传统村落文化旅游发展。“十三五”期间，重点建设娘子关“水上人家”、大寨“中华第一村”、小河“才女之村”、官沟“银元山庄”博物馆等特色旅游名村，依托桃河流域传统村落，打造古村型乡村旅游带，力争成为省内知名旅游景区。②加强传统村落保护意识，规避工业化、城镇化过程中对传统村落的破坏。区域内煤炭等工业优势明显，鼓励企业或个人采取认领、土地租赁、企业挂牌等形式，实施传统村落有效保护，同时，杜绝与文化遗产保护和生态环境保护不相适应的产业项目。③加快传统村落非农产业发展，建设太行文化为主题的文化产业园区。构建合理的产业结构，积极推行龙头企业帮扶模式，鼓励企业、个人投资文化旅游产业发展，促进工业、观光、文化产业的有机结合，鼓励大型企业与传统村落结对，促进传统村落保护与发展。

（四）政策保障

传统村落的保护、开发与减贫涉及政策力、经济力和社会力三方力量。政策力在目前传统村落的保护、开发与扶贫减贫中具有至关重要的作用。政策工具是实现政策目标的手段或方式，按照区域政策分类，区域微观政策工具主要包括劳动力配置、资本土地、建筑物等生产性要素投入的财政补贴、产品税收减免等资本再配置政策以及产业发展协调政策；按照政策的功能，又可以分为奖励性工具（拨款、优惠贷款、税收减免等）和控制性工具（禁止或对某些开发活动实施许可证管理制度和课以重税等）。

考虑到传统村落遗产属性及其保护和发展的政策需求与政策参与主体，将规划管理政策作为对区域政策工具的丰富，构成以财税政策、投资政策、产业政策、土地政策、规划管理政策为主要政策工具的政策体系框架。

1. 财政政策

传统村落保护、开发与减贫的财政政策目标是，运用财政手段，促进传统村落文化遗产的保护、产业发展和居民生存环境与生活条件的改善，实现传统村落保护与减贫“双赢”。财政政策应保证传统村落保护对资金的巨大需求，有利于支持传统村落发展与减贫，明确资金来源、使用和管理导向。

（1）建议设立传统村落保护与发展专项财政资金。为保证传统村落保护与减贫发展的政府财政支持，设立传统村落保护与减贫的专项资金，通过政府财政投入引导社会资金参与。专项资金来源以省政府财政拨款，地方政府配套。专项资金主要用于改善传统村落饮水、垃圾处理等人居环境改善，老宅、古建筑和公共建筑的修缮和维护，村落环境治理、非物质文化遗产保护和旅游发展能力建设等方面。

（2）整合各类财政资金，支持“传统村落优先”。积极争取国家和山西省在扶贫、乡村旅游、新农村建设、特色城镇建设、文化旅游产业扶持等一系列相关政策中的财政资金政策向传统村落倾斜。

（3）金融机构扶持传统村落减贫发展的鼓励性政策。在政策允许范围内，加大国家开发银行、中国农业发展银行对传统村落的信贷支持力度，促进国家支持“三农”政策传统村落的优先倾斜，支持传统村落特色农业发展，重点给予传统村落龙头企业和农产品加工企业的信贷支持，在信贷准入条件方面适当放宽，把传统村落环境治理、公共设施建设及传统村落减贫项目列入优先获得支持的项目。

2. 投融资政策

促进传统村落保护与减贫的投资政策，是指为了促进传统村落保护与经济发展而采取的“特殊政策和灵活措施”的一部分，即能够直接降低投资者成本或者直接增加投资者预期收益的政策。

（1）鼓励传统村落企业投资的优惠政策。对于到传统村落投资的企业，可以得到贷款贴息、税收等优惠。支持企业争取国家项目资金。鼓励传统村落企业通过各种渠道争取国家项目资金。优先扶持传统村落居民或外部民间资金投资开发非物质文化遗产项目，对个人或单位非物质文化遗产开发投资项目给予财政补贴或税收减免的优惠，同时根据非物质文化遗产有关法规承担相应的义务和责任。

（2）建立传统村落申请世界银行贷款和国际组织的基金融资渠道。对于具有重要历史文化价值、急于维修历史建筑、整治村落环境、开发旅游而又遇到资金不足“瓶颈”的村落，通过编制传统村落保护利用项目与可研报告，以项目形式向世行、国际农业发展银行及亚行贷款，并尽量申请中长期贷款。积极申请国际文物保护机构的基金扶助，拓展传统村落保护渠道。

（3）建立资源型企业转产投资传统村落的激励机制。引导资源型企业在传统村落保护、产业开发、安置劳动力就业、改善基础设施、推进村容整洁、加快社会事业等方面投资帮扶传统村落建设。

3. 土地政策

传统村落保护、减贫与发展的土地政策，就是要利用土地政策的调节作用，鼓励产业发展、吸引投资，同时解决传统村落由于特殊身份导致的土地供应与建设用地需求之间的矛盾，在加强保护的前提下，减少现有土地的政策性约束、促进传统村落减贫与发展。通过土地利用规划管理，优先安排传统村落重大建设项目用地，保证传统村落公共设施和基础设施建设用地的需要。加强对传统村落宅基地所有、使用权与维护、受益权的统一管理。

为更好地吸引社会投资、促进传统民居的保护，在土地所有权性质不变的前提下，允许和鼓励采用认领、认租、认购等多种方式认保。在传统民居产权不变的情况下，可以经过相关部门协调与房屋所有者签订协议认领、认租、认购。

对于旅游开发和其他非农产业发展条件较差的传统村落，政府要通过积极引导、加大服务和扶持力度，进一步鼓励和规范农地流转。在农民自愿选择和平等协商的基础上，通过农地的市场流转和适度集中，积极稳妥地促进农业集约化、规模化经营，实现农业发展、农民致富。

4. 产业发展政策

产业政策包括产业结构政策、产业组织政策、产业技术政策和产业布局政策。为了更好地促进传统村落保护与减贫发展，传统村落产业发展政策结构导向以激励性为主，约束性为辅。

制定传统村落鼓励与限制的产业发展名录，指导传统村落产业选择和招商引资活动，指导财政补贴以及对企业投资进行引导，形成与传统村落属性、资源结构、功能定位相协调的产业发展体系；明确鼓励发展和禁止发展的产业，对鼓励发展的产业给予财政贴息、投资补贴、土地和税收等方面的扶持性政策；综合运用法律手段、行政手段严格控制可能对传统村落保护与可持续发展带来危害的产业发展，尤其是列入国家历史文化名村名镇和中国传统村落的古村，严格对引进产业和项目进行环境影响评价，并监督其产前、产中和产后各环节，避免对传统村落文化遗产、传统风貌和生态环境产生破坏。对禁止发展的产业要从行政手段上予以杜绝，对已有的污染严重、不符合传统村落保护的产业，可采取设立援助基金等措施，使其顺利撤离或退出传统村落。

优先发展旅游业和文化产业，积极培育特色主导产业。通过财税政策、土地政策、政府服务等方面的优惠和倾斜，培育传统村落特色主导产业，鼓励新型业态的发展。借力“山西省人民政府办公厅《关于进一步促进旅游投资和消费的实施意见》”（2016 年 11 月 14 日），改善传统村落旅游环境，提升传统村落旅游竞争力，使更多的具备旅游发展条件的传统村落进入“100 个特色旅游乡镇、1 000 个特色旅游村和 10 000 个特色乡村旅游客栈”。政府搭建桥梁，吸引国内大型文化企业、国内外艺术家、艺术协会、企业、民间组织等个人和团体在传统村落创建影视基地、摄影美术基地、艺术社区等文化创意产业基地。对外来企业、艺术家个人提供税收、土地及审批等方面的优惠，享受本地文化产业政策。鼓励非遗传承人和传统村落村民依托非物质文化遗产发展文化产业，企业和个人可以享受中小企业优惠政策和小额信贷等优惠。通过财政补贴、小额信贷优惠等方式鼓励非物质文化遗产的设计、生产和各种方式的市场化行为，设立评估和监督机制保证其原真性和持续性。政府在信息平台搭建及宣传推介等方面予以支持。

积极扶持特色农业。积极发展绿色生态产业。对于符合绿色生态环保条件的产业，给予财税政策及土地政策的优惠和倾斜，同时在劳动力技术培训、市场信息提供等方面给予指导。对传统村落绿色生态产品优先进行生态标记，促进传统村落生态农业发展与市场的对接。

鼓励发展各具特色的生态农业。鼓励黄河流域传统村落发展红枣、豆类等种植、加工为主的特色农业，有条件的建立特色农业产业园区；汾河流域传统村落重点发展苹果、核桃等干鲜果品种植和加工、畜禽养殖、蔬菜种植等特色农业，提高规模化经营，大力发展优势品种；沁河流域传统村落重点发展以小米、畜禽养殖、蔬菜种植等为主的特色农业；晋北边关地区传统村落重点发展马铃薯、小杂粮、核桃等的种植和加工及牛羊养殖特色农业，引导和培育农民专业合作社的发展，提高技术含量和产品质量。

5. 规划政策

规划政策的目标在于保证传统村落保护与开发规划的科学性、可行性，有效缓解地方经济发展、新农村建设、小城镇建设、扶贫开发以及旅游开发中出现的产业选择、城乡基础设施建设、生产生活条件改善与传统村落保护之间的矛盾，以保障传统村落保护、村落生存与发展的整体性、长期性、可持续性。为传统村落保护、整治、开发提供科学依据和技术规范；明确适用于传统村落的规划编制方法，制定符合传统村落属性的编制规范和内容要求；建立有效的规划落实、监管机制，使传统村落保护和发展有规可循。

编制传统村落规划导则，对规划过程进行规范性引导。根据传统村落保护与开发的要求，编制区别于一般村镇规划的规划导则，确立系统性和专业性的规划编制内容，旨在引导传统村落保护体系的建立，并落实具有法律效应的文本和图纸，力求编制具有地方特色、具有可操作性的规划成果。

推进传统村落保护与开发规划一体化。针对目前传统村落开发利用中由于过度强调保护而制约适度开发的情况，建议将传统村落保护、产业发展和总体规划“三规叠合”，明确保护范围、原则和要点，产业发展方向以及总体发展目标与原则。

建立规划的审查、修订机制，对规划成果进行保障。将传统村落的规划管理纳入县一级规划管理范围，对传统村落的主要建设活动须经过县级规划行政主管部门会同文物等部门组织专门小组审查，并报古村落保护机构备案。

加强规划实施监管。传统村落保护与开发规划编制完成后，要报请省建设行政主管部门组织技术评审，技术评审通过后，报请市人民政府审批。经批准的规划就具有法律效力，要由所在地县级人民政府进行公布，任何单位和任何个人都必须严格遵守。

借鉴住房与城乡建设部推行的城乡规划督察员制度和国家历史文化名城派驻规划督察员的做法，逐步在全省各传统村落建立派驻规划督察员制度，明确督察员在申报考察工作、保护规划编制和审查、濒危名录确定、保护状况评估、监督检查、宣传培训、保护范围内建设工程监督的各自责任和作用，保证规划有效实施。

6. 管理政策

山西省传统村落管理面临的问题主要表现在三个方面：一是法规政策体系不完善，相应实施政策不配套，可操作性不足，人为干扰因素大，使法律政策执行大打折扣；二是管理部门多，职能分工不明，部门间协调合作难，管理效率低下；三是产权明晰不清，缺少监督机制等。鉴于此，适于传统村落的管理性政策导向，一是管理具有广泛的参与性和相对独立性；二是有利于传统村落保护与开发协调互动发展。

完善传统村落保护与发展的相关法律法规。建议出台《传统村落保护发展管理条例》、《山西省传统村落保护技术导则》、《加快山西省传统村落产业发展意见》等相关配套政策，用于指导山西省传统村落保护利用与减贫工作的开展。

积极推进市县级传统村落保护开发的立法与政策工作，列入省级以上名村名镇名录的市（县），必须出台关于传统村落保护与开发的地方性政策，鼓励县、镇一级政府制定具有地方特色的传统村落保护开发政策。

设立传统村落保护发展管理政府机构——山西省传统村落保护发展管理中心。该机构的主要职能包括传统村落保护发展专项资金的统一使用管理、部分社会资金的筹措；协调传统村落保护与开发管理中的多头管理出现的矛盾冲突；协调多方利益体的利益分配；传统村落保护与开发的评估、监督与指导，促使传统村落保护为主，合理利用，依法管理。

成立山西省传统村落保护发展联盟。旨在加强传统村落联系，在成员之间建立起一种长期的互惠、互利的合作关系，充分发挥和利用联盟成员传统村落的特色资源，互通信息，交流经验，开展古建保护、旅游开发、非遗保护与开发、特色产业发展等方面的合作，提升各联盟成员的社会声誉，实现联盟成员的可持续发展。

继续开展全省传统村落全面普查、申报、命名工作。分期分批实施全省传统村落的普查，设立传统村落保护档案，编制《山西省传统村落名录》，建立包含省、市、县、镇各级在内的登录机制，包括摸底调研和评选，登录标准应适时考虑与国际接轨。建立传统村落文化遗产保护档案，对传统村落、古建筑实行分级保护，对不同价值的传统村落、古建筑制定详细的保护档案，分等定级，采取相应的保护措施。鼓励地市、县名村名镇的申报、评选与命名，继续做好国家级、省级历史文化名村名镇的申报和命名。建立传统村落保护与开发重点项目库。对列入重点项目计划的项目，给予财政、信贷以及其他各类融资方面的扶持和优惠，优先进行规划调整、优先安排用地计划，保障项目的顺利实施。

建立传统村落评估、考核、监测管理制度。实施公示制度和命名挂牌仪式并实行动态监测和淘汰制。对全省省级以上的传统村落开展监测和考核，实施末位淘汰、等级评定，对未按规划开发、保护资金不到位、监管不力和导致保护工作进展缓慢或出现严重问题以及村民生活未能改善等状况的传统村落可以降低等级或撤销称号，鼓励其他传统村落积极申报。

建立健全传统村落保护责任追究制度，把传统村落保护与减贫纳入地方政府考核范围，追究因决策失误、执行不力造成的对传统村落文化遗产损坏、被盗或流失的责任人的行政和法律责任。

参考文献

1. 山西省住建厅，等．山西传统村落保护、开发与减贫方略（tcc5—003—08）（R）．世界银行中国经济改革实施项目，2010.

2. 阿姆斯特朗，泰勒著；刘乃全译．区域经济学与区域政策［M］．上海：上海人民出版社，2007：26－30.

3. 耿娜娜，邵秀英．古村镇保护发展政策需求与政策设计——以山西为例［J］．农业经济，2015（2）：66－67.

4. 邵秀英．山西古村落基本特征及其旅游发展路径研究［M］．太原：山西经济出版社，2012.

5. 李仙娥，马晶．山西省古村落贫困发生特点及减贫对策［J］．安徽农业科学，2012（14）：8357－8359.

（本报告为山西省住房和城乡建设厅组织的《山西省传统村落保护发展管理办法》编制的前期研究成果）

（完成人：邵秀英　曹哲　张金瑞　郐超）

第二篇

城乡公共资源配置与机制创新

第六章

山西省农业转移人口市民化成本分担机制研究

党的十八大报告提出“加快改革户籍制度，有序推进农业转移人口市民化，努力实现城镇基本公共服务常住人口全覆盖”。《国家新型城镇化规划（2014～2020年）》明确要求建立农业转移人口市民化成本分担机制。在经济“新常态”下，探索建立政府、企业、个人多元成本分担机制，对加快全省农业转移人口市民化步伐，实现以“人”为核心的新型城镇化意义重大。

一、山西省农业转移人口市民化成本构成

当前，受农业转移人口市民化成本等因素的制约，山西省新型城镇化建设水平总体滞后，离全面小康的目标还存在一定的差距，2014年山西省户籍城镇化率仅为34%。因此，合理确定农业转移人口市民化成本构成，科学界定成本分担的责任，具有重要的理论和实践价值。

（一）农业转移人口市民化成本的构成

农业转移人口市民化成本贯穿在整个市民化的过程中。在这一过程中，政府、企业和个人的各类支出将会不同程度的增加。首先，从个人层面看，个人将变卖和处理其持有的农村资产，不得不面临较大的价值损失，构成了迁移成本的主体。农业转移人口到城市生活时在衣、食、住、行等方面的支出将大幅增加，构成了个人的生活成本。另外，农业转移人口为适应城市生活、提高城市生存能力，必须进行自我学习和培训，适应城市生活规则，产生了部分的融入成本。其次，从政府层面看，农业转移人口市民化后，政府必须加大公共服务投入力度，加大社会保障投入，增加对保障房建设的投入，加强对农业转移人口的职业技能培训，以提高农业转移人口职业技能，解决农业转移人口就业问题。最后，从企业层面看，农业转移人口市民化后，企业将为他们支付与城市市民相同的薪酬，在工资、奖金、福利等方面的支出将会大幅增加。

由此可以看出，农业转移人口市民化涉及方方面面的成本追加，为确保测算的科学和便于操作，在综合考虑山西省实际情况的基础上，将农业转移人口市民化成本界定在基础设施成本、公共服务成本、住房成本、教育成本、社会保障成本、生活成本六大领域。

（二）对山西省农业转移人口市民化成本的测算

为了简单且直观地反映山西省农业转移人口市民化的成本，在借鉴当前国内现有研究成果的基础上，将测算基期确定在2014年，测算周期定为2015～2020年，采用分类计算而后加总的方法进行测算。

具体来看，①基础设施成本作为政府应对城镇人口增加而在市政公用设施建设、维护方面的新增资金投入，2014年度为人均11 827元；②公共服务成本作为政府为容纳农业转移人口而在提供的各项基本公共服务和进行城市日常管理方面所需增加的资金投入，2014年度人均6 932元；③住房成本作为政府为农业转移人口提供保障性住房所需要增加的财政投入及农业转移人口在城镇购买商品房而支付的房款费用，2014年度人均73 974元，其中政府分担13 354元，个人分担60 620元；④教育成本作为农业转移人口就业教育培训费用、随迁子女接受同等教育的额外教育费用以及政府额外增加的教育经费投入，2014年政府支付和个人支付部分分别为－545元和1 098元，合计为553元；⑤社会保障成本作为农业人口市民化后增加的养老保险、医疗保险和失业保险缴费成本。2014年度个人支付部分为1 493元；⑥生活成本作为农业转移人口自身及其家庭市民化后在城镇维持正常生活水平而额外支付的生活成本。2014年度人均5 129元。根据对上述农业转移人口市民化“六大成本”的量化测算，推算出山西省农业转移人口市民化的人均总成本为99 908元，也就是说，“十三五”期间，山西省实现300万农业转移人口市民化，需要投入成本总计将达到2 997.24亿元。

综合测算结果判定，一是农业转移人口市民化将形成重要的经济增长点。《山西省国民经济和社会发展第十三个五年规划纲要》提出，“十三五”期间全省要实现300万农业人口市民化，到2020年，户籍城镇化率要达到45.4%。因此，解决“十三五”时期农业转移人口市民化问题，每年要消化60万的增量。如果按照人均投入10万元计算，年均投入600亿元，约占2014年GDP的4.7%。推进城镇化建设，实现农业转移人口市民化，将会极大刺激国内消费，带来对高档耐用品、对公共设施、金融等服务业的消费需求，并带来由医疗卫生改革、教育体制改革、社会保障改革等社会改革所拉动的巨大内需，形成经济增长和有序推进农业转移人口相互促进的良性循环。二是根据分析结果，住房成本和基础设施建设维护成本占农业转移人口市民化人均总成本的比例最高，分别占比达到74.0%和11.8%。住房是农业转移人口市民化进程中的关键因素，但从住房成本的构成来看，个人在住房成本的分担中处于绝对的主导地位，个人成本投入比例高达82%，购买商品房依然是农业转移人口解决住房问题的主要途径，这成为顺利实现农业人口市民化的重要掣肘。因此，“十三五”时期，应充分发挥政府在住房保障体系建设中的主导作用，进一步加大廉租房和保障房建设力度，将住房成本分担比例提高至40%～50%的合理区间。此外，农业转移人口进入城市，市政基础设施建设维护规模变大，资金需求也随之加大，基础设施公共物品的属性决定了政府在这一投入方面的主体地位。三是实现“十三五”的目标需以发展为第一要务。与发达地区相比，山西省具备推动农业转移人口市民化的低成本优势。但山西省经济承受着资源型经济转型阵痛，经济发展速度明显放缓。其中工业持续下滑，特别是煤炭行业运行困难，“十三五”时期，完成300万农业转移人口市民化的任务绝非易事，需坚定不移地坚持发展为第一要务。

“十三五”时期，山西省农业转移人口市民化任务繁重，单纯依靠政府或者农业转移人口个体都是难以推进的，需要全社会的共同参与，尽快在政府、企业和个人三者之间构建起合理有效的成本分担机制。

（三）农业转移人口市民化成本分担的责任界定

农业转移人口市民化是一项繁杂的系统工程。当前构建由政府（包括中央政府和地方政府）、企业和农业转移人口个人“三位一体”的成本分担机制，必须立足实际、分清主次、明确责任，对三者之间的成本分担的责任和义务作出清晰合理的界定。

1. 政府要承担兜底责任和基础成本

按照本课题测算结果，山西省每实现一个农业人口市民化人均成本为99 908元，其中政府承担市民化成本应包含基础设施成本、公共服务成本、部分住房成本（根据保障房投入比例40%～50%确定）、教育成本和部分社会保障成本，按照“十三五”时期300万人进城和人均总成本99 908元的标准，政府需承担市民化人均成本为47 804元，分担比重为47.8%，“十三五”时期政府财政总投入为1 434亿元。

具体而言，省级政府应承担起相应的兜底责任。山西省农业人口转移主要集中在省内，就地就近城镇化特征明显，能享受的中央政府优惠政策有限，因此省级政府应参照中央政府的分担模式，承担起对省内转移的兜底责任，主要分担涉及农业转移人口跨省（市）、跨设区市转移的市民化成本，以及影响全省区范围、市民化成本中支出压力较大、外部性较强的领域。市县政府将是成本的主要分担者。农业转移人口长期服务城市经济发展，是推动城市发展的贡献者，地方政府（包括各市、县或县级市、区政府）应成为市民化成本的主要分担者。地方政府分担市民化的大部分成本，主要包括农村人口就地转移到城市的市民化成本、上级政府未能分担的跨区域转移人口市民化成本。

2. 企业要分担社会保障成本和部分住房成本

在市民化进程中，企业是为农业转移人口提供工作机会和稳定收入流的主体，是农业转移人口能真正从心理上融入城市的关键。因此，企业主要分担农业转移人口的劳动保障、技能培训、住房补助等市民化成本，其支出占比应在15%左右，预计成本承担总额将达到450亿元。

企业承担市民化成本并不是要求企业承担额外的责任，而是要求企业严格落实同工同酬、同工同时和同工同权政策；严格按照国家法律规定，为农业转移人口办理“五险一金”，及时足额缴纳相关保险费用；积极参与公共租赁住房建设，集中建设职工宿舍或发放住房补贴；强化对农业转移人口的职业技能培训，并给予他们同样的激励政策和交流晋升机会；加强劳动保护，积极改进生产工艺技术，改善车间环境，严格安全生产责任制，强化安全生产动态监管，落实劳动保护条件和职业病防治措施；加强企业文化建设，不断创新文化建设载体，丰富业余文化生活。

3. 农民要承担基本生活和自我发展成本

农业转移人口是市民化的受益者，在成本分担机制中居于辅助地位，应负责承担个人的迁移成本、生活成本和发展成本等，其支出占比控制在37%左右，个人负担成本总额约为1 109亿元。

在具体实践中，农业转移人口应负担自身及家庭在城镇的基本生活开销和子女教育费用，依法缴纳养老、医疗、失业等社会保险费中个人应承担部分，参加职业教育和技能培训等相关费用。尽管农业转移人口过去生活在农村，收入低、资产少，分担成本能力较弱，但其必须承担起变卖农村资产所遭受的损失，分担起迁移到城市及在城市的生活成本增加。确保农业转移人口个人在市民化过程中总体收益，是成本分担机制设计的出发点，应该通过农村产权制度改革和土地流转等，提高农业转移人口持有资产的变现能力，使他们成为市民化成本分担机制中的一部分。

二、山西省农业转移人口市民化成本分担存在的问题

“十二五”期间，全省上下坚持把民生作为一切工作的出发点和落脚点，财政支出的80%以上和全部增量均用于民生改善，农业转移人口市民化进程得到有效推进。但客观上看，由于成本分担的导向不明、边界不清、结构不优和手段不多等原因，市民化过程中涉及的成本和利益问题盘根错节，全面享受市民待遇的政策支持不足，加速市民化的制度障碍仍然存在。

（一）制度设计先天不足导致历史欠账巨大，带来的财政负担严峻

长期以来，农业转移人口市民化之所以进展缓慢，表面看是以户籍制度为主的系列重大改革滞后，但本质上转移成本过高，科学合理的分担机制尚未建立。《山西省国民经济和社会发展第十三个五年规划纲要》提出，“十三五”期间全省要实现300万农业人口市民化，到2020年，户籍城镇化率要达到45.4%。根据《中国城市发展报告》测算，为保障农业转移人口市民化，中部地区的年人均公共服务管理成本分别为505元，年人均城镇建设维护成本为603元，人均社会保障成本为34 362元，农业转移人口随迁子女在城镇就学的人均新建学校和义务教育成本为12 384元，人均住房保障成本为

9 512 元，合计人均总成本约为 10.4 万元，山西省 350 万农业转移人口及其子女市民化需要的总成本约为 3 640 亿元，历史欠账带来的财政负担严峻。此外，部分政府官员 GDP 为上的畸形政绩观导致政府更愿意把有限的财政资源投入经济增长绩效较快的领域，使基本公共服务建设资金短缺的状况进一步显性。

（二）成本分担的财政分配导向不明确，主体调节和杠杆作用难以发挥

农业转移人口市民化成本总量巨大，投入持续性更需要合理健全的财政分配体制支持。但多年来，在城市公共服务的供给上，中央财政根据户籍人口下拨财政转移支付，并没有充分考虑到农业转移人口市民化成本，从而造成中央财政转移支付和农业转移人口市民化相脱节。省以下转移支付制度是解决基本公共服务横向与纵向失衡问题的主要手段，但省对市、县以及市、县对乡、镇的转移支付没有建立一套科学而严谨的计算公式和测算方法，具体的指标体系和实施程序也不够规范。地方政府作为基本公共服务的实际执行者，支付体制建设的滞后弱化了为农业转移人口提供基本公共服务的自主性，事权与财力的不匹配也大大降低了地方政府推进市民化的积极性。

（三）成本分担边界不清晰，流入地、流出地责权利不对等

由于资源配置的行政化倾向，加上公共服务、就业机会和工资水平的悬殊差异，农业转移人口主要流向规模较大的城市，这在一定程度上造成城市规模结构严重失调，较大城市患上房价高企、资源短缺等“城市病”，小城市和小城镇则缺乏相应的产业支撑，基本公共服务供给严重不足。农业转移人口作为产业工人的重要组成部分，在为输入地经济社会发展做贡献的同时，却无法享受输入地的各项基本公共服务，其养老保险、医疗保险、子女义务教育等公共支出仍由输出地政府承担。之所以出现经济发展水平相对较低的输出地补贴经济发展水平相对较高的输入地的现象，归根结底在于市民化成本分担主体的责任边界不清，到底由谁承担什么成本，承担多少尚没有定论和标准。因此，尽快健全输入地与输出地之间的利益补偿机制，积极探索二者之间转移支付、对口支援等利益补偿形式在当下显得尤为迫切。

（四）成本分担的主体结构失衡，政府企业履责有限加重农业转移人口负担

农业转移人口市民化成本应由政府、企业、个人共同分担。其中，政府承担义务教育、就业服务、基本养老、基本医疗卫生、保障性住房以及基础设施等方面的公共成本；企业落实农业转移人口与城镇职工同工同酬制度，加大职工技能培训投入，依法为农业转移人口缴纳职工养老、医疗、工伤、失业、生育等社会保险费用；农业转移人口按照规定承担城镇社会保险、职业教育和技能培训等个人成本。随着经济下行压力的持续增大，山西省人均 GDP 仅相当于全国人均的 75.2%，可用于民生事业的财政支出低

于全国平均水平，成本分担责任与财政保障能力匹配趋于失衡。对相当一部分用工企业来说，由于投入成本上涨，市场需求乏力，企业利润收窄甚至出现亏损，占工资总额47%的“五险一金”费用（按城镇职工标准计算）根本难以承担。政府和企业负担能力的弱化直接导致农业转移人口的生存和发展成本大幅增加。

（五）改革同步协调性差，带来一系列不稳定不和谐因素

随着城镇化的快速推进，农业转移人口群体在文化水平、职业技能、收入层次、生活方式等方面已经基本上和城镇居民“接轨”，但制度建设的滞后仍然是横亘在农业转移人口和市民身份之间的鸿沟。一是户籍制度与嵌入其中的就业和社会保障等福利性制度的冲突。当前推动农业转移人口市民化的制度创新主要集中在户籍制度创新上，但户籍制度上的创新并没有获得与之配套的其他制度创新的跟进。形式上的户籍统一并没有改变城乡不同身份居民之间应得权利上的二元分割。二是既有社会保障制度对农业转移人口的无形排斥。就业于城镇的农业转移人口既无法参加城镇社会保障，也逐渐失去来自于土地的保障。三是市民化愿景与农业转移人口群体落户能力和城市承载能力相脱节。农业转移人口普遍收入不高，既无力购买商品房，又难以满足现有的公共租赁房的门槛。无法在城市“安家”成为制约农业转移人口“留下来”的一个重要因素。正是因为土地、户籍以及依附于其上的诸多改革推进滞后，农业转移人口的人口红利并未充分释放，政府、社会投入很大但并未实现政府、企业、个人的“多赢”局面，甚至带来一系列不稳定、不和谐因素。

（六）成本投入重有形、轻无形难以让农业转移人口产生归属感

由于长期以来的城乡隔离状态，农业转移人口在政治权利、公共服务、经济生活、文化素质等多方面的参与程度与城镇居民相差较大，难以参与相关政策制定、缺乏选举权、监督权，面临职业进入门槛歧视，在初次分配上处于劣势。在买房、投资等领域面临诸多身份、抵押等障碍，难以取得更多的财产性收入，在二次分配中又被排除在外。此外，农业转移人口精神文化生活匮乏，文化活动范围窄，活动内容单一，难以公平享受就业、教育、医疗保险、社会保障和保障房等公共服务，“孤岛化”现象十分明显。各种显性和隐性的文化障碍和社会排斥导致农业转移人口对所工作和居住的城市缺乏责任感、认同感和归属感。

三、构建农业转移人口市民化成本分担机制应处理好的重大关系

近年来，山西省城镇化率稳步提升，但农业转移人口市民化进程明显滞后，其症结在于没有处理好农业转移人口市民化成本的分担问题。结合国外城镇化发展经验以及国内各地探索，必须重点处理好以下几大关系。

（一）处理好政府分担与社会分担的关系

政府的财政能力是有限的，仅仅依靠各级政府并不能完全分担市民化过程中产生的巨额成本，必须充分发挥社会的作用，让社会直接或间接分担市民化成本。既要通过社会组织吸纳社会资本，投向农业转移人口就业培训、城市文化传播、应急救济等方面，减少市民化直接成本。还要在考虑社会资本逐利性的前提下，吸引社会资本参与农业转移人口市民化进程。创新农村产权制度，减少农业转移人口的农村资产变现损失，提高农业转移人口分担市民化成本的能力。通过投资方式、盈利模式和监管制度等创新，吸引社会资本参与城市基础设施建设和公共服务，减少政府分担市民化成本的压力等。

（二）处理好省级分担与市县分担的关系

农业转移人口市民化是一个涉及基础设施建设、公共服务供给、社会福利保障的系统工程，需要各级政府庞大的公共财政支出。因此，为了加快推进农业转移人口市民化，亟须合理调整省级与市县政府在农业转移人口市民化中的支出责任。一是根据公共支出的外溢性优化省级与市县政府的分担责任，省级政府承担跨区域基础设施建设以及社会保险、教育医疗、住房保障等基本公共服务需要全省统筹的部分，市县政府承担公用设施建设以及卫生健康服务、就业创业指导等地方性公共事项。二是根据农业转移人口群体的跨区性优化省级与市县政府的分担责任，省级政府重点解决跨省流动农业转移人口的市民化成本，市县政府重点解决省内流动农业转移人口的市民化成本。三是建立健全与居住证人口数量挂钩的财政转移支付制度，重点考虑省级转移支付对农业转移人口社保、医疗、教育等民生需求的覆盖，建立农业转移人口市民化专项补助资金，形成“钱随人走”“钱随事走”的机制。

（三）处理好输入地分担与输出地分担的关系

鉴于农业转移人口输入地和输出地在市民化过程中责权利的严重失衡，为了扭转二者之间成本分担倒挂的局面，进一步加快农业转移人口市民化步伐，亟须建立健全省内输入地与输出地之间的成本分担和利益补偿机制。流出地政府应该解决好农业转移人口的社会保险接续问题，流入地政府负责农业人口流入以后的市民化成本。建立与农业转移人口市民化挂钩的建设用地指标制度，调节流入地和流出地的指标数量，平衡流入地和流出地政府之间的成本分担。探索输入地对输出地转移支付、对口支援等形式的利益补偿形式，加快推进输入地基本公共服务覆盖农业转移人口群体。

（四）处理好一次性成本分担与连续性成本分担的关系

农业转移人口市民化成本既包括需一次性投入的市政、医院、学校、保障房以及相关的公共管理服务设施等，也包括需按年度支出的社会保障、低保救助、义务教育、卫生保健等。而一次性成本与连续性成本只有在较长的时间维度里，才能实现不同年份之间的平滑分担。一方面，充分利用市场机制引入社会资本，促进市政、医院、学校、保障房等一次性投入在较长时间内的分担。另一方面，对需要连续支出的公共服务、社会福利等支出项目，纳入中长期财政预算框架，建立可持续的财政保障机制。如针对需要远期支付的养老保险，可将社会统筹基金与个人账户基金实行分账管理，逐步做实个人账户。

（五）处理好成本分担责任与成本分担能力的关系

农业转移人口市民化成本的合理分担既要理清政府、企业与个人的成本分担责任，也要综合考虑不同主体的成本分担能力。从政府来看，地方政府分担市民化成本的财政保障能力相对薄弱，这就需要逐步建立地方主体税种，建立健全地方债券发行管理制度，鼓励社会资本参与城市公用设施投资运营。稳步推进强县扩权和强镇扩权改革，提高中小城市与小城镇为农业转移人口安排基础设施建设与公共服务供给的财政保障能力。从企业和农业转移人口个人来看，以社会保险的成本分担为例，农业转移人口自身承担市民化个人成本的能力相对薄弱，亟须探索参照城镇居民养老保险、医疗保险的办法对低收入农业转移人口予以缴费补助。在原材料、劳动力、资金等投入成本上涨以及国内外市场需求乏力的情况下，企业利润率普遍较低，人工成本和社保成本压力较大，需要考虑农业转移人口用工企业的实际情况调整其缴费标准、设立缴费分档、建立缴费补贴等。

四、构建山西省农业转移人口市民化成本分担机制的基本要求

未来5年是山西省实现全面建设小康社会目标的重要时期，也是进一步加快新型城镇化步伐的关键时期，加速并高质量推进农村转移劳动力市民化进程意义重大。

从全面建成小康社会角度看，山西省GDP总量由2010年的9 200.9亿元增长到2014年的12 761.5亿元，人均GDP由26 283元增长到35 070元，城镇居民人均可支配收入由11 296元增长到24 069.43元，农村居民人均收入由4 730元增长到10 767.8元。相对于“十二五”初期，全省经济实力有所增强，人民生活水平逐步提高。但即便如此，山西省全面小康社会实现程度偏低，特别在文化教育、医疗卫生、城乡居民收入等方面与发达地区还有较大差距。这就需要通过建立政府、企业和个人“三位一体”的成本分担机制，创新由多级政府共同承担的基本公共服务供给模式，让广大农村转移劳动力能够公平享有更高质量、更宽领域的社会福祉。

从经济新常态的角度看，在经济下行背景下，经济增速持续放缓，公共财政收支压力陡增，煤炭黄金十年“不差钱”的年代已经过去，农业转移人口市民化陷入了“旧账未还、又欠新账”的尴尬局面。同时，农村转移劳动力工资收入出现不同程度的下

滑，个人成本负担压力骤增。这也标志着长期以来形成的政府“包打天下”的投入方式已难以为继，必须在政府、企业、个人之间找到新的投入平衡点，建立三方均可承受的成本分担机制。

从新型城镇化发展的角度看，从2012年开始，山西省城镇人口首次超过农村人口，城镇化率达到51.26%。根据“诺瑟姆曲线”定律，城镇化率超过50%，标志着山西省城镇化进入加速阶段。但必须看到，依附户籍制度的社保模式容易忽略流动人口，农村公共服务建设落后制约着农民享受市民化的公共服务。未来要不断提高人口城镇化的质量和水平，就必须尽可能满足农村转移劳动力市民化过程中资金和制度的刚性需求，编织好覆盖全体转移劳动力的社会保障安全网，兜住民生底线。

基于以上判断，构建农业转移人口成本分担机制必须遵循以下原则和要求。

——改革为先、着眼发展。既要深入领会中央深化改革和综改试验区建设精神，又要把握加快六大发展、实现富民强省的发展要求。以积极稳妥推进农业转移人口市民化为目标，在农村产权制度、户籍制度、财税体制等重点领域实施突破，建立健全适应新型城镇化发展趋势的成本分担机制，加快农业转移人口市民化步伐。

——政府主导、市场主体。在农业转移人口市民化成本分担中，要妥善处理好政府和市场的关系。政府作为市民化的组织者、管理者和服务提供者，要通过顶层设计、制度建设和政策创新，增强政府提供公共产品和保障公共服务的能力。更充分发挥市场配置资源的基础性作用，把市场能解决的成本交还给市场解决，进一步发挥成本分担的主体作用。

——责权分明、边界清晰。要进一步厘清政府、企业、个人在成本分担中的责任和权利清单，明晰省级与市县政府、流出地和流入地政府之间的成本分担边界和内容，鼓励企业和个人在享受权利的同时完全履责。各级政府根据基本公共服务的事权划分，承担相应的财政支出责任，逐步建立财政转移支付与农业转移人口市民化挂钩的机制。

——立足效率、兼顾公平。注重效率，以转移成本的构成要素为切入点，确定合理的主体责任和核心要务，形成能刺激农业人口加速转移的制度和政策体系；兼顾公平，民生社会领域的改革红利和要素资源要向转移劳动力倾斜，通过多级政府分担提供完善的基本公共服务，让广大农村转移劳动力能留得住、发展好。

——重点突破、有序推进。农业转移人口市民化作为一项复杂的系统工程，成本分担要优先考虑公共成本这一关键因素，要通过财政多级分担和多元化的筹融资体系建设，进一步强化城市基础设施承载和基本公共服务供给能力，加快推进全省农业转移人口的产业与空间转移，真正实现“身份获得”、“社会权利”、“生活方式”等方面的完全市民化。

——渐还旧账、不欠新账。进一步摸清全省农业转移人口市民化的成本底数，既要盘点历史欠账，又要弄清楚现实成本。无论是一次性投入还是连续性投入都要落实责任主体，确保责任划分的科学性、成本分担的合理性、投入的可持续性。在不欠新账的基础上，通过转移支付、专项补贴、项目资金等方式，逐步削减和弭平历史欠账。

五、构建山西省农业转移人口市民化成本分担机制的制度体系

紧紧抓住“人的城镇化”这一关键，坚持“谁受益、谁负责”的原则，从农村产权、户籍制度、就业促进、服务供给、社会管理和财税体制改革等方面破题，加快构建“政府主导、市场化运作、企业推动、社会参与”的成本分担体系。

（一）以农村产权制度为抓手，加快流出地土地流转改革步伐，让农业转移人口“流得出”

农业转移人口市民化的关键在于建立一个有效的农业转移人口土地流转和退出机制。探索“以宅基地换住房、以承包地换保障”，让农民带着资产进城，从而跨越市民化的成本门槛。

1. 完善农村产权制度，维护农民的财产权益

农民的财产权益，包括土地（承包地、宅基地）权益、集体收益分配以及国家各项补贴，是农业转移人口市民化最基本的经济保障，也对人口迁移风险起到一定的“保护垫”作用。从法律层面明晰农村产权性质和利益所属，建立归属清晰、权能完整、流转顺畅、保护严格的农村集体产权制度，加快农村集体土地所有权、集体建设用地（宅基地）使用权、土地承包经营权、林权和房屋所有权的确权登记颁证工作，让农民享有与城市居民同等的财产权益。把土地权益与进城农民的市民化待遇分开，不得以退出土地承包经营权、宅基地使用权、集体收益分配权等作为农业转移人口进城落户的条件。

2. 建立农村土地市场，完善土地流转制度

产权流转是实现农村资产资本化的重要一环，建立规范的农村土地流转制度，完善农民承包土地使用权的流转机制，建立农村产权流转交易市场，推动农村产权流转交易公开公正规范运行。坚持自主流转、市场定价的原则，依法为农业转移人口提供完善的流转服务，引导其有序流转土地承包经营权，允许农民和集体经济组织依法利用存量集体经营性建设用地参与除商品住宅外的经营性开发。这既保障农民的土地权利和流转收益，使农业转移人口安心进城就业和定居，又促进土地的规模化经营，为农业现代化创造条件。

3. 创新集体经济管理模式，明确收益的分享机制

农村集体收益分配权是法律赋予农民的合法财产权利，农业转移人口同样有权分享相应的股权收益。健全农村集体经济组织资金资产资源管理制度，以清产核资、资产量化、股权管理为主要内容，加快农村集体“三资”管理的制度化、规范化、

信息化。鼓励有条件的地方推进农村集体产权股份合作制改革，明确集体收益的分享机制，使农民取得相应的股权收益，解决农业转移人口进城落户后产生的农村集体资产的分配问题。对自愿退出宅基地并进行复垦为耕地的，其增减挂钩指标纯收益全额归农户所有。

（二）以户籍制度改革为突破，打破农村人口流动的制度障碍，让农业转移人口“进得来”

农业转移人口要真正实现市民化，必须首先实现社会身份的转化，享有与原城市户籍居民平等的身份、地位，以及包括社会保障、公共服务在内的各项社会权益，建立“以人为本、规范有序”的新型户籍制度，建立身份平等、权益公平、迁移自由的城乡统一的社会管理体制。

1. 建立有利于人口自由迁移的户口登记制度

户籍制度改革必须首先废除户籍的身份性质划分，剥离与户籍直接联系的福利，体现户籍制度的人口登记管理功能。全面实行以居民合法稳定职业、合法稳定住所为基本依据的户口迁移政策，引导和鼓励农业转移人口优先向中小城市和建制镇转移。对除太原市以外有合法稳定住所，与居住地用人单位依法签订劳动（聘用）合同或者依法持有工商营业执照的人员及其父母、配偶、未婚子女，均可将户口迁入居住地。

2. 建立基于公共服务保障的居住证制度

实行无门槛的流动人口居住证制度，以居住证为标识，加强居住证的人口管理功能，整合流动人口的就业、居住和参保等信息，逐步建立与居住证相挂钩的基本公共服务提供机制。居住证持有人享有与当地户籍人口同等的劳动就业、基本公共教育、基本医疗卫生服务、计划生育服务、公共文化服务、证照办理服务等权利；逐步享有与当地户籍人口同等的中等职业教育资助、就业扶持、住房保障、养老服务、社会福利、社会救助等权利。各地要积极创造条件，不断扩大向居住证持有人提供公共服务的范围，努力实现基本公共服务常住人口全覆盖。

3. 探索多元化、均衡化的人口转移路径

从全省看，省会太原以及设区市区位和资源优势明显，吸引了大量农业转移人口聚集，导致这些城市人口增长与资源、环境矛盾加剧，环境污染、交通拥堵、就业困难等“城市病”严重，承载压力较大。一些小城镇虽具有广阔的发展空间和潜力，但产业支撑和公共服务功能有限，吸引农业转移人口集聚能力不足。当下要兼顾大中小城市实际，合理控制大城市规模，增强中小城市产业承接能力，以就业带动促进人口集聚。有重点地推进小城镇建设，引导农业转移人口就地就近转移就业，稳步实现人口的合理均衡分布。

（三）以高质量就业为目标，充分发挥实体经济的就业吸纳作用，让农业转移人口“留得住”

稳定、有保障的就业是农业转移人口市民化的关键。推进农业转移人口市民化，必须重视提高劳动者的就业保障水平，切实维护进城农民的就业权益。

1. 建立城乡一体化的就业促进制度

建立统一的城乡就业标准，进一步淡化就业领域的户籍条件和地域性，打破制约劳动力市场流动的制度障碍，真正实现由市场配置劳动力资源。各级政府要转变行政管理观念，规范劳动力市场管理，建立城乡平等的就业准入制度，形成统一开放、竞争有序的劳动力市场体系，保障农业转移劳动力平等就业权利。建立城乡平等的就业服务体系，保证农业转移人口所享受的资源平等、就业机会平等、信息传递和结果平等。建立统一的山西创业就业网，实现全省各级公共就业和人才服务机构招聘信息互联互通和共享发布，为农业转移人口免费提供就业岗位信息服务。建立健全县乡公共就业服务网络，各级劳动部门应对劳动力人口建档立卡，进行跟踪管理，强化就业服务的市场监管。

2. 健全就业创业载体培育机制

制定和实施更加积极的农业转移人口就业促进政策，实现经济发展、扩大就业和劳动力转移的联动发展。落实民营经济发展优惠政策，平衡发展劳动密集型、资金密集型和高新技术产业。完善中小企业发展、经营、资金支持和财税优惠方面的政策法规，创造有利于中小企业发展的政策环境，增加中小企业吸纳农业转移人口就业的能力。积极探索公共创业服务新方法、新路径，鼓励输入地在产业升级过程中对口帮扶输出地建设承接产业园区，引导劳动密集型产业转移，大力发展相关配套产业，带动农业转移人口等人员返乡创业。鼓励输出地资源嫁接输入地市场带动返乡创业。统筹发展县域经济，引导返乡农业转移人口等人员融入区域专业市场、示范带和块状经济。

3. 建立统一的就业和技能培训体系

通过整合各类培训资源，多渠道、多层次、多形式地开展农业转移人口培训工作，逐步形成“政府统筹、行业组织、多方参与、整体推进”的职业技能培训新局面。将农业转移劳动力纳入终身职业培训体系，对农村转移就业劳动者开展就业技能培训，对农村未升学初高中毕业生开展劳动预备制培训，对在岗农业转移人口开展岗位技能提升培训，对具备中级以上职业技能的农业转移人口开展高技能人才培训。加强农业转移人口职业培训工作的统筹管理，实施农业转移人口培训综合计划，合理确定培训补贴标准，落实职业技能鉴定补贴政策。鼓励大中型企业联合技工院校、职业院校，建设一批农业转移人口实训基地。改进培训补贴方式，重点开展订单式培训、定向培训、企业定岗培训，面向市场确定培训职业（工种），形成培训机构平等竞争、农业转移人口自主参加培训、政府购买服务的机制。

4. 建立健全转移人口权益保护制度

尽快制定有关民工工资支付的法律法规，建立和完善农业转移人口劳动权益保护制度。一是实行统一的劳动合同制度。各类用人单位要严格按照《劳动法》及相关规定，与招用的农业转移人口签订劳动合同，依法规范劳动关系，从源头上禁止就业歧视。二是实行统一的劳动报酬制度。进一步规范对农业转移人口工资的支付行为，真正做到与城镇职工同工同酬，通过建立欠薪监控制度，消除恶意拖欠和克扣工资现象。指导各地适时合理调整最低工资标准，研究实行劳动密集型小微企业工资税收优惠政策，鼓励企业增加就业和提高农业转移人口工资水平。三是规范劳动力市场运作秩序。定期对劳动力市场运行状况进行检查、清理、整顿，严厉打击非法职业中介等各类欺诈行为，维护农业转移劳动力的正当权益。

（四）以公共服务供给机制改革为保障，增强公共服务供给能力，让农业转移人口“留得好”

农业转移人口市民化的过程就是推进公共服务均等化的过程。在明确政府主导作用的前提下，推进公共服务市场化改革，逐步实现由政府一元向社会多元的供给主体转变，最大限度满足社会不同层次的公共服务需求。

1. 发挥政府公共服务供给的主导作用

现代市场经济条件下，政府不再是无所不包、无所不为的公共服务生产者，更多要从具体生产过程中解脱出来，履行好决策制定者和执行监督者的职责。在促进农业转移人口市民化的进程中，决策的制定和监督更多表现在既要保障社会公平，又要通过政府购买服务等方式，合理引导公共资源投入，实现农业转移人口基本公共服务全覆盖。同时，大力推广政府和社会资本合作模式，引导和鼓励社会资本参与公共产品和公共服务项目投资、运营和管理，提高公共产品和公共服务供给能力和效率。

2. 建立多元化的社会资本融入渠道

为了更好地发挥社会资本在公共服务供给中主体地位，各级政府应当放宽政策、降低市场准入门槛，消除社会资本投资的制度性障碍。建立多层次的筹资平台，拓展社会资本进入公共服务领域的渠道。尽可能使用政府财政补贴和购买服务，为社会资本参与公共服务供给提供支持。通过引入市场竞争机制，逐步缓解公共资源的不足，增加优质公共产品和服务的供给。

3. 提升社会组织服务供给能力

在地方政府公共服务供给机制改革中，社会非营利组织作为代表社会力量的参与主体，可以填补政府用于公共产品和服务供给方面资金的不足，照顾政府无暇顾及的弱势群体，能够更好地促进社会福利，增进社会公平。对于农业转移人口而言，非营利组织要着重在权益维护、义务教育、社会化教育和职业培训、多样化的文化娱乐供给方面发挥积极的作用。鼓励非营利组织利用个人市场、企业市场、基金会、国际资助组织市场、政府市场和联合劝募等方式，调整筹资战略，挖掘市场潜力，为农业转移人口的公共服务供给提供有效的资金保障。

（五）以社会管理创新为依托，强化参与意识和权益保障，让农业转移人口“发展好”

对农业转移人口而言，市民化意味着要改变输入地公共服务供给过程中的资源错配，进一步创新人口社会管理模式，以居住人口管理代替户籍人口管理，发挥基层、居住地社区管理体系的优势，对农业转移人口进行跟踪持续管理，为其提供更好的社会保障和公共服务。

1. 构建面向“新市民”的社会管理网络

按照人口规模适度、服务管理方便、资源配置有效和功能基本齐全的原则，建立社区综合服务管理平台，实现流动人口“一站式”服务和“网络化”管理无缝对接。建立社区采集信息和部门分类处理的纵向联动机制，寓管理于服务，扎实提高社会管理科学化水平。完善以社区为基本单元的人口基础信息库和实有人口动态管理体系，构建社区、企业、物业横向联动的人口服务管理新局面。

2. 建立健全广覆盖的社会保障制度

进一步完善城乡社会保障体系的政策设计，加快建立更加适应市民化需求的社会保障制度，使养老、医疗、失业、工伤等社会保险能够有效覆盖所有农业转移人口。探索建立城镇与农村社会保险相互衔接、城乡一体的社会保障体系，将农业转移人口纳入统一的社会保障平台。在同一的社会保障平台下，设计多档参保标准，包括农业转移人口在内的社会低收入群体可以根据收入水平和流动状况灵活选择相应的缴费档次和保障程度，切实提高社会保障的覆盖面和保障水平。针对农业转移人口流动性大的问题，应尽快提高养老、医疗、失业等社会保险统筹层次，解决跨地区转移接续问题。建立全省统一的账户管理系统，创新跨地区社会保险管理的转接机制，实现农业转移人口社会保障的对接。

3. 提高转移人口的政治民主参与度

加强农业转移人口政治权利意识，提高农业转移人口思想觉悟和参政能力。重视农业转移人口的政治参与诉求，畅通其参与民主政治的渠道和机会。帮助农业转移人口加强自我修养、提高自我素质，依法保护自己的合法权益。鼓励农业转移人口广泛参与城市社会事务管理等活动，实现与城市居民的互信互助。加强党、团、工会、妇联等组织建设，积极吸收优秀农业转移人口加入党团组织，增强党对农业转移人口的凝聚力和影响力。

（六）以财税体制改革为重要支撑，加大流入地的专项转移和定向补贴力度，让农业转移人口市民化“可持续”

要真正实现农业转移人口市民化，必须从现行财税体制上进行改革，将财政转移支付同农业转移人口市民化挂钩，建立财权和事权相匹配的成本分担机制。

1. 健全财权和事权相匹配相适应的财税制度

鉴于市县政府在成本分担过程中事权过重、财力不足的现状，必须赋予地方政府在财权方面更多的灵活性。一是改革政府间财力分配体制，调整政府间的收入分配结构，逐步提高地方财政占总收入中的比重，为地方政府提供公共产品和服务给予充足的财力支持。二是通过完善分税制的财政管理体制，适当下放财权，降低各级政府的税收上解比重，给地方更大的财权和财源。三是允许地方政府适度发行债券，增强资金筹措的能力。

2. 建立以常住人口为依据的财政转移支付制度

将农业转移人口纳入省级转移支付的范围，根据各市县常住人口数量和城市价格水平确定转移支付金额。与此同时，市县政府必须按比例配套资金，进一步做好基本公共服务的财力保障。在配套比例上，对于经济落后地区，由于财政能力本身较弱，农业转移人口数量也较少，可以按照一个较低的比值配套资金；而对于经济较为发达地区，可以按照一个较高的比值配套资金。

3. 进一步统筹财政转移支付支出的优先顺序

由于税收返还具有明显的逆均等化效应，要适当提高一般性转移支付在转移支付中的比重，逐步建立以一般性财政转移支付为主、专项财政转移支付为辅的财政转移支付体系。各级政府要结合本地基本公共服务供给现状，因地制宜地制定转移支付在各项基本公共服务支出的分配方案。从农业转移人口公共服务需求迫切度的角度，地方政府应优先提供劳动就业、医疗卫生、随迁子女教育等方面的基本服务，然后再提供保障性住房、文化体育等服务。从政策执行效果或者农业转移人口参与基本公共服务意愿度的角度来讲，转移支付优先支出在农业转移人口主动参与意愿比较低的基本公共服务。

4. 强化省市县三级成本分担的财力保障

积极开展完善“营改增”、资源税、房产税、城市维护建设税等税制改革，逐步强化基层政府的主体税种，为市县政府提供稳定税收来源。鼓励县、镇财政培植财源、增加收入、多收多得。选取若干具有发展潜力的重点中心镇，对其辖区内收取的土地出让收入、城建配套费、环保排污费、计生抚养费等非税收入，全部返还重点镇并由重点镇按规定统筹安排使用。省级财政通过以奖代补的形式，对吸纳农民转移人口较多的地区给予奖补。

（本报告为2015年山西省国家资源型经济转型综合配套改革试验重大课题资助成果，项目完成单位为山西省发展和改革委员会宏观研究院，项目主持人为王宏英）

（完成人：王宏英　张彦波　崔鸿雁　李刚　李蕾）

第七章

山西省城乡居民收入问题研究

一切经济活动和改革，其目的都是为了改善人民生活水平，提高人民生活质量。山西省，作为一个相对不发达的内陆省份，多年来过于倚重自然资源的开采、粗放型增长方式发展经济，2010年虽然提出资源型地区经济转型综合改革试验，取得了一些成效，但成果并不显著，经济总量低，增长乏力；城乡居民收入增长缓慢，贫富差距明显，收入分配不合理的基本格局没有大的改变。

提高城乡居民收入水平是一个综合的系统工程，当前正在进行的供给侧改革从供给的角度和要素出发，为提高居民收入水平，优化收入分配结构，提供了新的思路和机遇。山西省在这次改革的背景下，应紧紧抓住机遇，充分利用政策红利，创新发展思路，在提高山西经济发展水平，做大经济总量这个“蛋糕”的前提下，切好“蛋糕”，多方位、多层次、多渠道地增加居民收入，提高居民生活和福利水平。

一、山西省城乡居民收入现状分析

（一）城镇居民收入稳步增长

改革开放后，尤其是进入21世纪以来，山西省利用资源优势，经济发展呈现出强劲的势头。1980年山西省GDP总量仅为109亿元，2009年山西省实现GDP 7 365.7亿元，人均GDP 21 544元，按2009年平均汇率折算，达到3 154美元，首次跨上3 000美元台阶，标志着全省城镇化、工业化的进程进入新的发展阶段。2011年，山西省实现GDP 11 100.2亿元，比上年增长13.0%，人均GDP 30 974元，按2011年平均汇率计算为4 796美元，进入中等偏下收入阶段。2015年，全省生产总值为12 802.58亿元，增长3.1%，人均地区生产总值35 018元，按2015年平均汇率计算为5 624美元。

在20世纪70～80年代，山西省人均GDP名列全国第10位；到1998年人均GDP则退居第18位，在GDP增长的同时，收入也相应得到了提高。从1952年到改革开放前的1978年，城镇居民收入缓慢，只增长了1.39倍，年均增长率仅为1.27%；1979～2011年，城镇居民收入增长了58.98倍，年均增长率达13.5%。1998年城镇居民人均可支配收入排名全国倒数第2位；至1999年，又降成全国倒数第一，2001

年，山西城镇居民人均可支配收入比 2000 年实际增长 14.7%，大于全国 8.5% 的增幅，达到 539.05 元，摆脱了在全国排序末位的状况。2004 年山西省城镇居民人均可支配收入由 2003 年的第 22 位上升到第 18 位，恢复到 1978 年以来的最好排序；2005 年为第 17 位，2006 年为第 15 位，达到最高点，之后排名开始下滑，2010 年为第 20 位，2015 年为第 21 位，城镇居民人均可支配收入 25 828 元，增长 7.3%，进入一个稳步增长时期。

表 7－1　　山西省城镇居民人均可支配收入　　单位：元

项目	1952 年	1965 年	1978 年	1985 年	1990 年	2000 年	2006 年	2010 年	2015 年
人均可支配收入	126	230.7	301.4	595.3	1 290.9	4 724.1	10 027.7	15 647.7	25 828.0

资料来源：《山西统计年鉴（2010）》《山西统计年鉴（2016）》。

（二）农村居民收入快速增长

新中国成立以来尤其是改革开放以来，农村居民的收入有了巨大的增长。1954～1978 年，农村居民收入增长了 1.36 倍，年均增长率约 1.3%；1978～2011 年，农村居民收入增长了 55.13 倍，年均增长率达 13.0%。2015 年，山西省农村居民人均可支配收入 9 454 元，比上年增长 7.3%，在全国绝对量居第 23 位。

表 7－2　　山西省农村居民人均收入情况　　单位：元

项目	1954 年	1965 年	1978 年	1985 年	1990 年	2000 年	2006 年	2010 年	2015 年
人均纯收入	74.8	91.8	101.6	358.3	603.5	1 905.6	3 180.9	4 736.3	9 454.0

资料来源：《山西统计年鉴（2010）》《山西统计年鉴（2016）》，2015 年项目为农村居民人均可支配收入。

“十二五”时期，随着经济转型的全面和深入推进，农民增收政策的有力推动，山西省农村居民收入快速增长，贫困人口和贫困发生率快速下降，同时贫困地区农村居民可支配收入增长速度也快于全国平均水平。但是山西省依然是国家扶贫开发重点省份，山西省农村人口占全省总人口的一半左右，其中贫困人口比较多，119 个县（市、区）中贫困县占 58 个，占比 48.7%，全国 592 个国家扶贫开发工作重点县中，山西省就有 35 个，占比 5.9%。按人均 2 300 元的扶贫标准，2015 年农村贫困人口还有 223 万人。因此，农村居民收入的整体情况并不乐观，全面和大幅提升农民收入水平，任重而道远。

总体而言，山西省居民收入水平较低，在全国处于中等偏下水平，同时，伴随较低收入水平的其他效应也在发生，比如收入结构不合理，不管是城镇居民收入还是农村居民收入，其收入来源过于单一，结构不合理，工资性收入占比为主，财产性收入占比过小，收入来源的多元化乏力；收入差距过大，城乡之间、行业之间、不同性质单位之间的收入差距表现显著，社会阶层分化显然，高收入阶层的收入增长速度明显快于低收入阶层的收入增长速度，高低收入阶层之间的收入差距越来越大，富者越富、贫者越贫的“马太效应”日益明显。

二、山西省城乡居民收入较低原因分析

从2015年的数据来看，无论是城镇居民还是农村居民，其收入增速都远超GDP增速，达到两倍以上，但就全国来看，排名仅为倒数第四。由于收入基数低，增速相对其他省市也低，山西省居民收入仍然远远低于居民的预期意愿。究其原因，主要有以下几个方面。

（一）经济增长陷入困境

近几年，国家经济进入“新常态”，山西省经济增长速度急剧、快速降低。2014年GDP增速4.9%，比2013年的8.9%近乎腰斩，增速排名全国倒数第一；2015年GDP增速进一步降低，为3.1%，排名前进一位，为全国倒数第二。以2015年数据来看，全年全省一般公共预算收入1 642.2亿元，下降9.8%，税收收入1 056.5亿元，下降6.8%，规模以上工业企业实现主营业务收入1 4393.7亿元，下降16.9%。其中，医药工业实现主营业务收入171.2亿元，增长4.0%；煤炭工业实现5 759.7亿元，下降15.7%；冶金工业实现2 713.8亿元，下降28.6%；装备制造业实现1 479.4亿元，下降9.3%；电力工业实现1 458.7亿元，下降8.9%；焦炭工业实现776.9亿元，下降24.7%；化学工业实现740.5亿元，下降12.4%；食品工业实现648.6亿元，下降9.4%；建材工业实现310.2亿元，下降15.6%。规模以上工业实现利税631.8亿元，下降35.7%；规模以上工业利润盈亏相抵后净亏损68.1亿元，其中，国有控股企业净亏损95.5亿元。全年向省外输送电力720.2亿千瓦小时，下降12.2%。

2016年上半年，山西省GDP增速3.4%，比起全年6%的目标有很大的差距。从这些数据来看，山西经济进入一个“严冬期”。山西省委省政府虽然早就开始应对，2010年经国家批准设立第一个全省域、全方位、系统性的国家资源型经济转型综合配套改革试验区，但经过近六年的宣传、试验后，至今进展艰难，在煤市再次遭遇寒流之时，2014年经济陷入“断崖式”下滑的困境，至今山西经济依然无法华丽转身。从短期来看，经济转型第一阶段的改革试验举措作用甚微，“以煤为基、多元发展”的产业体系并没有形成，接续替代产业没有形成，服务业增长乏力。在这种经济发展举步维艰的大环境下，增加居民收入可谓难上加难。

（二）居民收入增长后劲不足，缺乏新的增长点

在经济大环境形势严峻的情况下，山西省采取了扩大基础投资建设、推行小城镇化

等一系列提振经济的措施。但是，基础设施建设虽然能短时期拉动经济创造就业机会，但对提高就业者收入效果较小。城镇化是工业化的产物，工业化的真正完成一定是建立在农业现代化的基础之上，因此在工业化和农业化尚未完全完成，且工业和农业的二元结构明显的情况下，城镇对于劳动力的吸纳能力非常有限，城市失业与农村剩余劳动力依然并行存在。同时，在实体经济亏损继续且有不断扩大的趋势下，工厂利润降低，工人工资得不到保障，主导产业无法形成，上下关联效应无法发生，产业链条无法有效延伸，产业升级缓慢，因此提高劳动者工资性收入的前景并不乐观。

随着近年来房地产市场的火热和逐渐成为经济发展的支撑性力量，大多数有房居民的房产升值，意味着财产的增长，也可以说是财产性收入快速增长。但这种增长大多是纸面上的，如果只是自用而非出售或出租，并不能带来实质上的收入，反而使一部分囤房炒房者获利，拉大与大多数居民的收入差距。

政府财政收入的减少和支出的增加，使得居民转移性收入增速减缓。而由于金融衍生品不足且风险巨大，投资互联网金融被骗，如泛亚、e 租宝现象频发。房地产其实是货币扩张和寻找出路的宿主，房地产市场存量巨大，存满风险等原因，居民财产能够带来的收入预期也并不乐观。

（三）经济增长和收入提高的理论创新不足

为了应对经济“新常态”，增加居民收入，中央政府和各级政府积极提出各种举措，但往往是一哄而上、时过即变。最近和最新的办法是“双创”即大众创业、万众创新。中小微企业是创业和创新的主力军，但创新是不可预见的，创业是不可能百分之百成功的。但为了响应中央号召，各地政府不考虑实际情况，大力提倡“双创”，产生了一系列问题。

山西省政府及各相关部门为培育和支持中小微企业的发展，培育新的经济增长点，相继出台了《关于加快发展中小企业产业集群的实施意见》、山西省人民政府办公厅印发《关于进一步支持中小微企业发展的措施（2013 年第 1 批）》［晋政办发（2013）48 号］等，确实为山西省中小微企业的发展提供了积极和宽松的政策环境，但同时也出现了一些问题。

随着山西省众创空间种类和数量的增加，部分众创空间开始显露出一些弊病，同质化现象、经营者能力差异、盈利难等问题都显现出来。造成这种情况，一方面是由于国家刚刚开始推行“双创”，大多数人还没做好准备；另一方面则是政策层面的不足。许多在“双创”中可能遇到的问题并没有提前得到预判和解决，只能是“摸着石头过河”。

沿太原学府街一路前行，一段约 500 米道路的一侧，就有 3 家创业园、创业市场赫然矗立。不到两年时间，该市仅高新区出现的“双创”基地就超过了 30 家；山西运城新绛县规划在 10 个乡镇都建设创业园，全县现已建成 5 个。“一个县能有多少创业者，多少大学生，需要这么多创业园？”该县某创业者想不通。有关负责人说，之前也进行过相关调研，效果确实未必好，但国家有要求，县里响应号召也要挂牌创业基地。县里

2016年计划还要再建设若干个创业园区。

不结合当地情况，不考虑现实需求，逢迎上级，反映的是理论的不足和现实的焦虑。

（四）居民收入增长机制公平性有待提高

2015年，山西省出台了多项新的增资政策，拉动了全省城镇居民收入有效增长。一是大幅提高了行政事业人员的津贴补贴标准，人均月增加300余元，从2013年开始补发。二是实行了机关事业单位工资改革，人均月增加收入约400元。三是提高了最低工资标准，自2015年5月起，一类最低工资标准达到了1 620元，在全国已公布的28个地区中居第九。四是发布了企业工资增长指导线，增长基准线为10%，上线为18%，下线为4%。五是企业退休人员基本养老金月均增加100元。六是提高了养老金和城市低保标准。城乡居民养老保险基础养老金最低标准由每人每月65元调整至每人每月80元；城市低保标准每人每月提高20元，达到399元。

上述措施中，对行政事业单位人员的增资是实实在在的，无论是津贴还是工资，由财政统一支付，能够保证到位；对养老金和低保的提高程度则相对少许多；企业工资增长指导线并不具有强制性，只具备指导性，企业劳动者的工资增长很有可能落空。这在一定程度上会造成居民收入提高的实质性不公平。

三、供给侧改革背景下提高山西省城乡居民收入的长效路径

提高山西省城乡居民收入水平，是一个系统的经济工程，受到的影响因素较多且复杂，众多理论研究工作者从不同的角度给出了建议措施。本书结合目前的改革背景，从政府有效供给、制度完善、劳动力等生产要素的有效配置等供给侧要素，结合山西实践，从宏观层面探索提高城乡居民收入的长效路径。

（一）促进政府有效供给，推进基本公共服务均等化

随着经济的快速发展，我国基本公共服务体系逐步建立，山西省的步伐也和全国大体同步，但同时都面临公共需求快速增长和公共产品供给短缺、供给不足的矛盾。居民收入水平低、收入差距过大就是基本公共服务不到位、均等化程度较低的一个典型表现。因此，在完善基本公共服务体系，提高基本公共服务覆盖率的基础上，尽快提高政府的供给效率，推进基本公共服务的均等化，是经济转型过程中必须要解决的阶段性问题。

推动基本公共服务均等化的目的在于实现人人共享社会发展成果，从现实而又功利的层面使人们有了基本安全的保障，由此将改善人们的消费预期，当前的“扩内需”“稳增长”目标才有了基础和落脚点。从长远看，基本公共服务均等化有望减小社会不公，降低贫富差距。据有些国家的成功经验，基本公共服务均等化可以至少压低十个百

分点的基尼系数。从根本上来说，为居民提供均等的公共服务正是政府的天然义务，当全民享受均等的公共服务时，才能真正感受到对国家和政府的认同感。财力具备、制度性壁垒消除，还需要政府加快转型，使公共服务提供者深具为公众服务的意识。如果没有这种意识，一个财力雄厚的地方政府则可能宁愿花巨资于建高楼而忽视公共服务投入，人们在提供公共服务之地所受的轻慢也会大大降低其幸福感，显而易见，一旦偏离了服务型政府的方向，公共服务或将成为空中楼阁。

山西省作为典型的资源型地区和不发达省份，地方政府的服务意识也急需在经济转型、经济发展方式转变的过程中同步提高，才能有效提高提供公共物品和公共服务的质量，逐步解决供给不均、不足，分享不足、不均的问题，推动基本公共服务的均等化。

（二）制度、机制的有效供给

1. 建立城乡居民收入增长的长效机制和应急机制

建立科学决策的机制。改变政府的思考方式和决策机制，反对“领导提思路，专家就论证”的决策乱象，建立科学决策机制，发挥全省人民的智慧和热情，科学制定山西省可持续发展的长期规划，政府及各个部门在规划内行动；同时改变唯 GDP 的政绩观，眼光放远，科学决策，改变搞大工程、形象工程的急功近利的短视作风。

科学制定主导战略的机制。以投资还是以消费拉动经济发展争论了多年后，认识趋向一致：消费才是根本。但考察山西近年来的发展战略，投资仍然是重点。投资是要有回报的，投资来源主要是融资、银行贷款，还本付息的压力必定要转嫁到居民身上，会造成物价上涨、生活成本上升、税负增加等后果，居民的收入即使增长也会被这些后果所抵消，甚至成为“负增长”。

建立收入差距调节机制。调节贫富差距最重要的是建机制、构渠道。首选当然是税收制度。现行的税收制度不利于提高居民收入。作为欠发达地区，山西省居民的收入水平不高，却与发达地区的人享受着同样的税费待遇，造成实际上的税负不公。构渠道最有效的办法是建立企业成长机制。一个地区小型和微型企业越多，在企业规模结构中比重越大，中小投资者就越多，从财富的创造和分配看，中等收入者就越多，由于劳动力得到充分利用，因失业而贫困的人口就越少，收入差距就会越小；反之，中小企业数量水平越低，劳动力得不到充分利用，中等收入的人口就越少，因失业而贫困的人口就会越多，收入分配差距就会越大。充分发挥政策作用，对中小企业的建立和成长给予支持和鼓励、优惠正当其时。

建立保证居民收入不缩水的机制。现在城镇居民投资渠道有所增加，但也更多限于股市和房市。股市有风险，房市有泡沫，存款是负利率，跑不过 CPI。投资渠道还是过于狭窄，居民收入水平增长受限。可以考虑制定高于 CPI 涨幅的年工资增长机制或实现收入倍增目标的制度规划等，逐步探索更多有效机制的建立。

健全农村居民收入保障机制。“三农”问题始终是一个热点和难点。农民的收入增加第一靠集约化的、机械化的生产获得，这一点正在逐步深化；第二要靠工业化后的反哺；第三要加大财政补贴，增加农民转移性收入的比例。

建立监督机制。监督机制必不可少。这里的监督是指将规划和其他机制真正落实，是否存在阳奉阴违的情况，是否存在随意更改、长官意志的情况。要制定对策，对违反者给予真正的处罚。

长效机制的作用在于坚持科学的增长方式不动摇，不朝令夕改，一任干部一思路。据世行统计，在过去20年间，日本人均名义国民收入的年增速不到2%，但由于房地产等资产价格大跌，CPI长期处于低位，社会财富出现了偏向工薪阶层的分配，让众多普通民众的福利水平得到提升。日本基尼系数长期走低，只有0.38。

在建立长效机制的同时，要建立应急机制。应急机制的作用有两点：一是在目前快速提高居民收入水平，改变国家、企业、居民三者的收入分配比例；二是在将来一旦有危机不会造成居民收入水平的下降，这两条中后者是重点。

应急机制的中心是应对未来危机，是必须予以关注和立即建立的。通常，这样的应急机制应包括预防机制、预警机制、反应机制、控制机制、恢复机制五个主要部分。建立这些机制最基础的是要建立应急的财政应急机制和危机管理机制，为此要在平时未雨绸缪，提取一定比例的财政收入作为应急预备金纳入财政管理，最重要的是建立救助联动机制，当经济出现波动和通货膨胀等异常情况发生时，能够有能力及时救助。同时建立应对危机的决策、指挥系统，制定信息发布的制度，促进处理危机的经常性演练，制定具有操作性的预案等。

2. 改革税收制度，调整财政收支结构

在这方面，首先要改革税收制度，减轻工薪者的税赋，把税赋重点放在富人和有产者身上。调整财政支出结构，把财政支出更多地用于社会公共服务和社会保障事业，以较大幅度提高社会公共消费水平。

为了把财政支出更多地用于社会公共服务和社会保障事业，就必须较大幅度地减少以下两项支出：一是行政管理费用支出，二是用于经济建设即投资方面的支出。参照发达和发展中资本主义国家的情况，依据我国的国情，行政管理费支出在财政支出的比重应降到10%以下，以5%~8%为宜。明显的不合理公务员职务消费（如“三公消费”）应严格限制。用于经济建设方面的投资，在财政支出中的比重，考虑我国以前和其他国家的经验，缩减到30%以下，25%~28%为宜。

把从上述两项中减下来的钱，增加到社会公共服务和社会保障中来，改变长期以来对社会公共服务和社会保障支出太少的不合理状况。

3. 制定合理的工资收入涨幅制度

2016年6月11日，山西省人力资源和社会保障厅公布，2016年山西省企业货币工资增长基准线为7%，增长上线为11%，增长下线为4%。按照规定，山西省生产经营正常、经济效益增长的企业，应围绕基准线安排职工工资增长；经济效益增长较快、工资支付能力较强的企业可在基准线和上线区间内安排职工工资增长；经济效益和支付能力一般的企业可按下线安排职工工资增长。而垄断企业工资增长幅度原则上不得突破11%的基准线。企业确因生产经营困难、不能按照工资指导线范围安排职工工资增长的，可低于工资指导线下线（含零增长或负增长）确定工资水平，但要依法经过必要的民主程序协商确定，且企业支付给在法定工作时间内提供了正常劳动的职工的工资不得低于当地最低工资标准。

即使如此，由于工资指导线涨幅没有强制性，只是加薪参照系，很难在实际中做到。因为所谓工资指导线，是政府根据当年经济发展调控目标，向企业发布的年度工资增长水平的建议，也就是说，工资指导线只是企业决定工资的参照系，并没有强制性。工资指导线的执行者，往往是收入好的国企，特别是垄断性行业，工资指导线成为不少这类企业为自己涨工资的堂而皇之的借口。而在目前企业利润下降的背景之下，非公有企业的生存压力加大，加薪会加大经营成本，企业主不会轻易从利润中分享更多给员工。而且，有不少企业通过延长工作时间不付加班工资或工资较低而鼓励劳动者加班付给加班费的办法，虽然达到了工资指导线，实际变相盘剥工人。所以，在一定程度上，工资指导线已经异化为国企与其他单位收入差距拉大的一个原因。因此，如何使得工资指导线对于所有企业都有同样的执行力和约束力也是解决初次分配不公急需要探索的问题。

另外，从表 7 - 3 可以看到，山西省近些年工资增长下线多数年份低于 CPI，个别年份持平或稍高。因此，工资基本上不能得到实质性增长。从近几年 CPI 涨幅的无序上也可以看到经济运行的复杂和多变性，所以总体来说，工资增长线的制定标准还要更科学合理地考量，不能只是简单在原有的基数上进行加减。

表 7 - 3　山西省工资增长线与当年 CPI 比较　　单位：%

项目	2007 年	2008 年	2009 年	2010 年	2011 年	2012 年	2015 年
工资增长上线	18	24	20	25	28	22	18
工资增长基准线	10	14	12	15	16	15	10
工资增长下线	0 或负增长	5	4	3	4	4	4
CPI	4.6	7.2	-0.4	3.0	5.2	4	0.6

为此，必须采取措施使工资指导线真正能够科学指导工资涨幅。事实上，工资合理上涨在近年被认识到是一种促进经济转型的倒逼机制。国际经验表明，工资上涨不一定会拖累经济发展，反而可能成为经济结构优化的契机。在这一点上，日本的“收入倍增计划”就是一个成功的范例。

（三）提高生产要素的配置效率

1. 以工代赈，有效配置劳动力资源，提高贫困居民收入

以工代赈是国家根据贫困地区资本稀缺、劳动力资源富余的特征，通过组织受赈济者参加劳动并对其支付劳动报酬的形式，采用基本建设项目管理方式，在贫困地区组织实施的一项特殊的、有效的扶贫开发政策措施，是我国全面建设小康社会、构建社会主义和谐社会的重要组成部分。以工代赈扶贫开发通过实施基本农田建设、农田水利、县

乡村道路、人畜饮水、小流域治理和草场建设六类工程，旨在改善贫困地区基础设施条件和生态环境，提高贫困人口的收入水平，从根本上促进贫困人口脱贫致富，对缓解和消除贫困、构建和谐社会、走向共同富裕具有重要的现实意义。

自 1984 年开始实施以工代赈以来，山西省以工代赈建设本着开发式扶贫方针，着眼于贫困地区的长远发展，始终坚持开展农业和农村基础设施建设、生态环境治理，有效改善了贫困群众的生产生活条件，增强了贫困人群的自我积累和自我发展能力，不仅为贫困地区可持续发展创造了有利条件，而且也极大地调动了人民群众摆脱贫困、提高自身生活水平的主动性和自觉性。以工代赈政策使贫困农民直接感受到了党和政府的关怀，深受广大群众的支持和拥护。

山西省的以工代赈工作曾经取得过优异的成绩。1984 ~ 2005 年，在国家的大力支持下，在省委、省政府的重视和领导下，按照国家的总体部署和要求，山西省先后实施了七个批次的实物以工代赈和 1996 年以来采取资金投入方式的以工代赈。截至 2005 年国家累计投入山西省以工代赈资金 32. 67 亿元（含实物折资），集中用于贫困地区基本农田建设、县乡村道路、农田水利、人畜饮水、小流域治理和扶贫综合开发等项目建设，扶贫开发效果十分显著。特别是在“十五”期间，山西省进一步加大争取国家支持力度，共争取国家以工代赈资金 14. 02 亿元，占同期国家以工代赈资金总额的 5. 24%，为“十五”期间前 17 年山西省争取国家以工代赈资金总额的 75. 17%，加上千方百计落实地方配套和自筹资金，共投入以工代赈扶贫开发资金 27. 66 亿元，成为以工代赈投入最集中、建设力度最大的时期，也是效果最为显著的时期。以工代赈工程的实施极大地改善了贫困地区基本生产生活条件和生态环境，提高了贫困农民的收入水平，促进了贫困地区经济发展，保持了社会稳定，推进了贫困农村和谐社会的建设，为全省扶贫开发做出了突出贡献。

山西省以工代赈工作还有很大的改进余地。由于居民收入水平的逐步提高，以工代赈工作已不再受到重视。尽管以工代赈是最有效、最直接的扶贫方式，但近年来，其资金总规模不仅没有逐年大幅度增加，而且还逐年减少。“十五”时期是 27. 66 亿元，“十一五”时期为 17. 64 亿元，一定程度上影响了脱贫进程。计划下达的时间越来越滞后：“十一五”时期以工代赈建设规划在 2006 年 11 月 15 日印发，虽然晚，但毕竟是在“十一五”时期的第一年；“十二五”时期以工代赈规划在 2012 年从 5 月才开始编制，至 9 月仍未印发，已大大落后于工作需求。2016 年 4 月 26 日，山西省发展和改革委员会以晋发改赈发［2016］234 号文下达了 2016 年省级以工代赈项目投资计划，计划总投资 6 336 万元，其中省以工代赈资金 6 136 万元，市县自筹配套 200 万元。全年的投资比之以前大大减少。在目前精准扶贫工作的落实中，更好地通过以工代赈，结合农村基础设施加快建设和完善的进程，探究以工代赈的最恰当形式，应是提高贫困人口收入水平的快速路径。

2. 提高农民转移就业能力，释放生产力，增加农民收入

自改革开放以来，山西省农业劳动者的人数几乎没有变化，全省从事农业的劳动力中仍有相当多的人处于不充分就业状态，还有农业现代化进程中不断释放出的剩余劳动力，如果再加上已转移劳动力中就业不充分的部分，情况更不容乐观。要想农民富裕，减少农民数量，必须提高农民转移就业能力，加大农民转移速度，有效配置劳动力资源。大力发展二次、三次产业，积极开辟国内外劳务市场，提高小城镇的吸纳能力，积极拓宽转移渠道，是加速农村劳动力转移进程的必然。同时，政府也要为劳动力转移保驾护航，改革户籍制度、取消歧视和限制、解决农民工社会保障和子女入学问题等。但是要做到这些，有一个很重要的前提条件，就是在良好的宏观环境下，要千方百计提高农民的就业能力。农民素质低下，就业能力差可以说是限制农民转移的一个很关键的因素。有研究表明，转移的农民工中，文化程度越高，劳务收入也越高。因此，解决农村劳动力转移问题最根本的问题还在于农民的就业能力问题。

各地市、县、乡镇要根据具体情况，积极组织实施农民工培训工程，加大培训资金投入，创新培训机制，多形式培训农民工，使绝大多数农民工普遍得到培训，掌握至少1项非农职业技能。比如，山西省曾经启动的农业科技人员进村入户万人行动，临汾市襄汾县农业广播电视学校开展的劳动力转移培训，阳泉市出台的《关于组织工矿商贸企业结对帮扶新农村建设的决定》等举措，为农民掌握新技术，有一技之长，构建以工促农、以城带乡的长效机制，进一步推动城乡一体化发展探索出了一些新思路。在新的经济背景和形势下，应更充分利用网络渠道，更广泛地拓展思路，开辟渠道，不断提高农业劳动的边际生产效率，提高农民的竞争力，收入才能尽快增加，城乡差距才会得到根本解决。

3. 畅通财产资本化的渠道，提高城乡居民财产性收入

一般而言，贫富差距包括收入差距和财富差距两个方面，收入差距是一种即时性差距，是对社会成员之间年收入的比较；财富差距则是一种累积性差距，是社会成员之间物质资产和金融资产的对比。一般来说，财富造成的不公平（差距）比收入造成的差距更大。财富分配的失衡会比收入分配差距带来更大的危害，由于资本要素在收入分配中的地位不断上升，加之富人阶层拥有的金融资产过多，不仅会扩大不同收入阶层在财富创造和财富积累上的差距，出现贫者越贫，富者越富，即“马太效应”，而且这种财富积累会一代一代地传承下去，将通过代际间的财富转移，大大地恶化代际间的“分配不公”，从居民出生之日起就产生了差距，划分了等级。这种贫富的代际转移也很可能将社会的贫富状况固定化、结构化。“马太效应”的集聚将带来严重的后果，破坏社会稳定，甚至成为发生“革命”的土壤。

居民拥有资产，不仅是用它来满足自己的直接需要，而且还用它来创造收入。财产性收入指家庭拥有的动产（如银行存款、有价证券等）、不动产（如房屋、车辆、土地、收藏品等）所获得的收入，它包括出让财产使用权所获得的利息、租金、专利收入等，财产营运所获得的红利收入、财产增值收益等。“创造条件让更多的群众拥有财产性收入”，意味着百姓现实生活中投资理财、保值增值、获取财产性收入的行为获得了明确肯定与鼓励，意味着政府支持和创造条件让群众未来收入更加多元化。

目前，对于山西省居民来说，财产性收入水平较低，财产资本化的渠道更为有限，因此“创造条件让更多的群众拥有财产性收入”，加快财富积累，培育社会的中产阶层对于不发达的山西省来说意义深刻。长期粗放式的经济增长方式，资源依赖型的单一产业结构，不合理的收入分配制度，使得山西省居民收入差距过大，阶层分化严重，中间阶层弱化。再加上有限的市场投资渠道，几乎所有的投资拥挤在房市和股市，致使贫富差距的状况无法得到改善，低收入者很难上升到中产阶层；高房价的泡沫吞噬着人们的消费能力，股市的无序动荡，将很多人的财富一夜之间蒸发，不仅未能取得财产性收入，也打破人们的中产之梦。中产阶层在财富和精神领域对社会经济的引领和稳定作用难以形成。

因此，要积极发展和完善劳动、资本、技术等要素市场，畅通居民财产资本化的渠道，扩展居民除劳动者报酬以外的其他收入来源，多途径扩展居民收入来源，提高居民收入总量，积累财富。比如在当前高物价、高房价、社会保障制度不健全，投资渠道有限、投资门槛较高的条件下，政府要积极引导银行或非银行金融机构，通过各种方式为中低收入者开辟金融投资渠道，吸收民间投资，使他们的资产得到较快增长。对于农村居民来说，政府要通过合理的制度安排把农村居民拥有的资源资产化、显性化。继续深化农村产权制度改革，在稳定农民对承包地拥有长期使用权的前提下，促进土地流转和变现，使农民获得稳定的收入来源；盘活农村房屋、林木等资源，清晰界定农户宅基地、林地产权属性，创新置换方式，使农民的资产由隐性变为显性，能够分享土地升值的收益。

随着中低收入居民财产性收入逐步提高，更多的人将会富裕起来，这就为实现共同富裕的目标打下坚实的基础，使社会经济稳定发展有了可靠保证。

参考文献：

1. 王凤鸿，赵满华．“十三五”时期山西民生社会发展战略研究［M］．北京：中国财政经济出版社，2016.

2. 赵满华．中国特色社会主义收入分配问题研究［M］．北京：中国财政经济出版社，2010.

3. 薛涌．薛涌看中国［M］．南京：凤凰出版社，2012.

4. 胡舒立，谢力．大国问答——2012 中国经济走向［M］．北京：中国经济出版社，2012.

5. 刘淑清．提高中低收入居民财产性收入问题探析［J］．马克思主义研究，2014（6）：80－85.

6. 刘淑清．民生视角下山西省居民收入问题研究［M］．北京：中国财政经济出版社，2012.

（本报告为山西省政府重大决策咨询课题“山西‘十三五’时期民生社会发展重大战略研究”的后续研究成果）

（完成人：刘淑清　赵满华　杨素青　张彦波）

第八章

山西省就业问题及创业带动就业战略研究

就业关系社会发展大局，是提高居民生活水平的根本性措施，“十一五”到“十二五”期间，山西省始终将民生社会问题放在首要位置，继续实施更加积极的就业政策，不断扩大就业规模。“十三五”期间是山西经济转型、小康社会建设的关键时期，GDP增速趋缓，就业形势不容乐观。如何通过有效的途径解决城乡就业问题，实现就业率的进一步提高，是山西省经济振兴必须面对的重要课题。

一、山西省城乡就业的总体形势

“十二五”期间，山西省千方百计扩大就业，全面做好高校毕业生、农村转移劳动力、城镇困难人员、退役军人等群体的就业工作。实施大学生创业引领计划和离校未就业毕业生就业促进计划，政府连续两年购买基层公共服务岗位，吸纳 13 974 名大学生就业。设立创业投资基金支持创业，实行劳动者创业“先贷后补”办法，开展创业型城市创建活动，建成省级大学生创业园和 213 个创业基地。实施缓缴困难企业社保费、降低社保费率、发放稳岗补贴等措施，鼓励企业吸纳更多劳动者就业。托底安置“零就业”家庭等困难人员 22. 9 万人。5 年城镇累计新增就业 255. 9 万人，转移农村劳动力 197. 7 万人，城镇登记失业率 3. 51%，圆满完成了山西省“十二五”规划提出的各项指标，在解决就业问题方面成绩突出。

但是，随着山西经济低速运行，发展速度降低，重点人群就业问题仍然比较突出，就业市场仍然矛盾突出。

（一）重点人群就业面临巨大压力

一直以来，山西省将高校毕业生、农民工、城镇就业困难人员等作为促进就业的重点人群扶持，且取得了较好成绩，但是，在新的经济形势下，尤其是实施煤炭行业去产能导致大量煤矿职工安置，就业压力仍然存在。

一是高校毕业生就业困难。山西省高校毕业生人数逐年增加，“十一五”初期的2006 年，山西省高等学校毕业生人数为 10. 8 万人，2010 年达到 16. 6 万人。进入“十二五”期间，应届大学生总量继续逐年增长，到2015年达到了20万人。“十三五”期间第一年的2016年，毕业生人数更是达到21万人。虽然大学生考研、出国进行了分流，同时针对大学生出现了一系列诸如大学生村官等优惠政策，但对就业只起到延缓作用，就业难的问题仍然存在。

二是农村劳动力转移缓慢。随着经济不断发展，劳动力由农村转移到城市已经成为必然趋势。2006年山西省从事农业人数占农业人口总数的比重为27.9%，之后几年有所下降，但是下降幅度较小，基本保持在26%~27%，表明农村劳动力转移人数增加但是速度缓慢。2012年以来，从事农业的人数占农业人口总数比重上升到28%以上，表明农村劳动力转移速度进一步放慢。

三是城镇从业人员规模总体较小。“十一五”期间的2006~2010年，从绝对数量上看，山西省城镇从业人员呈逐年递增的趋势。从2006年的454.5万人增加到2010年的565.1万人，增加了110.6万人，平均年增长率为5.6%。从结构上看，2006年山西省城镇人口总数为1 452万人，其中城镇从业人员占城镇人口总数的31.3%；2010年城镇人口总数为1 716万人，城镇从业人员占山西省城镇人口的比重为32.9%，比2006年仅提高1.6个百分点。“十二五”期间，城镇新增从业人员人数年均50万人以上，城镇从业人员占城镇人口总数比例略有增加，但规模仍然较小。

（二）去产能条件下煤炭行业职工安置问题突出

山西是煤炭大省，煤炭是山西省的支柱产业，而煤炭又是典型的劳动密集型产业。山西省煤炭行业从业人员将近百万，仅省属五大煤炭集团的职工人数就多达70万余众。根据山西省能源发展战略规划，2020年原煤产能将控制在10亿吨以内。煤炭供给侧结构性改革的实质是淘汰落后产能、化解过剩产能、整合优质产能，这必然牵涉到众多煤炭从业人员的转岗分流和再就业。安置和分流职工等民生保障工作无疑成了煤炭供给侧结构性改革首先要面对和必须下力气解决好的一个大问题。山西省煤炭企业因负债过重，去产能面临“资金链紧张”和“职工安置”两大困难。未来5年，煤炭分流将安置职工约12万人，给本来已经严峻的就业市场增加了新的困难。

（三）经济下行对人力资源市场的影响明显

近年来，山西省就业服务局定期发布《山西省部分城市人力资源市场职业供求状况分析报告》，对山西省人力资源市场职业供求状况进行调查与分析。《山西省部分城市人力资源市场职业供求状况分析报告》显示，2016年1~6月，用人单位通过市场累计提供就业岗位523 172个，入场求职者685 517人次，求人倍率（岗位需求人数与求职人数的比率）0.76。与2015年同期相比，提供岗位数量增加2 729个，增长0.5%；求职者减少45 330人次，降低6.2%；求人倍率提升0.05，人力资源供大于求，供求状况略有缓和，但矛盾仍然突出。

2016年1~6月，主要面向高校毕业生等群体的人才市场提供岗位23 629个，求职

32 580 人次，求人倍率 0. 73，供大于求；面向城镇失业人员提供岗位 6 242 个，求职登记 10 913 人次，求人倍率 0. 57，供大于求问题严重；面向进城农民工提供岗位 8 127 个，求职登记 17 472 人次，求人倍率 0. 47，供给更加过剩。与上年相比，人力资源供大于求，且供求双方均同比有较大降幅，岗位数降幅高于求职人数降幅，岗位减少量低于求职人数减少量，供求矛盾比去年同期略有突出。

受持续的经济下行压力的影响，人力资源市场供求总量性矛盾和结构性矛盾并存，一定程度上影响就业进度、增加就业难度。

二、创业带动就业战略背景和意义

解决就业问题，必须上升到战略高度考虑，一方面要从战略角度制定综合系统的实施方案；同时，要根据经济社会形势的变化，不断进行调整完善与创新，以保证战略实施的实效性。

（一）实施创业带动就业战略的背景

从国际经验看，鼓励创业以解决就业问题，已经成为发达国家的重要战略。欧盟各国为解决日益严重的失业问题，从 20 世纪 90 年代末开始制定鼓励创业战略，1997 ~ 2001 年，欧盟就业岗位总量增长超过 1 000 万个。美国为增强经济活力和创造就业岗位，长期实施鼓励和培育创业的国家战略。

从国家层面看，党的十七大提出“以创业带动就业”发展战略以来，国家先后出台了一系列激励、引导和帮扶自主创业政策。党的十八大第一次将鼓励创业纳入就业方针，鼓励多渠道多形式就业，促进创业带动就业。2015 年的政府工作报告指出，打造大众创业、万众创新和增加公共产品、公共服务“双引擎”，实现中国经济提质增效升级；个人和企业要勇于创业创新，全社会要厚植创业创新文化；中小微企业要扶上马、送一程，使“草根”创新蔚然成风。

从山西省层面看，当前和今后一个时期，经济形势和就业的形势依然严峻，保持就业局势稳定的任务依然艰巨。通过创业带动就业，是实现充分就业、激发经济活力的重要途径。《山西省国民经济和社会发展第十三个五年（2016 ~ 2020 年）规划纲要》提出，把就业放在突出位置，实施就业优先战略和更加积极的就业政策，深入推进体制机制创新，着力解决结构性就业矛盾，保持就业局势稳定，实现比较充分和更高质量的就业。

为切实解决好就业这个重大民生问题，要根据就业形势变化，营造“大众创业、万众创新”的新局面，把创业带动就业战略作为山西省“十三五”时期促进就业的重要战略，及时充实和完善创业就业政策，加强创业就业政策与产业、贸易、财政、税收、金融等政策措施的协调，带动山西省经济振兴。

（二）实施创业带动就业战略的意义

就业是民生之本，是保障和改善人民生活的重要条件。山西省就业形势一直较为严峻，大学生就业、城镇新增劳动力就业和农村劳动力转移困难突出，人力资源市场供求矛盾突出。改变就业促进思路，以创业带动就业，大众创业，万众创新，实施创业带动就业战略具有特别的意义。

1. 创业是缓解就业压力的有效途径

创业则是就业之本。创业是最积极、最主动的就业，它带来的不仅仅是个人财富的增长，更重要的是可以推动整个社会经济发展，提供更多就业机会和岗位。劳动者通过创业，开办小微企业，可充分发挥自己的职业技能或管理素质，利用自身资源，充分创造价值。同时可以为社会增加更多的岗位，使更多的劳动者参与到市场中。

2. 创业是提高就业质量和推进社会公平的重要手段

自主创业则可以带来至少两个效应：一是提高就业质量，推动个体私营经济的快速发展；二是鼓励全民创业会大量增加中等收入人口，减少因失业而贫困的人口，这样会在此基础上推进社会公平。

3. 创业是发展自主创新的促进因素

创业者是科技及管理制度等创新的积极参与者，可以让市场更加富有活力，促进整体的经济发展速度的提高。创业有助于提高劳动者的素质和文化水平，促使劳动者主动提高自身的业务素质和个人修养，以便更好地从事经济活动。

4. 创业是社会经济发展的强大动能

创业是发展的动力之源，对于推动经济结构调整、打造发展新引擎、增强发展新动力、走创新驱动发展道路具有重要意义。中央推动“大众创业、万众创新”是激发群众智慧和创造力的重大改革举措，是实现强省富民的重要途径，要坚决消除各种束缚和桎梏，让创业创新成为时代潮流，汇聚经济社会发展的强大新动能。

三、山西省创业带动就业工作及存在的问题

2008 年，山西省人力资源和社会保障厅按照省委、省政府创业就业工程的总体要求，为实现就业的倍增效应，以创业促就业，形成全民创业的浓厚氛围，制定了《山西省创业促就业工作实施方案》。七年来，全省坚持把就业放在经济社会发展的优先位置，全面推动以创业带动就业。近年来，山西省政府以及地市县各相应部门，纷纷制定优惠政策，设立创业就业资金，建立创业项目库、发布创业项目，鼓励创业创新，逐步

形成了创业带动就业的良好局面。

（一）创业带动就业工作实施情况

一是制定了较为完善的创业就业政策。2008 年以来，山西省关于促进创业就业的政策不断出台，这些政策主要包括：《山西省人民政府关于实施创业就业工程的意见》（2008 年）、省人力资源和社会保障厅《山西省创业促就业工作实施方案》（2008 年）、省政府《关于发挥工商职能作用促进创业就业的实施意见》（2009 年）、省人力资源和社会保障厅、财政厅《关于加强和规范省级创业孵化基地管理发展的通知》（2013 年）、省政府《关于扶持高校毕业生创业的意见》（2014 年）、省政府办公厅《关于发展众创空间推进大众创新创业的实施意见》（2015 年）、《山西省关于进一步做好新形势下就业创业工作的实施意见》（2015 年）以及其他相关配套政策等，从各个方面产生了巨大的效应。

二是成立各级创业就业服务指导中心。山西青年创业指导服务中心于 2008 年成立，是共青团山西省委直属事业单位，组建了集信息咨询、技能培训、专家咨询、项目评估、资金支持、企业孵化等多种服务功能于一体的山西青年创业基地，是一个为青年创业就业提供全程服务的综合服务平台。2010 年 7 月，太原市人社局成立创业就业服务指导中心，全省各市、县、区也相继成立创业就业服务中心，努力改善创业环境，提高服务创业能力。2015 年 3 月，“山西青年创业园——青创众帮”平台启动，标志着山西省首个互联网孵化器，对创业青年进行帮扶指导、政策咨询、项目推广、项目对接、资金申报、小额贷款等的服务平台正式开通上线。

三是建设各类创业基地和创业园区。2008 年山西省团省委成立山西省青年创业基地之后，2009 年，全省尝试开展创业孵化基地建设，2010 年，山西省首次命名成立 6 个省级创业孵化示范基地。此后几年，以省级创业孵化基地为模板，创业孵化基地在全省遍地开花。2011 年，山西省出台《关于建立创业孵化基地的指导意见》，帮助刚入社会的大学生实现创业梦想，认定 6 个省级创业孵化基地，其中太原市大学生创业孵化基地已成为国家级大学生科技创业孵化基地。至 2013 年，省、市、县三级共创办 106 个创业孵化基地，其中，30 多家创业孵化基地专门针对大学生提供创业服务，有 3 000 多名大学生创业者从中受惠。山西省政策鼓励社会资金投资兴办大学生创业孵化基地，投入运营后，由当地财政给予基地补贴，具体补贴分省、市、县三个等级。

2011 年，为给中小企业营造良好的创业环境，太原市规划建设国内首个“微小企业创业实验园”，微小企业创业园项目是工信部中小企业发展促进中心在全国首个试点项目，建成后将成为国内首个国家级专为微小企业服务的创新型、多元化的超大规模培育基地。

2012 年 8 月，山西省中小企业局提出加快小企业创业基地建设的实施意见，力争“十二五”期间，全省建设 100 ~ 150 个小企业创业基地，其中省级小企业创业示范基地 30 个；每个县（市、区）至少建设一个小企业创业基地，实现全省县（市、区）级全覆盖；入驻小企业创业基地的企业达到 4 000 户以上。部分中小企业创业基地获得省级中小企业发展专项资金扶持。

2014 年，山西省面向全省开展高校毕业生创业园区申报，认定首批高校毕业生创业园区 100 个，其中省级 10 个。

四是建立专项资金扶持创业。自 2009 年起，山西省设立创业就业资金，每年投入 3 000 万元。县级以上人民政府根据就业状况和就业工作任务，在财政预算中合理安排专项资金用于促进就业工作，并随着财力增长加大投入，保证各级推进就业工作需要。

山西省创业就业促进会和山西省创业就业基金会 2009 年 12 月成立，以帮扶创业带动就业为工作宗旨，为具有良好发展潜力和诚实守信的创业项目提供资金支持，到 2012 年先后帮扶创业项目 101 个，支出帮扶资金 460 万元，带动稳定就业 1 500 多人，拉动灵活就业 3 万多人次。近两年来，上述工作持续开展，成效显著。

五是开展创业贷款与培训服务。山西省各级团组织为青年创业就业铺路搭桥。团省委联合省农信社、省邮储银行等金融机构，发放小额贷款，帮助青年实现创业。2010 年，率先在全国共青团系统融资成立了青年创业投资担保公司，为首次创业和二次创业青年企业家提供贷款。

2010 年，山西省确定了首批 148 个创业培训定点机构，目前全省已有创业培训定点机构 152 个。从 2010 年开始，山西省利用国家和省农村劳动力转移培训阳光工程培训资金开展创业培训，每年培训大学生村干部 1 000 人，带动其他农民创业培训 10 000 名。

自 2014 年起，山西省开始为在校大学生提供由政府提供补贴的创业培训服务。18 所普通院校设立的创业培训定点机构在毕业学年内组织本校大学生进行创业意识和创业能力培训。

六是实施四大创业工程。2012 年 8 月 12 日，山西省中小企业局决定实施农民工创业工程、大学生创业工程、青年创业工程、妇女创业工程四大创业工程。

结合“一村一品、一县一业”特色产业发展，鼓励支持返乡农民工、失地农民以小城镇为载体，以休闲农业、特色农产品加工业、农村服务业、资源开发利用等为重点，创办小型微型企业，实现就地创业。充分发挥大学生专业知识优势，扶持创办科技研发、工业设计、技术咨询、电子商务、信息服务等生产服务业和软件开发、网络动漫、广告创意、包装设计等新兴领域的小型微型企业。依托各级共青团组织、青年创业指导中心，为城乡青年提供创业辅导服务，帮助青年创业。鼓励和支持城乡妇女创办特色种植养殖加工、商业、旅游、文化、家庭服务等产业，增加妇女就业机会。

（二）创业带动就业工作实施效果及存在的问题

从总体来讲，山西省创业就业战略实施效果良好。山西省各级政府及各类组织对创业的推动力度逐年加大，鼓励与优惠政策不断出台，创业扶持活动开展的成效显著，创业对年轻人的吸引力逐步加大，创业创新热潮正在兴起，以创业带就业、以就业促创业的良性互动格局正在形成。山西省人力资源和社会保障厅《关于全省社会保障以及就业情况的报告》显示，2011 年，全省以创业带动就业的人数占城乡新增就业总人数近 50%。

但是山西省创业者人数较少，创业环境较为落后，全民创业的社会环境尚需营造。全球创业观察（GEM）中国报告（2005）提出衡量创业环境的条件有9个方面，分别是金融支持、政府政策、政府项目、教育和培训、研究开发转移、商业环境、市场开放程度、有形基础设施、文化和社会规范。以此衡量山西省创业环境，不足较大，尤其在研究开发转移、商业环境、市场开放程度、有形基础设施、文化和社会规范方面，从城市到农村，还有很大距离。

具体来讲，存在以下问题。

1. 创业扶持政策覆盖面较窄，可持续性较差

一是创业促进政策宣传不到位，创业者了解较少。为支持创业，国家和省、市各级政府出台了许多优惠政策，涉及融资、开业、税收、创业培训、创业指导等诸多方面，但是，很多创业者对创业政策知之甚少。许多政策只在职能部门间上传下达，宣传不够到位是创业扶持政策不能产生实效的重要原因之一。

二是享受创业优惠政策的门槛较高，审批手续烦琐，覆盖面窄。例如贴息创业贷款、大学生创业、进入孵化基地、无息贷款等，条件都很严格，能够享受到的人极少，致使优惠政策覆盖面很窄，难以发挥较大的作用。

三是扶持政策缺乏对创业持续不断的支持。创业优惠贷款审批手续烦琐，而且大量的扶持、补贴政策具有应急性，仅为了解决就业，而非系统地推动创业，资金支持不连贯。

四是创业政策相对滞后。由于创业扶持政策具有应急性，因此往往不能长期发挥作用，经常会进行修改；而同时创业政策在适应市场变化、适应经济形势方面仍然不足，新政策出台较慢，政策创新不足，与全国先进地区比较，相对滞后。

2. 创业就业服务方面实效性不高

一是创业培训与指导相对薄弱，实效性较差。目前，全省有不少创业培训机构，但有些机构的培训质量不高，培训教师甚至不具备培训资格，创业人员如果在这样的机构参加培训，对提高自身创业成功率帮助不大。2014年，国家统计局晋中调查队针对大学生自主创业的情况对市内三所高校进行了调查。不少大学生表示，自主创业可望而不可即。学生们几乎没有接受过专业的创业培训，更不用谈实战经验，导致年轻人对自主创业敬而远之。

二是创业基地未能充分发挥作用。根据2014年国家统计局晋中调查队的调查，山西省不少地区和学校都建立了大学生创业基地，但是能真正发挥作用的却很少：有的是缺乏场地，有的是缺乏资金，有的是缺乏指导老师。很多地区的创业基地“有名无实”。因此，政府、学校要保证大学生创业基地“有名有实”，必须落实相关政策、保障配套设施，让大学生创业基地真正成为大学生创业的练习场。

3. 创新主体尚未全部激活

一是大学生创业积极性有待激发。大学生是就业问题较为突出的群体，同时也是创业创新的主体，但是，目前大学生创业热情不尽如人意。2014年国家统计局晋中调查队针对大学生自主创业的情况走访了三所高校。结果显示，晋中市对大学生自主创业扶持力度大，学生创业热情不高。在回答首选哪种就业方式这个问题时，119 名受访者中仅有 1 名选择自主创业，占到全部受访者的 0.8%，而相比之下，首选机关事业单位的占 75.6%。对于是否会选择自主创业这个问题，也仅有 26.9% 选择可能会自主创业，选择如果找不到合适的工作，会考虑自主创业的占 59.7%。这一调查结果与全省大学生情况基本一致。

二是农民工创业困难重重。2013 年 10 月开始，受经济下行影响，山西省农民工大量失岗返乡，截至 2014 年 2 月底，全省失岗返乡农民工已超过 100 万人。全省各级政府及时调整、出台一系列政策，为农民工再就业牵线搭桥，为返乡农民工创业开辟绿色通道，为农民工培训提供服务等。数字显示，目前山西省返乡创业人数达到 15 万人左右，并呈上升趋势，但新的困境也开始凸显。一是农民工返乡创办的企业一般具有规模小、劳动强度大、技术含量不高等特点，且普遍面临融资难、信息技术缺乏、投资盲目、土地紧张等困境，需要的是政府为农民工搭建一个创业的平台，用优惠的政策吸引他们返乡创业。二是一些已创业的农民工急需政府在金融信贷、税费、场地等方面提供帮助。三是地方政府效能不高，一些部门和个人执行政策有偏差，服务意识不到位，不利于更好创业。此外，农民工创业培训的实效性不高，创业门槛较高，政策系统性较差，影响农民创业积极性。

三是在职人员创业尚不规范。国务院《大力推进大众创业万众创新若干政策措施的意见》、《关于进一步做好新形势下创业就业工作的意见》等文件多次提出，支持科研人员创业。国内其他省区关于公务员、事业单位工作人员在职创业或离职创业的规定也很具体。但是，山西省公务员、事业单位人员、科研人员的创业政策并不明确，上述人员创业积极性尚未激发出来。

山西省创业促进战略实施中存在的上述问题，可以概括为：现有资源缺乏系统整合，创业促进政策碎片化严重，覆盖面较窄，支持力度和连续性不够，前瞻性较差，“十三五”期间需进一步加以调整和完善，使现有政策和资源发挥最大效力。

四、山西省实施创业带动就业战略的重点任务

针对山西省创业促进战略实施中存在的问题，根据“十三五”时期山西社会经济形势的变化和要求，实施创业带动就业战略，必须健全促进创业体制机制，整合现有创业促进政策，提高创业服务工作质量和实效，着力做好重点群体创业扶持工作，激发各创业主体活力，使创业工作与经济增长、结构升级协调推进。

围绕这一目标，“十三五”时期促进就业发展的重点任务有以下几方面：

（一）建立创业管理协调机制

目前省内进行就业管理和创业促进的单位很多，省一级的包括：山西省委、山西省

人社厅（就业促进处）、中小企业局、工信厅（就业促进中心）、农业厅、工商局、税务局、银行，省经信委、团省委、扶贫办、妇联，以及山西省创业就业促进会（基金会）、中国青年创业国际计划（YBC）山西（试点）办公室，性质包括政府部门、党团组织、社会团体，还有金融机构等，上述主体多数情况下可以相互沟通、联合推进，但是在具体工作上，在各自系统内部着力，导致创业者对创业就业政策与促进行动无所适从，反而削弱政策效果。

“十三五”期间，在省政府指导下，人社部门牵头，其他各部门、单位、组织与机构建立创业就业部门联系机制，成立山西省创业推进中心，在政策优惠、教育培训、基地建设、资金扶持、行动促进、监督考核等方面建立共同的平台，保障创业就业管理与促进行动的集中有效。形成各部门分工协作，工作各有侧重，又相互联系沟通配合的高效工作机制。

（二）科学完善创业政策

创业就业政策系统化，要求创业就业政策既要体现就业稳定要求，同时包括促进大众创业要求。

实现创业优惠政策全覆盖。实现大众创业，保证创业鼓励政策的公平性，必须降低门槛，简化手续，让更多的创业者可以享受相关优惠。将政策扶持对象从特定群体扩大到全体社会成员，实现创业主体全覆盖；实行各类创业主体平等享受扶持政策；坚持法律“非禁即入”原则，实现创业领域全开放。

增加政策创新点。适应产业转型升级，完善创业补贴政策、提高补贴标准，降低创业成本；实施园区创业企业打捆参保、高校毕业生企业就业和个体私营经济养老保险费率过渡试点政策，降低用工成本；相关部门研究税收优惠、收费减免、金融扶持、小贷贴息等政策，加大“免费、减税、贴息”力度。

创业政策要有可持续性。创业扶持政策，既要满足创业者创业初期的需要，又要具有可持续性，制定创业中后期的相关政策，并加强监督。

创业政策及时更新。适应经济形势需要，向全国先进地区看齐，与时俱进，尽快出台最新创业政策，如有关众创空间、网络创业、公务员创业等的鼓励和管理政策。

整合创业政策宣传平台。一是整合创业就业网站。对山西创业就业网、山西大学生创业网以及各部门、各地区网站进行整合，以山西创业就业网为主网站，充分发挥网络在创业政策发布、信息服务方面的功能，各网站各有侧重，互相链接。同时，建设创业就业微信公众平台，“十三五”第一年，各地、市、县均要建立创业就业微信公众平台，同时，山西省省级创业就业微信公众平台也要建立完善，形成上下联通的信息公布平台。三是系统整理创业政策并开展创业宣传，关于大学生创业、在职人员创业、农民工创业、就业困难群体创业等，要按照创业主体对涉及的政策进行系统汇总整理，撰写成集，向社会发行，定期更新；确定创业活动宣传周，在省内各高校开展各类活动，同时在省市级媒体、电台、网络上进行大力宣传，在社区内发放宣传资料，使创业政策深入基层，让创业者了解。

（三）全面提升创业服务水平

1. 大力发展众创空间

山西省要加快构建众创空间，引导和鼓励各市、县（区）充分发挥社会力量作用，有效利用国家高新区、科技企业孵化器、高校和科研院所的有利条件，着力发挥政策集成效应，实现创新与创业相结合、线上与线下相结合、孵化与投资相结合，为创业者提供良好的工作空间、网络空间、社交空间和资源共享空间。

改造提升一批众创空间。重点依托高新技术产业开发区、经济（技术）开发区、科技企业孵化器、小企业创业基地、大学科技园和高等学校、科研院所等，形成一批创新创业、线上线下、孵化投资相结合的新型众创空间。盘活现有的闲置办公楼、商业设施、老旧厂房等，改造提升一批具有公益性、社会化、开放式运作的众创空间。

引进共建一批众创空间。鼓励支持省外众创空间在山西省设立分支机构，大力推进山西省与京津冀地区合作共建，积极引进国内外品牌服务。对京津等地认定的众创空间落户山西省的，直接纳入省级建设计划，优先支持。

支持创建一批众创空间。鼓励行业领军企业、特色产业龙头企业，围绕自身创新需求和产业链上下游配套，创办各类特色鲜明、需求指向明确的众创空间。

加大对众创空间的政策扶持。适应“众创空间”等新型孵化机构集中办公等特点，简化登记手续，为创业企业工商注册提供便利。支持有条件的地方对“众创空间”的房租、宽带网络、公共软件等给予适当补贴，或通过盘活闲置厂房等资源提供成本较低的场所。

2. 建设创业大学

“十三五”期间，省城太原、各地市，均要建立一所创业大学。从太原市开始试点，集中省内高校优秀培训教师，聘请创业成功人士，担任创业大学教师；同时，政府相关机构和组织均可在创业大学内进行宣传教育和培训，为有志创业的年轻人开辟一个规范的专业的培训场所，解决创业培训资源不集中、创业培训层次偏低、效果不明显等问题，有条件的县（市、区）也可独立创办。

创业大学是集创业教育、创业培训、创业实训、创业服务等多种功能于一体的非学历创业创新人才培养载体，要具备满足创业培训、创业实训、创业服务所需要的场地和必要的设施、设备。省、市人社部门对符合创业大学基本条件、功能作用发挥好的培训实体，可认定为创业大学。

自 2017 年起，各级年度创业培训任务全部由创业大学承担，培训后创业活动参与率不低于 90%，创业成功率不低于 20%。创业大学可在县（市、区）、高校、创业孵化基地、创业园区设创业学院、教学点、实训基地，建立“创业大学 + 学院”、“创业大学 + 教学点”、“创业大学 + 实训基地”等灵活多样的创业大学架构体系。

3. 提高创业培训实效，延伸创业指导服务

对各类培训机构，除提供资金支持外，要加强培训实效的考核，使培训、实训、实践的效果最大化，充分发挥创业培训的作用。

出台创业培训后续扶持政策，延伸创业指导服务。鼓励各级创业服务指导机构、公共就业服务机构以及创业培训定点机构，对参加创业培训（创办企业培训、创业模拟实训）合格学员提供不少于6个月的后续服务，学员经后续扶持并在1年内成功创业的，根据成功创业人数，财政给予后续服务补贴。

4. 明确各类创业基地建设功能并加强管理

创业实训基地是供创业者参观、体验、实习的基地。可以与成熟企业建立联系，确定为实训基地。创业者参加实践，同时企业可以从中发现人才。创业园（区）集中小微企业进行创业，给予各类优惠，吸引小微企业入驻。创业孵化基地主要为科技型创业企业集中孵化基地。创客空间是一个具有加工车间、工作室功能的开放的实验室，创客们可以在创客空间里共享资源和知识，来实现他们的想法。创业服务综合体集孵化器、加速器、配套公寓和服务设施为一体的创新创业综合体。建立一批研发机构和公共研发服务平台，使综合体成为高新技术研发与创新产业的集聚地。

5. 积极探索新的融资服务形式

能否快速、高效地筹集资金，是创业成功启动的关键。目前省内创业者的融资渠道较为单一，主要依靠银行等金融机构。“十三五”期间，除传统的银行贷款、政府基金、民间资本外，要借鉴其他地区成功经验，积极鼓励风险投资、天使投资、融资租赁、典当融资等新型创业融资渠道发挥作用。

建立公益性创业专项基金及创业贷款担保公司，省、市两级建立公益性创业专项基金，人社部门要与银行等机构共同研究制定详细政策，在贷款额度、财产担保等方面，提供更加优惠的条件。

6. 加强创业方向的精致化引导

创业产业引导，一方面向解决就业有潜力的行业和领域引导；另一方面要符合山西省产业结构调整、产业整体素质提高要求。创业指导部门建立创业项目库、发布创业项目，既要满足市场需要，又要发挥对市场的引导作用。

从全省人力资源市场的岗位供求来看，人力资源供求方向基本吻合，同时存在差异。第三产业是吸纳就业的主渠道，用工需求量较多的行业主要集中在住宿和餐饮业、批发零售业、居民服务业、制造业、信息软件和计算机服务业、其他服务业等；求职人数相对集中的为市场营销、批发零售、建筑、住宿餐饮、文秘、财会、金融服务等行业。

创业产业引导，在上述领域的补贴、优惠等方面采取不同的政策，进行个性化、精致化引导，并随着形势变化调整；同时，根据山西省产业结构调整方向，围绕现代科

技、现代农业等重点行业，定期评选符合本省产业发展方向、成长性好、潜在经济和社会效益好的创业项目，并从省级创业资金中给予一定的创业扶持。

（四）完善大学生创业机制

支持大学生创业有利于带动就业，还能提高创业者的实践能力，培养创新精神与创新意识，实现科技创新与成果转化，推动经济的转型升级。

1. 加强创业培训和实训，建设“大学生创业教育基地”

高等学校要构建创业教育机制，包括开设创业实践课程、组织高校教师进行创业指导、对创业成功案例进行分析和宣传、邀请优秀企业家和企业高管举办讲座等环节。

结合 2014 年开始的“全省普通高校开展大学生毕业学年创业培训专项活动”，高校创业培训课程列入必修课进行考核。在校学生的实习活动，要和创业培训结合，保证创业培训和实训工作扎实有效。

在高校集中的高校新校区建设“大学生创业教育基地”，整合利用各高校资源，对大学生进行创业意识教育和创业技能培训。“大学生创业教育基地”由省政府出资建设，作为高校新校区配套项目。后续运作资金，可根据需要，由各学校筹措建立基金，不足部分，由省财政补贴。

2. 引导大学毕业生“先就业再创业”

为了提高创业成功率，鼓励有创业愿望的大学毕业生先到相关单位工作学习，积累一定经验之后再开始创业。

从政策上讲，要延长大学生创业扶持时间，且实行分时区别政策。毕业 2 年内、5 年内的高等学校毕业生，初次创业创办小微型科技企业的，在享受社会保险补贴，享受增值税和营业税等税收优惠政策上有所区别，就业 2 年以上创业的优惠幅度适当提高。毕业生从事个体经营的，按规定享受相关税收优惠政策。

3. 完善在校大学生休学创业制度

教育部《关于做好 2015 年全国普通高等学校毕业生创业就业工作的通知》首次明确允许“休学创业”，提出高校要建立弹性学制。山西省要完善在校学生休学创业制度。在校大学生（研究生）到各类孵化载体休学创办小微企业，可向学校申请保留学籍 2 年，并可根据创业绩效给予一定学分奖励。休学时间可视为其参加实践教育时间。教育行政管理部门和高等学校要简化手续、加强引导、跟踪管理。

4. 提高大学生创业园区和创业孵化基地运行质量

鼓励各市建设省级大学生创业孵化示范基地和大学生创业示范园，各县（市、区）和高校均要建立大学生创业孵化基地或大学生创业园。提高大学生创业园区和创业孵化基地运行质量，鼓励“大学生创业孵化基地”把学生创业与科研成果转化、学生社团建设结合起来，加强创业辅导，确立创业辅导员制度；对每一个项目和创业公司，帮助理顺知识产权关系，并为培育期的项目设定目标。除了各高校推出的创业服务外，对毕业生来说，只要有创业愿望，有技术成果和商业金点子，可以获得创业园提供的资金等支持。

5. 开展大学生村官“创业帮扶行动”

2012 年山西省在全省大学生村官中实施“创业行动计划”，培养大学生村官创业示范带头人。在此基础上，开展大学生村官“创业帮扶行动”，将创业行动计划扩大到所有大学生村官，“十三五”期间，制定相关政策，为大学生村官创业创造良好条件。

出台鼓励和扶持大学生村（社区）干部创业办法，各地、市、县从创业教育培训、设立创业资金、提供技术信息、创业项目论证、创业项目指导等方面为大学生村干部自主创业提供帮助。

在农业产业化龙头企业、示范园区、专业合作社中建立大学生村干部创业基地，选派大学生村干部到基地进行实践锻炼，帮助他们在实践中学习创业知识、积累创业经验。

借鉴四川蓬溪县经验，构建大学生村官创业帮带体系，开辟“产业＋项目＋培训”三条创业路径，组合“信贷＋基金＋减免”三大创业政策，优化“基地＋企业＋组团”三种创业模式，建立“大学生村官＋企业”的合作创业模式，建立“大学生村官＋大学生村官”的组团创业模式。

（五）实施返乡农民工创业工程

各县（区）在继续加强本地农民工进行转移就业服务的基础上，对返乡农民工创业进行全面支持。

1. 优化农民工创业环境

一是降低市场准入门槛。

取消注册资本最低限额。对农民工申办企业，工商部门实行注册资本认缴登记制，除法律、行政法规以及国务院决定对特定行业注册资本最低限额另有规定的外，取消注册资本最低限额，农民工在申请办理工商登记注册时无须提供验资报告。

放宽注册资本出资方式。准许农民以实物、知识产权、农机具、合法取得的荒山、荒滩等依法可以转让的非货币形式出资。

放宽经营场所登记条件。允许农民将符合条件的自有住房作为工商登记注册的住所（经营场所），提交住所（经营场所）产权证明有困难的，由房管部门、街道办事处、村委会或居委会出具证明即可。

农民工进入市场摊点经营临时性、季节性自产自销的蔬菜、瓜果的，不再核发营业执照。

二是加强服务，提高服务效能。

推进政务创新，提高服务效能。市、县局各登记机构、工商所都要在政务大厅设立农民工办事窗口，开辟“绿色通道”，专人负责，积极为农民工提供政策咨询，解答疑难问题。

工商部门提高工商登记效率，农民工申请名称预先核准工商登记，符合登记条件且材料齐全的，当场核准办结；对申请个体工商户登记的，符合登记条件且材料齐全的，实行当日办结；对申请企业登记的，材料齐全、符合法定形式的，除确需对申请材料内容进行实质性审查外，实行当日办结。

2. 拓宽农民工投资领域，加强投资引导

拓宽农民工投资领域，除国家法律、行政法规以及国务院决定明确禁止和限制进入的行业和领域外，允许农民工参与、投资、兴办各类经济实体。

引导农民工投资方向，鼓励农民工投资兴办个体工商户、创办合伙企业、独资企业，提供创业项目，支持返乡农民工投资兴办专业合作社。

3. 提供创业无息贷款

具有本省户口创业，在法定劳动年龄内、身体健康、诚实信用、具备一定劳动能力和劳动技能，自谋职业，自主创业或合伙经营与组织起来就业，且自筹资金不足，同时经营项目必须符合下列条件。经工商部门登记注册，且年检合格，其工商登记注册人与申请贷款人相符；有固定的经营场地。属租赁或承包经营的，需提供不短于贷款期限的租赁或承包合同书；符合国家有关政策、法规、法律；属特种行业的需提供相关部门颁发的经营许可证（或资质等级证），属于国家限制行业的不予受理；信用良好，无不良记录，具有还贷能力和反担保能力的人员，可在各市、县劳动就业管理局申请小额担保贷款。贷款额度 2 万 ~8 万元（女性创业最高贷款额度为 8 万元；男性创业最高贷款额度为 5 万元），贷款期限 2 年，全额贴息。

积极探索小额贷款担保的新模式，探索“联户担保”贷款，有效破解农民贷款难的问题。

4. 提供创业培训与跟踪服务

建设市级农民工综合服务中心，实施农民工“职业技能提升、权益保障、公共服务”5 年行动计划，各市建设 1 处市级农民工综合服务中心，发挥基层农民工综合服务平台作用，服务农民工创业。实施农民工创业就业培训五年规划，面向全体劳动者开展免费技能培训。

实行政府购买培训成果机制。对有创业愿望并具备一定条件的本区（返乡）农村劳动力，开展创业培训，使其掌握创业所必备的相关知识。各劳动保障所（站）要为创业人员提供政策咨询、创业指导、人员招聘、培训、劳动保障代理等“一条龙”服务。

（六）鼓励和规范在职人员创业

大力培养各类创新创业主体，鼓励引导各类劳动者创新创业；允许党政机关、事业单位学有专长、有经验的人员，在不违反国家法律法规和政策的前提下，辞职自主创业。

1. 鼓励科研院所、事业单位科技人员创业

2013 年 8 月山西省出台的《关于深化科技体制改革加快创新体系建设的实施意见》中明确规定：允许和鼓励高校、科研院所科研人员在完成本职工作的前提下在职创业，其收入归个人所有，3 年内保留其原有的身份和职称，档案工资正常晋升。“十三五”期间，要继续完善科技人员创业制度。

高校、科研院所科技人员在完成本职工作基础上，可采取兼职方式创业或服务科技型企业。创办科技型企业，经省级科技、财政、税务等部门审核认定为高新技术企业，可享受 15% 的企业所得税优惠。

高等学校、科研院所研发团队在本省实施各类科技成果转化、转让获得的收益，其所得不低于 70% 。

推进产学研用协同创新。支持高校、科研院所与企业联合共建产业技术创新联盟、协同创新研究院等，做大做强产学研对接平台。支持企业建立高校、科研院所实践基地，联合培养研究生。建成一批协同创新中心和智库，促进创新链与产业链有效衔接，加快推进创新成果有效转化。

2. 规范公务员创业

公务员允许提前退休或辞职创业，对符合相关条件并依法辞去公职的公务员，所在机关应当予以批准。

对工作年限满 30 年，或距国家规定的退休年龄不足 5 年且工作年限满 20 年的公务员，本人申请提前退休进行创业的，经任免机关批准，可以提前退休进行创业。经组织批准辞去公职到民营企业创业的公职人员，一次性发给相当于本人 3 年基本工资的补偿金。

自主离职创业人员 5 年内保留原身份，停发工资，工资晋升、职称评定不受影响，5 年内愿意回单位的，由原工作单位重新安排工作（只能享受一次）。

所在单位应对自主离职创业人员进行跟踪管理，及时了解其现实表现和创业状况，每半年进行一次业绩考核。自主离职创业期间出现违纪行为的，由原单位召回，按有关法律法规进行处理。

副科级以上干部提前退休后 3 年内，不得到本人原任职务管辖的地区和业务范围内的企业或者其他营利性组织任职，也不得从事与原任职务管辖业务相关的营利性活动。

（七）营造大众创业生态环境

政府引导，发挥团组织作用，大力弘扬科学精神、创新精神、创业精神，在全社会进一步形成鼓励创新、宽容失败的价值观和尊重创造、崇尚科学、崇尚科学家、崇尚科技创新的社会氛围。

家长、社会、学校要转变观念，支持青年自主创业。在家庭教育中，家长应打破传统的思维模式，有意识地在子女大脑中灌输创业的思想；鼓励子女发挥特长，挖掘潜能。社会要对创业者宽容支持，尤其是政府部门，要树立服务意识，改变工作作风，创新服务模式。学校要进行创业教育，提高学生创业理念和创业技能。

大力弘扬创业文化。各级政府或共青团组织各类创业大赛，每年举办“三晋青年创业大赛”，支持全省青年尤其是大学生参与中国创新创业大赛、国际创新创业大赛等活动，并对获奖项目择优纳入省级科技计划。大力培育创新精神和创客文化，加强大众创新创业的宣传和引导，树立一批创新创业典型，营造大众创业、万众创新的浓厚氛围。

（本报告为山西省政府重大决策咨询课题“山西‘十三五’时期民生社会发展重大战略研究”的后续研究成果）

（完成人：杨素青　刘淑清　赵满华　张彦波）

第九章

山西省义务教育城乡均衡发展研究

近几年一直是我国城镇化的快速发展时期，我国城镇化率在2015年底已达到56.1%，山西省的城镇化率是55.03%，仅比全国城镇化率低1.07%。但是随着城镇化建设的进一步深入，由此引出了公共服务一体化的新问题，例如，城乡就业、教育、社会保障等，也向各领域的学者们提出了更多的挑战。因此，在新型城镇化的大背景下，通过分析山西省城乡义务教育发展的现状，以及城乡之间义务教育发展非均衡的表现，并整理计算《中国教育经费统计年鉴》和《中国教育统计年鉴》近10年的相关数据得出山西省城乡义务教育泰尔指数，在掌握近些年义务教育城乡非均衡化的量化指标的前提下，通过理论与实证相结合，进一步分析制约山西省义务教育均衡发展的影响因素，提出了打破二元结构，统筹城乡经济发展，突出农村教育培训，加大贫困地区教师队伍建设以及增加财政支教投入总量等建议。

一、山西省城乡义务教育平衡发展现状

截至2015年底，山西省的总产值约1.27万亿元，同上一年相比增长了4.9%；公共财政收入达1 820.1亿元，相比上年增长了7%；城市人均收入为24 069元，同上年相比增长了8.1%，农村人均可支配收入为8 809元，与上年相比增长了10.8%，城乡收入比例约为2.73；消费者价格指数1.7%；城市新增就业人口51.4万人，成功转型农村劳动力约37.7万人，城镇登记人口失业率达3.4%。随着统筹城乡发展工作的展开与深入，山西省城镇化水平得到了显著的提高。2015年的城镇化率为55.03%，比2014年的城镇化率提高1.22%。此外，城镇基础设施不断完善，每千人拥有医院床位数、燃气普及率、农村人均住房面积、城乡居民储蓄存款等也有了可观的增长。但是，也应该认识到，在新型城镇化建设过程中，也存在着一些问题，例如城镇群规模偏小，城镇综合承载能力较弱，“城中村”问题严重，制约山西省人口流动。在新型城镇化建设的大背景下，义务教育作为基本的国民普及教育，其城乡之间的均衡发展就成了公共资源均衡配置的一个不可回避的重点问题。伴随着新型城镇化工作的推进，山西省城乡义务教育均衡发展在基础设施建设、教师质量、财政投入等方面有了喜人的成果。

到2015年底，山西省共有小学6 403所，比上年减少了482所。一共招生376 640

人，比上年增加了29 221 人；在校学生达到2 269 515 人，比上年增加了24 496 人；毕业学生人数为341 145 人，比上年减少了46 980 人。适合上学年龄的儿童入学率接近99.87%。小学学校专任老师人数约172 957 人，在任老师学历资质同上年相比下降约0.01 个百分点，合格比率达到99.95%。小学学校共有寄宿学生约345 706 人，农村来城市务工人员的子女约210 506 人，在农村留守的孩子约有102 876 人，分别占到了全省在读学生人数总数的15.23%、9.28%与4.53%。截至2015 年底全省总共有普中学校1 895 所，相比上年减少24 所。一共招了335 144 人，比上年减少了43 723 人；在校学生1 126 840 人，比上年减少了92 112 人；毕业学生427 587 人，比上年减少了21 102 人。初中专任教师人数为113 107 人，比上年减少2 815 人。专任教师的学历合格率比去年提高了0.16 个百分点，即99.52%。生师比是9.96∶1。初中共有寄宿制学生512 671 人，进城务工人员的随迁子女共71 215 人，农村留守儿童共54 337 人，分别占全省在校学生总数的45.5%、6.32%和4.82%。学校的逐步合并和规范化，师资力量得以整合，实现了优化配置，使得基础教育和中等教育的学校数量呈直线下降的趋势。同时，在师资队伍方面，在省教育厅网站与省教育杂志和山西青年报刊开设了专刊重点解读优秀教师故事，促进社会形成一种尊师的好氛围。更进一步地实行农村教育研究生师资扶持计划和乡村义务教育老师建设岗位计划，总共招聘了特岗老师1 701 人（包括国家级贫县1 209 人，省级贫困县492 人），并签约了农村教育硕士29 人。

同时，近两年教育公平一直是教育事业的重点。省教育厅领导在2015 年全省教育工作报告中提到要优化资源配置，缩小城乡之间差距，建立帮扶机制，缩小校际差距，保障困难群体就学权利，提高资助工作水平等工作重点。

二、制约城乡义务教育平衡发展原因实证分析

依据制约山西省城乡教育发展的诸多因素，通过对山西省农村义务教育的财政投入与其他非平衡发展问题进行分析，找到有效的解决办法并进行较为全面、深入的剖析，本书将构建计量经济学模型对它进行实证分析。由于教育均衡发展的详尽测量是一个极其复杂的工程，但在义务教育发展的过程中，教育经费最直接的体现是教育经费投入，是教育服务提供公平、均衡的绝对指标，也是目前财政支出对教育支持水平的进一步具体化。因此，本书先利用城乡预算中人均教育费用的泰尔指数衡量山西省城乡义务教育的不平衡化程度，然后，利用Eviews 软件针对城乡间义务教育均衡发展的限制性因素开展多元线性回归分析。

（一）泰尔指数计算与分析

泰尔指数，又被称作泰尔熵标准，是度量非平衡化的一个综合性指标。它起源于信息理论里面熵的相关概念，最初是由荷兰知名经济学家H. Theil 于1967 年提出并将其应用在计算收入不平等性的方面。在国外，泰尔指数的相关运用较为普遍且较为关键。

泰尔指数的最大优点就是有着其他不均等衡量技术指标所没有的可分解性特征，即总体的差距被分解成组间的差距和组内的差距两个部分。除此以外，泰尔指数也有着例如匿名性、齐次性、人口无关性与强洛伦兹一致性等作为较好相对指标所应有的诸多优点。泰尔指数的数值是介于0~1之间的，越靠近0表示财富的分配不平衡程度越小，越靠近1表示财富分配不均程度越大。在这里，选择了以生均预算内的教育经费作为相关主要指标的依据，计算山西省城乡义务教育费用的泰尔指数，具体的计算式子如下所述：

$$I(x) = \sum_{i=1}^{n} \frac{n_i}{n} \log \frac{\frac{n_i}{n}}{\frac{x_i}{x}} \tag{1}$$

其中，I（x）为泰尔指数，i=2表示把指标分为两组，i取1代表城市组，取2代表农村组；n代表山西省义务教育阶段的年度学生总数，n_i 表示义务教育阶段内第i组（城市或农村）的年度平均学生数；x为义务教育阶段人均经费总和；x_i 为第i组（城市或农村）义务教育层次的人均教育经费。所用数据和计算的泰尔指数如表9-1所示。

表9-1　2004~2013年山西省城乡预算教育费用、学生人数与泰尔指数

年份	城市教育经费（元）	农村教育经费（元）	教育总经费（元）	城市学生数（人）	农村学生数（人）	总学生数（人）	泰尔指数
2004	2 450.61	2 625.27	5 075.88	1 067 893	3 460 338	4 528 231	0.003614
2005	3 165.87	3 470.81	6 636.68	1 113 837	3 034 861	4 148 698	0.002501
2006	3 920.83	4 380.74	8 301.57	1 117 799	2 794 651	3 912 450	0.001503
2007	4 712.85	5 635.43	10 348.28	1 154 016	2 519 881	3 673 897	0.004516
2008	6 183.80	7 214.00	13 397.80	1 146 637	2 307 434	3 454 071	0.003244
2009	8 573.35	10 857.71	19 431.06	1 165 084	2 129 234	3 294 318	0.009876
2010	11 783.85	14 533.82	26 317.67	1 279 674	1 317 778	2 597 452	0.039150
2011	15 073.44	18 316.53	33 389.97	1 252 557	1 125 913	2 378 470	0.058045
2012	19 480.35	24 735.14	44 215.49	1 073 846	1 075 423	2 149 269	0.053180
2013	23 141.83	27 316.54	50 458.37	1 057 384	984 621	2 042 005	0.084760

资料来源：《中国教育经费统计年鉴》和《中国教育统计年鉴》（2004~2014）。

分析表9-1数据可以得出：在2004~2013年这10年期间中，山西省内的人均教育费用支出的泰尔指数值趋势总体是在上升的。教育费用支出的泰尔指数值在2004~2006年这段时间里是逐渐削减的，并且维持在0~0.01这样小的幅度范围之内。然而，在2008~2013年这6年中变化范围相对比较大，最高值是2013年的0.084760，并且除2012年有不到0.001的下降幅度以外，最近6年泰尔指数值基本是上升的趋势。这种变化趋势与大部分学者研究得出的结论是大体上相同的，但从城乡生均教育经费绝对差和泰尔指数比较的结果来看，城乡差异有增大的趋势，这表明由于财政教育投资体制存在较大差异，使得教育财政转移支付制度、教育资源的配置以及其他固有的分配体制存在欠缺。此外，鉴于山西省城乡经济基础的较大差异，新机制的实施对缩小城乡义务教育经费投入差距的作用也由于受到了限制而没有充分发挥出来。

（二）OLS 模型的构建

义务教育属公共产品中较为重要的组成，其影响原因以及分析办法相似于公共产品。此文借鉴刘斌《我国地方政府公共产品供给现状案例研究——基于重庆 40 个区县的实证分析》里面的部分模型构建，建立的多元线性回归模型使用的是 2004 ~ 2013 年连续 10 年的 7 项数据，其中 Y 值就是上一部分已经整理运算得出的城乡生均教育经费泰尔指数，X 指标选的分别是：人均 GDP、城镇化率、城乡居民收入比（城镇居民家庭人均可支配收入比农民人均纯收入）、城乡居民消费比（城镇居民人均消费性支出比上农村住户人均生活消费支出）、教育支出占公共财政支出的比例、国家财政教育经费占 GDP 的比例等，各数据都是来自或者根据相应年份的《中国统计年鉴》计算得出，然后运用 Eviews7. 2 软件回归分析，最后构建的方程如下所示：

$$Y = \alpha_0 + \alpha_1 X_1 + \alpha_2 X_2 + \alpha_3 X_3 + \alpha_4 X_4 + \alpha_5 X_5 + \alpha_6 X_6 + \mu \tag{2}$$

其中，α_0、α_1、α_2、α_3、α_4、α_5、α_6 为待估参数，μ 为随机扰动项。自变量 X 的指标选取主要来自 3 个方面。

即为了衡量教育差异化与经济发展的相关性，选取山西省人均 GDP 这一具有典型代表性的指标作为测度经济发展因素的准则；为了衡量城乡二元结构差异对义务教育投入差距扩大的影响，选取了城镇化率、城乡居民收入比、城乡居民消费比等指标来测度城乡因素对义务教育的作用；为了权衡财政的政策效应对义务教育投入差距的影响，主要选用了包括教育支出占公共财政支出比例、国家财政性教育经费占 GDP 比例在内的这两项指标作为衡量教育财政体制效应的标准。具体使用的数据如表 9 - 2 所示。

表 9 - 2　　　　OLS 模型分析各项数据数

年份	人均 GDP（万元）X_1	国家财政性教育经费占 GDP 百分比（%）X_3	教育支出占公共财政支出比例（%）X_4	城乡居民收入比 X_5	城乡居民消费比 X_6	泰尔指数 Y
2004	0. 908545	23. 9	15. 25	3. 05	3. 45	0. 003614
2005	1. 2854	23. 94	15. 27	3. 08	3. 38	0. 002501
2006	1. 4739	26. 42	13. 2	3. 15	3. 18	0. 001503
2007	1. 8104	25. 44	17. 26	3. 15	3. 02	0. 004516
2008	2. 1834	26. 63	17. 87	3. 2	2. 84	0. 003244
2009	2. 1516	34. 91	17. 81	3. 3	2. 83	0. 009876
2010	2. 6249	32. 36	17. 01	3. 3	2. 67	0. 03915
2011	3. 1292	31. 41	17. 84	3. 23	2. 48	0. 058045
2012	3. 3666	36. 75	20. 22	3. 21	2. 19	0. 053180
2013	3. 4984	35. 15	17. 9	3. 14	2. 19	0. 084760

资料来源：《中国统计年鉴》和《山西统计年鉴》（2004 ~ 2014）。

（三）回归结果及讨论

表 9－3　　Eviews 分析结果

Dependent Variable：Y
Method：Least Squares
Date：05/05/16　Time：19：33
Sample：2004 2013
Included observations：10

Variable	Coefficient	Std. Error	t－Statistic	Prob.
C	0. 263236	1. 958816	3. 233639	0. 5583
X_1	0. 022478	0. 139583	3. 314192	0. 5391
X_2	0. 003055	0. 054468	2. 285108	0. 4963
X_3	0. 007677	0. 060623	－0. 994914	0. 4188
X_4	－0. 048052	0. 010605	－0. 578333	0. 7058
X_5	0. 002172	0. 336290	2. . 642907	0. 4112
X_6	0. 001388	0. 104611	0. 753104	0. 4653
R－squared	0. 944553	Mean dependent var		0. 026043
Adjusted R－squared	0. 833658	S. D. dependent var		0. 030410
S. E. of regression	0. 012403	Akaike info criterion		－5. 745782
Sum squared resid	0. 000461	Schwarz criterion		－5. 533972
Log likelihood	35. 72891	Hannan－Quinn criter.		－5. 978136
F－statistic	8. 517547	Durbin－Watson stat		2. 413686
Prob（F－statistic）	0. 053396			

可以看出，总体模型的 $R^2 = 0.944553$，且调整后的 $R^2 = 0.833658$，可以看出，方程的拟合优度比较高；模型显著性检验（F 检验）由回归分析的结果看，F 检验值 8. 517547 且它的相伴概率接近于零，说明方程整体非常显著。

利用 Eviews7. 2 软件，对以上数据进行 OLS 拟合后得到方程：

$$Y = 0.263 + 0.022X_1 + 0.003X_2 + 0.008X_3 - 0.048X_4 + 0.002X_5 + 0.013X_6$$

$$(3.235)(3.314)(2.285)(-0.995)(-0.578)(2.643)(0.7531) \qquad (3)$$

$$R^2 = 0.954 \quad R^2 = 0.834 \quad F = 8.518 \quad D.W. = 2.41$$

该结果显示模型的拟合优度系数较高，表明模型整体拟合度较好，方程的解释能力较强，但在5%显著水平下，自变量 X_4、X_6 的系数的 t 统计值未能通过检验，考虑到指标中有类似因素，可能模型中出现了多重共线性，且 X_4、X_6 的相关系数达到了 90. 2%，故选择剔除 X_4 和 X_6 再进行逐步回归，得到了新的模型回归结果，列方程如下：

$$Y = -2.550 + 0.012X_1 + 0.025X_2 + 0.055X_3 - 0.043X_5$$

$$(-2.328)(5.595)(4.355)(2.456)(-2.284) \qquad (4)$$

$$R^2 = 0.936 \quad R^2 = 0.885 \quad F = 13.683 \quad DW. = 1.52$$

新的模型所得的可决系数为 0.936 和修正的可决系数为 0.885，说明拟合优度系数也较高，F 统计量显著提高，且各变量系数通过了 t 检验，模型的有效性得到支持。根据以上回归结果以及对比分析，可得出以下重要结论。

1. 制约山西省教育均衡化发展的主因是城乡二元分化

回归方程说明代表城乡义务教育非均衡化的程度即 Y 值与 X_1 人均 GDP、X_2 城镇化率，变量的相关系数分别为 0.012、0.025，近 10 年来数据显示，在山西省经济水平上升、城市化率逐渐增加的情况下，没有达到理想的城市和农村义务教育均衡发展的预期，反而是扩大了二者之间的非均衡指数。城市和农村的收入比和泰尔指数之间的正相关的关系也从侧面反映出，尽管近 10 年来山西省在相关政策的支持下经济迅速发展，虽然城镇化率的绝对指标有了提升，但城镇化的质量不高、区域内和城市与农村之间还没有统筹兼顾，农村地区的经济发展水平还是落后于城市的经济发展水平。造成义务教育不平衡的主要因素是城市和农村的二元结构导致的收入水平和各种公众性福利的差异，由此加强新型城镇化建设就迫切重要了。这种在二元经济条件下，由于城乡政府的经济差别性、分割性以及封闭性，政府在作为承担义务教育的投资主体时，造成义务教育经费在城乡间的不均衡，并且由此引发的一系列城乡教育之间的多种不对称，叫做二元教育。

2. 制约教育均衡化发展的次因是经费投入总体不足

山西省的经费总体水平和财政教育政策效应的影响都被 X_3 和 X_4 两个指标衡量，其中 X_4 反映的是公共财政的支教比重，它与泰尔指数呈负相关，并且在方程中影响程度比较大，系数为 -0.048，表明了相比经济发达的其他地区而言，山西省经费投入的上下浮动或降低是制约山西省教育均衡化发展的次要原因。在正常情况下，当义务教育财政框架建立在金融体系的基础上时，由行政区划造成的经济差距将不可避免地导致义务教育差距。而义务教育的出发点和城乡之间的差距又导致了社会弱势群体发展的不公平，并进一步维持和扩大了居民的经济差距。在现行的规章制度下，财政投入对教育重心的划分有失公平，但是地方各级政府作为义务教育筹资的责任主体，其财政能力有限，而且中央政府对义务教育的投资比例相对比较低，财政转移支付并未达到预期效果且收效甚微。并且因为义务教育所具有正外部性的特征，造成投资回报周期比较长，基于该特征，地方政府不会把义务教育财政支出列为优先支出类，尤其是在地方财政资源匮乏的地区，更有甚者还会把义务教育财政资金转移到其他投资回报周期较短的利益性项目中去。因此，地方政府对投资缺乏热情是由于教育财权和事权的分化造成的，并进一步加剧义务教育投资水平的不平衡现状。

3. 教师队伍建设与教育改革发展的新形势不相适应

一些学者分析，今天的中国，城乡差距比较大。城市的教师学历和教育质量明显高于农村的教师学历和教育质量，并且女教师在大城市的比例较大，老师负担的学生较多，也就是生师比比重较高。与此同时，农村男教师相对城市而言人数更多，农村老师负担的学生数也明显少于城市。教师资源的极端不平衡现象十分严重，发达城市和地区教师岗位有的已经严重过剩；但是在偏远地区，教师的数量少、质量也不高，有些地区严重地缺少美术、体育、音乐、电脑和其他专业的特色教师。并且发达城市和地区，老师学历高、教育水平也较高，知识更新速度较快，能够紧跟时代步伐。与此相反，在偏远的农村地区老师的学历和教学水平都比较低，教学方法简单粗糙，知识的更新速度比较缓慢。在义务教育期间，同一地区农村教师资源质量低，集中反映在低水平的教育，低比例的优秀教师，较高的年龄结构，专业教师的严重空缺，在职培训机会较少，人才流失严重等方面。此外，农村学校工作条件较差，相对大城市而言，老师出去进修或学习机会比较少，工资待遇远远低于城市，使得农村优秀教师大批涌入城市。另外，农村的中小学教师数量不足是由于师范院校毕业生不想在农村中小学任教造成的。

三、实现城乡教育均衡发展的对策

（一）打破二元结构的限制，统筹城乡经济发展

第一，调整国民收入的分配模式，大幅增加国家关于农村基础设施改造与社会事业建设的投入，并建立起农业与农村的联合投入体制。更要解决好农民的生活基本设施与建设，加速推进农村社会事业建设的发展，鼓劲改善农村教育水平，促进农村公共卫生建设和基本医疗服务水平等多个方面。

第二，逐步实现改革发展成果，由全体人民共享，增加农民粮食补贴，加大支农惠农的力度，稳定提高粮食的最低收购价钱，优化农产品结构，千方百计提高农村居民收入水平，缩小城乡收入差距。

第三，为促进城乡经济一体化的发展并建立起一个新的系统，需促进城乡间公共资源的平衡分配，城乡生产因素的自由流动，促使经济与社会发展的城乡一体化，协调土地利用与城乡的总体规划。地方各级政府应在部署城乡产业发展的同时，需要重点考虑的方面是：村落分布、农田保护、生态涵养、市县域城镇建设等。考虑大量农村劳动力流入城市的背景，吸引劳动力回归要通过引导城市资金、人才、技术与管理等多方面生产要素向农村转移。为逐步建立起一个城乡统一的公共制度，需部署城乡基础设施建设与公共服务，促进城乡劳动就业，并加快建设城乡统一的人力资源市场。统筹城乡之间的社会管理，需要逐步放宽在中小城市落户条件，使得在城镇稳定就业和居住的农民有序成为城市居民。

（二）促使学校师资均衡配置，加强师资队伍全面建设

1. 改善教师的培养方式，确保各中小学教师的质量和来源

为进一步加强和巩固师范类专业建设，师范类院校应坚持面向、适应和服务基础教育，此外还应扩大师范专业的招生比例，优化专业结构的整合，对师范类教育课程的体

系进行全面改革，努力提高教学质量。确定一批具有良好师范基础的地方高职院校或综合性高等学校专为农村培养教师资源，坚持做好高校毕业生到农村的教育工作，引导并鼓动高校毕业生到教育资源比较匮乏的农村、山村支教。

2. 在提高贫困地区教师补偿的同时，要重视农村教师进修并培训能力

通过进一步加强训练的方式，缩小农村和城市在教师质量上的差距。教育部和相关部门高度重视基础教育和中等教师的建设，但农村教师培训的关键是强调针对性与实事求是。在培训方案和内容开展前，首先应该进行本地调研，切实深入地掌握本地区教师队伍的长处和“短板”。其次是培训课程的设计要在保证生动性的同时兼具科学性，围绕薄弱环节为中心，以案例为支撑，辅之以丰富的语言。同时，重视农村音乐、艺术、体育、信息技术等学科教师的培训工作，注重培训基金的拨付。古人云“善之本在教，教之本在师”，如果老师在他们的专业及素养上不合格了，当然也就不能希望农村学生在音、美、体等方面有所表现。最后，要注重对农村中青年教师的精神鼓励和支持，为了推动山西省城乡义务教育质量的提高，引导农村教师借助远程技术掌握新的教学理念和方法，继续保持钻研业务的好习惯，为培养其成为学校教师的中流砥柱提供保障。

（三）加大财政支教投入总量，健全教育财政制度

1. 增加教育经费的投入总量，合理调整资金的架构比例

为了解决这一问题，首先要从源头上寻找门路，就是教育经费的收入，例如，与教育有关税收的征收适当增加，保证用于支教的财政的占比达到年年上升，保证教育经费投入在国民生产总值中所占比例在将来年年上升，达到并超过 4% 的法定要求，建立中央和地方教育资助委员会，负责教育预算，以及监督政府财政拨款，逐步健全和完善教育资金投入架构，并新增中央财政转移支付方式。与此同时，适当调整资金投入的结构，适当缩减高等教育和现代职业教育资金所占的比例，增加义务教育投入比例。作为个人教育的产品，由于非义务教育（高等教育和职业教育等），其个人的收益率与社会的收益率相比有明显提高的趋势，本应通过其他各方面路径来争取，防止挤占小学教育和初中教育的成长发展空间。

2. 拓宽义务教育的资金来源，通过多种途径吸纳社会资金

义务教育作为纯粹的公共物品，一般不是靠市场经济来提供，而是政府主导的。然而在山西省这样的中部地区，义务教育是教育结构中的薄弱环节，也是提高全省人民综合素质的关键，其潜在的经济效益和社会效益很大，所以，在国家和地区财政投入和供应有限的基础上，多种途径吸收社会资本已成为补充义务教育资经的重要渠道，修订后的《义务教育法》给予了明确的支持。政府作为调控的主体应该主动指导鼓励社会组织、资金实力雄厚的企业等为各地区的贫困中小学生和农村留守儿童等弱势群体提供资金支持，以社会捐款或发行教育公债以及体育彩票等方式，筹措义务教育经费和基础设施建设资金。

（四）确保农村务工子女等弱势群体能平等接受义务教育

1. 保证来城务工人员及其随迁的子女接受平等的义务教育权利

坚持“以流入地政府管理为主，以全日制公办中小学就读为主”的原则，落实解决农民工子女的教育问题。不但要将农民工子女接受义务教育的问题纳入教育发展规划，还要大力支持和规整民办学校，运用多种方式解决未注册却适龄的儿童义务教育的问题。提升农村留守儿童的教育质量，努力解决留守孩子们在思想、生活和学习上的各种困难。

2. 保护特殊孩子和青少年能够平等地接受义务教育

依照国家法律规定，地级以上市人数在30万以上、“三残”孩子比较多的县（市、区）应当建立一所标准化的特殊教育学校，并从多方面改善提高特殊教育学校的办学条件，努力健全普通学校接纳残疾孩子和青少年的具体实施机制。为进一步促进特殊教育的健康有序发展，制定并健全特殊教育学生的公共经费补贴标准。依特殊教育学校人员的标准，配足特殊教育人员，加大提升特殊教育教师津贴补贴。为没有能完成义务教育的少年刑事犯和被采取强制硬性教育规定的未成年人员创造更好的学习氛围，并为他们多次开展进行义务教育。

参考文献

1. 王有升．教育公平问题研究的体制分析视角［J］．青岛大学师范学院学报，2007（11）：23－29.

2. 戴俊豪．浙江省义务教育均衡化发展的对策研究［D］．杭州：浙江大学，2010.

3. 陈敬朴．城乡教育差距的归因分析［J］．教育发展研究，2004（11）：34－37.

4. 李锦顺．断裂与和谐：财政视野中的城乡义务教育研究［J］．中国教育学刊，2005（6）：34－40.

5. 翟博．教育均衡论：中国基础教育均衡发展实证分析［M］北京：人民教育出版社，2008：78－88.

6. 陈江涛．从经费视野看城乡义务教育均衡发展［J］．教育与教学研究，2009（12）：35－39.

7. 李晓嘉，刘鹏．财政支出视角下的基础教育服务均等化研究［J］．财经科学，2009（11）：26－29.

8. 高洪水．城乡义务教育发展均衡研究［D］．成都：四川农业大学，2012.

9. 解垩．中国地区教育差距的定量分析［J］．市场与人口分析，2004（6）：41－45.

10. 张长征，郇志坚，李怀祖．中国教育公平程度实证研究：1978～2004［J］．清华大学教育研究，2006（2）：21－24.

11. 王莹．基础教育服务均等化：基于度量的实证考察［J］．华中师范大学学报，2009（1）：112－118.

12. 崔慧玉，刘国辉．基本教育公共服务均等化研究［J］．财经问题研究，2010（5）：81－87.

13. 范佳玉．哈尔滨市义务教育均等化问题研究［D］．哈尔滨：东北林业大学，2012.

14. 张继远，张艳．城乡教育一体化指标体系：构建与应用——以四川成都市城乡教育一体化发展监测评价指标体系为例［J］．中小学管理，2013（2）：28－30.

（本书为山西省哲学社会科学规划项目“山西民生问题研究”的部分成果）

（完成人：王国惠）

第十章

太原市“城中村”居民社会保障问题研究

“城中村”是城市不断扩展、城市化转型不断推进过程中，形成特殊的“城市包围农村”的特殊的“夹缝地”。独特的地理位置和社会环境，导致“城中村”人口杂乱、建设规划滞后、基础设施不完善、土地管理混乱等问题频出，成为制约城市现代化发展的“瓶颈”。“城中村”已经成为制约各地城市发展的重要因素。推动“城中村”改造是实现城市化转型、城市现代化发展的必由之路。

随着城市化改造进程的加快，“城中村”土地资源往往通过征收、拍卖等方式进行重新配置。与之相关的村集体、村民的土地权益、村民身份成为利益划分的关键节点，而“城中村”居民在土地被征收之后生产、生活是否能获得可持续、稳定的保障是影响“城中村”改造进程推进的重要因素。

一、“城中村”改造的相关概念

（一）“城中村”的定义及分类

“城中村”即城市建设规划区范围内的村庄，是城乡二元经济结构存在的差异和矛盾在城市化进程中的集中反映，是非规范化城市管理状态下农村形式的居民区。“城中村”分为城市核心框架内的“城中村”，即城区“城中村”与城市主体框架内的“城中村”，即近郊“城中村”、远郊“城中村”。

从地区来讲，“城中村”属于城市范围内的“村落”。究其社会的属性来说，由于地理位置与传统农村截然不同，“城中村”是一种处于城市区域的特殊农村。“城中村”的分类有以下四种：

第一种“城中村”依然有农业用地，为村委会或乡政府建制，大部分人是农业户口，其产业结构以农牧种植业为主。

第二种“城中村”已没有耕地。全部土地已被征用成城市的建设用地，已经不存在村民的集体财产。现在虽然一部分村委会经过改革，成为城市型的居民委员会，农民的户口也由农业户口转为非农业户口，曾经的村民成为城镇人口，但宅基地的产权尚未国有化，宅基地与房屋产权归农民所有。

第三种“城中村”居民收入来源主要为非农业收入，大部分以出租房屋为主。土地产权是归村集体所有的，全部或大部分的土地已经为国家所征用，虽然所有村中居民转为城市户口，但其宅基地的产权并未归国家所有，因此土地的本质并没有发生转变。

第四种“城中村”存在于现有城市的区域内，不再是农业户口，也不再拥有农业用地，曾经的村自治组织已经改成了街道办事处或居委会等新形式，这种新型的“城中村”已经不再有村民集体财产和宅基地产权。

（二）“城中村”改造

“城中村”基础设施差、街道狭窄、房屋建筑质量较差、安全隐患严重，影响了村民的生产生活，更是与现代城市的发展理念不符。“城中村”原来的村民由农民转为城镇居民，部分集体经济组织成员从原来的依靠耕地生活转为依靠小规模生产经营、出租宅基地上的房屋为生，已非实际意义上农民并游离于各项城市现代化管理制度体系之外，但仍居住于被城市包含的原村庄内，享受村民待遇。由此，逐渐形成为一批城乡经济发展模式并存、村居混杂的“非城市”、“半农村”模式村落。

“城中村”居民虽然与普通城市的居民共同生活在一个城市，表面来看已经城市化，但是在生活区域内的公共基础设施享有上存在很大的差别。同时因为其依然是农村户口，“城中村”居民在生活的方方面面，譬如就业、养老保险、医疗保障、教育资源等，与城市居民相比仍缺乏相对应的保障。“城中村”居民大部分受教育程度低，没有一技之长可以再就业，因此这一群体的生活来源主要依靠出租房屋，以收租为生。“城中村”房租较低，深受外来务工人员的欢迎，所以人员复杂，治安状况令人担忧。

在政府关注民生问题和城市化的大环境下，“城中村”存在的弊端日益凸显出来，成为推进城市化进程的障碍。“城中村”问题除了影响我国城市经济和社会的发展，同样不利于“城中村”内的居民乃至整个城市的市民生存与发展。“城中村”改造现已成为我国现代化建设中一个重要的民生问题。

（三）社会保障对于“城中村”改造的重要性

社会保障是指国家和社会通过立法对国民收入进行分配和再分配，对社会成员因年老、失业、患病、工伤、生育等原因，生活陷入困难的人们的基本生活权利给予保障的社会安全制度，使其免遭意外和灾害带来的损失，保障劳动者的基本生活。社会保障的本质是维护社会公平进而促进社会稳定发展，在社会经济进步的过程中，逐步增进公共福利水平，保障整体公民的生活水平和质量。

“城中村”改造将当地的农村居民从原有的土地资源上剥离出来，推向就业市场，多数居民由于年龄、身体原因、学历低、缺乏工作技能等因素导致再就业机会有限，同时面临村集体组织自治管理方式的改变、村民身份向城市居民身份转换等问题。“城中村”改造后，居民的生活方式和生活环境都发生了很大的变化。受限于现有的补偿方式，以经济补偿和房屋面积补偿安置为主，“城中村”居民获得了拆迁赔偿后，虽然有了一笔数额可观的补偿金，但失去了以往建立在农村集体土地资源上的收益保障、就业保障、生活保障甚至养老保障，“城中村”改造不仅是城市化转型建设，更是“城中村”居民的生活方式、就业方式、思想观念等各方面的改造。由于社会保障政策的城乡二元化的制度安排，“城中村”居民在转换到城市居民的生活环境、生活模式的同时，仍然保留原有的农村社会保障模式，同时由于“城中村”基础公共设施的缺乏，导致“城中村”居民虽然在居住条件和环境上获得了搬迁及回迁的资格，但其社会保障资格、标准、待遇水平等，与城市居民存在很大的差距。虽然短时期内“城中村”居民受益于拆迁安置的经济补偿，基本生活不会有明显的影响，甚至不乏居民一夜暴富的现象。但从长远角度分析，短期的高额经济补偿作为土地所有权永久出让的一次性支付代价，村集体、农民让渡的不仅仅是土地的使用收益，更是未来依附土地资源所产生的生产、生活、就业等保障及土地资产增值的各种预期。所以，政府作为“城中村”改造的推动者和责任主体，应尽快完善“城中村”居民的社会保障体系，实现“城中村”居民与城市居民的社会保障制度的一体化，把“城中村”改造的外在城市建设改造和内在居民身份、待遇的改造有机地结合起来。

二、太原市“城中村”居民社会保障现状及问题分析

近年来山西省各级城市积极推进城市化，积极推动“城中村”改造工作，取得了一定的成效。以山西省太原市为例，2003 年太原市启动了“城中村”的改造计划。截至 2012 年底，太原市共有 43 个“城中村”开展了拆迁改造，共计拆除旧村建筑面积 466.78 万平方米，万柏林区下元等 10 个“城中村”实现整村拆除。截至 2014 年底，太原市各个区域尚未改造的“城中村”共 170 个。2014 年 12 月，太原市对“城中村”改造工作领导组作出重大调整，积极推动“城中村”改造工作，全市拆除旧村建筑面积 269.48 万平方米、5 932 台锅炉，分别完成年度目标任务的 109.5%、118.6%。其中，小店区许东、万柏林区东社、红沟、黄坡、枣尖梁 5 个村基本完成整村拆除。2015 年，太原市启动新一轮“城中村”改造工作，当年启动 54 个“城中村”改造任务，其中有 47 个村基本完成整村拆除，46 个村启动安置房建设。2016 年太原市加快完成 54 个“城中村”拆迁建设安置任务，同时再启动 31 个“城中村”拆迁。

（一）太原市“城中村”居民社会保障概况

1.“城中村”居民的生产生活现状

太原市现有 170 个“城中村”，包括居民 11 万户，共计 46 万人；外来常住人口 49 万人，共计 95 万人。“城中村”土地总面积 191 平方千米，其中旧村宅基地占地面积 47 平方千米，旧村宅基地建筑及公共建筑面积 4 163 万平方米。市区 300 平方千米内分布了 109 个“城中村”，共 96 平方千米，占建成区面积近 1/3。

太原市现有“城中村”大多以工业与服务业为主。经济收入来源主要分成两部分，一是出租土地给企业收取租金，或者是以土地的形式入股，与企业的投资者共享收益；二是利用宅基地修建多层建筑，将里面的客房出租给外来经商和打工的人员，也有不少村民利用自己的宅基地开设旅馆或者饭店，依靠经营旅馆饭店来获取自己的生活来源。太原市区内的“城中村”土地大多已经不再作为农业用地，整体功能以居住和从事第二、第三产业为主。

2. “城中村”居民现有的社会保障

太原市为“城中村”居民提供拆迁补偿，一般都采取一次性货币补偿和房屋置换的方式。为保障“城中村”改造后居民的生活和就业，太原市政府在2008年和2011年先后发布了《关于做好被征地农民就业培训和社会保障工作的实施意见》、《太原市被征地农民基本养老保险实施细则（试行）》，细化了“城中村”居民社会保障的各项规定。

（1）养老保障。

2010年，太原市政府发布《太原市被征地农民基本养老保险实施细则（试行）》，对“城中村”居民养老保障的方案和具体工作做了进一步规定。首先，将“城中村”居民按照年龄段划分，享受不同的社会保障待遇水平：60岁以上为供养年龄段；16～59周岁为劳动年龄段；16周岁以下为未达劳动年龄段。前两种年龄段人员按养老保险费的规定缴纳并享受其对应的待遇，第三种年龄段人员则根据征地补偿办法的规定将安置补助费一次性发放。供养年龄段的居民，每超过60岁1年，缴费年限减1年，最低缴费5年；而劳动年龄段人员需缴费15年。此外还为养老保险单独设立了储备金，并对“城中村”中的老年居民提出可享受额外的财政补贴。

其次，实践中根据太原市各区政府的不同财政能力和补贴水平，按照保障标准将“城中村”居民分为四类地区。一类地区：迎泽区、杏花岭区、小店区、晋源区、万柏林区、经济技术开发区、高新技术开发区、尖草坪区、民营经济区；二类地区：清徐县、古交市；三类地区：阳曲县；四类地区：娄烦县。分别设三个档次的缴费和保障标准，如表10－1所示。

表10－1　太原市各区“城中村”养老保障标准　单位：元/每月

档次	一类	二类	三类	四类
一档	576	536	496	456
二档	424	402	369	338
三档	272	268	242	220

从表10－1可看出，各区域保障水平存在差异，而且在当前物价维持高位的情况下，保障标准还是很低的，居民依靠这样的保障收入很难维持基本生活。

（2）医疗保障。

现行的“城中村”居民的医疗保障方案分以下四种情况。①如果户口未转变，身份仍为农村居民的，可以参加新型农村合作医疗。②改造后已经从农村户口转为城镇户口的，可以按照城镇居民的身份和相应的医保规定参加城镇居民医保。③“城中村”居民中如果已经在城镇用人单位就业的，可以依照职工基本医疗保险规定，参加所在单位的职工基本医疗保险。④实现城镇灵活就业的，可按太原市城镇灵活就业人员的相关指导办法参加职工基本医疗保险。城镇居民医保和新型农村合作医疗不能同时参加。

（3）就业保障。

太原市政府《关于做好被征地农民就业培训和社会保障工作的实施意见》建议各级政府要加大为“城中村”安排就业的工作力度，发展一些新的岗位，帮助就业困难的“城中村”居民实现就业，监督相关单位优先安排“城中村”的居民就业。一方面用地单位可以主动提供一些就业岗位，依法签订劳动合同为符合就业条件的“城中村”居民安排就业；另一方面用地单位、就业服务机构和“城中村”居民三方也可以依法签订合同，委托中介机构作为第三方为居民提供就业机会。

（4）工伤保险及失业保险。

“城中村”居民在城镇已经实现就业的，所在工作单位应当按规定办理工伤保险，费用由单位来缴纳，职工个人不缴费；发生工伤事故等意外时，应当按国家规定享受工伤保险。城市规划区内处于劳动年龄段的“城中村”农民在城镇企业就业或灵活就业的人员，应参加失业保险。按失业保险政策规定的缴费基数、缴费比例缴纳失业保险费。已经拥有失业保险并依法缴纳费用的，可按规定享受失业保险的待遇。

分析太原市“城中村”居民社会保障状况，与户籍身份紧密相关，并未被完全纳入城镇居民社会保障体系。对于多数户籍登记仍为农村户口的“城中村”居民并未转为城镇身份的居民，仍以农民的身份参加新型农村养老保险、农村合作医疗和最低生活保障制度，其他与劳动就业相关的保障项目并没有作相关的特殊规定。

3. “城中村”改造的补偿方式

太原市“城中村”改造的拆迁补偿原则上以房屋补偿和货币补偿为主，由于地理位置、经济情况以及房地产开发商不同，各村的拆迁补偿安置和货币补贴办法也有一定差异。如迎泽区王家峰村，要求货币补偿的，按宅基地上实有的合法建筑面积（二层及二层以下房屋）1∶1置换或宅基地面积160%标准置换面积后，按4 300元/平方米予以货币补偿；万柏林区南寒村货币补偿的标准为3 600元/平方米，按宅基地证核准土地面积的两倍计算。从各村的拆迁补偿政策文件来看，均以货币补偿或是房屋置换为补偿方式，对于“城中村”居民在改造后的保障如医疗保险、就业、教育问题等都没有涉及。

虽然《太原市被征地农民基本养老保险实施细则（试行）》对“城中村”居民的养老保障有了明确的政策方案，但是根据其中的就业培训和社会保障工作的相关指导内容来看，仍然和城镇居民享受的保障标准有一定的差距。虽然“城中村”居民通过“城中村”改造的征地补偿、拆迁安置等可以快速得到一大笔财富，但是对于以往依赖宅基地或承包经营土地经营收入的“城中村”居民而言，失去了一个稳定、持续的收入来源和生活保障。很多村民一方面，受限于年龄、身体、学历水平、思想观念等原因很难在城市获得合适的就业机会，长此以往将影响居民的生活质量；另一方面，村民因拆迁手握大量的房产和现金，缺乏有效的理财管理观念和能力，很多居民因过度消费、投资失误等原因导致财产减损，更有部分村民经不住诱惑，沾染赌博等恶习短时期内把财产挥霍一空。可见，目前太原市“城中村”改造过程中，拆迁补偿方式单一，缺乏对村民改造后的工作、生活的政策引导和全方位保障。

（二）“城中村”居民与城镇居民社会保障对比分析

由于我国城乡二元制度的影响，“城中村”居民虽然身居城市，但无法享受城镇居民的社会保险、最低生活保障等社会保障待遇。虽然短期内可以依靠土地补偿款生活，但随着时间的推移、补偿金的消耗，“城中村”居民的社会保障问题会逐渐凸显出来，势必会对社会的稳定发展带来负面影响。因此，构建“城中村”居民社会保障体系，推动“城中村”居民和城市居民社会保障一体化，应成为实现“城中村”改造真正实现城市现代化的应有之意。

1. 养老保障待遇水平不同

太原市城镇职工基本养老金分为两部分，一部分是该市所有城镇居民均享有的养老福利，数额为职工退休时上年度职工平均月工资的1/5，称为基础养老金；另一部分则根据每个居民的收入不同产生个体化的差异，其数额为按职工个人账户储存额的1/120，称为个人账户养老金。据此，2015年太原市城镇职工年平均收入为57 000元，城镇职工退休后每人每月可取得超过1 200元的养老金。

太原市城镇居民养老保险基金主要由个人缴费和政府补贴构成，实行社会统筹和个人账户相结合，与家庭养老、社会救助、社会福利等其他社会保障政策相配套，保障城镇居民老年基本生活。参加城镇居民养老保险的城镇居民应当按规定缴纳养老保险费。缴费标准现设定每年100元、200元、300元、400元、500元、600元、700元、800元、900元和1 000元10个档次。参保人自主选择档次缴费，多缴多得。政府依据经济发展和城镇居民人均可支配收入增长等情况，适时调整缴费档次。政府补贴分基础养老金补贴（出口补）和缴费补贴（入口补）两部分。第一部分——基础养老金补贴（出口补）：政府对符合待遇领取条件的参保人全额支付城镇居民养老保险基础养老金。第二部分——缴费补贴（入口补）：市政府对参保人个人缴费给予每人每年10元补贴；县（市、区）政府对参保人个人缴费分别给予缴100元补20元、缴200元补25元、缴300元补30元、缴400元补35元、缴500元及其以上补40元补贴。城镇重度残疾人、低保户等缴费困难群体，由县（市、区）政府为其代缴最低标准养老保险费。有条件的县（市、区）可以适当提高补贴标准。政府对参保人的缴费补贴不能冲抵个人缴费。县（市、区）政府可制定长缴多得的鼓励政策，积极引导中青年城镇居民参保。基础养老金标准为每人每月65元，中央财政每人每月支付55元，市级财政每人每月支付10元。县（市、区）政府可根据实际情况适当提高基础养老金标准。个人账户养老金月计发标准为个人账户全部储存额除以139（与现行城镇职工基本养老保险及新农保个人账户养老金计发系数相同）。

与前两者的个人缴费、政府补贴相结合的城镇职工和居民养老保险制度的筹资模式完全不同，“城中村”居民的养老保险制度是一次性缴纳固定数额保险金以获得固定数额的养老金。2008 年 6 月太原市人民政府《关于印发太原市“城中村”改造管理试行办法的通知》第二十五条规定：“城中村”改制后，原村民应当依法参加社会保险，社会保险费由改制后的经济组织和原村民个人按比例承担。符合享受城市居民最低生活保障条件的原村民，享受最低生活保障待遇。根据该通知的规定，明确了“城中村”改造后的“城中村”居民参加社会保障的费用由原村集体和村民个人承担，与城镇居民养老保险基金主要由个人缴费和政府补贴构成的筹资模式完全不同。对于居住位置与城镇居民相近，生活成本与城镇居民持平的“城中村”居民，“城中村”居民与城镇职工、城镇居民的养老待遇存在很大的差距，即使按照最高档的缴纳标准，所获得的养老金标准每月也仅有 500 元。

2. 医疗保险缴费标准不同

太原市城镇居民现行的医保参保缴费个人标准为每人每年 300 元。所有城镇居民医保的参保人员，都参加太原市城镇居民大病医疗保险。居民如患大病，基本医保先报销，无法继续报销的金额再由居民大病医保报销。而“城中村”居民大多仍是农村户口，现参与新农村合作医疗保险，个人缴费标准现为每人每年 120 元。同时由于大多“城中村”居民之前以收房租为生，并没有用人单位负担缴纳医疗保险，因此与城镇职工相比只有统筹基金，没有个人账户。只有在病情严重住院时才能享受医疗保险，对于减轻“城中村”居民日常的医疗负担并没有效果。

除养老保障和医疗保障外，就业保障、最低生活保障等其他方面，“城中村”居民也无法和城镇居民享受到同样的待遇和权利，对“城中村”居民因未享受相应待遇，而遇到的生活困难以及由此而产生的心理失衡现象，容易形成新的社会不稳定因素。

（三）构建太原市“城中村”居民社会保障的必要性

虽然“城中村”改造存在不同模式，但一直以征地补偿为主。

从政府方面来看，征地补偿本质上是通过给付“城中村”居民补偿款的方式把他们的土地所有权和社会保障一次性的买断，居民在得到补偿款后自谋生计，政府则完成了城市化改造任务。由于快速城市化的要求，城市扩张急需大量的土地，货币补偿的方式往往实现了政府迅速、快捷地拿到居民手中的土地资源，而不必过分考虑居民的安置及生活、就业保障问题，因此，征地补偿方式比较适应政府快速城市化的要求而得到普遍使用。

从“城中村”居民方面来看，在征地的过程中，居民处于弱势地位，政府对国家征地条款的解释往往为有利于政府，居民对自身权利的要求并不能全部实现。除此之外还存在政府拖欠补偿款的风险，居民选择也趋向于一次性地拿到补偿款。而实际上，这种征地安置补偿方式未考虑到“城中村”居民生活、就业的后续保障问题，现行的“城中村”社会保障体系存在保障不足甚至保障缺位的状况，与城镇居民所享受的社会保障待遇水平存在很大的差距。从实行的效果来看，这种社会保障方式只能解决少数生活、生存问题，对整体上提高“城中村”的社会保障水平，没有明显效果。一旦居民的补偿安置消耗殆尽，必然面临着严峻的生存问题，长此以往会逐渐累积成为影响社会稳定的不良因素。因此，长远来说，进一步完善“城中村”居民社会保障制度来保障居民的基本生活具有重要的现实意义。

三、重构“城中村”居民社会保障体系的建议

（一）完善“城中村”社会保障制度

1. 养老保障制度

第一，根据“城中村”居民不同年龄、身体状况、教育程度、再就业能力和愿望等各种因素，将居民划分为不同的类别，为不同类别的居民群体提供不同的补偿安置方式。如鼓励村民将补偿款项折换为股金，以确保将来能有可持续的稳定的股金收益以保障生活；对具备就业条件的居民，提供更多的就业安置机会；即使是货币补偿，也可以根据年龄对居民拆迁补偿个人账户做出分类，合理划分成不同的档次，扩宽“城中村”居民补偿款的应用途径，如设置补偿款的用于生活保障、医疗保障等具体社会保障项目的比例和期限。第二，“城中村”居民的社会保障缴费标准和待遇标准的调整要灵活合理，要调动他们参与养老保障的积极性，不断地提高养老保险的覆盖范围。第三，缴纳养老保险的方式和发放养老金的标准不应该是固定的，而是应该与当地的经济发展情况相适应，使“城中村”居民不但可以履行应尽的义务，又能共享发展带来的果实。第四，对于已经超龄的或即将超龄的无力缴纳社会保障费用的困难居民，村自治组织或居委会应当通过提升集体经济组织的筹资能力，根据各村的经济条件，定期发放生活补助，以解决其养老生活困难的问题。

2. 医疗保障制度

大力推进城乡居民医保的“六统一”。2016 年 1 月 3 日，国务院印发《关于整合城乡居民基本医疗保险制度的意见》，整合城镇居民基本医疗保险和新型农村合作医疗两项制度，建立统一的城乡居民基本医疗保险制度。按照统一覆盖范围、统一筹资政策、统一保障待遇、统一医保目录、统一定点管理、统一基金管理，实现城乡居民医保一体化管理服务。此外，提高城乡居民医保财政补助和个人缴费标准。根据山西省人社厅通知，2016 年 11 月底各市将出台整合城乡居民医保的具体实施方案，2017 年基本实现城乡居民基本医疗保险的“六统一”。据此，“城中村”居民与城镇居民医疗保障制度一体化，待遇更加公平。

3. 最低生活保障制度

改造后“城中村”居民陷入无承包经营土地、无宅基地、无就业岗位、无社会保

障的生活境地，因此最低生活保障是必不可少的一部分。由于“城中村”改造后原村民丧失了重要的生活来源—土地资源，城市化之后的生活成本也与周边的城市区域持平，长此以往，更多人会陷入生活困难的境地，低保人群势必会随之增加，以往农村居民最低生活保障制度的待遇标准无法维持居民的最低生活水平。相关部门应该因时制宜，加快实现“城中村”居民最低生活保障制度与城镇居民最低生活保障一体化的进程。将“城中村”居民中困难人员纳入城镇低保，提高最低生活保障的财政补贴标准。同时也应完善最低生活保障的监督调查机制，过程公开透明化，为真正需要补助的居民提供帮助。2008 年 6 月太原市人民政府《关于印发太原市“城中村”改造管理试行办法的通知》中规定，“城中村”改造后符合享受城市居民最低生活保障条件的原村民，享受最低生活保障待遇。

4. 就业保障制度

“城中村”居民的就业保障制度主要针对“城中村”居民的教育培训保障，其中包括：(1) 确保落实“城中村”居民下一代的九年制义务教育，“城中村”居民的子女入学应与城镇居民的子女执行同样的各种就近入学、升学等政策。(2) 对“城中村”失业居民的职业技能培训。

“城中村”居民的再就业存在两方面的问题：就业渠道狭窄和就业技能不足。第一，应当加强对他们职业和技能的培训，使“城中村”居民有自己的技术优势，在城市得以求生，提高就业率。第二，“城中村”的居民应当享受和城镇居民相同的再就业机会及优惠政策。支持自主就业，帮“城中村”居民开阔就业思路、拓宽就业渠道，给经营个体私营和民营经济的居民一定的政策上和经济上的支持和鼓励，通过制订相应的规定和方案，实现一些税费的减免，引导“城中村”居民积极自主创业。第三，建立和完善就业服务体系。应当定期组织“城中村”居民参加人才招聘或交流活动，积极联系企业，提供更多适合的工作岗位，推荐符合更多用工条件的“城中村”居民积极就业。第四，积极发动社会各界力量，关心“城中村”居民的就业问题，大力帮助“城中村”居民再就业，让他们更好地融入城市生活。

（二）推进村自治组织向社区居委会的转型

组织实施“撤村建居”、村集体经济组织改制，“城中村”改造将城市规划区范围内集体土地依法征收为国有土地，按照城市规划、建设管理规定进行建设，村庄的村民转为居民，撤销村委会建立居委会，农村集体经济组织改制为股份制经济组织。“城中村”村委的发展趋势是逐步实现社区化。但不同于城市其他区域的社区，新中国成立以来村委会在长期的历史发展历程当中，已经成为村民集体管理、劳作、生活乃至政治、精神文化秩序构建和运转的核心枢纽，与城市居民不同，“城中村”村民对村集体具有更加强烈的依赖感和集体意识，并在实践的集体生活中被不断强化，主要体现在彼此互帮互助、资源共享和自我保障等方面，对于建立“城中村”居民社会保障制度提供了坚实的精神基础和组织基础。

随着“城中村”的改造，“城中村”最终会转型为新城市社区。虽然这些居民多数会在村外自谋职业，不再从事传统的农耕集体生活。但在生活、情感、社会交往、心理认同等各个方面，这个“村落”能让他们有很强的归属感。“城中村”社区较城市社区而言，不仅具有强大的社区集体经济资源支撑，而且其居民经过长年累月的集体生活，形成了浓厚的团结互助意识。因此，在建立“城中村”社会保障制度的过程中，要积极推进村自治组织（如村委会）向城市社区的转型，使其成为“城中村”社会保障体系构建的一项重要内容。

（三）发掘村集体经济组织的社会保障功能

在保持稳定和确保集体资产不流失的前提下，“城中村”集体经济组织改制应当按法定程序进行清产核资和资产评估，依法经村民会议讨论通过后制定资产处置分配方案，合理设置股权并量化、组建股份制经济组织。各区政府（管委会）应制定撤村建居、集体经济组织改制工作实施意见并组织实施。“城中村”改制后，原村民应当依法参加社会保险，社会保险费由改制后的经济组织和原村民个人按比例承担。可见，改制后的经济组织的盈利是“城中村”居民社会保障的重要筹资渠道，成功实现集体经济的股份制改革对于顺利推进“城中村”改造具有重要的现实意义。

“城中村”村集体以原有的村集体经济组织和土地资源为基础，通过个人借贷、银行贷款或企业拆借资金，成立以地产置业为主、多种经济组织为辅的各种股份制公司，通过从事生产经营或商业地产开发和经营，一方面为将来村集体获得持续稳定的收入；另一方面解决了村民的拆迁安置就业、住房、社会保障村集体补贴等问题。进行改造的“城中村”大多都处在市区内较好的地理位置，经过商业开发后这些商业地产的租金较高，提供给集体企业稳定可观的收入。集体企业拥有大量的资金后，可以作为社区开展社会保障工作强有力的经济后盾。以太原市万柏林区南寒村为例，为了保证改造的顺利实施，使居民利益最大化，南寒社区“城中村”改造工程由改制后的股份制经济组织自主实施开发建设。按照南寒社区旧村改造规划设计初步测算，“城中村”居民通过入股可以成为经济组织的股民，改制后的股份制经济组织股民每人可享有不低于 20 平方米商业面积的股权，该商业面积由改制后的股份制经济组织统一经营管理，每年根据收益情况对全体股民进行利润分红，保证股民有固定的经济来源和生活保障。

（四）建立良好的监督机制

良好的监督机制是重构“城中村”社会保障体系中必不可少的一环。责成相关部门或聘请社会人士监督各项社会保障法规、政策、规章制度的贯彻和执行情况。同时，也可成立民间的社会保障监督机构，如“城中村”居民代表组织等，对各项基金的收支、投资与管理过程进行监管；同时应当定期对社会保障基金的财务状况进行审查，向社会公布审计结果，以增加过程的透明度；确保监管落实到“城中村”社会保障的每一个环节，尤其是资金方面的管理。在“城中村”改造的过程中，要保证居民的知情权，推行“阳光工程”，杜绝层层克扣和截留，以防损害“城中村”居民的基本利益。

（五）以社会保障为重心，发挥政府的支撑作用

在“城中村”改造过程中，各区县政府也越来越关注“城中村”居民的社会保障问题，也采取了各种措施来确保“城中村”居民能够在新的生活环境中安居乐业。以太原市万柏林区“城中村”改造为例，万柏林区政府根据村民的不同需求，采取了分层次、多样化的改造措施。如该区根据本区九院小区的搬迁和移民经验，通过街道、社区基层工作机构，在全区大力推动不同级别、不同类型的企业提供就业岗位，同时发展新的贴近居民的服务岗位，帮助居民实现就业；对“城中村”改造过程中符合困难就业条件的居民，根据各种困难情况的不同采用分层次、分类别的救助措施，如鼓励灵活就业、自主创业等，实施就业援助；开展劳动力技能培训课程，让“城中村”那些有培训需求的居民，就地就近参加，符合国家政策的还能够享受国家职业技能培训补贴。对那些有条件能够参加社会保险的居民，介绍和引导他们加入全区的社会保障系统，让居民能够吃上社会保障的“定心丸”。

政府在社会保障的主体地位表现在两方面。一是提供有效的政策支持。构建“城中村”居民社会保障的过程中，改革现有社会保障制度，制定科学、合理的社会保障措施和规定。二是“城中村”社会保障的建立需要各方面的配合和工作才可以实现，在这个阶段中政府担负着领导和监督的责任。因此，一定要坚定不移地发挥政府的主体支撑作用，以社会保障作为重点和核心问题，才能更好地实现“城中村”改造，保障“城中村”居民的根本利益，将“城中村”转型为城市现代化文明社区，促进社会的稳定，加速城市化的发展进程。

参考文献

1. 邓大松．社会保障理论与实践发展研究［M］．北京：人民出版社，2007.

2. 周敏．“城中村”改造进程中五种角色的转变——以北京市、太原市为例［D］．太原：山西财经大学，2013.

3. 太原市“城中村”改造工作协调领导组办公室．太原市“城中村”改造政策汇编．2009.

4. 太原市农村社会保险基金管理中心．太原市被征地农民基本养老保险实施细则（试行）．2010.

5. 马俊．太原市“城中村”改造失地农民社会保障问题研究［D］．太原：山西财经大学，2011.

（本文为2016年度山西省留学回国人员科研项目“太原市城中村改造过程中民生改善状况实证研究”的部分成果）

（完成人：孙月蓉）

第十一章

山西省养老服务机构城乡协调发展研究

2015 年山西省 60 岁以上老年人达到 529 万人，占全省人口的 14.5%，人口老龄化问题日益突出，加快发展养老服务业，已成为全省上下共同关心的问题。山西省养老服务发展的目标是 2020 年全面建成以居家养老为基础、社区养老为依托、机构养老为支撑的养老服务体系。加快养老服务机构建设，促进养老服务机构城乡协调发展，是政府社会政策托底作用的基本保障，是解决失能、半失能老年群体养老问题的客观要求，是城乡统筹发展的重大举措。本节在完成山西省政府重大决策咨询课题“转型背景下山西养老研究”的基础上，进一步探讨养老服务机构可持续发展的问题，从城乡统筹发展的视角，提出山西省要实施农村养老服务机构服务能力提升战略，启动推动农村养老服务机构发展的六大工程，促进城乡养老服务机构协调发展，积极应对人口老龄化和高龄化的挑战。

一、山西省养老服务机构运行状况分析

近年来山西省养老服务机构较快发展，但养老服务机构总量偏少，在全国所占比重偏低，每千名老年人拥有的床位数量低于全国平均水平，入住老年人数量比较少，养老服务机构人力资本短缺，养老服务能力弱，可持续发展能力不强。

（一）养老服务机构及其分类

养老服务机构是指为老年人提供集中居住、生活护理、健康管理和文体娱乐活动等综合性服务的机构，既可以是独立的法人机构，也可以是附属于医疗机构、企事业单位、社会团体或组织、综合性社会福利机构的一个部门或者分支机构。从名称来看，有的养老服务机构叫养老院，有的养老服务机构叫养老服务中心、敬老院、老年公寓、老年养护院等。

由于养老服务是政府、社会、家庭的共同责任，具有社会福利和市场运行的共同特征，我国现阶段提供养老服务的机构趋于多元化，种类多种多样，养老服务经营模式也呈现出多样化的特点。

从养老服务机构的投资主体来看，有政府出资建设的社会福利院、光荣院、福利精神病院、养老服务中心等，还有社会或个人出资建设的各类养老服务机构。

从养老服务机构运行资金的来源看，有依靠各级政府财政拨款运行的养老服务机构，工作人员的工资有保障，工作人员比较稳定；也有依靠市场运行来支撑的养老服务机构，其工作人员工资收入随着经营状况的好坏而变化，具有不稳定性。

从营利性与非营利性方面来看，政府财政拨款运行的养老服务机构具有福利性和非营利性，但近年来也开始接受自费人员入住，市场运行的因素渗入其中，运行特点是非营利性+营利性；私营养老服务机构以市场运作为主，具有营利性，但也开始大量接收“三无”人员、“五保”人员和“优抚”人员，接收这些人员可以按照规定的补贴标准获得补贴，私营养老服务机构也渗入了福利的因素，运行特点是营利性+非营利性。

从养老服务机构的重要性来看，有保障性养老服务机构和市场运作性养老服务机构。保障性养老服务机构数量较少，基本采取公建公营的模式，在养老服务体系中发挥着托底作用，主要为“三无”和“五保”老年人、低收入老年人、经济困难的失能半失能老年人提供无偿或低收费的供养、护理服务，是政府发展养老服务机构的重点。市场运作性养老服务机构由市场需求进行调控，数量多，覆盖广，主要由社会资本建设和运营，是养老服务机构的主要组成部分。

从养老服务的内容来划分，有供养型养老服务机构、养护型养老服务机构、医护型养老服务机构等。供养型养老服务机构主要为有自理能力的老年人提供宾馆式的集中养老条件，一般不需要特殊的护理服务，如老年公寓等。养护型养老服务机构是把养老和护理结合在一起，在保证老年人吃住等基本需求的基础上，进一步为老年人提供保养护理、医学护理等服务，是提供养护服务的养老服务机构。医护型养老服务机构主要是为高龄、失能半失能老年人提供医疗护理和养老服务，护理难度大，服务要求高，是医养结合的具有医院功能的养老服务机构。

从养老服务机构的规模来看，有小型、中型和大型养老服务机构。养老服务机构的大小主要是根据养老服务机构的床位来划分，目前还没有统一的标准，20张床位即符合建设养老服务机构的最低标准。可以把100张床位以下的养老服务机构视为小型养老服务机构，100~299张床位的为中型养老服务机构，300张床位以上的则为大型养老服务机构。

从养老服务机构的地理位置来看，有位于城市的养老服务机构，还有位于县城和农村的养老服务机构，一般把位于城市和县城的养老服务机构称为城镇或城市养老服务机构，把位于乡镇和村里的养老服务机构称为乡村或农村养老服务机构。从总体上来看，城市养老服务机构的条件和环境好于农村养老服务机构。

（二）山西省养老服务机构运行状况分析

1. 养老服务机构床位数量少，在全国占比低

根据我国养老服务业发展规划，2020年每千名老年人口拥有的养老床位数量要达到35～40张，而山西省养老机构床位数量少，具体表现在下述三个方面。

第一，每千名老年人拥有的床位数量比较少。2014年山西省共有60岁以上老年人503万人，而全省养老服务机构的床位仅有83 126张，平均每千名老年人有16.5张床位，比全国60岁以上老年人平均每千人27.2张床位的水平少10.7张，与规划目标有明显的差距。

第二，在全国所占的比例较低。2014年山西省经济总量占全国的2.0%，人口占全国的2.7%，而同年山西省养老服务机构的床位数仅占全国的1.7%，山西省养老服务机构床位数所占的比重，与经济发展和人口规模所占的比重不协调，这在一定程度上说明山西省养老服务业发展相对滞后。

第三，平均每个养老服务机构床位数较少。2015年山西省平均每个养老服务机构建筑面积为2 298.4平方米，与全国2 587.5平方米的水平相差不是很多，山西省每个养老服务机构建筑面积小289.1平方米，是全国的88.8%，而山西省平均每个养老服务机构拥有床位88张，全国为129张，山西省每个养老服务机构床位数量比全国少41张，只是全国水平的68.2%，比周边省份也少，而且差距比较大。

表11－1　2015年全国及部分省份平均每个养老服务机构的床位数量　单位：张

区域	全国	山西	安徽	陕西	河北	河南	湖北	山东
床位数	129	88	132	146	153	108	135	163

资料来源：《中国民政统计年鉴（2016）》第320～324页。

2. 养老服务机构入住人员比较少

一是平均每个养老服务机构在院人数少。2015年末山西省养老服务机构在院人数33 437人，养老服务机构共有712个，平均每个养老服务机构在院人数为47人。同年全国养老服务机构在院人数2 147 272人，养老服务机构27 752个，平均每个养老服务机构在院人数为77人，每个养老服务机构在院人数比山西省多30人，山西省平均每个养老服务机构在院人数只是全国的61%。

表11－2　2015年末全国及部分省份平均每个养老服务机构在院人数　单位：人

区域	全国	山西	安徽	陕西	河北	河南	湖北	山东
人数	77	47	75	98	70	76	90	98

资料来源：《中国民政统计年鉴（2016）》第320～325页。

二是养老服务机构床位的利用率低。2015年末山西省养老服务机构共有床位数62 572张，年末入住在院人数33 437人，入住在院人员占床位数的53.4%，即养老服务机构床位的入住利用率为53.4%，46.6%的床位处于空闲或闲置状态，与全国60%的床位入住利用率相比，山西省低6.6个百分点，这表明山西省养老服务机构床位的利用率较低。

表 11－3　2015 年末全国及部分省份入住人员占养老服务机构床位数的比重

区域	全国	山西	安徽	河南	山东	上海	四川
比重（%）	60	53.4	56.5	70	59.9	65.9	75.2

资料来源：《中国民政统计年鉴（2016）》第 324～325 页。

三是入住人员在院天数比较少。2015 年全国养老服务机构平均每个入住人员在院天数为 244 天，上海市为 298 天，山东省为 285 天，而山西省只有 240 天，低于全国平均水平。入住人员在院天数比较少，也表明养老服务机构床位的利用率比较低。

表 11－4　2015 年全国及部分省份养老服务机构入住人员在院天数　单位：天

区域	全国	山西	上海	江苏	山东	安徽
平均天数	244	240	298	264	285	272

资料来源：《中国民政统计年鉴（2016）》第 325 页。

四是入住人员中自费人员少。按在院人员性质划分，养老服务机构入住人员主要有四类，即“三无”和“五保”对象、自费人员、“优抚”对象和其他社会救济对象，其中，“三无”和“五保”对象是入住人员的主体。山西省养老服务机构入住人员中自费人员较少，2015 年占入住人员的 21.3%，比全国同类指标低 16.1 个百分点，与上海、北京、江苏等经济发达地区的差距更大。

表 11－5　2015 年全国及部分省市自费人员占养老服务机构入住人员的比重

区域	全国	山西	上海	北京	江苏	山东	河南
所占比重（%）	34.1	21.3	95.2	40.9	39.5	32.8	23.6

资料来源：《中国民政统计年鉴（2016）》第 325～326 页。

3. 养老服务机构人力资本短缺

一是工作人员整体素质不理想。2015 年山西省养老服务机构职工人数 6 903 人，平均每个机构有 10 人，入住在院人员与职工人数之比为 4.8∶1，全国养老服务机构入住在院人员与职工人数之比为 6.7∶1，因此，从入住在院人员与职工人数之比来看，山西省养老服务机构职工人数不算少，每位职工服务的老年人比较少，但工作人员整体素质不理想，整体素质偏低，大学本科及以上学历的工作人员比较少，仅 814 人，占职工人数的 11.8%，有社会工作师职业资格的人员数量更少，全省养老服务机构仅有 59 人，占职工人数的 0.9%，养老服务机构工作人员整体素质有待提高。

表 11－6　2015 年山西省养老服务机构中社会工作师的比重

项目	职工人数	社会工作师	助理社会工作师	大学本科及以上人员
人数（人）	6 903	59	18	814
占比（%）	100	0.9	0.3	11.8

资料来源：《中国民政统计年鉴（2016）》第 321～322 页。

二是志愿者服务人次数偏少。2015 年山西省有 5 238 人次数为养老服务机构提供志愿者服务，平均每人次服务 2.7 小时，略少于全国每人次服务 2.9 小时的水平，差距不大，但山西省提供志愿者服务的人次数大大低于全国平均水平。山西省志愿者服务人次数仅占全国志愿者服务人次数的 1.1%，所占比重偏低，与山西省人口所占 2.7% 的比重极不相符。山西省平均每个养老服务机构一年获得的志愿者人次数仅为 7.4 人次，大大低于全国 16.5 人次的水平，仅占全国的 44.8%。山西省每个养老服务机构一年获得的自愿服务时间为 19.7 小时，也大大低于全国 47.5 小时的水平，仅是全国的 41.5%。

表 11-7　　2015 年全国及山西省养老服务机构志愿者服务情况

内容	志愿者人次数（人次）	志愿服务时间（小时）	每个养老机构获得的志愿者人次数（人次）	每个养老机构获得的服务时间（小时）
山西	5 238	14 001	7.4	19.7
全国	459 254	1 317 064	16.5	47.5
山西占全国比重（%）	1.1	1.1	44.8	41.5

资料来源：《中国民政统计年鉴（2016）》第 323 页。

二、山西省养老服务机构城乡协调发展状况分析

从城乡协调发展的视角分析，山西省养老服务机构、社区互助型养老设施和社区养老服务机构是农村数量多、城市数量少，但城市社区日间照料中心的数量大大多于农村；农村养老服务机构的硬件条件比较简陋，工作人员素质不理想，入住老年人比较少，养老服务能力需要大幅提升。

（一）城乡养老服务机构现状分析

1. 农村养老服务机构数量多，城市数量少

从养老服务机构数量来看，2015 年山西省农村养老服务机构有 412 个，城市养老服务机构有 116 个，城乡养老服务机构之比为 1∶3.6，农村地区的养老服务机构数量比较多，占全省城乡养老服务机构的 78%，城市养老服务机构只占 22%。同年全国城乡养老服务机构之比为 1∶2.0，城市养老服务机构占 32.9%，农村养老服务机构占 67.1%。因此，与全国相比，山西省城乡养老服务机构的数量差距比较突出。

从养老服务机构床位数量来看，2015 年山西省城市养老服务机构有床位 13 905 张，农村养老服务机构有床位 35 600 张，农村养老服务机构的床位占 71.9%，城市养老服务机构的床位占 28.1%。同年全国城市养老服务机构的床位占 39.7%，农村养老服务机构的床位占 60.3%，因此，山西省城乡养老服务机构床位数量的差别大于全国平均水平。

表 11－8　　2015 年全国及山西省城乡养老服务机构数量及床位

项目	机构数量	占机构的比重	床位数量	占床位的比重
山西城市	116 个	22%	13 905 张	28.1%
山西农村	412 个	78%	35 600 张	71.9%
全国城市	7 656 个	32.9%	1 163 900 张	39.7%
全国农村	15 587 个	67.1%	1 771 284 张	60.3%

资料来源：《中国民政统计年鉴（2016）》第 330～341 页。

2. 农村养老服务机构规模比较小，城市比较大

从每个养老服务机构拥有的床位来看，城市养老服务机构床位多，农村养老服务机构床位少。2015 年山西省平均每个养老服务机构床位为 88 张，而农村养老服务机构平均为 86 张，低于全省的平均水平，城市养老服务机构为 120 张，高于全省的平均水平。与全国相比，山西省城乡养老服务机构的床位均少于全国平均水平。

表 11－9　　2015 年全国及山西省城乡养老服务机构平均床位数量　　单位：张

项目	山西省		全　国	
	城市养老服务机构	农村养老服务机构	城市养老服务机构	农村养老服务机构
床位数量	120	86	152	114

资料来源：《中国民政统计年鉴（2016）》第 330～341 页。

从养老服务机构的规模来看，山西省百张床位以下的农村养老服务机构占比达到 63.3%，城市养老服务机构占比为 50%，两者所占的比重均高于全国平均水平，而山西省百张床位以上的城乡养老服务机构所占的比重均低于全国水平，这表明山西省城乡养老服务机构的规模比较小，特别是农村的养老服务机构规模更小。

表 11－10　2015 年全国及山西省不同规模的城乡养老服务机构所占比重　　单位：%

床位		0～99 张	100～299 张	300～499 张	500 张以上
城市养老服务机构	山西	50.0	43.1	6.0	0.9
	全国	47.3	40.8	7.7	4.2
农村养老服务机构	山西	63.3	34.0	2.2	0.5
	全国	54.6	41.0	3.3	1.1

资料来源：《中国民政统计年鉴（2016）》第 330～338 页。

3. 城市养老服务机构入住人员的主体是自费人员，而农村自费入住人员过少

2015 年，山西省城市养老服务机构入住人员的主体是自费人员，所占比重达到 77.5%，而农村养老服务机构入住人员以“三无”人员和特困对象为主体，所占比重达到 88.5%，自费人员很少，只有 1 615 人，仅占入住人员的 8.7%，所占比重过低，比全国农村养老服务机构自费人员所占的比重低 5.4 个百分点，比山西省城市养老服务机构低 68.8 个百分点。

表 11－11　　2015 年全国及山西省城乡养老服务机构不同类型入住人员所占比重　　单位：%

项目	合计	优抚对象	“三无”和特困对象	其他社会救济对象	自费人员
山西农村	100	2.1	88.5	0.7	8.7
山西城市	100	2.3	20.1	0.1	77.5
全国农村	100	3.1	82.4	0.4	14.1
全国城市	100	1.3	13.9	0.3	84.5

资料来源：《中国民政统计年鉴（2016）》第 334～342 页。

4. 农村养老服务机构人力资本更为短缺

山西省养老服务机构人力资本短缺，职工素质不理想，在农村养老服务机构中表现得更为突出。2015 年，山西省农村养老服务机构职工有 3 011 人，大学本科及以上学历的职工非常少，仅有 111 人，占职工人数的 3.7%，有社会工作师职业资格的人员数量更少，仅有 4 人，占职工人数的 0.1%，与山西省城市养老服务机构的人员构成有一定的差距。

表 11－12　　2015 年山西省城乡养老服务机构人力资本占比　　单位：%

项目	社会工作师	助理社会工作师	大学本科及以上人员	大学专科人员
农村	0.1	0.1	3.7	13.1
城市	0.6	0.4	6.7	15.0

资料来源：《中国民政统计年鉴（2016）》第 331～339 页。

（二）城乡社区养老设施基本现状分析

社区养老是我国养老服务体系的重要组成部分，是居家养老的有益补充，是以居民居住的社区为基础而运行的一种养老模式，主要特点是政府扶持、社会参与、市场运作。社区养老设施主要包括社区日间照料中心、社区互助型养老设施、社区养老机构等。

1. 城乡社区日间照料中心覆盖面较广，但运行状况不理想

城乡社区日间照料中心是社区养老的重要形式，主要向日间无人或无能力照料的居家老年人提供养老服务，包括基本膳食供应、个人照顾、精神文化、休闲娱乐等日间托养服务，以满足老年人的吃饭、日间照料为基本要求，基本原则是社区（或村级）主办、自主参与、互帮互助、量力而行、政府扶持。

2012 年山西省在全省开展农村日间照料养老服务工作试点，2013～2015 年全省每年新建 1 000 个农村老年人日间照料中心，“十二五”时期的奋斗目标是实现社区老年人日间照料服务基本覆盖城市社区和半数以上农村社区。因此，城乡社区日间照料中心在全省覆盖面比较广，如太原市 2015 年已建立城市社区日间照料中心 115 个，床位 1 380余张，建立农村日间照料中心 165 个，为社区老年人提供助餐、助浴、助洁、助急、助医等方便快捷的服务。

在城市，山西省采取民办公助的模式，积极引进养老服务企业和社会组织，建立养老服务网点，开展日间照护、老年餐桌、文化娱乐、医疗康复、家政预约等养老服务项目，打造一刻钟养老服务圈，基本实现社区老年人日间照料中心全省全覆盖。

在农村，针对空巢、留守、高龄老年人逐步增多，老年人收入低、实际生活困难等实际情况，利用闲置的村委会、学校等资源，以为老年人提供餐饮和文化娱乐活动服务为主，筹集专项资金改造建设老年人日间照料中心，目前全省已建成 3 000 余个农村老年人日间照料中心，覆盖率占行政村的 20% 以上。在老年人日间照料中心建设方面起步比较早的运城市平陆县，已投入运行的社区日间照料中心达 115 个，占全县 228 个行政村的 50% 以上。但从全省层面上来看，农村老年人日间照料中心仍有待拓展和提高。运城市临猗县是山西省人口最多的县，人口达到 57 万人，其中 60 岁以上的老年人有 8.1 万人，全县有 14 个乡镇、375 个村，但建成的老年人日间照料中心仅有 23 个，覆盖率仅为全县行政村的 6.1%。

山西省城乡社区日间照料中心覆盖面比较广，但运行现状并不乐观。由于运行补助由县级财政拨款，每年每个日间照料中心补助 2 万元，补助资金数量少，而且不能及时到位，多数农村老年人日间照料中心没有足够的运行资金，靠村委会筹集资金、社会捐款、收取的成本费用来支撑，条件设施不理想，工作人员不稳定，持续健康发展的良好机制还没有形成。

2. 城乡社区互助型养老设施分布均衡，但数量少，规模小

互助养老是 21 世纪初兴起的一种全新的养老模式，是社区养老的有益补充。互助养老强调普通居民之间的相互帮扶，身体好的低龄老年人帮扶身体差的高龄老年人。参加互助养老的老年人语言相通、习俗相近、闲谈聊天、下棋打牌、其乐融融，具有离家不离社区（村）、抱团养老的特点，运行成本低，兼有居家养老和机构养老的好处。从 2013 年开始，民政部和财政部每年从中央彩票专项公益金中拿出 10 亿元，连续三年，共投入 30 亿元，重点帮助农村建立互助型养老服务设施，取得一定成效。

山西省社区互助型养老设施相对比较少，2014 年全省仅有 279 个，共有床位 5 905 张，包括日间照料床位和住宿收养床位，平均每个社区互助型养老设施建筑面积 133 平方米，合计收养人数 1 154 人，数量不多，均为日间照料老年人。

2014 年在山西省社区互助型养老设施工作的职工 1 020 人，平均每个社区互助型养老设施有 3.7 人，不仅人数少，而且整体素质不高，目前工作人员中没有大学专科及大学本科以上学历的人员，没有获得社会工作师职业资格的人员。

在山西省 279 个社区互助型养老设施中，农村社区互助型养老设施 137 个，城市社区互助型养老设施 142 个，所占比重分别为 49.1% 和 50.9%。在 5 905 张床位中，农村社区互助型养老设施有 2 617 张床位，占 44.3%；城市社区互助型养老设施有 3 288 张床位，占 55.7%。在收养老年人中，农村社区互助型养老设施收养 465 人，占 40.3%，城市社区互助型养老设施收养 689 人，占 59.7%。

表 11－13　　2014 年山西省城乡社区互助型养老设施的基本情况

项目	社区互助型养老设施数量		床位数量		收养老年人	
合计	279 个		5 905 张		1 154 人	
区域	农村	城市	农村	城市	农村	城市
数量	137 个	142 个	2617 张	3288 张	465 人	689 人
占比	49.1%	50.9%	44.3%	55.7%	40.3%	59.7%

资料来源：《中国民政统计年鉴（2015）》第 344～347 页。

3. 城乡社区养老服务机构集中在农村，数量偏少，条件简陋

（1）社区养老服务机构集中在农村，数量偏少。

社区养老服务机构是以社区老年人为主要服务对象而建立的养老服务机构，其主要特点是能为老年人提供便捷的养老服务，规模相对较小，条件比较简陋，但发展潜力比较大。

2014 年山西省社区养老服务机构共有 38 个，床位合计 569 张，数量比较少，在全国所占的比重分别为 0.2% 和 0.1%，均不到 1 个百分点。目前山西省社区养老服务机构主要分布在农村地区，2014 年山西省农村社区养老服务机构共有 37 个，占到社区养老服务机构的 97.4%，城乡之间分布呈现出农村多、城市少的格局。

表 11－14　　2014 年全国及山西省社区养老服务机构的基本情况

项目	社区养老服务机构（个）	农村		城市	
		社区养老服务机构（个）	占比（%）	社区养老服务机构（个）	占比（%）
山西	38	37	97.4	1	2.6
全国	18 927	12 073	63.8	6 854	36.2

资料来源：《中国民政统计年鉴（2015）》第 338 页。

（2）收养老年人数量少。

山西省城乡社区养老服务机构数量偏少，收养老年人数量也偏少。2014 年山西省社区养老服务机构收养老年人合计 6 935 天，平均每个床位为 12.2 天，床位利用率偏低。2014 年末收养人数合计 127 人，而且以日间照料为主，达到 108 人，占收养人数的 85%，住宿收养人数只有 19 人，占收养人数的 15%。

（3）条件简陋。

山西省城乡社区养老服务机构条件简陋，规模小，床位少，2014 年平均每个社区养老服务机构建筑面积为 194.7 平方米，大大小于一般养老服务机构的规模。平均每个社区养老服务机构床位 15 张，基本没有配备医疗护理设施。人力资本状况不理想，工作人员中没有大学本科及以上学历的人员，没有具有社会工作师职业资格的人员，平均每个社区养老服务机构职工人数不到 3 人。

三、推进山西省养老服务机构城乡协调发展的政策建议

鉴于山西省养老服务机构数量少、床位利用率低、人力资本短缺、城乡分布不平衡、农村社区养老设施条件比较差的实际情况，"十三五"时期山西省应实施农村养老服务机构服务能力提升战略，在质量方面主要是提升农村养老服务机构的服务能力，在数量方面主要是均衡养老服务机构的城乡布局，促进养老服务机构城乡协调发展。

（一）实施农村养老服务机构服务能力提升战略

"十三五"时期山西省实施农村养老服务机构服务能力提升战略，目标是增强农村养老服务机构的可持续发展能力，实现农村养老服务机构发展模式由数量扩张型转变为质量提升与数量扩张并重型，重点是提升农村养老服务机构的服务质量，增强农村养老服务机构的生存和发展能力，而不是单一增加农村养老服务机构的数量，其主要原因是：

第一，农村养老服务机构入住老年人少。山西省养老服务机构数量不多，床位有限，但现有养老服务机构面临生存困境，2015 年养老服务机构床位的入住利用率仅为 53.4%，农村养老服务机构入住老年人更少，在全国处于下游水平。入住老年人少，表明养老服务机构在市场经济中没有足够的市场需求，效益低，这种状况制约了养老服务机构的进一步发展，也影响了社会资本的进一步流入。

第二，农村养老服务机构入住人员中自费人员更少。在经济比较发达的省份，养老服务机构入住人员中自费人员较多，上海市入住自费人员占养老服务机构入住人员的 95.2%，北京市达到 40.9%，而山西省养老服务机构入住人员中自费人员仅占入住人员的 21.3%，大大低于全国平均水平。入住的自费人员少，一是对养老服务机构的生存，特别是对私营养老服务机构的生存产生不利的影响，降低了养老服务机构的经济效益和可持续发展能力；二是对社会上未入住养老服务机构的老年人产生排斥效应，不利于养老服务机构吸纳更多的老年人入住。

第三，农村社区养老服务机构服务能力弱。近几年山西省在农村社区建立了较多的老年人日间照料中心或互助型养老设施，但由于条件简陋，养老服务设备少，高素质的护理服务人员少，导致多数农村社区养老服务机构服务能力弱，设施的利用率不高，有些老年人日间照料中心甚至成了摆设，形同虚设，没有发挥出应有的作用。运城市盐湖

区金井乡洗马村60岁以上老年人有140人，而日间照料中心建筑面积仅有150平方米，餐厅最多能容纳25人就餐，难以满足老年人日间照料的养老需求。

（二）启动六大工程，提升农村养老服务机构的服务能力

提升农村养老服务机构的服务能力，涉及质和量两大方面，质的方面主要是通过启动六大工程来实现，即“农村养老服务机构标准化建设100工程”、“医养结合养老服务机构乡镇全覆盖工程”、“互联网+农村养老服务机构130工程”、“农村养老服务人员培训工程”、“农村养老服务机构品牌化建设和连锁化经营工程”及“省市机关干部农村养老志愿服务112工程”。

1. 启动“农村养老服务机构标准化建设100工程”，改善农村养老服务机构的服务环境

“农村养老服务机构标准化建设100工程”是指2020年全省建成100个标准化水平较高的农村养老服务机构。

实施行业标准和市场规范是推进养老服务业健康发展的重要保证，也是更好地提供养老服务、加强行业管理的准则和依据。2014年2月民政部、国家标准化管理委员会、商务部、国家质检总局、全国老龄办等五部门出台了《关于加强养老服务标准化工作的指导意见》，山西省“十三五”期间要加大力度，把文件的要求落实到位，启动“农村养老服务机构标准化建设100工程”，争取2020年所有的县（或县级市）建成1个具有示范性、标准化水平较高的养老服务机构，全省建成100个（包括县级市，全省共96个县市），改变农村养老服务机构条件差的现状，营造农村地区安全、便利、诚信、舒适的养老服务消费环境。

首先要加强硬件标准化建设。养老服务机构内生活设施、餐饮设备配置规范，健身器材、医疗条件、信息技术应用等符合要求和规范。

其次要推进规范化服务。按照服务质量标准，规范各项服务，使生活照料、保健服务、医疗护理、紧急救援等各项服务逐步趋于规范化和标准化。

2. 启动“医养结合养老服务机构乡镇全覆盖工程”，推进农村养老服务机构医养结合

城市医疗条件好，老年人患病后可以得到及时治疗，而农村地区医疗条件差，医院数量比较少，看病难的问题仍然没有得到较好的解决。目前农村老年人高龄化、空巢化、患病化的趋势加强，特别是老年人越高龄化，患病率就越高，两者成正比，因此，把养老服务和医疗结合起来，启动“医养结合养老服务机构乡镇全覆盖工程”，争取2020年全省每个乡镇至少建成1个医养结合机构或医疗养老联合体，全省1 196个乡镇均有医养结合机构或医疗养老联合体，适应农村人口老龄化的特点，满足农村老年人养老、医疗、护理的综合需求。

要按照就近方便、互利互惠的原则，鼓励农村养老服务机构与周边的医疗卫生机构

开展多种形式的协议合作，明确双方责任，推进医疗养老联合体建设。符合新型农村合作医疗定点医疗机构条件的农村养老服务机构，可申请纳入定点范围，入住参保老年人按规定享受基本医疗保险待遇。

鼓励农村养老服务机构内设医疗机构，开办老年病医院、康复医院、护理院、中医医院、临终关怀机构等，也可内设医务室、护理站等医疗机构，并按规定实施准入和管理，依法依规开展医疗卫生服务。对农村养老服务机构内设医疗机构的申请，各级卫生计生行政部门要优先予以审核审批。

3. 启动“互联网＋农村养老服务机构130工程”，提高农村养老服务机构智能化水平

“互联网＋农村养老服务机构130工程”是指2020年全省建成130个智能化水平较高的农村养老服务机构，推进农村智能养老。

老年人行动及思维存在不便之处，自理程度比较差，日常生活起居比较容易出意外事故，养老服务机构服务人员不可能随时顾及每位老年人，当老年人出现意外情况时，需要服务人员以最快的速度找到老年人所处位置，进行紧急救援，养老智能化水平能弥补这个空白。李克强总理在2015年政府工作报告中提出“互联网＋农村养老服务机构工程”行动计划，目前山西省养老服务机构智能化服务水平较低，农村养老服务机构智能化服务水平更低，不能满足老年人养老的服务需求，因此，山西省应组织实施“互联网＋农村养老服务机构工程”。

“互联网＋农村养老服务机构工程”是指利用互联网、物联网等信息技术，融合多种智能化系统，运用现代科技，与养老服务有机结合，将先进的信息技术和智能控制技术应用于养老服务，为老年人提供安全、便捷、及时的服务，提升农村养老服务智能化水平，形成各具特色的信息化养老服务机构综合管理服务系统。

“互联网＋农村养老服务机构工程”包括众多的内容：一是提供紧急呼叫、健康咨询、服务预约等适合老年人的服务项目，如便于老年人随身携带的紧急呼叫器、语音通话系统、老年人健康状况检测仪等；二是提升养老服务机构信息化管理水平，如老年人公共活动场所的监控设施、服务过程的动态监管、服务质量控制和管理系统等。

老年人对信息科技的需求是多层次、多品种、多方面的，各养老机构情况互不相同，实施“互联网＋农村养老服务机构工程”应由点到面，以示范带动整体工作，逐步推进，“十三五”初期做到一市（地级市）一个示范点，“十三五”末期拓展到一县（或县级区）一个示范点，争取2020年建成130个智能化水平较高的农村养老服务机构（11个地级市＋119个县市区）。

4. 启动“农村养老服务人员培训工程”，提升农村养老服务的“软”环境

由民政系统牵头组织，启动农村养老服务人员培训工程，进一步加强农村养老服务人员培训工作，免费为农村养老机构从业人员举办各种形式的培训，提升农村养老服务机构从业人员的整体素质和专业技能。

培训内容包括：一是现有农村养老服务机构护理人员素质的提高，包括老年人护理常识、常见疾病的预防、特殊情况的应急处理等。二是对农村养老服务机构管理者、投资者进行培训，培训内容包括养老服务业发展现状、养老投资应注意的问题、养老政策宣传等。

培训形式多种多样，可以是短期培训班、专题讲座等，还可以上门进行示范性的培训。

5. 启动“农村养老服务机构品牌化建设和连锁化经营工程”，提升农村养老服务机构的竞争力

一是推进农村养老服务机构品牌化建设。在省、市、县三个层面推进农村养老服务机构品牌化建设，争取2020年省级层面形成影响比较大的系列化品牌产品，包括农村养老型养老服务机构品牌、农村护理型养老服务机构品牌、农村医养型养老服务机构品牌等；市级层面形成特征鲜明的个性化品牌产品；县级层面有品牌产品，实现一县一品牌。

二是推进农村养老服务机构连锁化经营。以规模化和品牌化养老服务机构为龙头，通过松散型、紧密型等多种形式，带动农村养老服务机构发展，2020年实现一个地级市至少有一个连锁化经营的农村养老服务机构。条件成熟后，向全省连锁化经营发展。

6. 启动“省市机关干部农村养老志愿服务112工程”，把养老自愿服务延伸到农村

以省精神文明建设指导委员会或省老龄委的名义下发文件，启动“省市机关干部农村养老志愿服务112工程”，即省市机关和事业单位每一位干部至少到农村养老服务机构志愿服务1人次，保证在农村养老服务机构提供至少2小时的志愿服务。1人提供1人次2小时的志愿服务（即112），要求不高，不难做到，只要精心组织，一定会收到应有的成效。该工程具体工作由民政系统组织，以划片或按行业的形式就近组织开展，改变山西省养老服务中志愿者偏少的状况。

2015年山西省机关和事业单位从业人员有150.5万多人，多数为干部编制，如果按10%的从业人员计算，1人提供1人次2小时的志愿服务，志愿服务者人次数将比目前提高30多倍，这将大大改变山西省农村养老服务志愿者偏少的状况，弥补农村养老服务机构人力资本的不足。

（三）均衡养老服务机构城乡布局，促进养老服务机构城乡协调发展

1. 养老服务机构的城乡分布要与城乡人口分布相互协调

目前山西省养老服务机构的分布状况是，农村养老服务机构的数量和拥有的床位数量均达到70%以上，而农村人口所占比重为45%，随着城镇化水平的进一步提高，农村人口还有逐步降低的趋势；城镇人口比农村人口多，所占比重为55%，还有进一步提高的可能，而城市养老服务机构和床位所占的比重在20%左右。人口分布与养老服

务机构、床位的分布不匹配，城市人口多，养老服务机构数量和床位少，农村人口比较少，而养老服务机构数量和床位多。因此，山西省新增养老服务机构应适度向城镇倾斜，其目的是实现养老服务机构城乡分布的均衡发展。此处的“均衡”是指养老服务机构的城乡分布要适应城乡人口分布、人口城镇化加速趋势和经济发展水平。

表 11－15　2015 年山西省人口占比与养老服务机构占比的城乡比较　单位：%

项目	人口所占比重	养老服务机构占比	养老服务机构床位占比
农村	45	78	71.9
城市	55	22	28.1

资料来源：《山西统计年鉴（2016）》第 38 页、《中国民政统计年鉴（2016）》第 328 ~ 336 页。

山西省养老服务机构数量偏少，还应进一步增加养老服务机构的数量，新增养老服务机构应适度向城镇倾斜，但这并不是说农村不增加新的养老服务机构，而是与城市相比，农村养老服务机构增加的数量少一些，一定要把握好“度”，不能走极端。根据山西省“十三五”养老服务体系建设规划储备项目建议方案，2016 ~ 2020 年，山西省拟建设敬老院、老年养护院等养老服务机构 162 个，在 11 个地级市只有 16 个建设项目，仅占建设项目的 9.9%，数量偏少，比重偏低，而农村（包括乡镇和村）的建设项目占到 57.4%，比重有些偏高，应适度微调，实现城乡之间养老服务机构布局平衡发展。

表 11－16　2016 ~ 2020 年山西省养老服务机构计划建设项目的分布

项目	县城	乡镇	村	合计
数量（个）	53	87	6	162
占比（%）	32.7	53.7	3.7	100

资料来源：山西省民政厅网站。

2. 社区日间照料中心的建设要向农村倾斜

社区日间照料中心以提供老年人的日间生活照料为主，服务内容和要求均比养老服务机构低一些，而且在城市已经基本全覆盖，重点应向农村地区的乡镇和村倾斜，但在山西省 2016 ~ 2020 年 91 个社区日间照料中心拟建设项目中，地级市的建设项目占到 24.2%，乡镇和村的建设项目仅占 1.1%，比重过少，偏离了实际情况，应进一步加大农村社区日间照料中心建设的力度。

表 11－17　2016 ~ 2020 年山西省社区日间照料中心计划建设项目的分布

项目	地级市	县城	乡镇	村	合计
数量（个）	22	68	0	1	91
占比（%）	24.2	74.7	0	1.1	100

资料来源：山西省民政厅网站。

（四）加大政策优惠力度，推进农村养老服务机构服务能力提升战略的实施

1. 确保养老资金投入不低于经济增长速度

一是用于农村养老服务财政资金的增长速度不低于经济增长速度。加大各级政府财政资金对农村养老服务支持的力度，财政资金投入的底线是用于农村养老服务的财政资金增长速度不低于经济增长速度，保持基本同步或略高于经济增长速度。我国经济发展已经进入新常态，全国预计经济增长速度为7%～6.5%，山西省为6%～4%，这意味着“十三五”时期山西省用于农村养老服务的财政资金增长速度将保持在6%～4%。

二是各级政府用于农村养老服务的财政资金投入由“建”为主转变为以“补”为主。农村养老机构建设的主体要由政府为主转变为以社会为主，政府财政资金主要用于农村养老机构建设和运行的补贴方面，起到“补1”带动“10”的作用，通过政府财政资金补贴，吸引和鼓励更多社会资金流入农村养老服务业，缓解政府养老资金短缺的状况。

2. 提高农村老年人生活补助标准

2015年1月1日起，山西省将农村“五保”集中、分散供养省级补助标准每人每年分别提高200元和100元，提标后省级财政对农村“五保”集中和分散供养补助标准分别达到每人每年2 400元和1 530元。“十三五”期间，争取逐年提高农村“五保”老年人生活补助标准。若按每年7%的增速计算，2020年农村“五保”对象集中供养补助标准每人每年将增长到3 366元、分散供养补助标准增长到每人每年2 146元。

3. 建立高龄和失能老年人护理津贴制度

2020年在全省范围内建立统一的高龄（80岁及以上）和失能老年人护理津贴机制，对于收养高龄和失能老年人的养老服务机构给予一定补助，争取2020年达到100元/床/月。这部分补助可用于高龄和失能老年人护理运行，或用于雇佣护工补助。

4. 对养老服务机构免征企业所得税

《国务院关于加快发展养老服务业的若干意见》和《山西省人民政府关于加快发展养老服务业的意见》都提出，对非营利性养老服务机构自用房产、土地免征房产税、城镇土地使用税，对符合条件的非营利性养老服务机构按规定免征企业所得税。实际上，营利性养老服务机构与非营利性养老服务机构的运行职能相互渗透，很难区分出营利性与非营利性，因此，对于营利性养老服务机构与非营利性养老服务机构的鉴定甄别应实行“适度从宽”的原则，能纳入非营利性养老服务机构的，全部纳入，这样可以大大扩展税收免征面，使养老服务机构享受到企业所得税免征优惠。

5. 创新农村养老服务机构运行发展模式

在现有民办养老服务机构以及独资、合资、合作、参股等方式投资养老服务机构的

基础上，结合山西省实际，进一步创新农村养老服务机构运行发展模式。

一是发展旅馆招待所兼营的公寓型养老服务机构。山西省各地旅馆、招待所数量众多，有些旅客入住率并不高，效益不理想。因此，一些位于农村地区的旅馆、招待所可以利用自身房间、设施、餐饮等条件，转型经营或兼营公寓型养老服务项目，不仅可以提高自身运行的经济效率，还可以满足社会养老的需求。

二是积极推广政府和社会资本合作的 PPP 投资模式，促进混合型养老服务机构发展。PPP 模式为 Public—Private—Partnership 字母的缩写，是指政府与私人组织之间为了提供某种公共物品和服务，通过签署合同彼此之间形成的一种合作关系。目前山西省通过 PPP 投资模式建立的养老服务机构比较少，在 2016～2020 年拟建的 162 个养老服务机构项目中，仅有 7 个项目是采取 PPP 投资模式，比重过低。发展混合型农村养老服务机构，可以起到公有资本带动社会资本流入养老服务业的作用，鼓励村民和社会力量参与社会互助型养老设施建设，参与运营服务，探索混合型养老服务机构的发展路径，拓宽市场化融资渠道。因此，要积极推广 PPP 投资模式建立养老服务机构。

6. 深化农村公办养老服务机构改革

在充分发挥农村公办养老服务机构“托底”保障作用的基础上，进一步深化农村公办养老服务机构改革，基本思路是分类改革，该轻就轻，该重就重。对于少数起保障性作用的农村养老机构，加大资金投入，保障运行，发挥政府托底作用。对于多数公办的农村养老服务机构，通过公建民营、公办民营、委托管理、承包经营、租赁经营等方式转变运营模式，实行市场化运营。

参考文献

1. 王凤鸿，赵满华等．“十三五”时期山西民生社会发展战略研究［M］．北京：中国财政经济出版社，2016.

2. 山西民生改善和社会管理创新课题组．转型背景下的山西养老研究［M］．北京：中国财政经济出版社，2015.

（本文为山西省政府重大决策咨询课题“山西‘十三五’时期民生社会发展重大战略研究”的后续研究成果）

（完成人：赵满华　刘淑清　杨素青　任杰）

第三篇

城乡空间规划改革与技术创新

第十二章

山西省推进主体功能区战略研究

推动山西省国土开发按照主体功能定位发展，是推动生态文明建设、实现永续发展的重要战略任务。推进主体功能区战略实施，就是以省域资源环境承载力为基础，以自然规律为准则，以自然、社会和经济可持续发展为目标，按照省域不同层面、不同类型的主体功能区，有序引导区域空间开发，协调经济发展与生态环境的矛盾与冲突，促进山西省经济社会全面发展与生态文明整体提升。

一、山西省主体功能区战略推进的背景

（一）山西省主体功能区划情况

2014 年 3 月，山西省颁布了《山西省主体功能区规划》，在全省国土空间明确划定重点开发区域、限制开发的农业地区、限制开发的生态地区、禁止开发区域四类区域，力争到 2020 年，全省国土空间的主体功能更加突出，基本形成四类主体功能区格局。

依据《山西省主体功能区规划》，各类区域情况如下。

重点开发区域：主要包括国家级重点开发区和省级重点开发区，主要定位是以大规模工业化（以第二产业为主要发展方向）和城镇化为主体功能，农业发展和生态保护为辅助功能，能够长期吸引人口集聚，形成较大规模的城市或城镇群。其中，国家级重点开发区即《全国主体功能区规划》确定的太原城市群，范围包括太原都市圈的重点区域，涉及 17 个县（市、区）。省级重点开发区域，主要包括临汾—运城地区、长治—晋城地区、大同—朔州地区、吕梁市离石区和阳泉市市辖区（城区、矿区、郊区），8 片区涉及 22 个县（市、区）。

限制开发的农产品主产区：主要包括国家级和省级重点限制开发的农业区，主要定位以农业发展为主体功能，工业发展、城镇发展和生态保护为辅助功能，可进行中小规模、分散型的城镇发展。共计 34 个县（市、区）。国家限制农业开发区涉及 22 个县（市、区）。省级限制开发的农业地区，涉及 12 个县（市、区）。

限制开发的重点生态功能区：主要包括国家级和省级重点限制开发的生态地区，主要定位是以生态保护为主体功能，工业发展和城镇发展为辅助功能，共 46 个县（市、

区）。国家级限制开发的生态地区，主要包括黄土高原丘陵沟壑水土流失防治区（山西省部分），涉及18个县（市、区）。省级限制开发的生态地区包括五台山水源涵养区、太行山南部生态保育区、吕梁山生态保育与水源涵养区、太岳山水源涵养区、中条山生态保育区和京津风沙源治理区，6大重点区涉及28个县（市、区）。

表12－1　山西省主体功能区划

类型	级别	范围	面积（万平方千米）	占全省面积比例（%）
重点开发区域	国家级重点开发区域［17个县（市、区）］	太原市：杏花岭区、小店区、迎泽区、尖草坪区、万柏林区、晋源区、古交市、清徐县、阳曲县。晋中市：榆次区、介休市、平遥县。忻州市：忻府区。吕梁市：孝义市、汾阳市、文水县、交城县	1.59	10.15
	省级重点开发区域［22个县（市、区）］	吕梁市：离石区。阳泉市：城区、矿区、郊区。大同市：城区、矿区、南郊区、新荣区、大同县。朔州市：朔城区。运城市：盐湖区、闻喜县、河津市、永济市。临汾市：尧都区、侯马市、襄汾县。长治市：城区、郊区、潞城市、长治县。晋城市：城区	1.57	10.00
限制开发的农产品主产区	国家级限制开发的农产品主产区(共22个)	长治市：屯留县、长子县、襄垣县、沁县。晋城市：高平市、泽州县。晋中市：太谷县、昔阳县、寿阳县、祁县。运城市：芮城县、临猗县、万荣县、新绛县、稷山县、夏县、绛县。临汾市：霍州市、曲沃县、翼城县、洪洞县、浮山县	2.57	16.39
	省级限制开发的农产品主产区（共12个）	大同市：阳高县、天镇县、广灵县、浑源县。阳泉市：平定县。长治市：武乡县。朔州市：山阴县、应县、怀仁县。忻州市：原平市、定襄县、代县	1.92	12.26
限制开发的重点生态功能区	国家级限制开发的重点生态功能区（共18个）	忻州市：神池县、五寨县、岢岚县、河曲县、保德县、偏关县。临汾市：吉县、乡宁县、蒲县、大宁县、永和县、隰县、汾西县。吕梁市：兴县、临县、柳林县、石楼县、中阳县	2.92	18.64
	省级限制开发的重点生态功能区(共28个)	太原市：娄烦县。大同市：灵丘县、左云县。阳泉市：盂县。长治市：平顺县、黎城县、壶关县、沁源县。晋城市：沁水县、阳城县、陵川县。朔州市：平鲁区、右玉县。晋中市：左权县、和顺县、灵石县、榆社县。运城市：平陆县、垣曲县。忻州市：五台县、繁峙县、宁武县、静乐县。临汾市：古县、安泽县。吕梁市：岚县、方山县、交口县	5.10	32.56

注：依据《山西省主体功能区规划》整理。

（二）国家、省有关主体功能区政策和行动

党的十八大报告在“大力推进生态文明建设”一章中提出“加快实施主体功能区战略，推进各地区严格按照主体功能定位发展，构建科学合理的城市化格局、农业发展格局、生态安全格局”。2013 年 6 月，国家发改委正式出台《贯彻落实主体功能区战略，推进主体功能区建设若干政策的意见》（简称《意见》），《意见》明确提出，要把投资支持等激励政策与空间管制等限制、禁止性措施相结合，明确支持、限制、禁止性措施，引导各类主体功能区把开发和保护更好地结合起来。2013 年 11 月中国共产党第十八届三中全会通过了《关于全面深化改革若干重大问题的决议》，明确提出“坚定不移实施主体功能区制度，建立国土空间开发保护制度，严格按照主体功能区定位推动发展，建立国家公园体制。建立资源环境承载能力监测预警机制，对水土资源、环境容量和海洋资源超载区实行限制性措施。探索编制自然资源资产负债表，对领导干部实行自然资源资产离任审计。建立生态环境损害责任终身追究制。”国家“十三五”规划纲要“加快建设主体功能区”一章指出：“强化主体功能区作为国土空间开发保护基础制度的作用，加快完善主体功能区政策体系，推动各地区依据主体功能定位发展”，“建立国家空间规划体系，以主体功能区规划为基础统筹各类空间性规划，推进‘多规合一’。完善国土空间开发许可制度。建立资源环境承载能力监测预警机制，对接近或达到警戒线的地区实行限制性措施。”

实施主体功能区制度，推进主体功能区建设，将是山西省未来社会经济发展中重大的指导原则和战略任务。2014 年 5 月，国家有关部门确定山西省临汾西山 7 县、神池县为国家限制的生态主体功能区建设试点示范。山西省组织编制了《临汾西山片区生态主体功能区建设试点示范实施方案》、《神池县生态主体功能区建设试点示范实施方案》，现已批复开始实施。依据《国家发改委关于建立国家重点生态功能区产业准入负面清单制度的通知》（发改规划［2015］1760 号），山西省 18 个国家级限制开发的重点生态功能县，分别编制了国家重点生态功能区产业准入负面清单，报国家发展改革委审核。

二、山西省三类主体功能区域发展态势

根据国家关于主体功能区规划工作的部署，山西省“十二五”规划中已经提出实施主体功能区四大战略，并“按照优化开发、重点开发、限制开发、禁止开发”的不同功能定位和要求指导生产力布局。经过 5 年多的有序建设，承担不同主体功能定位的三类区域的发展态势如何？面临哪些主要问题？在推进主体功能区战略过程中，需要明确三类功能区要重点完成的建设任务，才有助于推进国家主体功能区战略，促使主体功能区划的开发与管理制度化。

（一）重点开发区发展态势

山西省重点开发区域主要包括：太原都市圈中重点开发区域和三大城镇群中重点开发区域，涉及39个县（市、区），该区域基本覆盖了山西省分布在五大盆地中的11个地级市和14个县、市。该区域地形平坦，汾河、桑干河、滹沱河等主要干流经过，区位条件优越，是全省人口最为密集、工业分布最集中的区域，也是联系省内外的主要交通轴线贯通的区域。

1. 人口、产业集聚功能进一步强化

随着主体功能区规划的实施，重点开发区的人口集聚功能逐步得到强化。2000年以来，重点开发区域常住人口占全省的比重呈上升趋势，由2000年的40.48%上升到2015年的43.60%，增加了3.12个百分点，增长速度一直快于全省平均水平。

太原盆地等河谷平川地区已成为全省流动人口迁移的主要目的地和集聚区。重点开发区基础设施和公共服务设施逐步完善，吸纳外来人口能力提升，吸引了大量务工、求学、就业的人口流入。从流动人口迁移的区域分布来看，总体呈现有周边县市向省会、省辖市区和城区集聚的态势。以太原为例，外来流动人口增长迅猛，外来流动人口已成为全市总人口增长的主要来源。2000～2015年，太原市区常住人口由255.84万人增加到352.53万人，平均每年增加6.4万人，这一增幅远高于全省平均水平；流动人口总量由71.06万人增加到150万人，年平均增长率约7.00%，对总人口增长的贡献率高达79.10%。

重点开发区产业集聚进一步加强，2010～2015年，重点开发区39个县（市、区）地区生产总值由4 533.51亿元增长到6 666.12亿元，占山西省地区生产总值的比例由49.3%提高到53.8%，5年提高了4.5个百分点。随着全省产业从煤炭向非煤产业转型，工业产业从地下向地面发展，各类开发区扩区升级转型，重点开发区的产业集聚度将进一步提升。

2. 产业结构调整初见成效

主体功能区开发思路实施以来，重点开发区域产业结构调整力度加大，重点发展优势产业，淘汰转移落后产能。至2015年，产业结构调整与转型初见成效，淘汰落后产能的多种措施得到推进。

从三次产业结构来看，重点开发区域第二产业比重逐渐减小、第三产业比重逐渐增大。2010年以来，重点开发区域第三产业对GDP的贡献率有较大提升，由2006年的41.3%提高到2015年的54.4%，上升13.1个百分点；与全省比较，重点开发区第三产业比重也比全省高7.5%。当然，山西省这几年第三产业增长偏快，也与第二产业增加值下降有关。

表 11-2　　2015 年山西省重点开发区地区生产总值及结构

指标		地区生产总值	第一产业	第二产业	第三产业
山西省重点开发区	全省合计（亿元）	11 869.90	787.30	5 521.00	5 561.60
	三次产业占比（%）	100.0	6.6	46.5	46.9
	39 个县、市、区（亿元）	6 660.12	246.35	2 792.02	3 621.75
	三次产业占比（%）	100.0	3.7	41.9	54.4

淘汰落后产能得到推进。山西省落后产能情况复杂、任务繁重，地区行业分布不平衡，严重制约全省经济发展方式的转变、经济结构调整和产业升级。2011 年，山西省政府出台了《山西省淘汰落后产能工作考核实施方案》、《山西省节能专项资金管理办法》和《山西省淘汰落后产能专项补偿资金管理办法》等，保障淘汰落后产能工作推进。2011～2015 年，山西省对煤炭、焦炭、电力、水泥、电石、钢铁、铁合金等落后产能进行淘汰，2013 年山西省淘汰落后产能目标任务，其中，焦炭、炼铁两行业淘汰的落后产能占全国落后产能淘汰任务的 1/3，其中：淘汰落后焦炭产能 500 万吨，占全国的 35.6%；淘汰炼铁产能 100 万吨，占全国的 38%；淘汰炼钢产能 100 万吨，占全国的 12.8%；淘汰铁合金 12 万吨，占全国的 7%；淘汰电石 30 万吨，占全国的 26.5%；淘汰水泥（熟料及磨机）250 万吨，占全国的 3.4%；淘汰造纸 6 万吨，占全国的 1.3%；淘汰印染 6 500 万米，占全国的 2.8%。2014 年，山西省又淘汰钢铁 425 万吨，水泥 110.5 万吨，焦炭 1 058 万吨，铁合金 8.13 万吨，电石 23.6 万吨，电力 57.4 万千瓦。

3. 经济增长的资源环境代价有所减小

围绕提高资源环境承载能力，重点开发区域将转变经济发展方式、推进节能减排工作放到了突出的位置，单位 GDP 能耗显著降低、主要污染物排放量有所下降，经济增长的资源环境代价有所减小。

单位 GDP 能耗显著降低。根据山西省公布的单位 GDP 能耗指标，统计全省万元地区生产总值能耗。研究发现，2005 年，全省单位 GDP 能耗为每万元 2.95 吨标准煤；2015 年，万元 GDP 能耗下降到 1.33 吨标准煤，累计下降 54.91%。

主要污染物排放量逐步下降。2015 年，全省化学需氧量排放总量 40.51 万吨，较 2010 年下降 20%；氨氮排放总量 5.01 万吨，较 2010 年下降 16%；二氧化硫排放总量 112.06 万吨，较 2010 年下降 22%；氮氧化物排放总量 93.07 万吨，较 2010 年下降 25%。近年来，山西省空气质量平均达标天数逐年递增。2015 年，全省 11 个地级市环境空气质量达标天数平均为 253 天，占全年有效监测天数的 70.4%，比 2014 年上升 7.1%。PM2.5 年均浓度 56 微克/立方米，同比下降 12.5%。全省地表水水质属中度污染，在监测的100个断面中，水质优良（Ⅰ～Ⅲ类）的断面为44个，占监测断面总数的44.0%。地下水总体水质为良好，其中，太原、朔州、吕梁市水质优良。11个地级市总体水质达标率为87.9%，重点开发区域大力度淘汰落后产能，关停搬迁污染企业，强化清洁能源利用，制定出台环保标准，积极治理PM2.5等一系列措施已初见成效。

山西省重点开发区与周边省份重点开发区比较，也存在着经济发展滞后、转型难度大；城镇群发展缓慢，集聚能力较弱等缺点。山西是全国环境污染和生态破坏严重的省份，生态环境脆弱与经济社会发展的矛盾依然十分突出，环境治理任重道远。

（二）重点生态功能区发展态势

山西省限制开发区域限制开发的重点生态功能区总面积8万平方千米，占省域面积的51.2%，其中包括国家和省级两个层次，按生态功能分为水土保持型、水源涵养型和防风固沙型三种类型。

1. 重点生态功能区生态建设稳步推进

重点生态功能区依托国家水土流失重点治理工程、国家水土保持重点建设工程、坡耕地水土流失治理工程、国家农业综合开发水保项目、巩固退耕还林水利项目、坝滩联合整治工程、沟坝地治理项目、省水土保持生态工程等国家和省级重点建设工程，开展民生水保工程建设。近几年，年均水土流失综合治理面积20万公顷（300万亩）以上。截至2013年底，全省共完成水土流失初步综合治理面积547万公顷（8 205万亩），修建淤地坝18 231座，治理小流域3 021条，治理度达到50.6%。

晋西北为主体的荒漠生态系统生态整体恶化趋势初步遏制。沙区植被面积有了大幅度增加，大风日数减少13天左右，春季平均风速降低了33%，沙尘日数减少了34%，能见度增加了6米。以右玉县为例，新中国成立初期，土地沙化面积高达76%，森林覆盖率仅为0.3%，经过60年植树造林，2008年森林覆盖率提高到50%，2015年进一步提高到54%，右玉县全年的沙尘暴天数也比过去减少了50%，降水量比周边地区高出45毫米，无霜期延长了10天左右。同时，全县绿色生态产业的产值占到地区生产总值的一半，农民们人均纯收入的70%以上来源于生态产业。

2. 重点生态功能区生态经济得到发展

根据重点生态功能区定位，重点生态功能区应大力发展环保农业、生态产品加工业、生态服务业；开发民俗旅游和生态旅游，以展示当地的生态文化；因地制宜发展资源环境可承载的特色经济。全省18个国家级重点生态功能县、28个省级重点生态功能县，一是大力发展特色生态农产品，如吉县的苹果、隰县玉露香梨、永和的红枣、岚县的土豆、静乐的藜麦、乡宁的葡萄，都是山西优质农产品，远销海内外，并且围绕农产品种植、加工、储藏、物流、销售形成了产业链。二是依托资源发展生态旅游业，如沿黄的吉县依托壶口瀑布、临县依托碛口古镇、永和依托蛇曲国家地质公园、偏关依托老牛湾等发展黄河风情游。三是发展农产品加工、风电、光伏发电等清洁生产项目。

3. 国家级重点生态功能区转移支付增强了重点生态县财力

2008 年起，中央财政设立国家重点生态功能区转移支付，通过明显提高转移支付补助系数等方式，加大对青海三江源、南水北调中线水源地等国家重点生态功能区和国家级自然保护区、世界文化自然遗产等禁止开发区域的一般性转移支付力度。2011 年财政部出台《国家重点生态功能区转移支付办法（财预［2011］428 号）》，转移范围主要为《全国主体功能区规划》中限制开发区域（重点生态功能区）和禁止开发区域。2008～2014 年，中央财政累计下拨国家重点生态功能区转移支付 2 004 亿元，其中，2014 年 480 亿元。山西省沿黄 18 个国家级重点生态功能县享受国家财政转移支付，2013 年转移支付额度为 6.15 亿元，18 个县转移支付占本级财政收入比重平均为 16%。

山西省重点生态功能区存在着生态环境恶化与贫穷双重压力；与其他省份的国家级生态功能区比，重点生态功能区转移支付额度低，用于生态环境建设环境保护项目的比例也偏低；28 个省级生态主体功能区（除宁武）没有实施生态功能区的转移支付，财政紧张。

（三）农产品主产区发展态势

根据《山西省主体功能区规划》，限制开发的农产品主产区，包括国家级限制开发的农产品主产区和省级限制开发的农产品主产区，含 34 个县（市），面积 4.49 万平方千米，占全省总面积的 28.65%。覆盖耕地 160.00 万公顷，基本农田 134.00 万公顷。

1. 农业在区域经济中地位不断提升

农产品主产区支柱产业是农业，在区域经济发展中贡献巨大。2013 年末农产品主产区 34 个县，第一产业增加值为 405.06 亿元，比 2010 年增加 33.48%，年均增长 7.49%；占全区生产总值的 12.14%，是全省第一产业增加值占地区生产总值份额的 2.06 倍，农业比较优势明显强于全省其他地区。

农业主要以种植业、畜牧业为主，农业服务业、林业和渔业比重较小。2013 年全区农林牧渔业总产值为 747.30 亿元，比 2010 年增加 48.75%，年均增长 10.44%；农、林、牧、渔和农业服务业分别占比 67.30%、2.58%、25.95%、0.50% 和 3.70%。该区农业在全省农业经济中地位显著。全区农林牧渔业生产总值占全省的比重高达 52.44%（面积仅为全省土地面积的 31.40%）。农业各业占全省的比重分别为 56.06%、29.98%、47.36%、58.45% 和 55.84%，在全省农业各业发展中发挥着重要作用。

2. 农业综合生产能力持续增强

2013 年，山西省农产品主产区粮食产量 822.26 万吨，比 2010 年增加 15.92%，占全省粮食总产量的 62.63%；油料 4.62 万吨，比 2010 年增长 0.71%，占全省油料总产量的 23.67%；棉花 2.60 万吨，比 2010 年减产近 1/4，占全省棉花总产量的 83.87%；水果 467.79 万吨，比 2010 年增长 66.30%，占全省水果总产量的 69.40%；蔬菜

682.33 万吨，比 2010 年增加 36.49%，占全省蔬菜总产量的 56.93%；肉类产量 61.12 万吨，比 2010 年增长 5.10%，占全省肉类总产量的 84.18%；奶类产量 62.10 万吨，比 2010 年增长 4.30%，占全省奶类总产量的 71.21%；蛋类产量 48.06 万吨，比 2010 年增长 6.90%，占全省禽蛋类总产量的 60.22%。

由以上分析可知，农产品生产区在农业综合生产能力不断提高的同时，依托较好的资源禀赋和区域特色，农业产业结构得到了有效的调整。与全省相比，农业产业结构优势突出，一方面是粮食播种面积稳定，产量不断增加，为山西省粮食安全提供了有力支撑，成为山西省最重要的种植业和畜牧业生产基地；另一方面主要表现在粮食、棉花、水果、蔬菜、肉类、奶类及蛋类等大宗农产品生产中发挥着举足轻重的作用；同时其农林牧渔服务业水平也高于全省平均水平。

3. 农业产出效率逐年提高

农产品主产区在农业增加值逐年提升的同时，农业劳动生产率（第一产业增加值/农林牧渔从业人员数）也呈逐年提高的发展态势。2013 年农林牧渔业从业人员人均创造的农业增加值为 1.40 万元，比全省平均水平高 21.74%。粮食单产由 2010 年的 4 669.78 千克/公顷增加到 2013 年的 5 314.70 千克/公顷，提高了 13.81%，为全省平均单产的 1.33 倍，粮食生产效率远高于其他地区。

尽管农产品主产区农业发展取得长足进步，却面临着资源、生态、市场的多重约束，农业增产、农民增收遭遇严峻挑战。一是耕地数量减少，质量下降，制约农产品基础生产能力的提高；二是农业比较效益低，农业劳动力减少，抑制粮食生产的积极性；三是农业科技水平低，土壤、环境等农业要素形势严峻；四是优势农产品布局不合理，竞争力有待于进一步提高；五是农业产业化组织程度低，农民增收乏力。

三、山西省主体功能区战略的实施路径

主体功能区规划是对国土空间开发的长远前景进行描绘，其战略部署对国土空间的发展具有深远影响。实施主体功能区规划，推进主体功能区战略具有长期性、阶段性和持续性。“十三五”期间，山西省主体功能区战略推进的总体要求是：对接国家区域战略，促进区域战略与主体功能区战略融合，提升山西省主体功能区规划在省域不同层面区域开发中的空间管制作用，探索以主体功能区为依据的“多规合一”规划；制订与区域开发战略相融合的地市、县域等层面的主体功能区建设实施方案。

（一）主体功能区战略推进的实施构想

“十三五”期间，山西主体功能区战略的推进设想是：应以不同主体功能类型区的功能定位和发展方向作为经济布局、产业发展、人口布局和项目建设的依据，以区域开发空间格局清晰、空间结构更加优化、空间利用效率提高、区域协调性增强为目标，实

施区域战略与主体功能区融合战略，以形成以“一圈一核三群”为重点的城镇化和工业化战略格局、以“六大河谷盆地”区域为主体的农业发展战略格局、以“一带三屏”为主体的生态安全战略格局和“点状开发”的生态友好型能矿资源开发格局为目标。这个目标是长远目标，在“十三五”期间，区域战略推进以建设大西高铁经济带、太榆新城、西部沿黄河和吕梁山生态走廊和生态经济建设、东部太行山绿色生态转型示范区为重点。

加强国内外区域合作，积极对接丝绸之路经济带、京津冀大首都圈、长江经济带等国家区域战略。以形成主体功能空间战略格局为载体，立足省域内部空间，拓展省域外部联系空间，统筹安排实施国民经济与社会事业各项建设，制定适应主体功能开发管制原则的配套政策和绩效评价体系，有效推进主体功能区战略实施，以区域战略实施促进山西经济转型和振兴。

（二）基于主体功能区规划的区域战略推进路径

“十三五”期间，山西应以不同主体功能类型区的功能定位和发展方向作为经济布局、产业发展、人口布局和项目建设的依据，以空间开发格局清晰、空间结构优化、空间利用效率提高和区域发展协调性增强为目标，省域层面空间战略以“促进大西高铁经济带”、“打造沿黄河生态经济廊道”、“建设太行山绿色生态转型示范区”3 大方向为推进路径，以主体功能空间战略格局为载体，立足省域内部空间，拓展省域外部联系空间，统筹安排实施国民经济与社会事业各项建设，制定适应主体功能开发管制原则的配套政策和绩效评价体系，有效地推进主体功能区战略。

1. 推进大西高铁经济带建设

“十三五”期间，首先要推进大西高铁经济带建设和太榆新城建设。大西高铁经济带纵贯大同、朔州、忻州、太原、晋中、临汾、运城等城市，是以交通复合轴线为主的经济带，也是山西经济的精华。大西高铁经济带建设，以大西高速铁路为主轴，有利于山西“一圈一核三群”为重点的城镇化和工业化战略格局的形成和完善。大运高铁经济带建设核心是太原都市圈，而太原都市圈重中之重是建设太榆新城，要以山西科技创新城、榆次大学城建设为抓手，完善配套设施，努力打造国家煤基科技及产学研国家级创新高地；积极申请建设太原国家级新区，强化太原在省域经济发展中的极核地位，把太原打造成世界级煤机产业、先进制造业基地和国家文化旅游产业基地；以大西高铁铁路枢纽为轴线，以运城、临汾、侯马、晋中、忻州、朔州、大同等城市为主要节点，以沿线城市铁路新站为城市新区，集聚人口，发展现代服务业；以晋中 108 廊道、临汾市汾河百里经济带为支撑，以大运高铁沿线众多高新技术产业区、经济开发区、保税区、产业集聚区、文化旅游产业园区为重点，加快各级各类开发区的升级扩区，按生产要素集中，产业链集群，产业集聚发展的要求，加快煤基产业、先进制造业、现代服务业、特色农业的发展。要以太原、大同、运城机场为依托，建设综合保税区和现代物流园区，进一步扩大开放，带动全省外向型经济发展。

2. 打造沿黄河生态经济廊道，建设西部生态经济带

加快东西两山生态屏障和生态经济带建设。西部生态经济带，在《山西省主体功能区规划》中，主要县均为国家级和省级生态主体功能区，功能定位以生态建设为重点。本区域发展以山西西纵高速公路、沿黄公路为纵轴，以沿黄和吕梁山生态廊道自然植被和生态恢复为重点，以全面建成小康和脱贫为主要经济目标，建设绿色生态经济产业体系；以高速路、重要公路为轴线，以县城、重点城镇和产业集聚区为中心，实施点状开发、面上保护，用生态经济理论和循环经济理念引导区域产业转型升级，制定限制和禁止产业目录，确实增强区域生态产品能力建设；大力发展风电、太阳能、煤层气等清洁型生态能源，加强现代生态农业、畜牧业、林业发展，建设观光基地、休闲养生与生态旅游基地。

3. 建设太行山绿色生态转型示范区

太行山绿色转型示范区，以建设中的太焦客运专线、太焦铁路、太长—长晋—晋焦高速以及山西东纵高速铁路为轴线，以沿线阳泉、长治、晋城等中心城市为节点，以各级城镇和各级各类开发区为支撑，以新型能源、煤机产业、装备制造业、现代服务业为重点，加快经济转型，建设国家重要的新型煤化工基地和新兴现代制造业基地。要统筹规划太行山、太岳山生态功能区建设，加强海河水系、沁河水系生态廊道建设。

（三）加强国内外区域合作

1. 要积极融入国家“一带一路”战略。“一带一路”为国际区域经济合作新模式，核心目标推动开展更大范围、更高水平、更深层次的区域合作，共同打造开放、包容、均衡、普惠的区域经济合作架构。山西对接“一带一路”方案：以通道互联、产能合作、经贸合作、人文交流等为重点；以太中银通道、石太通道、大西高铁经济带为联系通道，以太原、大同、运城、阳泉等为主要节点，融入“一带一路”区域合作网络。

2. 推进山西与京津冀协同共生发展。山西与京津冀在地缘、人缘、文化、经济上具有渊源关系，尤其是大同、朔州、太原、晋中等地区，与京津冀联系更为密切。设想以大同、朔州积极对接北京、天津，设立产业承接转移示范区，争取北京、天津疏解出来新兴产业和制造业；通过京津风沙源共同治理，以建设首都的生态后花园和休闲旅游基地进行生态环境建设对接。以太原都市圈对接冀中南地区，通过交通互联互通、科技合作和高端产业对接，实现合作发展；通过海河水系水环境治理、太行山水源涵养和生物多样性恢复实现生态环境治理对接。

3. 积极推进山西与长江经济带相关省份合作，尤其是中部6省区的合作。

4. 加强晋陕豫黄河金三角区域合作与发展，推动长治—晋城—临汾在内的大中原经济区合作，加强沿黄地区与陕蒙豫的互动发展。

四、山西省主体功能区战略推进的行动路线图

主体功能区战略是立足国土空间、对全社会各项开发建设活动进行部署、布局、管理的重大战略行动，其战略推进应该分阶段、按时序、有主次地在全省国土空间开发中落实。根据山西省主体功能区规划目标，至 2020 年，主体功能区战略推进可以分为近期 2015～2016 年和远期 2017～2020 年两个建设阶段，近期主要实现主体功能定位、开发原则与行政区域的发展规划的衔接以及主体功能区建设在县级区域的实施；远期重点推进主体功能区建设配套政策和监督考核保障机制的建立。

（一）2016～2017 年推进目标

近期建设主要从问题导向、从易到难四个方面着力：一是规划衔接，在省域空间规划和市县规划中，以主体功能定位为基础，编制各类规划；二是在国家级试点县主体功能区建设实施方案的基础上，编制技术规程，向各县推广；三是编制、实施生态主体功能区产业准入负面清单；四是资源环境承载力监测预警方法和机制。

1. 以主体功能区规划为基础，做好各类各级空间规划衔接

国家“十三五”规划指出：“建立国家空间规划体系，以主体功能区规划为基础统筹各类空间性规划，推进‘多规合一’”。目前，山西省各部门正在编制部门“十三五”各类规划。首先，在省域层面各类空间规划编制中，要以《山西省主体功能区规划》为基础，自觉做好与主体功能区规划的衔接；其次，市县级规划要衔接省级主体功能规划中的市县主体功能定位。我国主体功能区规划目前完成国家、省级主体功能区规划的编制工作，在地市、县级尚属空白，国家、省级主体功能区定位具体部署到县级单元，其主体功能下的开发方向部署与管制对县域社会经济开发建设活动的指导作用未能充分切合实际，对充分发挥县域优势、指导县域开发建设、体现县域利益存在制约，需要在县级区域发展战略规划中予以明确主体功能区开发格局、功能定位与开发管制原则。

2. 编制适合县级行政区主体功能区建设实施方案

在国家生态限制功能区试点建设方案编制基础上，推进县级主体功能区规划编制工作的实施。第一步：在完成试点建设方案编订的基础上，总结经验和方法，编制《建设实施方案》的技术规程。第二步，根据技术规程，开展其余生态主体功能区的建设实施方案的编制工作。第三步，以此为基础，比较和讨论农产品主产区县的主体功能建设，以典型农产品主产区为试点，然后逐步、有序地向其余农业区进行推广。

3. 编制、实施生态主体功能区产业准入负面清单

在国家重点生态功能区实行产业准入负面清单，是党的十八届五中全会确定的重大

战略任务，也是国家“十三五”规划纲要明确的完善主体功能区制度、建立空间治理体系的重大举措。全省各县生态主体功能区产业准入负面清单编制要体现因地制宜、坚守底线、规划衔接原则，并在批准后向全社会公布，加以实施。

4. 探索资源环境承载力监测预警方法和机制

建立资源环境承载能力监测预警机制，对水土资源、环境容量和海洋资源超载区域实行限制性措施，是中央全面深化改革的一项重大任务。资源环境承载力是一个动态变化过程，受到人口规模、开发程度、城镇化规模、产业发展、基础设施建设、空间布局、气候和自然条件等多重因素的影响，建立监测预警机制有利于实时掌握当前的资源环境承受能力，制定符合当前资源环境形势的决策部署和相关政策，找准承载力的制约因素和薄弱环节进行补充强化，避免过度开发。要以县级行政区为单元，对资源环境承载能力进行年度的监测预警，探索资源环境承载力监测预警方法和机制。

（二）2018～2020年推进目标

远期建设主要从以下三方面着力：一是推进主体功能区建设的配套政策；二是确立主体功能区分类建设的评价考核体系；三是《主体功能区规划》编制、实施、监测的制度化建设，全面推进“8+1”政策保障体系。

1. 推进主体功能区建设的配套政策

我国已经完成国家、省级主体功能区规划的编制工作，但主体功能区建设还处在起步阶段，目前仅仅以全国18个生态限制区域为试点开展了建设方案的编制工作，还有一些省份和地区没有开始进行主体功能区建设，与主体功能区建设适应的各种配套政策研究尚处在初级实验或试行阶段，已经实施的政策仅仅是给生态功能区的财政转移支付政策，即每县每年平均3 000万元，但在具体实施环节如何分配、使用生态补偿尚缺乏具体相应的政策和措施；其他人口迁移、转出、安置政策，土地政策、城镇发展政策等相关部门管理条例，均未能体现主体功能区规划宏观管理的要求。

2. 确立主体功能区分类建设的评价考核体系

实施主体功能区规划，实现主体功能区定位，需要调整和完善相关政策、法律法规，进行考核评价。其中，考核评价是对主体功能区规划是否贯彻执行、规划是否切实可行的检验，构建科学而具有适应性的考核评价体系是推进主体功能区战略的核心任务。

目前《主体功能区规划》划分中提出的指标仅仅就城镇、农村、农业、生态保护区空间规模予以确定，国民经济发展五年规划建立较为全面的考核指标，并设有中期评估检查，但未能落实到不同功能国土空间；土地、城镇等专项发展规划已经确立考核指标，且具有定期评估、修订制度。主体功能区规划的考核评价体系可以参照土地、城镇体系规划，针对不同功能区分类制定相应的考核评价体系。分类绩效考核原则是：

——生态建设区，突出生态保护与建设绩效考核。主要考核大气和水体质量、污染物“零排放”、保护对象的完好程度以及保护目标实现情况等指标，不考核地区生产总值、财政收入等指标。

——农业生产区，突出生态保护优先、产业发展有限的绩效考核。主要考核农业发展、农民收入、大气和水体质量等指标，地区生产总值、投资、财政收入等指标权重降低。

——城镇发展区，综合评价经济增长、吸纳人口、产业结构、资源消耗、环境保护、基本公共服务覆盖面等内容。主要考核地区生产总值、财政收入占地区生产总值比重、非农产业就业比重、吸纳外来人口规模、单位用地面积产出率、单位地区生产总值能耗、单位工业增加值取水量、主要污染物排放总量控制率、“三废”处理率等指标。

五、山西省主体功能区分类建设重点

山西省“十一五”社会经济发展规划提出了主体功能区概念，“十二五”规划提出主体功能区三大战略格局，“十三五”规划提出如何贯彻执行主体功能区制度，把主体功能区分类管理政策真正落到实处。

（一）重点开发区

重点开发区是带动全省发展的增长极，全省工业化主战场，要完善基础设施建设，优化发展环境，引导各类要素向重点行业、重点领域集聚，增强产业配套能力，着力发展战略性新兴产业，加快形成现代产业体系。积极推进转型综改试验区建设，促进产业和人口集聚，提升综合实力，推进新型城镇化战略，构建绿色宜居的城市环境。

加强人口和产业向重点开发区集聚。以传统产业新型化、新兴产业规模化、支柱产业多元化为发展方向，大力推进产业结构调整和发展方式转变，构建新型、多元、稳固的产业体系。支持产业振兴和技术改造，引导各类要素向重点行业、重点领域集聚，增强产业配套能力，加快传统产业的改造升级，继续推进煤炭行业资源整合、提高产业集中度和整体素质，推进节能降耗、发展循环经济。促进新兴产业快速发展，着力发展新能源产业、新材料产业、节能环保产业、高端装备制造业、现代煤化工产业、生物产业、煤层气产业、新一代信息技术产业和新能源汽车产业。加快产业园区集聚发展，按照“一市一国家、一县一省级”开发区建设布局，大力发展园区经济。依托产业园区，培育和发展特色产业集群，提升产业，特别是工业综合竞争力，着力从政府推动、规划引导、招商扶持、技术提升、品牌创立和完善配套六个方面推进园区产业集聚。依托中心城镇发展都市观光农业、劳动密集型城郊农业、生态农业和特色农产品加工业，保持并提高农产品供给能力。

加快新型城镇化建设。有序推进农业转移人口市民化，遵循尊重意愿、自主选择、因地制宜、分步推进，存量优先、带动增量的原则，以农业转移人口为重点，兼顾高校和职业技术院校毕业生、城镇间异地就业人员和城区城郊农业人口，促进有能力在城镇稳定就业和生活的常住人口有序实现市民化。优化城镇布局和形态，以太原都市区为核心、区域性中心城市为节点、大县城和中心镇为基础，构建“一核一圈三群”城镇化发展战略格局，以发挥中心城市辐射带动作用为基础，促进大中小城市协调发展。提高城市可持续发展能力，加快转变城市发展方式，有效预防和治理“城市病”；加快产业转型升级，强化城市产业支撑，增强城市经济活力和竞争力；提高城市规划科学性，优化城市空间结构和管理格局，完善基础设施和公共服务设施，增强对人口集聚和服务的支持能力；创新城市管理方式，提升城市社会治理水平。

完善基础设施建设。遵循适度超前原则，统筹发展各种运输方式，继续加大铁路、公路建设力度，进一步完善及优化大型交通设施布局，构建布局合理、衔接顺畅、便捷高效的综合交通运输体系。加强太榆城际交通建设，推进轨道交通规划与建设，启动太原榆次轨道交通线路的前期研究和规划建设工作；加快完善高速公路和城际干线路网建设，实现两市公路路网对接；积极推进太榆公共交通一体化发展，扩大城市公交覆盖面与规模，完善公交运行机制和监督管理体制，构建交通信息服务共享平台。加快推进太郑客运专线建设，巩固沿线区位交通优势，加速人力资源、资本、技术、物流、信息资源等生产要素的沿线流动，带动区域快速发展。

合理控制开发强度，避免盲目、无序开发。鼓励按照产城融合、循环经济和低碳经济的要求改造开发区，限制大规模、单一工业园区的布局模式，支持开展园区循环化改造以及低碳园区、低碳城市和低碳社区建设，防止工业、生活污染向限制开发、禁止开发区域扩散。

（二）重点生态功能区

重点生态功能区以提供生态产品为主，抓住“转型综改”实验区“先行先试”的机遇，积极探索生态经济发展模式，因地制宜发展绿色经济、适宜产业、特色产品，提高生态产品供应能力；切实保护生态环境，落实生态红线的制约功能，增强生态服务功能，引导超载人口有序转移，保障国家生态安全。

构建生态经济体系。建设山西省生态经济区，应在保护生态环境的前提下，积极发展生态农业、生态工业、现代服务业，大力倡导绿色消费，推动发展模式从先污染后治理型向生态亲和型转变，推动增长方式从高消耗、高污染型向资源节约和生态环保型转变，使生态产业在国民经济中逐步占据主导地位，形成具有山西省特色的生态经济格局，实现产业经济生态化和生态经济产业化。

应加强自然资源的合理开发利用和保护，提高资源利用效率和综合利用水平，增强经济社会可持续发展的资源保障能力。具体内容包括：一是对山西省基本农田保护区、森林保护区、湿地保护区等重点区域建立保障线制度，实行强制性保护；二是严格实行土地用途管制制度，提高土地集约利用水平；三是加大生态公益林建设和天然林资源保护力度，提高森林覆盖率和林木蓄积量，增强森林生态功能。

以吕梁山区、太行山地和太岳山、中条山地为主体，建设沿黄河黄土高原丘陵沟壑水土流失治理带、京津风沙源生态治理带，以及汾河源区、海河主要支流源区、沁丹河、涞水河等河流源区水源涵养生态治理带，承担水土保持型、水源涵养型、防风固沙型和生物多样型等生态服务功能。以推进晋西沿黄国家级生态主体功能区建设试点示范为抓手，推进生态主体因地制宜地发展适宜产业、绿色经济，增强提供生态产品能力，引导超载人口有序转移。

（三）农产品主产区

农产品主产区要保持并提高农产品生产能力，发展现代农业，保障农产品供给和国家粮食安全。禁止开发区要依法监管，加强实施保护。

加强耕地保护和基础设施建设，增强农业综合生产能力。实行最严格的耕地保护制度和节约用地制度，划定耕地红线，切实加强对基本农田的保护，稳定粮食播种面积。进一步规范完善转移支付方法，提高中央和省财政对农产品主产区地方财政的转移支付比例，增加转移支付规模，减少或取消农业建设项目地方财政配套经费，加大财政资金对“三农”的倾斜力度，着力对农村基础设施、中低产田改造、土地整治、农业产业化项目建设的投入，改善农业规模化、机械化耕作条件。积极创新县级财政投入方式，运用“以奖代补”等方式，吸引社会各界资金进行农田水利设施建设，逐步提高农业抵御自然风险的能力，增加旱涝保收面积，改善农产品生产条件。

按照“重视粮食、做强畜牧、提高果菜、发展加工”的总体思路，构建优势突出和特色鲜明的产业带，形成跨区域、大规模、集群式、板块化推进的格局，推进形成粮、畜、果、菜协调发展，产加销一体化经营的特色农业产业体系，增强农业综合素质和效应，提高优势农产品竞争力。积极推进商品粮基地、优势农产品基地建设，形成集中连片的高产示范区，辐射带动全省粮食生产能力的提高。鼓励依托优势农产品和板块基地，发展农产品深加工，引导农产品加工、流通、储运等企业向农产品主产区集聚发展，促进农业产业化示范区建设，支持发展具有地域特色的绿色生态产品，培育地理标志品牌。

农地流转是农村经济发展的必然要求，也是农业现代化发展的必由之路。应根据农产品主产区农业内部产业结构和各县（市）的实际，推动农地适度规模经营。要根据农产品主产区的合理布局，在最适宜优势农产品生产的区域里，按照农田分布情况，因地制宜地确定其最佳生产规模。并根据最佳生产规模，加快推进农业承包土地流转，充分发挥村集体的组织协调作用，通过调换、转包、出租和入股等形式，引导土地向最佳生产规模集中。

加大农业资源保护力度，强化农业生态环境治理。积极推进农村环境连片整治，加强农村污水和垃圾治理。将农村沼气发展与农产品加工、规模健康养殖、标准化园艺种植结合起来，拓展“三沼”综合利用途径。树立绿色、低碳发展理念，加大畜禽集中养殖的污染治理力度。要围绕依据“食物链”原理而形成的生态产业链（包括农林牧渔业以及农产品加工、贸易、服务等），大力发展循环型农业，逐步形成“资源—产品—废弃物—再生资源”的循环农业方式，减少农业资源消耗和环境污染，不断增强农业可持续发展能力。

六、推进主体功能区战略的保障机制

为了保障主体功能区规划实施和主体功能区战略的推进，“十三五”期间，山西省应在组织管理制度、财政预算制度、土地政策、产业政策、人口政策、环境政策、国土空间管理等方面，制定并出台配套政策，形成推进主体功能区战略的保障机制，加强对主体功能区建设的支持和引导。市县发展改革部门，进一步完善县级、地市级、片区级的《主体功能区功能划分及建设实施方案》，制定连片重点开发区区域性开发规划、制定生态主体功能区限制和禁止产业政策及六大农产品主产区农业发展规划，落实主体功能定位。主体功能区规划具有战略性、基础性和约束性，探索以主体功能区规划指导的市县“多规合一”规划编制体系，当前重点做好“十三五”与主体功能规划的衔接；编制产业发展专项规划、各类园区发展规划和重大项目布局，要与主体功能区规划相衔接，项目选址视需要开展主体功能适应性评价，使之符合所在区域的主体功能定位；完善主体功能区的省级预算内投资安排，重点支持省级重点生态功能区的生态补偿和生态建设；积极争取国家、省财政转移支付及生态环境建设投资，探索生态转移支付资金的分配和使用制度，向重点生态功能区倾斜。试行不同主体功能区绩效考核体系，开展资源环境监测预警与主体功能区建设中期评估，加强对主体功能区规划贯彻落实情况的监督检查，并形成制度。

参考文献

1. 樊杰．我国主体功能区划的科学基础［J］．地理学报，2007（4）：340－350.

2. 杨伟民．实施主体功能区战略：构建高效、协调、可持续的美好家园［J］．管理世界，2012（10）：1－17.

3. 山西省人民政府．关于印发《山西省主体功能区规划》的通知，（晋政发［2014］9号）.

4. 国家发展与改革委员会、环境保护部．《关于做好国家主体功能区建设试点示范工作的通知》（发改规划［2014］538号）.

5. 刘卫东．“一带一路”战略的科学内涵与科学问题［J］．地理科学进展，2015（5）：538－544.

6. 安祥生，凌日平．山西省推进主体功能区战略研究［J］．生产力研究，2015（12）：30－40.

7. 安祥生，凌日平，郭海荣等．临汾西山片区国家重点生态主体功能区实施方案研究，课题报告，2014.

（本研究为山西省国民经济和社会发展“十三五”规划前期专题研究招标项目部分成果）

（完成人：安祥生、凌日平、姜晓丽、陈建、冯旭芳、张瑜）

第十三章

山西省临汾市西山片区生态主体功能区建设研究

根据《国家发展与改革委员会、环境保护部关于做好国家主体功能区建设试点示范工作的通知》（发改规划［2014］538 号），确定山西省临汾市西山片区为国家限制开发的重点生态功能区，这意味着推进生态功能区建设将是这一地区今后国民经济与社会发展重点工作之一，也是该区未来实施国土空间开发的控制因素和依据。

临汾市西山片区包括临汾市西部的吉县、乡宁县、大宁县、隰县、永和县、蒲县、汾西县 7 县。该区域位于黄土高原的黄河流域中段，地处吕梁山南麓，隔黄河与陕西省相望，整体上介于临汾盆地与晋陕大峡谷之间。南北最大长度约 170 千米，东西最大宽度约 120 千米，国土总面积 9 778 平方千米。

一、区域条件与背景

（一）自然条件

本区为典型的黄土丘陵沟壑区和残塬沟壑区。地形以山地、丘陵为主，地势总体上呈现出东高西低的态势。东部为土石山区，西部为广大的黄土丘陵区，地表沟壑较多，起伏较大，其中山地和丘陵面积占到 83%，平川盆地的面积仅占 17%。地表水十分缺乏，是以旱作农业为主的山区农业区。土壤类型多属于褐土性土壤系列。由于黄土土质疏松，抗蚀能力差，该区的水土流失现象严重，成为制约该地区经济社会发展的不利因素（见表 13－1）。

表 13－1　西山片区自然条件概况

土地	耕地（千公顷）	165.50
	园地（千公顷）	20.07
	林地（千公顷）	453.25
	草地（千公顷）	272.39
	水域及水利设施用地（千公顷）	7.47

续表

气象	年降水量（毫米）	453.9～688.4
	平均日照（小时）	2 417～2 714
水文	地表水水资源（万立方米）	30 521
	地下水资源（万立方米）	33 044
	人均水资源量（立方米/人）	620.8
	河流长度（千米）	261.8
	主要河流及流域面积（立方千米）	芝河、昕水河和鄂河，5 734
矿产	煤、铁、铝、铜、锌、石膏、石灰岩、白云岩、油页岩、大理石、花岗石、石英、磷、耐火粘土、煤层气等，其中煤、铁、石膏、石灰岩的储量可观，开发价值较高	

（二）人文环境

临汾市西山片区7县共辖32个乡24个镇。

2013年，总人口838 488人，城镇化率37.04%。经济生产总值为1 944 729万元，占临汾市的15.89%。农村居民人均纯收入为4 596元，城镇居民人均可支配收入18 220元，明显低于全省和全国同期的平均水平。区域内有多条交通要道，S328、S329、G309、G209等构成了区域的交通网络（见表13－2）。

临汾市是中华民族的摇篮和华夏文明的发祥地，历史悠久，文化底蕴深厚，西山片区拥有一批瑰丽的自然名胜景观和人文历史遗迹。

表13－2　西山片区社会经济指标（2013年）

行政区划	县（个）	7
	乡（个）	32
	镇（个）	24
人口	总人口（人）	838 488
	城镇人口（人）	310 583
	乡村人口（人）	527 905
经济	地区生产总值（万元）	1 944 729
	人均地区生产总值（元）	23 193.28
	三次产业构成比例	9.69∶66.17∶24.14
	农民人均纯收入（元）	4 596
	城镇居民人均可支配收入（元）	18 220
交通	公路通车里程（千米）	6 949
	高速公路通车里程（千米）	190

（三）综合评价

1. 生态环境脆弱，水土流失严重

本区是山西省生态系统中的极度脆弱生态区，土壤侵蚀模数 10 750 吨/平方千米，为极强度以上等级，水土流失面积占全区总面积的 62.5%，昕水河等黄河水系年输入黄河泥沙 0.6 亿吨。

2. 资源开发粗放，环境状况恶劣

在长期的矿产资源开采及相关行业的发展过程中，一味地追求经济利益，忽视对环境的保护，造成一系列环境问题和社会问题。经济发展很不平衡，贫富差距不断拉大，地表水污染严重，地下水位急剧下降，环境污染、土壤侵蚀形势严峻，资源开发方式粗放，综合利用率较低，环境状况日益恶劣。

3. 经济发展滞后，扶贫任务艰巨

由于自然条件较为恶劣、自然灾害频发，工业化基础薄弱、经济发展相对滞后，吉县、大宁县、永和县、汾西县、隰县 5 县是山西省的国家级扶贫开发县。区域发展缺乏活力，发展的后续动力严重不足，使得本区的扶贫任务十分艰巨。

4. 新型工业化、城镇化任务艰巨

7 县中，蒲县和乡宁县工业化程度较高，其余 5 县，尤其是永和县、大宁县、隰县、吉县第二产业较弱，工业化水平相对滞后。同时，城镇化水平为 37.04%，各县城镇化进程落后于全市 45.67% 的水平，更低于山西省 52.56% 的水平。

（四）机遇与挑战

1. 机遇

——国家推进主体功能区建设及主体功能区建设试点示范带来的机遇。临汾西山片区整体列入国家主体功能区建设试点示范区，将对临汾市西山片区的生态产品能力建设、生态产业建设、生态宜居建设等带来直接的投资，改善当地生态环境，推进当地经济、社会事业发展。

——国家资源型经济转型综合配套改革试验区带来的机遇。综改区的设立允许山西在产业转型、生态修复、城乡统筹和民生改善等方面“先行先试”，这对于本区因地制宜地解决发展中遇到的问题，探索适合本地区的发展模式，提供了良好的时机。

——临汾市实行“一带两翼”区域发展战略带来的机遇。临汾市在中部实施百里汾河新型经济带建设，在西山片区重点推进林果生态产业、清洁能源产业、生态旅游产业和生态工程建设，将给西部山区带来新的发展机遇。

——国家能源安全战略带来的机遇。西山片区的煤炭、煤层气、风能等资源丰富，依托国家能源安全战略和本地资源优势，重点发展煤层气、风能为代表的清洁能源等生态工业，前景广阔。

——国家食品安全带来的机遇。西山片区青山绿水的自然环境，现有林果业的资源、品牌优势，为当地苹果、梨、核桃、红枣及小杂粮发展带来极大的发展前景。

2. 挑战

——新常态及发展模式转变带来的挑战。地方领导和企业生态意识及生态产品意识淡薄，思想还没有转变到发展生态产业和生态产品的意识上来。

——产能过剩整治带来的挑战。目前，产能过剩是全国、山西省经济运行面临的突出矛盾，也是制约转型跨越发展的障碍。本区以煤炭为主的工业产业面临着巨大压力，也制约了当地经济、社会、生态的进一步发展。

——区域竞争加剧带来的挑战。发展旅游和工业产业，与周边的河南、陕西及邻近城市竞争激烈；发展生态，也与周边地区在资金、政策上有竞争。邻近的太原都市圈、百里汾河经济带对省域生产要素吸纳力强大，而西山片区处于大城市的边缘地区，资源调配能力、吸纳能力差。

——改善民生带来的挑战。生态功能区主要任务是生态建设和恢复，提供清新的空气、洁净的水等社会公共生态产品，而这些产品的建设周期长、投入大、价格难以估算，而本地经济基础薄弱，与发达地区保持均一的公共服务水平和生活水平难度大。

二、建设思路与目标

（一）指导思想

以科学发展观为指导，深入贯彻党的十八大精神，树立尊重自然、适应自然、保护自然的生态文明理念，把生态文明建设放在突出地位，融入经济建设、政治建设、文化建设、社会建设各方面和全过程。以山西转型发展为统领，以工业新型化、农业现代化、县域城镇化、城乡生态化为导向，转变开发理念，调整开发内容，创新开发方式，规范开发秩序，提高开发效率，精心组织，周密安排，科学布局，加快推进国家主体功能区试点示范建设，全力打造国家级主体功能区建设示范样板，努力构建功能明确、特色鲜明、分布合理的主体功能区新格局。

（二）区域定位

1. 国家级限制开发的重点生态功能区

临汾市西山片区属于黄河中游干流水土流失控制的核心区域，黄河中下游生态安全保障的关键区域，黄土高原水土流失治理的重点区域。在山西省主体功能区规划中，已被划为国家级限制开发的重点生态功能区。

2. 吕梁山区连片特困扶贫攻坚区

大宁县、永和县、吉县、隰县、汾西县已被纳入《中国农村扶贫开发纲要（2011～2020年）》中的吕梁山区连片特困地区。据此，临汾西山贫困县区要按照产业开发、基础设施、公共服务和生态建设“四个统筹”的要求，紧紧抓住全省实施“百企千村”产业扶贫的机遇，整合资源、综合治理、配套推进，形成扶贫攻坚的整体效益。

3. 黄土丘陵残塬沟壑水土保持生态功能区

本区沟壑纵横、地表支离破碎、生态脆弱、水土流失严重、土壤瘠薄，严重制约农业规模化生产、产业化经营，城镇用地紧张、交通基础设施条件差、对内对外交流不畅，各项功能的空间扩展受限。

4. 山西省优质果品基地

苹果、梨、红枣、核桃等果品品质优，现有生产基础好，群众积极性高，林木种植也可以增加地表林木覆盖率，有利于黄土丘陵区水土保持和生态保护。临汾市西山片区定位为优质果品基地，能够同时实现农民的经济效益和社会的生态效益。

5. 山西省生态休闲旅游基地

西山片区拥有五鹿山、紫金山、云丘山等一系列自然保护区、风景名胜区和森林公园，拥有壶口瀑布和午城黄土两个地质公园，也拥有蒲县东岳庙、隰县小西天、乡宁县寿圣寺、汾西县师家沟古建筑群等国家级、省级文物保护单位，还拥有黄土风情、黄河景观及大规模的梨园、苹果园、枣园，具有发展生态休闲旅游的较大潜力。

6. 临汾市清洁能源基地

利用临汾市西山片区的丰富的煤炭、煤层气、风能、光能等资源，以洁净煤、煤层气、风能等为主，建设临汾市洁净能源基地。

（三）发展原则

——保护优先，增强生态服务功能。巩固和扩大天然林保护、退耕还林还草、退牧还草等成果，减少污染物排放，强化水、大气、土壤等污染防治，降低物质生产对生态环境的负面影响，增殖生态资源、改善生态环境、维持生态平衡，增强生态生产能力，增加生态产品产出。

——绿色发展，壮大特色生态经济。大力发展循环经济，引导区域产业转型升级。大力发展生态农业，推进特色优势农产品进行合理的区域布局，增强生态产品生产能力，提高农业产业化经营水平和农产品商品率。坚持旅游开发与生态环境建设、历史文化遗产保护同步推进。

——改善民生，探索多路径发展模式。正确处理生态、生产、生活的关系，留住青山绿水，保住潜力优势。坚持在保护中开发，在开发中保护，实现经济社会建设和生态文明建设协调发展。把改善民生作为出发点和落脚点，多办利民惠民的实事好事。

——优化布局，完善空间组织格局。严格按照主体功能定位，构建科学合理的城乡和谐格局、工农业发展格局、生态安全格局，优化国土空间开发格局。要控制开发强度，调整空间结构，促进生产空间集约高效、生活空间宜居适度、生态空间山清水秀。

——创新机制，建立开发保护制度。建立系统完整的生态文明制度体系，用制度保护生态环境。划定生态保护红线，完善最严格的耕地保护制度、水资源管理制度、环境保护制度。建立资源有偿使用制度和生态补偿制度。建立体现生态文明要求的目标体系、考核办法、奖惩机制。

（四）预期目标

临汾市西山片区国家生态主体功能区试点示范的总体目标是：实施生态修复，完善生态功能；发展生态农业，提升农业现代化水平；加快产业转型升级，培植绿色、低碳、生态产业集群；推进新型城镇化建设，加速人口集聚；发展社会事业，改善民生，提高群众生活水平。形成以重点开发区、农业发展区、生态建设区、禁止开发区为主要类型的主体功能区新格局，全力打造“环境友好示范区”、“生态文明建设先行区”、“主体功能区建设样板区”，全面完成主体功能区试点示范建设任务，实现空间有序、生产高效、生活富裕、生态良好、社会和谐的新西山。

主要目标是：

1. 基本形成保护为主、开发为辅的主体功能分区格局

基本形成以国家级和省级限制开发的重点生态功能区为主体的生态保育和水源涵养空间格局。以点状开发的形式，合理布局城镇化与工业化空间格局。按照“山水田林路综合治理、塬坡沟坝渠立体开发”的治理模式，实施生态农业综合开发。依据“一山、一河、五域”地理特点，布局生产力发展格局。

2. 空间结构得到优化，空间利用效率显著提高

空间结构得到优化，国土空间开发强度控制在3%左右，城镇空间有效控制，工矿建设空间适度减少，林草地的生物量显著增加，河流等湿地面积有所增加。空间利用效率提高，城市空间创造的产值大幅度提高，人口产业集聚能力大幅度提高；农业单位面积产量、产值进一步提高；能矿资源循环利用水平大幅提高，以大型、高效、清洁型企业为主体的能矿资源开发格局基本形成。

3. 建立完善因地制宜、绿色发展的生态经济体系

实施果品富民工程，以吉县苹果、隰县酥梨、永和县红枣、汾西县核桃等干鲜果品为重点，引进新品种，推广新技术，实现规模和效益双增加。以“黄河情、壶口景”

为主打，以云丘山、五鹿山、东岳庙、小西天、师家沟和姑射山等精品景区，全方位提升旅游产品的规模与品质。以交通、水利、电力建设为重点，推进基础设施提升。以壮大产业规模、培育产业集群、提升产业层次为目标，改造提升能源、焦化等传统产业，重点壮大煤层气、风电、太阳能等新能源、绿色食品、新材料三大主导产业。提高煤炭产业集中度和资源综合利用水平，实现煤焦市场规模化、管理标准化、经营专业化和安全长效化。积极发展新型能源。

4. 着力建设生活富裕、人和自然和谐的美好家园

着力建设让人望得见山、看得见水、处处有绿的“山水生态园林县城”；按照河东文化风格和当地自然环境特色，进一步提升建设，确保乡乡有亮点、村村有特色。启动沿黄、沿交通干线美丽乡村示范带建设，同时加强传统村落保护，保持乡村特色。

5. 生态环境改善，生态产品供给能力明显提高

加快资源节约型、环境友好型社会建设步伐。循环经济规模发展，资源综合利用水平不断提高，可再生能源利用比重显著上升，生态环境明显改善，人地关系日趋和谐，水、土地、能源等主要资源低消耗，污染物排放总量负增长，万元地区生产总值综合耗能持续下降。

表 13－3　　临汾市西山片区国土空间开发规划控制性指标

序号	指标	2012 年	2020 年
1	开发强度（%）	2. 49	2. 94
2	城市空间（公顷）	2 973. 1	3 680. 1
3	农村居民点（公顷）	19 048. 5	18 595. 8
4	耕地面积（公顷）	165 684. 6	164 462. 4
5	基本农田（公顷）	127 336. 8	127 336. 8
6	林地面积（公顷）	434 739. 3	492 434. 6
7	森林覆盖率（%）	34. 42	39. 01

注：指标依据国务院批复的土地利用总体规划和林地保护利用规划确定。

（五）空间战略格局

1. 空间开发总体战略格局

着力构建国土空间的“三大战略格局”，即城镇工矿点状优化、沟川集约高效、残塬沟壑丘陵农业生态化、区域整体保育的国土开发总体战略格局。

——城镇工矿点状开发、轴线集聚。以 7 个县城和众多建制镇组成的“三横一纵”为主轴线集聚人口、产业，增强经济发展能力，大力发展商贸物流、文化、旅游等现代服务业，优化提升综合服务功能，构建临汾市西山的城镇群。依托城镇建设西坡、张

马、管头、光华等工业园区、工业集聚区；围绕工业集聚区开发能矿产资源。

——沟川农业集约化、残塬丘陵农业生态化。沟川农业是本区粮食、蔬菜生产的主要基地，发展资本密集、技术密集、劳动密集的高效益农业。黄土残塬丘陵区，以土壤保护为出发点，继续调整农业结构，重点发展梨、苹果、核桃等果品，同时加强土地整治和基本农田建设，增强土地生态功能。

——区域生态整体保育、分级管控。对全域进行生态保育，不断提升提供生态产品和生态服务功能的能力。以吕梁山的森林区为重点，加强土石山区的水源涵养、生物多样性保护和水土保持功能；对黄土残塬沟壑区、黄土丘陵区的坡沟，加强封山育林治理和小流域治理；25°以上坡耕地退耕还林，提高水土保持能力；对于城镇、村庄、工矿、交通沿线，加强绿化美化。

2. 生态安全战略格局

构建以“一山一河五域”为主体的生态安全战略格局。

“一山”：以片区东部吕梁山为主体，依托吕梁山国营林业管理局下属的国有林场、县国有林场，构建吕梁山土石山区为主体的生态屏障。“一河”：即黄河。“五域”：即芝河、昕水河、鄂河、清水河、团柏河五条支流的流域。以“一山一河五域”所在的黄土残塬沟壑丘陵区为主体，建设片区西部黄土残塬沟壑丘陵水土流失生态治理区。

3. 农业发展战略格局

构建“两片”农业发展区域。吕梁山东麓农业区，包括汾西县东部、乡宁县东部，重点发展核桃业；吕梁山西麓农业区，包括永和县、大宁县、隰县、吉县、蒲县和乡宁县西部，重点发展苹果、酥梨、红枣。同时，兼顾粮食生产，在各县的黄土丘陵区和沟川区，发展玉米、小麦、马铃薯、小杂粮等作物。

4. 城镇化发展战略格局

形成“七城多镇、三横一纵”的城镇化战略格局。7 个县城和 23 个重点镇要发展成为各县域的人口、产业集聚中心，全区城镇化发展的核心区域。以“三横”即 S328（连接永和县城—隰县县城—汾西县县城）、S329（连接大宁县县城—蒲县县城—临汾市）、G309 和中南铁路（连接吉县县城—乡宁县县城—临汾市）和“一纵”即 G209（连接隰县县城—大宁县县城—吉县县城—乡宁县县城）为区域发展轴，依托现有城镇，引导和促进新能源、新材料、新技术产业向 16 个工业园区（工业集聚区）集聚。

三、功能区类型及划分

（一）功能区类型

专栏一　西山片区国土功能区的四种类型

1. 生态建设区：生态系统保护和水源涵养重要性较高，或生态环境脆弱程度较大，维系生物多样性保护、土壤保持和河流水源涵养功能的重要区域。

2. 农业发展区：农业生产和农村人口最集中的地区，耕地较为集中、村庄数量较多，主要功能是粮食、蔬菜生产，是建设美丽乡村、实现生态文明、统筹城乡发展的重要区域。

3. 重点开发区：是资源环境承载能力较强、集聚经济和人口条件较好、发展潜力较大的县城和中心乡镇，实施点状开发，提升综合承载能力，承接周边农业人口转移，支撑带动县域经济社会综合发展。

4. 禁止开发区域：具有代表性的自然生态系统、珍稀濒危野生动植物物种天然集中分布地、有特殊价值的自然遗迹所在地和文化遗址等，影响水资源和食物供给安全的点状分布的生态功能区。

本区是国家级限制开发的重点生态功能区，以生态空间为主体，同时包括生产空间、生活空间和休闲空间，具体地，可以划分为生态建设区、农业发展区、点状开发的重点开发区和禁止开发区四类功能亚区。

（二）划分依据

——自然本底条件。气候、土壤、基础地质、地形地貌、水文、生物等自然要素构成区域的自然本底条件相互作用、相互制约，影响土地的开发利用方式，是国土空间功能区划分的重要依据之一。

——保护利用现状。土地利用现状是在自然本底条件的制约下，经过长期的技术、经济、社会、政治等多因素综合作用的结果，也是未来土地利用与国土空间开发的基础。

——开发建设用地增量。土地利用是动态的，耕地开垦和建设用地的变化，都对生态建设、生产建设空间产生影响。应当依据《土地利用总体规划（2006～2020年）》新增建设用地指标，预测各地类的规模变化、空间变化，合理预测西山片区长时期国土空间的调整。

（三）划分方法

1. 根据2013年土地利用现状2020年土地利用规划图，划分功能区用地类型

将现状城镇用地及与之比邻的现状工矿用地、2020年前的规划用地图斑划定为重点开发用地；将国家级和省级重点文物、省级森林公园和风景名胜区现状图斑划定为禁止开发用地；将规划用地以外的耕地、园地、其他农用地等现状图斑归并划定为农业用地；将规划用地以外的林地、草地、水库水面、未利用地等现状图斑进行归并划定为生态用地；将村庄、交通、水利等其他建设用地现状图斑归并划定为建设用地。

2. 根据自然地类图斑划定耕地保护红线区和生态红线区

耕地保护红线区即基本农田保护区，划定耕地保护红线是为了确保 2013 ~ 2020 年基本农田数量不减少，质量有提高。生态红线是对维护区域生态安全及经济社会可持续发展具有重要战略意义、必须实行严格管理和维护的国土空间边界线。根据《国家生态保护红线—生态功能基线划定技术指南（试行）》，结合西山片区实际情况，本方案生态红线区由禁止开发区、天然林区（从生态重要性和生物多样性考虑）、水源保护地及坡度超过 25°的地区（从生态敏感性和脆弱性考虑）四部分构成。

3. 以用地类型为基础划分功能区

依据科学性和可操作性原则，重点开发区和禁止开发区以自然地类图斑或法定边界为基本单元划定边界，生态建设区和农业发展区以行政村为基本单元划定边界。具体方法是：涉及生态红线区的行政村划为生态建设区；其他行政村则按农业用地占行政村总面积比例的大小确定功能区类型，该比例大于等于各行政村农业用地占行政村总面积比例全县平均值加一倍标准差的行政村划入农业发展区，其余行政村划入生态建设区。

4. 修订功能区边界

根据县域国土空间开发战略以及集中连片布局原则，适当进行调整，最终划定各类功能区范围。

（四）功能区划分方案

综合分析临汾市西山片区自然本底条件、保护利用现状、开发建设增量情况，按照功能区划分方法，将片区划分为生态建设区、农业发展区、重点开发区和禁止开发区四类功能区（见表 13 –4），其中禁止开发区分散分布于其他类型功能区中。

表 13 –4　　临汾市西山片区国土功能区面积统计

功能区类型	面积（公顷）	占片区总面积的比例（%）
重点开发区	11 694	1.20
农业发展区	373 401	38.17
其中：耕地保护红线区	127 337	13.02
生态建设区	486 483	49.73
禁止开发区	106 593	10.90
其中：生态红线区	175 897	17.98
合　计	978 171	100.00

划分结果统计：生态建设区和禁止开发区占片区总土地面积的60.63%，农业发展区占片区总土地面积的38.17%，重点开发区占片区总土地面积的1.20%。耕地保护红线区和生态红线区占片区土地总面积的31.10%。

四、生态建设区

（一）区域概况

生态建设区主要包括天然林地、草地、自然保留地、水源地保护区、湿地、坡度25°以上的耕地。生态建设区面积486 483公顷，占全县土地总面积的49.73%。

可以分为水源涵养与生物多样性保护区、黄土丘陵沟壑植被修复与土壤保持区两个亚区。水源涵养与生物多样性保护区，自北向南分布在吕梁山脉的紫荆山、老爷顶、秦王山、高天山、人祖山等大山峰连贯的主脊线及两侧起伏的山峦和纵横的沟壑与黄土丘陵组成。主要由吕梁山国有林管理局下属下李（隰县）、上庄（隰县）、克城（蒲县）、勍香（汾西县）、台头（乡宁县）、管头（乡宁县）和屯里（吉县）13个国有林场；汾西县国营林场、蒲县国营林场、大宁县北山林场和盘龙山林场、隰县国营西上庄林场和国营青龙山林场、吉县国营红旗林场、乡宁县国营石景山林场和永和县国营林场9个林场组成。黄土丘陵沟壑植被修复与土壤保持区广泛分布在各县黄土覆盖的丘陵区、残塬沟壑区的各乡镇各村庄。

生态红线区主要分布在片区东部山地，主要涵盖国有林场、自然保护区范围。

（二）功能定位

黄河中游干流水土流失控制的核心区域，黄河中下游生态安全保障的关键区域，黄土高原水土流失治理的重点区域，是当地重要的生态屏障区、水源涵养区，是保护当地文化遗产、促进人与自然和谐发展的重要区域。

水源涵养与生物多样性保护区，覆盖临汾市西山片区的东部、东北部，属于黄河中游天然林资源保护工程区和三北防护林体系工程区，是国家生态公益林和省级生态公益林的重要区域，是水源涵养、水土保持的重要区域，是生物多样性保护的重要区域。

黄土残塬沟壑丘陵植被修复与土壤保持区，包括临汾市西山各县黄土覆盖的丘陵区、残塬区、沟壑区，是黄土高原生态环境的高度脆弱区，是黄土高原水土保持和植被恢复的重要区域。

（三）发展方向

——水土保持与植被恢复。黄土丘陵残塬沟壑区丘陵区，要加大水土流失和土壤侵蚀治理力度，实施造林绿化，实施封山禁牧，巩固和扩大退耕还林成果，继续实行小流域综合治理，以恢复退化植被，促进生态系统恢复为宗旨。

——生态保护与林区建设。大力实施天然林保护，加强幼林抚育管护，提高林分质量，增强水源涵养功能和生物多样性保护能力。

——发展生态旅游和休闲产业。依托壶口瀑布为核心的黄河壶口瀑布风景名胜区、黄河壶口瀑布国家地质公园，整合云丘山风景区、蒲县东岳庙、隰县千佛庵（小西天）、汾西县师家沟民居和姑射山真武祠景区、五鹿山自然保护区、吕梁山森林公园等特色景点，为旅游业发展提供战略支撑。

——协调发展林下产业。因地制宜开发林下果、草、花、菜、菌、药等种植业和禽、畜、蜂等林下养殖业，发展林产品加工业，发挥林业经济效益。

（四）建设任务

——开展小流域综合治理和淤地坝系建设。实施封山禁牧，积极推进25°以上陡坡耕地全部退耕还林还草，恢复退化植被。加强幼林抚育管护，巩固和扩大退耕还林（草）成果，防治水土流失，防治地质灾害。

——以芝河、昕水河、鄂河、清水河、团柏河等五条河流和“三横一纵”交通轴线为主线，构建沿河、沿路生态廊道，促进各功能区的联通；加强以县城和中心城镇为依托的生态型设施建设，保障生态系统的良性循环。

——加强林场建设。继续加大天然林和三北防护林保护力度，着重保护森林生态系统的原生性和生物多样性；实行封山育林，加大植树造林、种草力度，封育结合，提高植被覆盖率；大力推广林下经济，实现林、牧资源共享，优势互补，循环发展；压缩种植业、发展生态林牧业，适度发展林牧产品加工业。

——实施严格的土地用途管制。有限发展与水土保持功能相容的农林牧产品加工业和生态旅游业。对区内各类开发活动尤其是能源和矿产资源开发及建设进行严格监管，尽可能减少对生态空间的占用，并同步修复受损生态系统。

（五）管制措施

1. 生态红线区实行最严格的管制

——根据生态功能区的重要性、敏感度、脆弱性划定生态红线，按照生态红线区和非生态红线区对生态功能区实施分级管理。

——对于列入禁止开发区名录的生态建设区，依法制定生态红线区管控措施，按照生态红线区的要求严禁生态建设以外的开发建设活动。

——天然林保护区严格禁止砍柴、狩猎、挖沙、取土和开山采石，严格禁止野外用火，修建坟墓；严格禁止排放污染物和堆放固体废物，严格禁止破坏森林资源的行为；确需征用、占用天然林地或确需采伐林木的，应根据先关规定办理手续、缴纳各类补偿费用或者执行其他事项。

——水源保护地严格禁止新建、扩建排放含污染物的建设项目和工业项目、严格禁止各种有机毒物污染物、严格禁止从事对生态环境有影响和破坏的各类作业、严格禁止对河道和滩地有污染的生产经营活动，从事旅游等经营活动的，应当采取措施防止污染饮用水水体。对坡度超过25°的地区，严格禁止与生态保育无关的其他开发、生产、建设活动。

2. 生态红线区以外的生态建设区管制措施

——对于黄土高原残塬沟壑丘陵植被修复与土壤保持区，按照一般生态建设区的要求，严禁影响其主导生态功能的开发建设活动。

——实现水源涵养与生物多样性保护区的人口逐步减少，耕地数量逐步减少，将剩余少量人口转为林业保护与管理人员。

——严格土地用途管制，控制居民点规模，实施废弃农村建设用地复垦还林还草，降低建设用地规模。

——完善生态补偿机制，加大生态补偿力度，提高当地生态产品建设能力，提高当地居民生活水平，促进城乡统筹发展。

五、农业发展区

（一）区域概况

该区主要包括吕梁山东麓的汾西县东部和乡宁县东部，和吕梁山西麓沿黄河的永和县、大宁县、隰县、吉县、蒲县和乡宁县西部，土地总面积373 400.8公顷，包括42乡镇397行政村（含两个国营林场）。

耕地保护红线区主要覆盖临汾西山片区基本农田，面积为127 337公顷。

（二）功能定位

优质苹果、梨、葡萄、红枣、核桃等干鲜果品的主产区，玉米、杂粮等粮食的生产基地，保障区域生态安全和水土保持的重要组成部分，建设美丽乡村的主要场所。

（三）发展方向

——推进生态型产业发展，探寻生态种植业新模式，实现生态效益与经济效益的有机结合，是本区农业的发展方向。

——要从生物措施和工程措施两方面发展水土保持型的生态农业，主要发展多年覆盖的水果、干果业；加强基本农田整治，25°以上坡耕地退耕还林还草，实施坡耕地改造和小流域治理。

——积极发展特色果业。以永和县红枣为代表，在沿黄河的大宁县、吉县、乡宁县西部低海拔的黄土丘陵区，发展红枣、花椒、葡萄产业基地；以隰县玉露香梨和吉县苹果为典型，示范带动乡宁县、大宁县、蒲县、汾西县等黄土残塬区发展水果基地；以汾西县核桃为代表，在乡宁县、蒲县、大宁县、永和县的黄土丘陵区发展核桃基地。

——不放松粮食生产，在沿山黄土丘陵区和沟川区，建设高产、高效型玉米、小麦、马铃薯、优质小杂粮基地，提高农业生产水平，增加农民收入。

——推进农业产业化经营。积极扶持农业产业化龙头企业发展壮大，建立龙头企业以多种形式与农户建立风险共担、利益同享的利益联结机制，形成紧密型的“公司 + 基地 + 合作组织 + 农户”的农业产业化经营模式。

（四）建设任务

——实施退耕还林。退耕还林工程对于水土流失严重的黄土残塬沟壑丘陵区，是有效的生态保护和改善措施。

——实施中低产田改造建设高标准基本农田。通过坡改梯、土地平整、土壤培肥等措施，实现田、路、渠、村综合开发，改善农业生产条件，提高土地生产能力，实现果粮丰收、养殖发展、生态改善。

——开展小流域综合治理。继续开展小流域治理，达到保护、改良与合理利用小流域水土资源的目的。充分利用引黄工程，提水上塬，扩大和改善灌溉面积，实现果业高产优质。

——依托苹果、梨等优势产业，整合其他旅游资源，积极发展农业休闲观光业，开发农业资源潜力，增加农民收入。

——引导移民搬迁。通过移民新村建设、小城镇建设，积极引导生态脆弱区、偏远山区、农林交错区、地质灾害区的贫困农民向外搬迁，根本上解决移民就业、生活困难，全面提升农民生活条件和质量。

——建设美丽乡村。统筹城乡发展，推动基本公共服务向农村社区延伸，提高农村社区综合服务设施覆盖率。对于少数具有一定发展优势的行政村，要重点建设，成为功能完善、公共服务完备的新型农村社区。

（五）管制措施

1. 耕地保护红线区实行最严格的管制

——划定耕地保护红线。严格执行《基本农田保护条例》，保护基本农田和其他优质耕地，做到数量不减少，用途不改变，质量有提高。

——禁止任何单位和个人在基本农田保护区内进行一切破坏基本农田的活动；禁止任何单位和个人改变、占用、闲置、荒芜基本农田；确因重点建设项目需要占用的，必须严格执行相关规定。

2. 耕地保护红线区以外的农业发展区

——加强耕地生态管护。在水土流失严重的黄土残塬沟壑丘陵区内，禁止在水土流失严重地区、生态环境脆弱区开垦耕地。土地开发整理应从土地开发为主转为整理复垦为主，提高耕地质量。

——调整农业区人地关系减轻生态压力。对生态环境脆弱、农民生产生活条件差的地区，引导农民向外移民，减少农村人口，实现农业发展区人口逐步减少，降低生态压力。

——实施废弃农村居民点和农村建设用地整治工程，降低建设用地规模，增加耕地和生态用地数量。

六、重点开发区

（一）区域概况

重点开发区包括县城、重点镇和工业园区（集聚区）三类，总面积 11 694 公顷（见表 13 –5）。

表 13 –5　临汾市西山片区重点开发区情况

县别	重点城镇	产业园区（集聚区）	面积（公顷）
乡宁县	昌宁镇、管头镇、光华镇、台头镇、西坡镇	光华加工工业园区、西坡综合工业园区、张马紫砂材料工业园区、管头轻工业园区	1 527.3
蒲县	蒲城镇、黑龙关镇、薛关镇、克城镇	后山工业园区、刁口循环经济园区、黑龙关工业园区	4 392
汾西县	永安镇、僧念镇、和平镇、勍香镇、对竹镇	汾西县独堆工业园、佃坪建材工业园、太阳山农产品加工工业园	1 710
吉县	吉昌镇、屯里镇、壶口镇	屯里明珠工业园区、中垛白额工业园区和车城生态产业园区	1 330
隰县	龙泉镇、午城镇，黄土镇、下李乡	午城食品加工工业区、下李新能源集聚区、黄土工业集聚区	1 034.5
大宁县	昕水镇、曲峨镇	大宁县生态工业园区	1 000
永和县	芝河镇、桑壁镇	永和县食品工业区	700
合计	—	—	11 694

（二）功能定位

支撑区域经济发展的重要增长极，提升综合实力和产业竞争力的核心区，引领科技创新和推动经济发展方式转变的示范区，全县重要的人口和经济密集区。县城，要集聚工业、大力发展服务业，成为“生态、文明、幸福、宜居魅力山城”。重点镇，县域次级区域中心，要成为要素集聚、产业发展、人口转移的重要载体。产业园区（集聚区）要依托当地资源、能源，成为带动当地新型工业化、新型城镇化的推动力，园区产业类型选择要严格按负面清单执行。

（三）发展方向

——培育壮大新能源、新材料、绿色食品等生态型新兴产业，加大文化旅游产业发展力度，限制粗放、污染性产业发展。

——提高产业集聚区产业集群能力，增强园区对新兴产业的吸引力和承载力。

——按照“宜业宜居、宜学宜游”的要求，配套完善基础服务设施建设，提升县城、重点镇和工业集聚区的人居环境品质。

——有序引导生态建设区和农业生产区的人口向本区域集聚。

——到2020年，集聚区域达到总人口的60%左右，区域经济达到总量的70%，城镇化率达到60%以上。

（四）建设任务

——加强“三横一纵”轴带上城镇、产业园区（集聚区）的建设，使其成为本区经济社会发展的增长极、综合实力和产业竞争力的核心集聚区、引领科技创新和推动经济转型的示范区。

——以现有县城规模为基础，合理拓展城镇空间范围，合理、适度、逐步提高人口规模和开发强度。在条件成熟情况下，选取区位、经济条件好的城镇，积极培育建设西山片区区域中心城市。

——以提升城市功能为目标，建设“青山健身、绿水休闲、环境可人”的人居环境，加快老城区和“城中村”改造，完善城镇基础设施和公共服务设施，提高生活性服务业的整体水平，提升城镇化的质量，增强县城和重点镇的宜居性。

——以“产城合一”为方向，依托小城镇、服务产业园区（集聚区），实现城镇化与工业化的良性互动，增强小城镇发展能力。

——探索生态主体功能下生态经济发展新模式，积极发展适应当地实际的战略性新兴产业和现代服务业，加快发展新型产业、大力发展优势特色产业、改造升级传统产业，促进产业空间集聚，扩大规模、点状发展。

（五）管制措施

——控制城镇开发强度，避免蔓延式的无序发展；严格控制工业区规模，控制开发强度；严格控制园区内工业企业的准入标准，禁止污染企业入驻园区；严格实施节能减排措施，避免对生态环境产生过大压力。

——集约节约利用城镇用地、工业集聚区用地。按照村镇规划用地标准提高县城和重点镇城镇人口承载量，提高建设用地利用效率。加强建设用地管理，促进建设项目适当集中，共享基础设施，共促集聚区发展。

——改造传统产业，促进产业集聚和集群发展，强化资源的综合利用，实现清洁化循环生产。严格控制环境污染。控制工业集聚区和城乡生活区产生的各类污染，加大污染治理和生态修复力度，尽可能减少工业化和城镇化对生态环境的影响。

七、禁止开发区

（一）区域概况

包括国家级和省级自然保护区、风景名胜区、地质公园、森林公园 10 处，风景名胜区 3 个，森林公园 2 个，地质公园 2 个。国家级文物保护单位 5 处，省级文物保护单位 15 处，县级水源地 12 处（见表 13 –6）。

表 13 –6　　西山片区禁止开发区目录

<table>
<tr><th>类型</th><th colspan="2">名称</th><th>面积（公顷）</th><th>所在地</th></tr>
<tr><td rowspan="3">自然保护区</td><td colspan="2">五鹿山国家级自然保护区</td><td>206.17</td><td>蒲县隰县</td></tr>
<tr><td colspan="2">人祖山省级自然保护区</td><td>164.04</td><td>吉县</td></tr>
<tr><td colspan="2">管头山省级自然保护区</td><td>101.40</td><td>吉县</td></tr>
<tr><td rowspan="3">风景名胜区</td><td colspan="2">黄河壶口瀑布国家级风景名胜区</td><td>100.00</td><td>吉县</td></tr>
<tr><td colspan="2">云丘山省级风景名胜区</td><td>203.1</td><td>乡宁县</td></tr>
<tr><td colspan="2">黄河乾坤湾风景名胜区</td><td>105.61</td><td>永和县</td></tr>
<tr><td rowspan="2">地质公园</td><td colspan="2">黄河壶口瀑布国家地质公园</td><td>29.21</td><td>吉县</td></tr>
<tr><td colspan="2">黄河蛇曲国家地质公园</td><td>105.61</td><td>永和县</td></tr>
<tr><td rowspan="2">森林公园</td><td colspan="2">蔡家川省级森林公园</td><td>40.00</td><td>吉县</td></tr>
<tr><td colspan="2">吕梁山省级森林公园</td><td>（约）40.00</td><td>乡宁、汾西、隰县等 5 县</td></tr>
<tr><td rowspan="8">重点文物名录</td><td>国家级</td><td colspan="2">省级</td><td>所在地</td></tr>
<tr><td>柿子滩遗址</td><td colspan="2">义尖安坪遗址、大墓塬墓地、狄城遗址、挂甲山摩崖造像、克难坡</td><td>吉县</td></tr>
<tr><td>乡宁县寿圣寺</td><td colspan="2">千佛洞</td><td>乡宁县</td></tr>
<tr><td></td><td colspan="2">芝麻滩遗址、翠微山遗址</td><td>大宁县</td></tr>
<tr><td>千佛庵</td><td colspan="2">千佛洞、隰县鼓楼</td><td>隰县</td></tr>
<tr><td></td><td colspan="2">永和文庙大成殿</td><td>永和县</td></tr>
<tr><td>柏山东岳庙</td><td colspan="2">薛关遗址、腰东汉墓群</td><td>蒲县</td></tr>
<tr><td>师家沟古建筑群</td><td colspan="2">真武祠、追封吉天英碑</td><td>汾西县</td></tr>
</table>

续表

类型	名称	面积（公顷）	所在地
水源地	东峪沟水源地		永和县
	永和县中学水源井		永和县
	古城水源地		隰县
	堆金山水源地		隰县
	菜沟庄饮水源地		隰县
	均庄岩溶深井		隰县
	大宁城区水源地		大宁县
	蒲县城区水源地		蒲县
	十里河水源地		吉县
	阳儿原水源地		吉县
	鄂河水源地		乡宁县
	樊家坪水源地		乡宁县

（二）功能定位

维护国土生态安全、保护自然文化资源的重要区域，珍贵动植物基因资源保护地，饮水安全保障区、促进人与自然和谐发展的核心区域。

（三）管制措施

——根据法律法规规定和相关规划实施强制性保护，严格控制人为因素对自然生态和文化遗产原真性、完整性的干扰，严禁不符合主体功能定位的各类开发活动，引导人口逐步有序向外转移。

——自然保护区：严格执行《中华人民共和国自然保护区条例》。逐步转移人口，尽可能减少人类生活对自然保护区带来的资源环境生态压力。

——风景名胜区：严格执行《风景名胜区条例》，不得破坏或随意改变风景名胜区内一切景物和自然环境，旅游设施及其他基础设施建设等也必须符合风景名胜区规划。

——森林公园：依据《中华人民共和国森林法》、《中华人民共和国野生植物保护条例》、《森林公园管理办法》，禁止从事与资源保护无关的任何生产建设活动，建设旅游设施及其他基础设施建设等也必须符合森林公园规划。

——地质公园：依据《世界地质公园网络工作指南》、《关于加强国家地质公园管理的通知》、《国家地质公园规划》实施管理。除必要的保护设施和附属设施外，禁止其他生产性建设活动。未经管理机构批准，不得在地质公园内采集标本和化石。

——重点文物：严格执行《中华人民共和国重点文物保护条例》、《山西省重点文物管理办法》，除必要的保护设施和附属设施外，禁止在文物保护区域进行任何生产建设活动，并要提高对重点文物保护力度。

八、能源和资源开发利用

（一）规划目标

——矿产资源利用效率明显提升。发展煤制化肥、煤制油、煤制天然气、煤制甲醇及深加工等产业，加大煤矸石和矿井水的循环综合利用，建设煤矸石—发电—供热—粉煤灰—水泥和新型建材的循环经济，通过延伸产业链条、引进先进技术等转变资源利用模式、提升产品附加值。

——矿区生态环境明显改善。减少资源开采对生态环境的影响。2020 年，地下水和地表水水质达到水功能区划目标；集中式饮用水源地水质达标率达到 100%；空气环境质量达到Ⅱ类以上；新建矿区破坏土地复垦率达到 100%；森林、草地等生态空间占比增加 10%。

——采矿区生产、生活安全明显保障。开展“智能矿产安全”技术的应用，加强危险源的安全监控；对于采矿活动引发的地面塌陷，要加强监测、搬迁避让和工程治理工作。

——矿产资源开发对经济社会的带动能力增强。矿工收入年均增长幅度与所在企业收益增长幅度持平；城镇人均可支配收入和农民人均纯收入年均增长幅度与所在区域能源、原材料产业产值增长幅度持平；实现城乡公共服务均等化，消灭绝对贫困人口。

（二）主要原则

——矿产资源呈点状开发，开发企业和基地的布局，服从于本规划确定的所在区域主体功能定位，符合该主体功能区的发展方向和开发原则。

——资源的开发、布局以及通道建设，要充分考虑县域城镇化战略格局的需要，考虑农业战略格局和生态安全战略格局的约束。

——矿产资源基地的建设布局，要坚持“点状开发，面上保护”原则。水源涵养、水源地等生态重要性程度高的地区、水土流失严重的生态脆弱区要严格限制开采区的面积和开发强度。建设项目要严格依法执行水土保持方案报告制度，有效防控生产建设中的地貌植被破坏和人为水土流失。

——生态建设区内的基地建设必须进行生态环境影响评估，最大限度地减少对农业空间和生态空间的占用，并做好耕地和生态环境的修复。禁止开发区内和地质条件不稳定的区域严格控制能源和矿产资源开发。

——根据不同主体功能区发展的主要任务，合理统筹调配流域和区域水资源，综合平衡各地区、各行业的水资源需求以及生态环境保护的要求。

（三）能源开发布局

——新能源。优先发展太阳能光伏发电、光热发电并网运行示范电站及分布式光伏发电示范项目，鼓励建设风电关键技术开发与风电场一体化综合示范项目。建设以光伏、风电为主导的产业园区。

——煤炭。稳步推进乡宁县、蒲县等大型煤炭基地建设，培育千万吨级的地方煤炭骨干企业。加强煤层气资源的勘探开发，按照有关规划，淘汰落后产能。

——电力。按照煤电一体化模式，建设蒲县、乡宁县、吉县、汾西县等煤电基地，积极发展坑口电站，推进电力外送，重点建设新能源发电产业。在保护生态的前提下，稳步推进西山片区电力梯级开发。

（四）主要矿产资源开发布局

——铁矿。铁矿是本区第二大矿产资源。推进蒲县、汾西县、隰县的铁矿资源开发，加强矿山后备资源储量的勘查工作。

——铝土矿。铝土矿主要分布在汾西县勍香、佃坪一带，应以铝土矿资源集中区为依托，培育大型龙头企业，现有的氧化铝、电解铝及铝材加工企业要通过市场化手段置换产能指标，发展符合负面清单要求的产业产品。

——其他矿产。以蒲县的铅、锌矿和汾西县的石膏资源为重点，合理开发优势资源，形成省内优势矿产资源开发基地。

（五）水资源开发

——切实提高水资源综合调配能力。以芝河、昕水河、清水河、鄂河四条黄河一级支流为龙头，以天然河道和输水工程为通道，以地表水、地下水、岩溶泉水优化配置为中心，构建覆盖片区重点保障区域的供水体系。

——加快建设黄河流域水利工程。以保护生态环境为前提，在加强节约用水的基础上，充分利用黄河水资源，加快吉县—碛口大型水利工程项目前期和项目建设工作，保障能源开发、农业发展和生态用水的需要。

——加强西山沿黄提灌工程。该工程是山西大水网的第一纵及第六横，涉及本区永和县、大宁县、吉县、乡宁县4个县。建设引黄灌溉工程26处，新增灌溉面积19.72千公顷形成“多源互补”的供水系统。

——全面推进节水型社会建设。健全用水定额标准，强化计划用水管理；建立用水单位重点监控名录，2020年基本实现重点用水户的远程实时监控；严格限制高耗水工业项目建设和高耗水服务业发展，遏制农业粗放用水；大力推进节水灌溉工程；完善水资源有偿使用和阶梯水价制度；严格执行建设项目水资源论证制度；加快实施节水技术改造，尽快淘汰不符合节水标准的用水工艺、设备和产品。

九、政策实施与保障措施

（一）建立政策保障体系，为主体功能区建设提供制度支撑

1. 财政政策

积极争取国家、省级财政增加对临汾西山片区生态功能区实施试点示范支持力度，增加用于水土保持、天保林建设、防风固沙等生态建设资金，增加用于公共服务和生态环境补偿的财政转移支付力度，逐步使当地居民享有均等化的基本公共服务，并为这些区域内的群众创造尽可能多的就业岗位，促进人民群众的共同富裕。

2. 投资政策

鼓励和引导区域内外经济主体到点状开发的城镇及产业集聚区投资发展符合国家产业政策导向、符合片区产业发展规划的产业项目；重点支持生态保护、生态建设、生态产业以及区域公共服务设施建设和生态环境保护。

3. 产业政策

实行更加严格的产业准入环境标准和碳排放标准，编制准入产业目录，明确限制与禁止开发产业；开发矿产资源、发展适宜产业和建设基础设施，必须开展主体功能适应性评价，不得损害生态系统的稳定性和完整性。引导重点开发区按照产业发展规划的要求，重点围绕发展具有片区特色的生态农业、绿色高效的低碳工业和生态旅游等产业；引导发展绿色农产品加工业，限制不符合主体功能定位的产业扩张；严格禁止在生态红线区内发展任何不符合产业发展规划要求的工业产业项目。

4. 土地政策

按照土地利用总体规划，实行差别化的土地利用政策。在保证基本农田和生态林不减少的前提下集中供给重点开发区域建设用地指标，对生态建设区域、农业区域和禁止开发区域实行严格的土地用途管制，严格生态保护红线管理制度，严禁生态用地改变用途。将基本农田实行永久保护，禁止违法改变基本农田的用途和位置。

5. 人口管理政策

制定顺应形势变化要求的人口管理政策，允许在点状重点开发的城镇有稳定就业和住所的外来人口定居落户；鼓励和引导人口通过下山移民脱贫等途径逐步自愿平稳有序地向重点开发的县城、小城镇转移。

6. 环境保护政策

根据不同功能区的环境承载能力，提出分类管理的环境保护政策。重点开发城镇要

保持环境承载能力，做到增产减污；生态功能区域要坚持保护优先，确保生态功能的恢复和保育；禁止开发区域要依法严格保护。自然文化保护区域的旅游资源开发须同步建立完善的污水垃圾收集处理设施。

7. 绩效考核

依法定期开展实施效果评估，建立分类绩效考核制度。生态建设区突出生态保护与建设绩效考核，主要考核大气和水体质量、污染物“零排放”、保护对象的完好程度以及保护目标实现情况等指标，不考核地区生产总值、财政收入等指标。农业生产区突出生态保护优先、产业发展有限的绩效考核，主要考核农业发展、农民收入、大气和水体质量等指标，地区生产总值、投资、财政收入等指标权重降低。城镇发展区综合评价经济增长、吸纳人口、产业结构、资源消耗、环境保护、基本公共服务覆盖面等内容，主要考核地区生产总值、财政收入占地区生产总值比重、非农产业就业比重、吸纳外来人口规模、单位用地面积产出率、单位地区生产总值能耗、单位工业增加值取水量、主要污染物排放总量控制率、“三废”处理率等指标。

（二）明确各级政府职责，为主体功能区试点示范提供行动保障

1. 市级人民政府职责

负责牵头实施全市绩效评价体系和考核办法；监督绩效考核办法的落实情况。根据中央和省人民政府确定的空间开发原则和本市的国民经济和社会发展总体规划，规范开发时序，把握开发强度，审批有关开发项目。开展本市主体功能区监测评估，检查落实各地区主体功能定位的情况。负责本方案与全市其他规划的协调，监督检查本方案确定的目标、战略任务、措施的落实情况。

2. 县级人民政府职责

根据全国或省级主体功能区规划对本县的主体功能定位，对本县国土空间进行功能分区，做好编制本县生态主体功能建设实施方案，明确各县生态功能定位和空间战略格局，确实落实生态保护、生态建设目标。

3. 乡镇级人民政府职责

乡镇级人民政府负责落实本方案对本乡镇的功能区定位与发展指引。在规划编制、项目审批、土地管理、人口管理、生态环境保护等各项工作中遵循本方案的要求。

（本研究为临汾市发展和改革委员会临汾市西山片区国家级生态主体功能区建设实施方案招标项目部分成果）

（完成人：安祥生、郭海荣、凌日平、贯宇平、原玉廷、王向东、侯志华、殷海善、冯旭芳、张瑜）

第十四章

山西省省级空间规划体系研究

空间规划是基于国土未来发展的中长期战略规划，涉及在不同空间维度的各个部门之间的政策协调和整合。空间规划被认为是寻求最有效率的土地利用及平衡社会、经济和环境因素，实现可持续发展的一种有效手段。

一、空间规划体系研究的重大意义

（一）实现省级统一空间规划，目的是推进国家治理能力和治理体系现代化

2014 年 2 月 17 日，习近平总书记在省部级主要领导干部学习贯彻党的十八届三中全会精神指出：“国家治理体系就是在党领导下管理国家的制度体系，包括经济、政治、文化、社会、生态文明和党的建设等各领域体制机制、法律法规安排，是一整套紧密相连、相互协调的国家制度。”2015 年 11 月，党的十八届五中全会公布了《中共中央关于制定国民经济和社会发展第十三个五年规划的建议》（简称《建议》）。《建议》提出：以市县级行政区为单元，建立由空间规划、用途管制、领导干部自然资源资产离任审计、差异化绩效考核等构成的空间治理体系。空间规划体系是空间治理体系的重要组成部分，包括空间规划信息技术体系、空间规划组织体系、空间规划制度体系、空间规划法律体系、空间规划审批体系等。

（二）实现省级统一空间规划，有利于推进生态文明建设

习近平总书记在 2013 年 12 月 12 日举行的中央城镇工作会议上，指出要建立统一的空间规划体系、限定城市发展边界、划定城市生态红线。党的十八届三中全会指出：建设生态文明，必须建立系统完整的生态文明制度体系，用制度保护生态环境。要健全自然资源资产产权制度和用途管制制度，划定生态保护红线。生态文明建设，包括现在强调的绿色发展，都是体现了全社会最为广大的公共利益，并上升到国家意志层面，按照中央统一领导、地方分级管理的方式，逐层逐级地去落实，必然体现在空间规划方面。

（三）实现省级统一空间规划，有利于化解现有规划体系和管理体制的矛盾与冲突

我国空间规划问题突出表现在：一是规划繁杂且不协调、不衔接、不统一问题突出；二是规出多门、各自为政，协调统一管理难的问题突出；三是规划内容边界模糊，指标、标准等技术不兼容问题突出；四是规划视同“花瓶”，有法不依、有规不执问题突出。2013 年 12 月，习近平总书记在中央城镇化工作会议讲话中指出，积极推进市、县规划体制改革，探索能够实现“多规合一”的方式方法，实现一个市县一本规划、一张蓝图，并以这个为基础，把一张蓝图干到底。

（四）实现省级统一空间规划是山西省深化规划体制改革的重大举措

我省市县规划“多规合一”整合取得了许多经验，并对省级空间规划提出了迫切的整合诉求，国家层面的规划改革早已酝酿，兄弟省份省级空间规划改革已有成效，我省省级空间规划改革是大势所趋，人心所向。构建我省统一空间规划体系要立足山西省现有空间规划实际情况，解决空间规划中遇到的问题，目的是推进山西空间治理能力的提高和空间治理体系现代化。

二、国内外空间规划及体系构建的经验与借鉴

（一）国外空间规划的成功经验

世界各国对于空间规划的研究都有各自的特点，但大多数发达国家都形成了国家到地方层面的空间规划体系，并有相关的政府机关和管理机构给予支持，同时也有相关的法律、政策等方面的配套文件。

1. 概念认知：平衡各类空间要素和主体，着眼未来

目前，各国关于空间规划的定义不完全相同，但从根本上来讲空间规划是基于国土未来发展的中长期战略规划，涉及在不同空间维度的各个部门之间的政策协调和整合。空间规划被认为是寻求最有效率的土地利用及平衡社会、经济和环境因素，实现可持续发展的一种有效手段。2004 年，《欧洲空间发展战略》（ESDP）作为首次提到“空间规划”的正式官方文件，指出空间规划是现代化的土地利用规划实现社会经济的重要改革和地区功能服务整合的有效途径，同时也可以最大限度地实现环境的可持续发展。

2. 规划理念：可持续发展为核心

欧洲空间发展战略中指出，欧洲空间规划的主要目标在于实现空间的可持续发展，

其主要从三个方面来体现，实现经济和社会的整合、平衡欧洲境内竞争、保护自然资源和文化遗产。荷兰十分重视国土空间规划的实施和研究，注重实现经济效益、社会效益和环境效益的平衡，最大限度地实现优化开发和未来的可持续发展。

3. 政策框架：明确的法律地位

荷兰1965年通过的国家空间规划法案是制定空间政策的纲领性文件，以此为基础，大致每十年修编一次，形成具体时期的空间政策文件；日本第一次到第五次全国国土综合开发规划的依据是1950年颁布、1952年修订的《国土综合开发法》，2005年又修订为《国土形成规划法》，制定了《国土形成规划》；德国于1965年首次制定《空间规划法》，2004年最后一次修改；英国2004年的《规划和强制购买法》，提出实施空间规划，强调贯彻执行可持续发展原则。

4. 规划体系：纵向多层次统领、横向专项规划协调

发达国家普遍采用自上而下建立国家、区域（省级）、地方（市级）空间规划体系，上层规划具有指导和约束作用，中层规划起到衔接作用。其中，各国国情不同，具体做法有些差别。英国采用的是国家和地方两个层面的空间规划；德国则分为全国、州域、地区和地方四个层次；美国没有全国性空间规划，实行了区域规划、以州为中心的规划和地方（市）规划三个不同层次的规划；日本根据行政区域划分，分成自上而下的全国、地域、都道府县和市町村的空间规划体系。

除了建立纵向规划体系外，许多国家还在同一层级规划中包括了各类专项规划或不同领域的规划。例如，德国的空间规划包括城市、土地利用、交通和环境等领域规划；美国的空间规划包括部门专项规划——城市规划、土地利用规划、公共用地规划；日本在每个不同的层面，同时又有两个不同类型的规划并行——国家层面有国土规划和国土利用规划，全国规划和全国国土利用规划。在荷兰，中央执行的是国家空间规划的纲要，在省实行的是区域结构规划，在市一级实行两个规划，即地方结构规划与省一级区域结构规划相协调，另一个是土地分配规划。

5. 适时调整：有计划、分阶段推进

各国对空间规划的认识、制定和实施都经历了若干阶段，并且不断经历反思和调整。英国的空间规划体系大致经历了四个阶段，2004年的《规划：实现根本性的转变》奠定了目前城乡规划的基础；德国通过建立空间监测网络以及编写空间规划分析报告的形式对空间规划进行适应性调整；日本则针对不同社会经济发展阶段先后六次调整国土规划的目标和模式，从国土规划目标从产业发展、宜居生活到可持续发展，国土开发模式从国家主导、地方主导到多样化主体参与，规划模式从提高规划质量与强化规划实施并重；荷兰现代空间规划经历过五次变革，先后提出和明确了兰斯塔德地区和城市绿心的概念和发展原则，提出了紧缩城市、完整城市和网络城市的概念；美国空间规划发展主要经历了四个阶段，形成以州市规划为主体的规划体系。

（二）我国空间规划的实践回顾

我国空间规划工作始于1981年由中共中央书记处作出了关于“搞好我国的国土整治”的决定，30年间，对国土空间规划从认知、规划到实践经历了长期的探索，积累了丰富的经验。

1. 积累了空间性规划的编制和实践经验

目前，我国以空间为主要规划对象开展的规划主要有主体功能区规划、城镇规划、土地利用总体规划、生态功能区划等。此外，还有大量规划涉及各种经济社会活动的用地和布局等空间规划内容，共同进行经济、社会、生态等政策的地理表达。例如，国民经济和社会发展规划、城乡规划、环境保护规划以及各种专项规划、各类部门规划，以及功能区规划、非常规性规划。

2. “三规”为主导的国土空间开发与管制框架基本形成

目前我国形成了主体功能区规划为基础、土地利用总体规划、城乡规划、生态保护规划三规主导的国土空间开发与管制规划编制的基本框架。主体功能区规划将国土分为四类功能区，规范开发秩序，控制开发强度，形成高效、协调、可持续的国土空间开发格局；环境保护规划中，生态红线处于空间管控的顶层位置，其划定是国土开发空间最严格的底线；我国处在新型城镇化快速推进时期，城市规划针对城市发展中的不确定因素，从保障城市功能完整性的角度，划定发展控制底线，作为城市建设用地增长的一个弹性空间，对未来经济社会发展意义重大；土地利用总体规划重在保护耕地和集约用地，保障各类建设项目的土地供应，是空间规划的“底盘”。

3. 初步形成“多层次＋各专项”规划体系构架

我国的规划体系从无到有逐步形成，经历了较长时间的调整和完善。长期以来，基于不同法律规定和政策要求，我国逐步制定并形成了众多不同类型、不同层级的空间规划。这些规划分属于不同的行政部门，可以说一个部门一种规划、一级政府一级规划，横向与纵向的交织，构成了我国复杂的空间规划体系，这也是目前开展空间规划的体系构架基础。

4. 开展了“反规划”编制思路的尝试

“反规划”编制思路是国外普遍采用的编制国家战略规划的一种思路，目前国内大部分战略规划都是根据一个战略目标，进行任务分解式的方法进行编制的，其缺陷在于不能根据环境资源的承载能力进行安排。主体功能区规划、新一轮全国国土规划纲要编制，都进行了国土资源承载能力研究，以此为空间约束，进行“反规划”编制，规定了禁止开发区等开发限定。

5. “多规合一”市县级规划改革实践取得了一定成果

近年来，党和国家日益重视空间规划工作，四部委开展“多规合一”试点工作，各地政府也针对发展中遇到的实际问题开展了探索实践。从已开展规划试点工作城市的经验看，目前已基本形成了三种主要的规划融合模式：概念衔接型、技术融合型和体制创新型。概念衔接型主要在一些规划理念、目标及主要内容上与其他类型规划融合最终形成与其他多种规划的共识，如广东省河源市。技术融合型以广州、厦门等城市为代表，通过制定一套三个规划共同执行的法则，将相关规划的目标和指标体系进行整合，重点提出与各个规划相衔接的控制线体系，形成一种在“技术整合”基础上的融合。体制创新型将规划融合与政府规划管理的具体方式和组织架构的改革、转变与调整相结合，采取职能合并、改组、调整等运作方式，使行政整合直接影响到空间规划融合，最终形成一种“机制”上的融合。如上海、武汉规划和国土两个部门的合并，广东省云浮市推行市规划编制委员会统筹整合规划编制的工作机制，北京市合并规划、国土机构或组建市城市管理委员会。

（三）我国省级空间规划的改革模式探索

1. 国土规划统领模式

以广东省为代表。《广东省国土规划（2006～2020年）》（2013年发布）首次在国土空间规划中全面引入“三生空间”的概念，通过三生空间、功能区划、空间结构等顶层设计，将广东省国土空间开发保护格局的规划最终落实到土地利用用途管制方面，规划有了一个可操作的抓手。同时，国土规划作为上位规划，为土地利用规划的编制和实施提供了依据。国土规划对功能区的划分和空间总体结构的设计，也同时为随后开展的广东省主体功能区规划提供了良好的基础，实现了多规（国土规划—综合性空间布局规划、土地利用规划—专项空间布局规划）融合、上（位规划）下（位规划）衔接、横向协调（主体功能区规划、海洋功能区规划与国土规划）。

2. 城市规划为统领的多规融合模式

以海南、宁夏为代表。《海南省总体规划（2015～2030年）》、《宁夏空间发展战略规划（2014～2030年）》先后与2015年9月、10月发布。两者运用城市规划的理念，将省域空间作为一个城市进行统一规划，以城市带动城乡一体化和区域协调发展，明确功能定位、空间结构、总体格局、战略重点等空间开发的重大问题。《海南省总体规划（2015～2030年）》坚持优化全省城镇空间格局和功能定位，提出“一环、两极、多点”总体结构，以生态文明、全岛同城、区域一体、梯度推进、城园互动、产城融合为指导，促进两极地区一体化发展，使城镇空间布局形成“海滨城镇＋度假湾区＋特色产业小镇＋美丽乡村”的总格局。《宁夏空间发展战略规划（2014～2030年）》从整体空间优化、区域一体化发展出发，提出了“一主三副、核心带动，两带两轴、统筹城乡，山河为脉、保护生态”的总体格局。

3. 以行政机构改革与职能调整推动规划整合模式

以北京为代表。北京市近期通过的《中共北京市委北京市人民政府关于全面深化改革提升城市规划建设管理水平的意见》指出：加快推动规划和国土部门合一，2016年实现城市总体规划与土地利用总体规划两图合一，与国民经济和社会发展规划相协调，并逐步实现多规划在街区层面要求衔接、内容统一、管理协调。

4. “四规叠合”协调模式

以重庆为代表。2007年，重庆市以“全国统筹城乡发展综合配套改革试验区”为契机，将区（县）城乡总体规划试点作为规划编制体系改革的重要环节。2009年，重庆市发展与改革委员会主导编制经济、城市、土地、环境保护“四规叠合”实施方案，在总体上不改变现有四大规划的编制方式和程序的基础上，按照“功能定位导向、相互衔接编制、要素协调一致、综合集成实施”的原则，探索规划衔接与协调的实施机制。

三、山西省空间规划面临的问题和改革情况

（一）山西省正在实施的主要省域空间规划

目前，我国空间规划体系呈现出依行政体系设置并行体系特点，大体上分为四类：一是发展与改革委员会系统主导编制的国民经济和社会发展五年规划、主体功能区规划；二是城乡规划建设系统主导编制的城镇体系规划、城镇总体规划、城镇详细规划和乡村规划；三是国土资源系统主导编制的土地利用总体规划；四是环境保护系统主导编制的生态功能区划。产业发展规划，如农业发展规划、行业振兴规划等也有涉及产业布局的内容，但多数难以落实到具体的用地规模和位置。山西省目前正在实施的省域空间规划见表14－1。

表14－1　山西省目前正在实施的省域层面空间规划

序号	分类	名称	发布时间
1	主体功能区规划	山西省主体功能区规划	2014年
2	国民经济和社会发展规划	山西省国民经济和社会发展第十三个五年规划纲要	2016年
3	土地利用总体规划	山西省土地利用总体规划（2006～2020年）	正在进行规划指标调整和完善工作
4	城乡建设规划	山西省城镇体系规划（2006～2020年）	新规划正在编制
5		山西省新型城镇化规划（2015～2020年）	2015年
6	区域规划	晋陕豫黄河金三角区域合作规划	2014年
7	环境保护规划	山西省生态功能区划	2008年

（二）山西省域空间规划存在的主要问题

与全国一样，山西省各种空间规划也存在法律授权、行政部门分割、规划的技术标准、目标、重点和管理方式等方面的差异（见表14－2），给规划的协调与衔接造成了一定困难。

表14－2　　山西省现有主要空间规划比较

项目	山西省国民经济和社会发展规划纲要	山西省主体功能区规划	山西省土地利用总体规划	山西省城镇体系规划	山西省生态功能区划
法定依据	宪法	行政文件	土地管理法	城乡规划法	行政文件
主管部门	发展与改革部门	发展与改革部门	国土资源管理部门	城乡规划主管部门	环境保护部门
审批机关	本级人大	上级政府	上级政府	上级政府	上级政府
实施力度	指导性	政策性	强制性	约束性	约束性
实施计划	年度计划	—	年度实施计划	年度计划	—
规划期限	2016～2020年	—	2006～2020年	2006～2020年	—

1. 省级空间规划体系庞杂，统筹性空间规划缺位。和全国各省区一样，山西省目前涉及空间的规划系统较为庞杂，呈现一种“纵向到底、横向并列”的网络状，各部门采用部门顶层设计，但缺乏在省域顶层的总体空间设计。

纵向来看，各类规划从国家、省、市级层面上而下形成多层级的纵向体系，上下衔接、垂直管理、自成体系，上级部门对地方的规划审批与实施的干预较多。横向看则多规并行，而各个部门规划之间的横向衔接与协调机制却未真正建立，法律对“不衔接”的情况没有做出相应规定，出现规划内容打架、管控空间重叠、审批部门众多等问题，特别是市、县一级地方政府对如何落实各类上位规划无所适从，为协调众多的专项规划和部门诉求而费尽心机。

2. 法律关系模糊，规划编制与管理等规范性差。在我国空间规划体系中，不同部门系列规划的法律依据层级不同，法制化完善程度也不同，空间规划缺乏明确的法律地位和技术规范。

首先，我国涉及空间规划的《城乡规划法》、《土地管理法》等大多属于专项性法律，主体功能区规划、区域规划、国土规划等综合性空间规划虽客观存在，但目前主要依据行政文件推进相关工作，缺乏明确的法律保障。其次，现有法律法规未对各类空间规划的功能定位、主体内容、相互关系以及监督程序等做出明确规定，各类空间规划间的法律关系模糊，难以对其他规划发挥基础约束作用。最后，省级空间规划的审批、实施和监督主要是部门来承担的，导致审批权限、规划控制和引导的着力点不同，在同一区域层面，缺乏具有法定意义的起主导作用的空间规划。例如，永久基本农田划定在地方遇到很多阻碍：一是将林地、退耕地、设施农用地、鱼塘等非耕地划定为基本农田，有的城市甚至违规将建设用地或未利用地划定为基本农田；二是耕地位置、质量不符合要求，一些地方将基本农田划到了坡度在25°以上的山上，耕地划远不划近、划劣不划优、划零不划整。

3. 规划期限、范围不一致，规划协调性差。由于各种规划编制时间、范围不同，造成规划基期、基础数据及规划期限等的不同，难以在实际实施中进行协调与衔接。

在规划期限方面，城市规划和土地总规，规划期限为15～20年；国民经济和社会发展规划期限以“五年”为基准，滚动编制；主体功能区规划和生态功能区划为近年新出现的空间规划，在编制时间和期限方面与前两者的协调也缺乏明确规定。在规划范围上，由于发展规划的特点所致，发展规划虽以行政区为范围，但空间的概念较为弱化。城市规划的规划范围分为省域、市域、市区、中心城区、主城区等几个层次，但重点依然是市区和中心城区；土地利用总规的规划范围以省域、市域为主，规划到了图斑。

4. 技术标准不同，基础平台不健全。实际工作中会遇到编制所依据的基础资料、统计口径、分类标准、编制内容、编制技术路线等技术性操作层面的问题。

各个规划的基础地理信息不统一，造成未来衔接难度和工作量极大。土地规划采用“1980西安坐标系”和“1985国家高程基准”，规划底图有的采用“二调数据（矢量的GIS数据）”；城乡规划采用“1954北京坐标系”或“地方自由坐标系”，多采用地形图、遥感影像图，基础比例尺采用的也不一致。

用地分类标准不统一。土地利用总体规划所采用的土地分类标准与表示方式与城市规划中的一直有所差异，由于各套用地分类标准的侧重点不同，导致用地分类的具体内容不同；各规划采用的人口标准也存在一定差异，有的采用户籍总人口、非农业人口和农业人口，有的采用常住总人口、城镇人口和农村人口等。

5. 区域战略、管控分区矛盾，各类规划对接难度加大。不同规划都是按其编写要求、编制规程编写的，但不同部门对空间开发与管制的认知角度与目标导向不同，空间分区、战略表述不同，空间调控和开发时序等重点也不一致，往往造成规划的矛盾。

关于城镇化战略，由于编制时间不同，出现不同战略表述。《山西省新型城镇化规划（2015～2020）》确定的是“一核一圈三群”城镇体系框架，《山西省土地利用规划（2006～2020）》则是“中心集聚、轴线拓展、外围协作、分区组织”的非均衡发展策略，形成“叶脉型”的城镇体系布局框架体系。

从生态治理的分区看，《山西省生态功能区划》涉及水土流失生态功能区有6个，《山西省主体功能区规划》涉及水土流失生态功能区3个，《山西省城镇体系规划（2006～2020）》在区域生态建设中，涉及水土流失只有1个，《山西省土地利用总体规划（2006～2020）》中，国土综合整治和水土流失治理的重点为晋西和晋西北黄土丘陵沟壑特征明显、水土流失严重的17个县（区）。上述规划对山西水土流失区的划分范围都不同。其他生态功能区，如水源涵养区、风沙治理区、煤炭塌陷区等，不同规划其范围都不一致。

从区域管控分区看，《山西省城镇体系规划（2006～2020）》管制区划分优先发展区、引导发展区、限制发展区和综合整治区域四类；《山西省主体功能区规划》分为优化开发区、重点开发区、限制开发区、禁止开发区四类；《山西省土地利用总体规划（2006～2020）》实施土地利用区域划分及分区管理调控措施。但即使都是限制发展区，其含义、包括县域范围都不同。

（三）山西省域空间规划改革情况

“十二五”以来，结合实际，山西省开展了一系列空间规划体系建设和规划协调的改革探索。2013年，《山西省国家资源型经济转型综合配套改革试验实施方案（2013～2015年）》中把“五规合一”创新统筹协调机制被列入重大改革事项，要求积极探索建立经济社会发展、城乡建设、土地利用、产业发展、生态环境保护五项规划的编制协调机制。各市以此为依据，开始编制“五规合一”方案，不少地市已编制完成，如《大同市“五规合一”协调整合方案》、《晋城市“五规合一”协调整合方案》等。太原市结合新一轮城市总体规划，在山西省率先推进城市、经济、土地、环境保护“四规合一”探索，在中心城区城市建设用地规模和范围等方面土地利用总体规划与城市总体规划进行衔接，并且同步开展规划环境影响评价，做到了与土地利用总体规划、城市总体规划、产业发展规划、环境保护规划的相互协调、有机统一。市县“多规合一”编制，为省级空间规划编制提供了经验和基础。

“十二五”以来，我省完成了“山西省主体功能区规划”、新一轮土地利用总体规划、城镇体系规划、省级生态功能区划等空间规划编制实施，积极推进国民经济和社会发展“十二五”规划、城乡规划、土地利用总体规划等规划的协调与衔接，特别是“十二五”近期建设规划的衔接与协调，开展了规划协调制度和实施机制创新的探索。

四、山西省空间规划设想与技术要点

（一）山西省省级空间规划设想

1. 规划定位

省级空间规划的性质：①要适应山西省经济社会持续健康发展和生态文明建设的需要，具有战略性、综合性和约束性；②是统领全省的空间性规划，是省域空间战略、空间开发管制、空间协调、空间国土保护的上位规划，是编制各类空间规划的基本依据；③与经济社会发展规划既相互联系，又相对独立，分属不同规划类型。空间规划更注重长期可持续发展，具有长期性、约束性，而发展规划则更注重实现中近期发展目标，具有指导性、针对性；二者都属于综合规划，但发展规划涵盖经济社会发展的各个领域，涉及人力、资本、科技、自然等各类资源的开发利用，而空间规划则侧重空间资源的合理、高效和可持续利用，涉及国土空间的源头保护、过程管控和退化修复。可见，二者虽关系紧密，但不可相互取代。

空间规划的功能：①战略引领，促进省域国土空间开发格局优化；②底线管控，确定划定生态红线、基本农田保护红线、城市增长边界三线划定；③综合统筹协调生产、生活、生态空间；④公益保障，合理配置基础设施和公益设施空间；⑤综合整治，科学安排城乡土地整治和生态环境修复；⑥政策引导，制定实施差别化土地利用和生态环境政策。

2. 规划原则

省级空间规划是战略性规划，加强具有战略性的顶层设计。以“创新、协调、绿色、开放、共享”的发展理念为主线，构建目标导向与问题导向相结合的空间规划战略，主体功能定位与资源环境可承载的约束性管制框架，促进空间规划协调，完善国土开发保护的空间结构组织，健全空间规划体系、推进空间治理能力现代化。

（1）构建目标导向与问题导向相结合的省级空间规划战略。

从目标导向和问题导向两个维度构建省级空间规划战略。其中目标导向下的空间战略设计着眼长远，如山西省主体功能区规划，按照资源环境承载能力和未来发展潜力等，确定了山西省四大战略格局，即城镇化战略格局、农业安全战略格局、生态安全战略格局及能矿资源开发战略格局，解决了山西省战略空间格局长期缺失、缺乏长远谋划、目标引领的现状。问题导向的空间战略比如我省存在的连片贫困地区脱贫、采煤塌陷区治理、资源型地区新型城镇化等。

省域空间战略要在全国空间战略指导下，并融合山西区域特色，支撑山西区域发展。在全国尺度明确区域发展战略定位，显化区域优势，提升我省竞争力。明确区域分工、重点发展区域、轴线和增长极。着力城市群发展，构建多层级交通网络。提出区域产业、交通、人口、生态环境保护空间战略格局，搭建区域一体化协同发展战略框架。

（2）建立资源环境可承载的约束性框架。

约束性管制框架，可以归结为资源环境是否可承载。可主要从 3 个层次进行管理：微观层面针对行业和产品的负面清单管理，中观层面落在空间上的耕地红线、水红线、生态红线、环境红线等红线管理，以及宏观层面的资源环境承载能力预警等。负面清单和红线管理是一种事前管理，而资源环境承载能力预警则是对区域发展状况诊断和预判基础上的事后管理。在空间规划层面，进一步落实红线管理，同时，加强建立资源环境承载能力和预警机制的研究。

——划定基本农田保护红线，保障粮食安全，支撑现代农业发展。划定永久基本农田、建设高标准农田，实现耕地数量上有保障，质量上有提升，空间上有落实，产业上有推动。

——划定生态保护红线，将国家级自然保护区、风景名胜区、森林公园、地质公园等生态涵养空间和沙地、盐碱地、裸地等生态退化空间，纳入空间规划，作为国家公园统一管理，严格保护。建立生态保护与生态产业发展相结合的生态空间保护长效机制，构建国家生态安全屏障。

——划定水域保护带，加强河流、湖泊、湿地等水域和水资源保护。增强水资源调配能力，提升对重点区域、产业的水资源保障水平，防治水污染，保护水源地、呵护地下水，稳步提升水质，保障生活、生产与生态用水安全。

——历史文化遗产保护。结合文化旅游产业发展，划定文化遗产保护带，保护历史文化遗产，加强对古城、历史文化名镇、古村落、历史文化保护重点区域、线性遗产的保护，点—线—面结合，形成全方位历史文化遗产保护网络，构建国家文化安全格局。

（3）突出省域空间规划的协调功能。

省域空间规划承接全国和市县域规划，又要跨行政区、跨部门，空间协调是其核心功能。

地域功能协调。基于资源环境承载力，开展地域功能适宜性评价，协调区域内部的地域分工和主体功能，划分城镇发展区、工业集中发展区、现代农业发展区、生态保护与产业园区等功能分区，作为产业布局、基础设施建设、城镇体系构建的依据。

生态共建协调。落实国家划定的生态保护空间。摸清省域生态现状，划定省域生态保护空间，搭建省域生态基础设施框架；构建省域生态联保联防机制，通过生态保护区开发权转移等方式，完善生态补偿制度。

产业分工协调。根据省域产业特点与禀赋，扎实推进基础产业，转型升级落后产业，加强特色产业，培育战略性新兴产业，优化产业结构，完善产业体系。立足区域功能分区，制定产业区划，协调产业分工，错位发展，形成互补互联的产业布局。完善基础设施，引导产业空间集聚，壮大产业集群。

交通网络协调。落实国家交通网络建设，基于地域分工、产业布局和城镇村体系，统筹安排区域一体化快速交通系统等基础设施，将其建设成为连接各大功能区、疏通各大发展轴、串联各级增长点的高效网络，为要素空间流动创造条件。

（二）山西省空间综合规划技术要点

山西省空间综合规划主要包括山西省国土空间战略、空间开发管制、空间协调、国土空间保护等的内容。山西省空间总体规划应向上服从国家空间总体规划，向下服务和约束市县级空间规划发展方向与发展红线的制定。

1. 规划编制指导思想。科学的规划编制方法，是空间规划科学性和有效性的保障，是落实生态文明制度建设目标的关键。编制原则：以主体功能区规划为基础，推进土地规划、城镇规划、生态环境规划三轨融合，促进统一空间规划形成；加强山西省域功能分析和战略定位研究，统一发展战略和目标指标；以资源环境承载力评价为基础，确定适宜、限制和禁止开发空间；坚持土地利用总体规划“底盘”作用，落实建设用地总量和强度的“双控”；分析现有“多规”差异，明确协调重点和要求；严格“底线”管控，划定生态保护红线、永久基本农田和城市开发边界；实行开门规划，加强公众参与；建立统一的决策、执行、监管信息支持平台，提高空间治理能力；保持适当弹性空间；加强空间数据基础设施建设，以“智慧国土”建设为目标，整合各部门现有大数据，建立国土空间规划平台。

2. 规划编制组织和规划期限。结合国内外成功案例，我省探索建立空间综合规划统一编制、行业部门分工落实的空间规划编制体制，组建“空间规划委员会”，负责空间规划编制、冲突协调、实施监管等职责。空间规划委员会由政府统一组织，部门分工协作。省域空间规划为中长期规划，年限为15～20年，近期为5年。

3. 空间基础数据平台。由遥感影像数据平台、土地利用现状数据平台、补充数据平台组成。

——遥感影像数据：可采用我国高分遥感卫星影像，山西省高分遥感数据中心已建立系列遥感影像数据库，可适时免费为政府部门提供精度优于米级的遥感影像数据。

——第二次全国土地调查：第二次土地调查于2009年完成。农村土地调查以1:10 000比例尺为主，经济发达地区和大中城市城乡接合部，可根据需要采用1:2 000或1:5 000比例尺；城镇土地调查宜采用1:500比例尺。第二次土地调查平面坐标系统，农村土地调查采用“1980西安坐标系”。城镇土地调查自行确定。高程系统采用“1985国家高程基准”。投影方式标准分幅图采用高斯—克吕格投影。山西省第二次土地调查数据以2009年为基础，以后每年进行变更，形成年度现状更新数据，并以此为基础，形成了年度耕地质量分等数据、年度耕地质量监测数据、永久基本农田等质量数据。

——补充空间数据。来自各政府部门，如测绘部门第一次国情普查所采用的基础数据资料有高分辨率影像，基础地理信息数据资料和其他专业部门的资料。普查标准时点为2015年6月30日，平面坐标系采用2000国家大地坐标系；分幅数据采用高斯—克吕格投影，按6°分带，投影带的中央经线与赤道的交点向西平移500千米后的点为投影带，平面坐标单位采用“米”，坐标值至少保留2位小数；按任务区组织的数据库数据不分带，采用地理坐标，经纬度值采用“度”为单位，用双精度浮点数表示，至少保留6位小数。高程基准采用1985国家高程基准，高程系统为正常高；高程值单位为“米”。普查成果中总体上空间数据成果定位精度优于1:10 000地形图成图精度。

4. 规划用地分类体系。土地利用调查分类以用途分类为基础，大类为建设用地、农用地、未利用地，一级类12个，二级类57个，是最为系统细致的土地类型。空间规划分类，要进一步研究“三生”空间、研究基本农田红线、生态红线、城市增长边界等，形成统一的空间分类体系。特别要研究生态空间的用地类型，生态空间与现有土地分类关系。

5. 规划指标体系。从空间规划的功能上来讲，一是要谋求省域发展，增强省域竞争力与经济实力，要与经济社会发展规划相衔接，把发展规划中战略指标落地。二是要加强保护，保护耕地、基本农田、林地、牧草地，保护历史文化遗产，保护生态环境。三是要加强空间管制，包括建设用地空间管制、农业发展空间管制、生态空间管制。指标体系要满足这三个基本功能。四是指标要有地方特色，反映省域独具特色的自然生态、环境和产业结构特点。

6. 确定空间规划重大专题支撑。编制省域空间规划，应在整合目前各类空间规划基础上，加强对重大问题的研究，为规划提供支撑。

——山西省资源环境承载能力研究

——山西省空间开发利用的总体空间格局

——山西省国土综合功能区划（“三生”空间结构划分）与分区指引

——山西省产业空间配置引导与产业基地（园区）布局
——山西省人口、城镇空间结构优化
——山西省基础设施、公共服务和防灾减灾体系建设
——山西省水土矿资源空间配置和开发整治战略
——山西省国土空间质量提升、功能修复和冲突协调
——山西省环境保护、生态建设与灾害防治
——空间规划协调机制和实施保障措施

五、山西省省级空间规划的主要内容

全面贯彻和落实“创新、协调、绿色、开放、共享”5大发展理念。依据山西省主体功能区规划、山西省国民经济社会发展“十三五”规划纲要等，研究确定城乡规划、土地利用总体规划、环境保护和生态建设规划“三规合一”的空间规划蓝图。山西省统一的空间规划主要内容包括：

（一）空间发展基础与定位

全面地调查和评价区域发展基础与态势、资源环境承载状况、空间利用状况与问题、山西省空间发展定位。

山西省资源环境承载状况基本特征：可利用土地资源相对丰富，人均耕地高于全国平均值；水资源相对短缺，地下水超采严重；水流流失严重；空间开发限制多，适宜建设空间偏少；资源环境破坏严重。

山西省空间发展定位：一要考虑在京津冀协同发展战略的地位；二要考虑在中部振兴，新欧亚大陆桥，“一带一路”战略——丝绸之路经济带建设的机遇；三要考虑既有的定位，如转型综改试验区、国家新型综合能源基地、全国装备制造产业重要基地（承接先进技术和产业转移基地）、全国文化旅游强省。

（二）空间发展总体格局确定

提出省域空间发展的指导思想与原则、基本理念、发展目标、总体空间格局、省域空间均衡开发与协调发展。

国土空间按照现行土地利用类型归类为城市空间、农业空间、生态空间和其他空间。城市空间包括城市建设空间（城市和建制镇）和工矿建设空间（独立工矿），农业空间包括农业生产空间（耕地、改良草地、人工草地、园地、其他农用地）和农村生活空间（农村居民点），生态空间包括绿色生态空间（天然草地、林地、湿地、水库水面、河流水面、湖泊水面）和其他生态空间（荒草地、沙地、盐碱地、高原荒漠等），其他空间包括交通设施空间（铁路、民用机场、港口码头、管道运输等用地）、水利设

施空间（水利工程建设用地）、特殊用地空间（除居民点以外的国防、宗教等用地）。空间结构形成后很难改变，特别是农业空间、生态空间等变为工业和城市建设空间后，调整恢复的难度和代价很大。

省域总体开发战略：根据山西省地形地貌、人口城镇分布、经济开发现状及未来发展潜力，现有“一核一圈三群”是城镇发展空间战略，有必要拓展新的发展空间。比如实施“一核一圈三群、三带两廊”空间发展战略，即大字形三条轴线形成的经济带，两廊即以东、西两纵高速为轴的东西两山经济带。随着东西两纵高速开通，沿黄河生态经济廊道和太行山生态经济走廊，内部联系大大加强，两廊建设有利于生态建设、经济发展，也有利于扶贫。

（三）省域空间分区的划分与区域战略

在全国国土空间综合分区指导下，结合省域地形、资源、环境、经济发展、交通布局等，在主体功能区四类基础上，将综合分区进一步落实到不同地域空间，形成山西省空间分区，并明确每个分区空间利用特点、方向、措施。

促进省内区域协调发展，如太原晋中同城化、晋中108廊带区域一体化发展示范区、朔同城镇群区域、忻定原区域、孝汾平介灵区域、离柳中区域、阳平盂区域、上党城镇群区域、晋城城镇群区域、临汾百里汾河生态经济带、盐临夏区域。加强精准扶贫，人口搬迁要与扶贫、生态建设结合。

加强国内外区域合作。首先，要积极融入国家“一带一路”战略，深化与京津冀协同共生发展，积极对接长江经济带战略。其次，加强与周边省区合作；加强晋陕豫黄河金三角区域合作与发展，推动长治—晋城—临汾在内的大中原经济区合作，加强沿黄地区与加快晋蒙冀长城金三角合作。

（四）城镇发展与城市开发边界

对省域城镇空间的发展进行规划，包括城镇化战略、规模、等级、职能、布局结构，管控城市开发边界等内容。

城镇化战略格局，全力打造太原都市圈，提高四个城镇组群辐射带动能力；加强三级城镇中心建设：国家级城镇群、省级城镇群、小城镇。

精明管控城市开发边界，引导人口产业合理布局；对城镇开发边界内“六线”划定及管控提出指导意见。

为保障危险货物、易燃易爆货物的安全，提出城镇物流通道和仓储空间的安全红线的指导意见。

（五）生态建设保护与提升资源环境质量

对省域国土空间的生态环境保护做专门规划，包括强化生态保护红线管控、生态安全格局与生态保护空间、加强生态修复与国土整治、大力推进环境综合治理。

按照生态红线划分有关技术规范，在现有规划禁止区基础上，将自然保护区核心区，风景名胜区核心区、水源地一级保护区、森林公园、地质公园、列入省级保护名录的野生动植物自然栖息地、划入生态保护红线。为保障太原榆次等 11 个重点城市建设区、中小城市已建成区、高铁沿线等地基安全，监测城市地下水位、地下水漏斗区，确定相关红线指标。

根据山脉、河流、重要交通线、根据珍稀物种保护区、国家自然保护区，确定重要生态廊道建设，生态卫生隔离带需要预留的空间及区位。

（六）土地资源统筹配置

对省域空间土地利用进行统筹谋划，包括制定土地利用目标、耕地保护和永久基本农田划定、建设用地和重点建设项目等内容。

以国土资源部有关永久基本农田划定工作的规范文件为要求，划定永久基本农田。

严守耕地红线。坚持最严格耕地保护制度，控制各类建设项目占用耕地。耕地红线一定要守住，红线包括数量，也包括质量。稳定耕地总面积，确保基本农田总量不减少、用途不改变、质量有提高。对耕地按照限制开发要求进行管理，在确保完成国家耕地和基本农田保护任务的前提下，继续在适宜的地区实行退耕还林、退牧还草。

（七）构筑保障空间与完善基础设施网络

对省域空间内基础设施建设进行布局和谋划，包括完善综合交通体系、强化能源水利保障、健全信息基础设施、提高防灾减灾能力、规划实施保障措施。

调整交通运输结构，着力提高运输服务品质，着力推动行业转型升级，努力构建节能环保、绿色低碳、智能又互联互通的现代综合运输体系，为全面建成小康社会提供强有力的支撑和保障。

山西多山地少平原，土地和交通廊道资源稀缺，空间规划要注重节约和集约利用土地，整合既有资源，践行节能减排，保护生态环境。

六、山西省构建合理的空间规划体系研究

（一）空间规划体系构建原则

1. 立足国情省情和发展阶段

与一些空间规划体系完善、空间管控效果良好的发达国家相比，我国在国土面积、体制环境、市场发育成熟程度、法律环境等方面均具有独特性，从国际上看，不存在完全适用我国国情的空间规划体系模式，不能完全照搬照抄任何国家的既有

做法、进行系统拷贝和移植，我国空间规划体系必须立足我国现实国情和发展阶段，自主构建。

与已完成空间规划的海南、宁夏、北京、重庆相比，山西省在国土面积、人口、产业发展等方面，与上述省份不同，但好的经验值得借鉴。

2. 体制和技术并重

构建我国空间规划体系所必须突破的一些障碍，既有体制层面的矛盾，也有技术层面的冲突，要体制和技术并重，从不同层面着手进行理顺。

3. 纵向协调、稳步推进

规划体制改革具有长期性，空间规划体系的构建既不能一蹴而就，也不可一成不变，要遵循稳步推进的原规划与战略，同时，省级规划体系改革要考虑国家改革的方向，也要与市县级改革协调，使我国空间规划体系逐步形成纵向、横向协调的空间规划。

4. 重视法治的作用

空间规划体系的构建，要强化法治观念，充分发挥立法作用，加快立法进程。要把空间规划体制相关改革已取得的来之不易的突破，尽快以法律形式肯定下来，及时确认和巩固改革成果，并为进一步制度化打下良好基础。同时，要蹄疾步稳、慎重操作，避免把不成熟甚至不正确的做法纳入法律法规，以成为进一步改革的困难和障碍。

（二）省域空间综合规划方案

从国外经验与国内空间规划改革看，理顺现有的各类规划的职能分工与层次关系，编制战略性、统筹性的顶层空间管控规划，构建功能清晰、结构完整的空间规划体系，是解决当前我国规划体系所带来的庞杂问题的有效方向。

我省省级空间规划体系可按三个层次设计：第一层次是建立发展规划系列与空间规划两大规划体系；第二层次是建立省域空间综合规划，在全省国土空间范围内，综合评价省域范围的资源环境、外部环境，制定该空间范围发展的空间目标、功能定位、底线管控、综合整治等；第三层次是建立包括省域土地利用总体规划、省域城镇体系发展规划、省域生态环境规划等，分别以部门管控视角对省域国土空间重要功能制定发展目标、内部结构、管控方案来干预和进行空间治理，具有法律效力；该设想具体可以通过下述方案来实现。

表 14－3　　山西省省域空间综合规划方案比较

方案	方案一	方案二
核心	三规融合，构建 1 + N 空间规划体系	升级主体功能区规划，构建 1 + N 空间规划体系

续表

方案	方案一	方案二
内容	在《山西省主体功能区规划》基础上，山西省土地利用总体规划、山西省城镇规划、山西省生态功能区划等“三规合一”，技术路线为从现有规划矛盾和问题入手，多规进行比对，找出矛盾，提出协调结果，在此基础上建立省域统一空间规划。在省域层面，主体功能区规划、土地利用总体规划、城镇体系和城镇规划、生态环境规划在符合总的空间规划条件下继续实施	“1”即省域空间规划，为主体功能区规划的升级版；“N”为其他空间规划。顶层空间规划是为主体功能区规划升级版，符合国家以主体功能规划为基础制度的空间规划体系的政策。与第一方案比，本方案更注重顶层设计
特点	整合省级部门分头编制的各类空间性规划，编制省域统一的空间规划，实现规划国土空间的全覆盖。统一各空间规划的规划期，统一空间规划的编制规程和技术规范	主体功能区规划是空间总规划的一个阶段，在性质上与顶层空间规划具有一致性；对主体功能区划进行升级，可以充分利用现有工作基础，也与国家空间规划政策相一致

省域空间综合规划可由两个实现途径：

（1）方案一。三规融合，构建1+N空间规划体系。整合省级部门分头编制的各类空间性规划，编制省域统一的空间规划，实现规划国土空间的全覆盖。在《山西省主体功能区规划》基础上，山西省土地利用总体规划、山西省城镇规划、山西省生态功能区划等“三规合一”。

（2）方案二。升级主体功能区规划，构建1+N空间规划体系。“1”即省域空间规划，为主体功能区规划的升级版；“N”为其他空间规划。

（3）方案比较与推荐。

方案一。在目前市县空间规划改革中，多规合一（包括“五规合一”、“四规合一”、“三规合一”等）是主要方向，本方案以问题导向入手，从解决空间规划存在问题为出发点，抓住了核心。但省域层面的“多规合一”，多限于面积较小的省域。面临的问题是无法律支撑、哪个机构来编制、编制程序是什么。

方案二。与空间规划改革的方向相一致。中共中央关于制定国民经济和社会发展第十三个五年规划的建议中指出：以主体功能区规划为基础统筹各类空间性规划，推进“多规合一”。“十三五”规划建议指出，“发布全国主体功能区规划图”的重大意义，就在于明确各地功能定位，把主体功能区作为一个基础制度，通过配套政策的建立和空间规划体系的整合，实现自上而下的有效管制。

以主体功能区规划为空间规划制度性基础，符合国家有关空间规划政策。但主体功能区定位理论、地域功能类型构成及结构、指标体系理论都有待研究，如何同其他规划相协调、如何不断调整完善都有很多问题。主体功能区规划是目标导向规划，如何解决多种规划之间的衔接，是进一步要做的工作。

综合上述方案的比较，我们推荐方案一。现有规划体系中，土地规划、城镇规划、生态环境规划与其他空间规划比，具有强制性特点，顶层规划从这几个规划合一基础上做起，一是工作相对容易开展，二是技术力量雄厚，不会产生新的矛盾。

规划体系中，省域空间综合规划在空间规划中处于核心地位、起总控作用，但不排斥或取代其他法定的部门规划，在理顺空间规划和各部门规划职能分工的基础上，必要时可制定专项规划、详细规划；通过 5 年一次的评估调整，做好与省域规划体系在发展目标、发展任务和空间政策等方面的衔接。

（三）完善省域空间规划体系

建立和完善空间规划体系，核心是建立省域统一的空间规划，合理界定各种空间规划的功能定位和规划内容，进一步理顺现有空间规划之间的内在联系和相互关系。

针对山西省各类空间规划编制现状，立足现有“多规并存”的规划编制体系，完善空间规划的基本思路是，遵循“建立龙头，横向协调；完善层次，纵向指导”路径，改变现有空间规划“群龙无首”的局面，厘清规划体系的功能分工，加快形成全域覆盖、城乡统筹、功能清晰、横向协调、上下衔接的空间规划体系。

1. 省域层面：推进省级空间规划与省级经济社会发展规划协调

建立省级层面经济社会发展规划体系和空间规划体系两大规划体系，两大体系并行，相互衔接与协调。经济社会发展规划、各类产业发展规划、科教文卫发展规划以经济社会发展规划为龙头。一方面，各类发展规划布局、用地要与空间规划体系协调。另一方面，应以经济社会发展规划为依据，统筹各类近期空间规划，并修编近期城镇建设规划、调整和完善近期土地利用规划等。

2. 建立以省域空间规划为龙头的空间规划体系

突出主体功能区规划在国土空间开发方面的战略性和基础性地位，加快实施主体功能区战略，推动各地区严格按照主体功能定位发展。

确立省域空间规划是国土、城建、环境保护等规划的上位规划，是“多规合一”的方案之一；国土、城建、环保等规划互相衔接，将任务、指标等进行衔接，这也是“多规合一”的重要任务。

确立土地利用总体规划在底盘控制、底线保护的功能，所有空间规划最终落实到土地利用用途管制方面，而土地利用规划是国土部门在空间布局规划和政府职能分工中最核心的任务。

确立城市规划在城市建设中的龙头地位，高度重视城市规划在城市发展中的战略引领和刚性控制作用。依法科学制定规划，严格规划实施监管。

3. 市县域层面：推进“多规合一”

市、县域层面，规划的空间面积比较小，自然和社会经济的均质性比较强，各规划的地域重叠、内容重叠相当严重。推进市县“多规合一”，统一编制市县空间规划，逐步形成一个市县一个规划、一张蓝图。市县空间规划应包括原有市镇总体规划中关于城市、镇的发展布局、功能分区、用地布局、综合交通体系及土地利用规划中的用地安排等必不可少的内容。

4. 城市层面：建立以国民经济和社会发展规划纲要为依据，城市总体规划为主导的规划体系

以国民经济和社会发展规划纲要为依据，坚持城镇总体规划与土地利用、产业发展、基础设施和生态环境等“多规融合”的原则，科学开展城镇总体规划修编，加强城镇近期规划、专项规划和详细规划编制，形成以城镇总体规划为统领，近期建设规划为重点，详细规划为基础，各类专业、专项规划为支撑的规划编制体系。

按照城镇“扩容提质”和“产城一体”发展的要求，将各类产业园区纳入城镇总体规划，统筹规划建设城镇新区和产业园区，推动城镇建设与产业发展有机融合，使城镇新区成为城市经济社会发展新的增长点。

七、完善和改革空间规划编制和实施体系

（一）建立空间规划协调衔接机制

建立城乡建设、土地利用、基础设施和生态环境等规划编制的协调衔接机制，是实现“多规融合”，保障经济社会发展内容在空间上得到落实，空间规划在经济社会发展中得到体现的基础。省域规划需要以统一的空间规划基础平台，按照定位清晰、功能互补，突出重点、侧重空间、建立平台、统一信息的思路，加快推进经济社会发展规划、土地利用总体规划、城乡总体规划、生态环境规划编制的协调衔接工作，保证发展“目标”、国土“指标”、规划“坐标”、生态“底图”的相互衔接，实现规划目标、规划标准、规划内容、信息平台的“四个对接”。

一是科学界定各种规划功能分工，加强各类规划编制内容的创新。按照国民经济和社会发展规划定目标，主体功能区规划定政策，城乡规划定布局，土地利用总体规划定指标，生态环境规划定底图的分工模式，加强各类规划编制内容的创新，突出规划重点，减少重复编制、内容交叉。重点加强各规划之间人口、经济与用地规模，城镇建设用地发展方向，产业用地布局，重要空间资源和生态环境保护的协调和建设时序安排。

二是建设以“一张图”为基础的省级规划空间信息平台。利用数字遥感、第二次全国土地调查成果及年度地籍变更成果，推进“城乡全覆盖、空间一张图”建设，以“一张图”为基础，建设城乡规划共同的地理空间信息平台和管理系统，为规划编制、实施、管理提供技术支持，促进各相关部门的信息互通、资源共享，促进各类规划的“无缝衔接”。

三是完善规划协调法规与标准体系。制定与颁布《山西省“多规合一”指导意见》；完善国民经济和社会发展规划纲要、城乡规划、土地利用规划、产业布局规划、

生态环境规划等协调、衔接的地方技术标准体系。

（二）相关部门职能整合

按照不同的方案，相关部门的整合也相应采取不同的路径。推荐方案路径是：建立空间规划委员会。整合发展改革部门、住房和城乡建设部门、国土资源部门、环境保护部门等相关部门的规划职能，负责省域国土空间统一的规划、监测和管理。

设立规划领导协调小组和办公室，在现行规划管理体系基础上，设置由主要行政领导担任的规划协调领导小组，下设办公室，主要负责日常规划协调工作。

远期，也可以借鉴北京经验，探索以行政机构改革推动“多规合一”的经验。

（三）技术方法创新和人才培养

技术方法创新。当前，市级规划试点主要是解决不同规划之间数据、标准和技术方法的不统一问题，以及土地利用状况在不同类型规划管理层面的差异和规划管理层面与国土空间实际占用层面差异并存的问题。对于前者，一些“多规合一”试点县市通过建立统一数据库、加强不同部门技术团队合作在一定程度上得到了解决，需要进一步提炼经验，争取形成可推广的方法和模式。对于后者，随着遥感技术精度和监控范围的提升，使这一问题具备了得到彻底解决的可能性，关键是加强遥感监测成果与其他部门空间规划相关内容的比对，并依据实际情况对规划进行相应调整。

技术人才培养。短期的解决办法是强化部门之间协同配合，通过合作机制的构建释放城规、土规等部门技术资源优化配置的潜力。从长期看，要求规划部门在人员招收、培养和配置方面有系统考虑，形成稳定的技术支撑。

（四）改革和完善规划实施机制

发挥国民经济和社会发展规划纲要的统领作用，以五年为一个周期，滚动编制城镇近期建设规划和产业发展规划等专项规划，调整土地利用规划，形成以近期规划为抓手的规划协调衔接机制，既可保证经济社会发展规划内容在空间上得到落实，又能使城乡规划、土地保护和开发利用规划做到协调衔接。

一是加强中长期规划的衔接。与国民经济和社会发展“十三五”规划同步，开展山西省城镇近期建设规划、山西省土地利用规划调整和完善、生态环境专项规划等与“十三五”规划纲要相适应的规划修编工作。

二是加强年度计划的衔接。编制城镇、土地规划年度实施计划，将近期建设规划确定的目标任务和国民经济社会发展年度计划加以更具体的落实。强化各项规划年度计划的协调衔接，为政府协调各类建设项目、安排年度公共财政、调控年度土地投放提供支持。

（五）健全规划管理协调机制

按照城乡统筹，全域覆盖，多规融合的要求，加快推进规划管理机构改革和管理机制创新，完善空间规划委员会制度，健全规划决策机制，强化规划编制的部门联动，逐步推进市县规划管理机构改革，探索建立统一的规划管理体制，形成职责明晰、分工有序、衔接顺畅的规划协调管理工作制度。

一是健全空间规划委员会制度。健全省、市、县空间规划委员会制度，强化空间规划委员会在规划协同编制、联合审查、成果汇交等方面的职能，建立健全空间规划委员会审议、论证制度和工作规则，保障各层次、各部门规划的有效衔接。先行先试，积极探索发展与改革、城乡规划、国土规划等规划管理部门的机构改革，逐步建立实体性空间规划委员会。

二是健全部门联席会议制度和规划专家论证制度。制定和颁布“山西省重大规划协调会议制度实施办法”，建立重大规划协调会议制度，协调解决各类规划编制、论证、实施过程中遇到的重大问题。

三是逐步推进大中城市空间规划管理机构改革。借鉴上海、天津、深圳、武汉、沈阳等城市规划管理机构与土地管理机构进行整合的规划管理体制改革经验，在大中城市推进城市规划、土地利用规划和国民经济和社会发展规划纲要职能部门的整合改革，逐步建立统一的规划管理机构。

四是建立建设项目审批的部门协同机制。以统一的信息联动平台为技术支撑，推进建设项目审批发改、规划、国土、环保等部门的业务协同机制，加快建立发改、规划和国土部门业务综合受理和“一站式服务”。

参考文献

1. 李响．“反规划”，优化国土空间开发格局的利器——聚焦我国全国国土规划制定之路［J］．国土资源，2012（11）：31－34.

2. 朱江，邓木林，潘安．“三规合一”：探索空间规划的秩序和调控合——聚焦我国全国国土规划制定之路［J］．城市规划，2015，39（1）：41－47，97.

3. 潘安，吴超，朱江．规模、边界与秩序：“三规合一”的探索与实践［M］．北京：中国建筑工业出版社，2014.

4. 肖金成．“十二五”期间编制空间规划的基本思路［J］．发展研究，2009（9）：4－8.

5. 张泉，刘剑．城镇体系规划改革创新与“三规合一”的关系［J］．城市规划，2014，38（10）：13－27.

6. 谢英挺，王伟．从“多规合一”到空间规划体系重构［J］．城市规划学刊，2015（3）：15－21.

7. 林坚，陈霄，魏筱．我国空间规划协调问题探讨——空间规划的国际经验借鉴与启示［J］．现代城市研究，2011（12）：15－21.

8. 王向东，刘卫东．中国空间规划体系：现状、问题与重构［J］．经济地理，2012（5）：7－15，29.

9. 蔡玉梅，高平．发达国家空间规划体系类型及启示［J］．中国土地，2013（2）：60－61.

10. 司劲松．构建我国国土空间规划体系的若干思考［J］．宏观经济管理，2015（12）：14－17.

11. 顾朝林．多规融合的空间规划［M］．北京：清华大学出版社，2015.

12. 杨荫凯．国家空间规划体系的背景和框架［J］．改革，2014（8）：125－130.

13. 谢锦鹏．基于“多规融合”的国土空间规划协调性评价［J］．广东土地科学，2014，13（4）：18－22.

14. 郭文炯，白明英．空间规划整合与协调问题研究——以山西省为例［J］．技术经济与管理研究，2013（8）：89－94.

15. 顾朝林．论中国“多规”分立及其演化与融合问题［J］．地理研究，2015，34（4）：601－613.

16. 樊杰，郭锐．面向“十三五”创新区域治理体系的若干重点问题［J］．经济地理，2015，35（1）：1－6.

17. 樊杰．我国国土空间开发保护格局优化配置理论创新与“十三五”规划的应对策略［J］．中国科学院院刊，2016，31（1）：1－12.

18. 樊杰．主体功能区战略与优化国土空间开发格局［J］．中国科学院院刊，2013，28（2）：193－206.

（本研究为山西省规划协调小组办公室“山西省省级空间规划研究”项目部分成果）

（完成人：安祥生、郭海荣、凌日平、王乐祥、张贵祥、宋一芝）

第十五章

山西省城乡规划协调机制创新与规划管理一体化对策研究

党的十八报告提出了加快实施主体功能区战略，构建科学合理的城市化格局、农业发展格局、生态安全格局，促进生产空间集约高效、生活空间宜居适度、生态空间山清水秀；促进工业化、信息化、城镇化、农业现代化同步发展；加快完善城乡发展一体化体制机制等新的要求。在城镇化发展的新阶段，创新规划统筹协调机制，推进城乡规划和管理一体化，完善城乡规划管理体系，推进空间规划的衔接与协调，是深化规划体制改革的重要举措，是引领城镇化健康发展，促进城乡统筹发展的重要内容。山西省国家资源型经济转型综合配套改革总体方案中提出，要“推进主体功能区规划、产业发展规划、土地利用规划、城乡建设规划、生态环境保护规划“五规合一”，建立都市圈及城镇群高效协同管理机制，形成省域以“一核一圈三群”为主体，协调发展的省域新型城镇体系。”为此，需要把“规划转型”工程作为山西省国家资源型经济转型综改试验区建设的一项重要任务，先行先试、勇于创新，以充分发挥城乡规划的引领和龙头作用，促进工业新型化、市域城镇化、农业现代化和城乡生态化“四化”同步协调发展。

一、我国规划体系现状与面临的协调问题

我国空间规划体系呈现出依据行政体系设置的并行体系特点，主要分为主体功能区规划、城镇体系规划和城市（镇）总体规划、土地利用总体规划、生态功能区划 4 类。“十一五”以来，国民经济和社会发展“五年”规划充实了主体功能区规划内容，试图从资源环境承载能力、现有开发密度和发展潜力的角度，制定统筹区域中长期发展政策来完善的综合统领作用。产业发展规划，如农业发展规划、行业振兴规划等也有涉及产业布局的内容，涉及不到具体的用地规模、范围等，落实不到具体空间。各规划的主要内容如表 15 – 1 所示。

表 15－1　　我国主要的空间规划体系构成

编制主体	规划名称	规划层级	规划目标	侧重点	作用特点	法律依据
发改系统	主体功能区规划	两级：全国、省级	通过主体功能区规划指导未来国土空间开发的定位、方向、强度、时序和管制规则等	划分四类政策区；制定配套政策	区域空间开发指南，具有战略性和约束性的规划	行政文件：国务院关于编制全国主体功能区规划的意见
城乡规划系统	城镇体系规划	四级：国家、省级、市级、县级	从区域的层面确定城市的规模性质和空间布局	统筹安排行政区内城镇和基础设施布局	行政区内的协调规划，为城市总体规划提供依据	法律：城乡规划法；部门规章：省域城镇体系规划编制审批办法、城市规划编制办法等
	城市总体规划	三级：市级、县级、镇级	依据区域城镇体系规划，制定城市发展目标、城市性质、规模，安排城市用地和各项建设的总体布局	根据城市性质，确定城市总体布局，统筹安排规划区内的功能用地布局	整合社会经济和物质空间建设	法律：城乡规划法；部门规章：城市规划编制办法
	城市详细规划	依据上位总规编制	依据城市总体规划或分区规划，确定各项用地的控制性标准，为城市设计提供依据	确定具体地块的控制性标准	开发建设审批的直接法律依据	
国土系统	土地利用总体规划	五级：全国、省级、市级、县级、乡镇级	根据国家政策土地的开发、利用、保护在空间上、时间上所做的总体安排和布局，是国家实行土地用途管制的基础	分解和落实用地指标，划分土地用途分区	通过控制土地供给的规模、性质和布局实现保护耕地和管控建设，从而达到宏观调控社会经济发展的目的	法律：土地管理法；部门规章：土地利用总体规划编制审查办法
环保系统	生态功能区划	四级：全国、省级、市级、县级	通过划定各类生态功能区明确国土空间对人类的生态服务功能和生态敏感性大小，有针对性地进行区域生态建设政策的制定和合理地进行环境整治	根据生态评价划分生态功能区	生态“底图”，强调保持空间生态功能的可持续性	行政文件：全国生态环境保护纲要

资料来源：林坚，陈霄，魏筱．我国空间规划协调问题探讨——空间规划的国际经验借鉴与启示［J］．现代城市研究，2011（12）：15－21.

国民经济和社会发展规划纲要、主体功能区规划、城镇规划、土地利用规划、产业规划、生态环境规划等“规划合一”，并非指只有一个规划，而是指只有一个城乡空间，在规划安排上互相统一，同时加强规划编制体系、规划标准体系、规划协调机制等方面的制度建设，使规划真正成为建设和管理的依据和龙头。从协调角度，目前存在法律授权、行政部门分割、规划的技术标准、目标、重点和管理方式等方面的差异，给规划的协调与衔接造成了一定困难。

（一）规划法律依据不同，编制与管理部门分割

各规划的职能决定法律地位的差异，法律地位反过来影响规划的实施效能。从法律地位看，经济和社会发展“五年”规划的法律地位高于城乡规划和土地利用总体规划。城乡规划、土地利用总体规划是法定规划，依据分别是《城乡规划法》和《土地管理法》；主体功能区规划、生态功能区划等依据国务院行政规章制定的规划。

从现有国家规划管理模式看，规划的编制、审批、实施和监督都在条条内完成，由于各规划编制的主管部门之间缺乏足够的协调性，导致以下问题：（1）在同一区域层面，缺乏具有法定意义的起主导作用的空间规划。（2）尽管现行《城乡规划法》、《土地管理法》都规定要与其他规划相衔接，但都没有明确规定“衔接”的方式、程序等，在实践中往往会遇到很多障碍。（3）城市总体规划、镇总体规划的规划期限一般为20年，而国民经济和社会发展规划纲要通常都是以5年作为规划期。以20年甚至更长期限的城乡规划依据5年目标的国民经济和社会发展规划纲要，现实操作性差。同时，规划的审批权限不同，规划着力点相同，导致在实践中规划之间的脱节问题（见表15－2）。

表15－2　　我国主要空间规划编制依据、主管部门和审批比较

规划名称	国民经济和社会发展规划纲要	主体功能区规划	城乡规划	土地利用总体规划	生态功能区划
法定依据	宪法	行政文件	城乡规划法	土地管理法	行政文件
主管部门	发展与改革部门	发展与改革部门	城乡规划主管部门	国土资源管理部门	环境保护部门
审批机关	本级人大	上级政府	上级政府	上级政府	上级政府
实施力度	指导性	政策性	约束性	强制性	约束性
实施计划	年度计划		近期建设规划 年度实施计划	年度计划	
规划年限	5年		一般20年	10~15年	
类别	经济社会综合性规划	空间战略性、基础性规划	空间综合规划	空间专项规划	空间专项规划

（二）规划编制数据统计口径与技术标准不统一，技术方法不一致

在地（市）级和县级规划层面，城乡规划矛盾更多体现在城市总体规划和土地利用总体规划的矛盾上。而从编制角度，问题主要表现为：①规划编制所依据的基础资料、基础统计口径不一致。②规划编制采用的用地分类体系和标准不一致，使得统计手段、方法、口径有差异，造成用地基础数据不一致。③规划技术方法不同。土地利用总体规划主要采用“以供定需”的方法，反映的是自上而下的调控意图；城市（镇）总体规划确定建设用地规模是在人口预测基础上，结合人均指标和空间布局，确定建设用地规模，更注重反映地方需求。

（三）规划编制期限不一致，导致规划编制的不同步

在规划期限方面，土地利用总体规划的规划期限由国务院确定，具体是由国家土地行政主管部门正式发文，对各级土地利用总体规划的规划基期、规划期及规划基期数据做出明确的规定。而城市总体规划，其规划期限一般都由编制规划的政府部门根据城市的发展条件、发展趋势等经报批后确定。国民经济和社会发展规划纲要期限以“五年”为基准，规划期限基本固定。主体功能区规划和生态功能区划都是近年新出现的空间规划，在编制时间和期限方面与前两者的协调也缺乏明确法律规定。由于各规划开始编制的时间不同，导致规划方案编制的不同步，造成规划基期、规划期、采用基础数据时限等的不同。

（四）审批和实施制度各自为政，导致规划关系复杂

城市总体规划实行分级审批制度，从直辖市到建制镇，相应的总体规划审批也由国务院一直到县级人民政府，均拥有规划审批权。土地管理方式为土地用途管制制度，只有国务院和省级人民政府具备能够审批土地利用总体规划，乡（镇）土地利用总体规划可以由省级人民政府授权的设区的市、自治州人民政府批准。国民经济和社会发展规划纲要由同级人代会审批，产业规划、生态环境规划等由同级人民政府审批，上级规划对下级规划控制较弱。规划审批和实施制度各自为政，导致规划关系复杂、上下级规划之间层次不清和不同规划之间的矛盾冲突。

二、山西省近年来的规划体系改革探索与进展

“十一五”以来，为适应城镇化和城乡统筹发展的新形势，强化规划在城乡建设和经济社会发展中引领和控制作用，山西省有关部门按照省委、省政府的安排部署，围绕城镇化和城乡统筹推进工作，密切协作、积极配合，加快推进规划理念、规划重点、规

划方法、规划实施等方面的改革，不断完善城乡空间规划体系，切实促进规划之间协调衔接，积极探索规划统筹协调新机制，以充分发挥规划的统筹指导作用。

（一）空间规划体系不断完善

省域层面，在山西省国民经济和社会发展“十二五”规划纲要中，强化了省域空间规划内容，明确了实施主体功能区规划，努力构建“一核一圈三群”为主体的城镇化格局，构建以六大区域为主体的农业发展战略格局，以“一带三屏”为主体的生态安全战略格局，形成“点状开放”的生态友好型能矿资源开发格局的空间开发战略；完成了“山西省主体功能区规划”、新一轮土地利用总体规划、省级生态功能区划等空间规划的编制工作，并在宏观布局层面初步实现了各规划之间的协调与衔接。

区域层面，区域性战略规划编制工作得到加强，完成了太原都市圈、晋北城镇群、晋南城镇群、晋东南城镇群等六项规划编制工作，初步实现“一核一圈三群”城镇化和工业化重点开发区域战略规划的全覆盖。城镇组群协调发展规划编制工作也不断深入，长治上党城镇群、晋城“一城两翼”城镇组群、临汾汾河百里城镇带等次区域规划已经实施。

市、县域层面，为进一步优化完善城乡空间布局，探索新型城镇化和新农村建设有机结合的城乡统筹发展的新路子，加强了地级市市域城镇体系规划的单独编制，并开展了阳泉等“市域总体规划”编制试点；在市县层面，加强县域村镇体系规划、城镇总体规划、重点镇近期建设规划和名城名镇名村保护规划编制，开展了孝义市、侯马市等城乡空间全覆盖、各类规划衔接、专业部门协调的“县（市）域城乡总体规划”编制试点。

（二）规划之间统筹协调取得初步进展

在新修编的长治、运城、阳泉等城市规划和大部分县城总体规划中，在近期（2011～2015 年）城镇发展目标、主要指标、发展战略和总体布局方面基本实现与国民经济和社会发展“十二五”规划的协调，在城镇建设用地规模、用地控制范围等方面基本实现与土地利用总体规划的衔接。在加强城镇总体规划修编的同时，开展了城镇近期建设规划编制工作，通过近期建设规划实现城镇规划与国民经济和社会发展“十二五”规划、土地利用总体规划、产业规划、环境保护规划等规划之间的衔接与协调。太原市率先推进“四规合一”探索，在中心城区城市建设用地规模和范围以及全市城镇发展体系等方面土地利用总体规划与城市总体规划进行衔接，并且同步开展规划环境影响评价，较好地做到了与产业发展规划、城市总体规划、环境保护规划的相互协调、有机统一。

（三）开展了规划协调的制度和实施机制创新探索

在规划协调机制方面，重点加强了省、市、县“规划委员会”在规划协调中的作用。在山西省城乡规划条例、土地利用总体规划等指导性文件中强化了规划编制协调与衔接的相关要求；在规划编制审查中初步建立了发改、建设、国土、环保等管理部门联合参与规划评审的机制，为各规划编制过程中的衔接、协调提供保障。

在实施机制创新方面，重点探索了以年度实施计划作为实现“城规”、“土规”、“五年规划”对接与协调途径和手段的协调机制。出台了“城市规划年度实施计划办法”，依据城市近期建设规划确定的目标、行动，制订年度实施计划，明确年度城市发展目标和建设重点，确定建设量、建设时序和基础设施等建设项目，以项目落实来实现实施层面的规划协调。

尽管，山西省在空间规划体系完善，规划之间协调及机制创新方面做了上述工作。但是，与我国情况相似，仍然存在城乡规划体系不完善、规划之间不协调等突出问题，规划统筹的编制与实施机制体制仍亟待完善。

三、创新规划统筹协调机制的思路和主要任务

（一）总体思路

根据山西省经济社会发展的总体目标和当前城乡发展的实际情况，城乡规划统筹协调机制创新的总体思路是：坚持以科学发展观为指导，以构建城乡互动、区域协调、共同繁荣的新型城乡关系，形成科学合理的城市化格局、农业发展格局、生态安全格局，促进生产空间集约高效、生活空间宜居适度、生态空间山清水秀为目标，创新规划理念、方法和管理机制，完善城乡规划体系，建立规划管理联动机制，健全规划管控机制，强化规划协调实施机制，加快形成定位清晰、功能互补、统一衔接的空间规划体系，建立起管理机构统一对口、管理范围覆盖城乡、横向职能分工合理、纵向职能权责一致的新型城乡规划管理体制。

（二）基本原则

——全域覆盖，层次分明：根据统筹区域发展、统筹城乡发展的要求，重点加强区域协调发展规划、城乡统筹规划工作，形成全域覆盖，区域协调，城乡统筹，层次分明，上下衔接的规划管理体系。

——定位清晰，功能互补：按照国民经济和社会发展规划纲要定目标，主体功能区规划定政策，城乡规划定布局，土地利用总体规划定指标，生态环境规划定底图的分工模式，合理界定各空间规划的关系，形成以国民经济和社会发展规划纲要为依据，主体功能区规划为基础，各规划定位清晰、功能互补、统一衔接的空间规划体系。

——侧重近期，重点衔接：以近期建设规划作为规划衔接的重要抓手，以“五年”为一个时段，加强与国民经济和社会发展规划纲要相配套的城乡近期建设规划、土地利用规划、产业规划、生态环境规划的衔接与协调，突出不同规划之间的协调重点，从规

划内容、信息平台、协调机制等方面，统筹推进规划协调与衔接工作。

——健全机制，部门联动：推进形成规划编制、审查、项目审批等联动合作机制，强化规划管理的协调统一；借鉴发达地区城市规划管理体制改革经验，推动建立城市规划与国土合一的规划管理体制。

（三）主要任务

1. 完善空间规划体系，加快建立层次分明、功能清晰、上下衔接的规划体系。遵循“强化龙头，横向协调；完善层次，纵向指导”路径，确立国民经济和社会发展五年规划纲要的统领地位，明确主体功能区规划的基础地位和市县域城乡总体规划的龙头地位，厘清规划体系的功能分工，加快形成全域覆盖、横向协调、上下衔接的空间规划体系。

在省域层面，建立以国民经济和社会发展“五年”纲要规划为统领，以主体功能区规划为基础的空间规划体系；市县域层面，建立以国民经济和社会发展“五年”规划纲要为依据，以市、县域城乡总体规划为主导的空间规划体系；城市层面，建立以国民经济和社会发展“五年”规划纲要为依据，城市总体规划为主导的规划体系。

2. 完善规划编制的协调衔接机制，尽快实现规划目标、规划标准、规划内容、信息平台的“四个对接”。以城乡规划建设用地“一张图”为平台，按照定位清晰、功能互补，突出重点、侧重空间，建立平台、统一信息的思路，加快推进各项规划编制的协调衔接工作，尽快实现规划目标、规划标准、规划内容、信息平台的“四个对接”。

突出规划协调衔接重点内容。各规划之间协调重点包括人口、经济与用地规模协调；城镇建设用地发展方向的协调；产业用地布局的协调；重要空间资源和生态环境保护的协调和建设时序安排。

构建以“一张图”为基础统一的规划空间信息平台。充分利用第二次全国土地调查成果，建设空间规划共同的地理空间信息平台和管理系统，推进“城乡全覆盖、空间一张图”建设，并将其作为规划衔接的基本平台，促进各相关部门信息互通、资源共享，促进各类规划“无缝衔接”。

完善规划协调法规与标准体系。从法律层面理顺各类空间规划的关系，保证各类规划在法律层面完成衔接，形成空间规划体系。发展与改革、城乡规划管理、国土资源管理、生态环境管理等部门联合制定涉及空间规划的人口、城乡建设用地、管制区划等统计和分类标准，联合制定规划协调的指导意见等。

3. 完善规划协调的实施机制，建立以近期（五年规划）规划为抓手的“5、3、1”规划实施衔接制度。在实施层面，依据国民经济和社会发展五年规划纲要，与政府任期目标相结合，滚动编制五年期的城乡近期建设规划、土地利用五年规划、产业发展专项规划和生态环境专项规划等，结合“五年”规划中期评估，调整制定三年期的行动纲要，落实年度城乡建设计划，建立“5、3、1”规划实施衔接机制。

4. 健全规划管控机制，建立以“三区”、“七线”为重点的空间管制制度。加快建立适应主体功能区要求的政策法规体系和差别化的评价考核体系。强化区域发展禁建区、限建区和适建区“三区”管制。严格城乡规划红线、绿线、蓝线、紫线、黑线、橙线和黄线七类控制线的强制性控制。

5. 健全规划管理协调机制，形成职责明晰、分工有序、衔接顺畅规划协调管理工作制度。完善城乡规划委员会制度，强化规划编制的部门联动；逐步推进大中城市规划管理机构改革，逐步建立统一的规划管理体制；健全部门联席会议制度和规划专家论证制度；建立规划实施联合监管机制和建设项目审批的部门协同机制。

四、创新规划统筹协调机制的主要行动与政策建议

（一）规划体系完善的主要行动

1. 加快实施“山西省主体功能区规划”，制定实施主体功能区规划配套政策法规体系和差别化评价考核体系。突出主体功能区规划在国土空间开发方面的战略性和基础地位，加快实施“山西省主体功能区规划”，配套完善财政、投资、产业、土地、人口、环境等政策和差别化的评价考核体系。率先推进投资政策、产业政策、财政政策的实施，初步形成适应不同区域主体功能定位的差别化评价考核体系。研究制定开发强度、资源承载能力和生态环境容量等约束性指标分解落实的办法，提出适应主体功能区要求的规划体制改革方案。

2. 推进省域各专项规划与主体功能区规划之间的衔接协调工作。按照山西省主体功能区规划，修编或调整山西省城镇体系规划、山西省土地利用规划、山西省生态功能区、环境功能区规划和产业布局规划，按照主体功能分区及功能定位，分区域落实城镇布局、产业布局、建设用地及耕地保护、生态环境保护要求，做好各专项规划与主体功能区规划，以及专项规划之间的衔接协调。

3. 切实加强区域规划编制，实施都市圈、城市群发展规划。按照主体功能区确定的功能分区，加强都市圈、城镇群等重点开发地区和生态功能区、重点农业区等限制开发地区的区域规划工作。加快实施“一核一圈三群”6个协调发展规划和重点城镇组群规划，根据“一核一圈三群”协调发展规划修改相关市、县总体规划，健全城市之间、市县之间的多层次协调机制；实施太原都市圈及城镇群规划管理条例，强化都市圈、城镇群区域规划的立法保障和实施监督，发挥区域规划统筹协调区域发展的作用。

4. 加强市、县域城乡总体规划编制试点，与国民经济和社会发展“十三五”规划同步全面推进。适应城乡统筹发展的新要求，将市、县城乡总体规划试点作为空间规划编制体系改革的重要环节。在继续抓好市、县域城镇体系规划编制工作基础上，选择“一圈三群”部分市、县开展市、县域城乡总体规划编制试点，总结市县域城镇体编制的经验，试行建立以全覆盖的城乡总体规划为统领，五大规划协调与融合机制。在试点基础上，城乡规划、发展与改革、国土管理、环境保护等部门联合制定“市县域城乡总体规划编制导则”，并通过省城乡规划条例，将市县域总体规划纳入法定规划范围，与国民经济和社会发展“十三五”规划同步，全面推进市县域总体规划工作。

5. 全面开展城镇总体规划层面的“五规合一”工作。根据经济社会发展和推进城镇化的需要，科学有序开展城市、县城和“百镇”总体规划修编工作。总结和借鉴国内其他城市和太原市“五规合一”实践探索的经验，在大中城市率先推进一张图、一个信息平台、一个协调机制、一个审批流程、一个监督体系、一个反馈机制六大工作，构建“五规合一”综合性协调管理决策机制。

（二）建立完善规划统筹机制的主要行动

1. 健全城乡规划委员会制度。健全省、市、县城乡规划委员会制度，修改完善《城乡规划委员会工作章程》，强化城乡规划委员会在规划协同编制、联合审查、成果汇交等方面的职能，建立健全城乡规划委员会审议、论证制度和工作规则，保障各层次、各部门规划的有效衔接。先行先试，积极探索发展与改革、城乡规划、国土规划等规划管理部门的机构改革，逐步建立实体性城乡规划委员会。

2. 健全部门联席会议制度和规划专家论证制度。制定和颁布“山西省重大规划协调会议制度实施办法”，建立重大规划协调会议制度，明确协调会议工作制度，协调重大规划中发展目标、发展规模、重点发展任务、区域空间布局、基础设施建设、生态环境保护、重要资源开发、重大项目建设等规划协调的主要问题，协调解决各类规划编制、论证、实施过程中遇到的其他重大问题以及跨区域、跨领域、跨部门不能达成一致的问题。

3. 逐步推进大中城市规划管理机构改革。借鉴上海、天津、深圳、武汉、沈阳等城市城市规划管理机构与土地管理机构进行整合的规划管理体制改革经验，在太原、大同、阳泉、长治等大中城市推进城市规划、土地利用规划和国民经济和社会发展规划纲要职能部门的整合改革，逐步建立统一的规划管理机制。

4. 建立建设项目审批的部门协同机制。以统一的信息联动平台为技术支撑，推进建设项目审批发改、规划、国土、环保等部门的业务协同机制，加快建立发改、规划和国土部门业务综合受理和“一站式服务”。

（三）建立“531”规划实施衔接机制的主要行动

1. 抓好“十三五”“五规”协调衔接工作。推进国民经济和社会发展“十三五”规划、城乡发展近期建设规划、土地利用规划、产业发展专项规划和生态环境专项规划的协调工作，重点抓好“五规”在发展目标及指标体系、人口与用地规模、建设用地范围、建设用地与产业布局、重要空间资源与生态环境保护等方面的协调与衔接。相应推进各项规划年度计划的协调与衔接。

2. 推进年度实施计划的统筹衔接。切实加强各项规划的年度计划编制工作，按照政府年度工作报告，统筹各项规划年度建设计划的协调，为政府协调各类建设项目、安排年度公共财政、调控年度土地投放强度提供支持。

3. 出台“三区、七线”管制办法，强化空间管制。研究制定禁建区、限建区和适建区“三区”和红线、绿线、蓝线、紫线、黑线、橙线和黄线七类控制线划定与空间管制办法，强化“三区”、“七线”范围管理的刚性，切实加强建设实施监控和使用过程监管。

（四）城乡规划协调衔接的基础平台建设行动

1. 加快建立以“一张图”为基础统一的规划空间信息平台。以“一张图”为基础，建立省、市、县城乡规划空间信息平台，并以该平台为基础，建设规划决策支持信息系统，为规划编制、实施、管理提供技术支持，促进各相关部门的信息互通、资源共享，促进各类规划的“无缝衔接”。

2. 加强制度和标准体系建设。制定与颁布《山西省“五规合一”指导意见》；完善国民经济和社会发展规划纲要、城乡规划、土地利用规划、产业布局规划、生态环境规划等协调、衔接的地方技术标准体系。

参考文献：

1. 林坚，陈霄，魏筱．我国空间规划协调问题探讨——空间规划的国际经验借鉴与启示［J］．现代城市研究，2011（12）：15－21.

2. 王利，韩增林，王泽宇．基于主体功能区规划的“三规”协调设想［J］．经济地理，2008，28（5）：845－848.

3. 黄叶君．体制改革与规划整合—对国内“三规合一”的观察与思考［J］．现代城市研究，2012（2）：10－14.

4. 牛慧恩，陈宏军．现实约束之下的“三规”协调发展——深圳的探索与实践［J］．现代城市研究，2012（2）：20－23.

5. 王向东，刘卫东．中国空间规划体系：现状、问题与重构［J］．经济地理，2012，32（5）：7－15.

6. 相伟．建立规划协调机制加强规划间的协调［J］．宏观经济管理，2010（8）：30－32.

7. 史育龙．主体功能区规划与城乡规划、土地利用总体规划相互关系研究［J］．宏观经济研究，2008（8）：35－47.

（本研究为由山西省住房和城乡建设厅、太原师范学院共同完成的山西省政府调研项目：山西省推进城镇化专题研究的部分成果，也是国家社会科学基金资助项目：煤炭资源型区域工业化与城市化空间协调布局研究（11BJY049）部分研究成果）

（完成人：郭文炯　郭廷儒　李锦生　白明英　张侃侃）